高等职业技术教育“十三五”规划教材——铁道机车类

电力机车电机与电器

付　娟　杨会玲　崔　晶　主　编
柏承宇　刘芳璇　王小刚　副主编
邢永红　纪　涛　主　审

西南交通大学出版社
·成　都·

内容简介

本书为高等职业院校铁道机车（电力机车驾驶与电力机车检修）专业教材，全书共分六章，内容包括：直流电机的基本结构和工作原理，脉流牵引电机的特性、起动、调速和制动；变压器的基本知识，牵引变压器的结构和特性；异步电机的基本结构和工作原理，异步牵引电机的特性、起动、调速和制动以及单相异步电机的基本结构和应用；电器的发热及散热、电器的电动力及触头、电弧的燃烧和熄灭及电器的传动装置；电力机车低压电器结构、工作原理和工作特点；电力机车高压电器的结构、工作原理和作用。为了让学生近距离上岗，还介绍了受电弓、主断路器以及高压接地开关的维护方法以及检修工艺。

本书除作为高等职业院校专业教材外，还可作为成人教育、职工培训教材，司机提职考试培训用书及有关技术人员的参考用书。

图书在版编目（CIP）数据

电力机车电机与电器 / 付娟，杨会玲，崔晶主编
. —成都：西南交通大学出版社，2018.12（2023.8 重印）
ISBN 978-7-5643-6590-5

Ⅰ. ①电… Ⅱ. ①付… ②杨… ③崔… Ⅲ. ①电力机车－牵引电机－教材②电力机车－牵引电器－教材 Ⅳ. ①U264

中国版本图书馆 CIP 数据核字（2018）第 262449 号

电力机车电机与电器

付 娟　杨会玲　崔 晶　主编

责任编辑	王 旻
特邀编辑	王玉珂
封面设计	严春艳
出版发行	西南交通大学出版社 （四川省成都市金牛区二环路北一段 111 号 西南交通大学创新大厦 21 楼）
发行部电话	028-87600564　028-87600533
邮政编码	610031
网址	http://www.xnjdcbs.com
印刷	四川森林印务有限责任公司
成品尺寸	185 mm × 260 mm
印张	17.75
字数	443 千
版次	2018 年 12 月第 1 版
印次	2023 年 8 月第 5 次
书号	ISBN 978-7-5643-6590-5
定价	42.00 元

课件咨询电话：028-81435775

前　言

本书为高等职业技术教育“十三五”规划教材，根据铁路高职教育铁道机车专业教学计划“电力机车电机与电器”课程标准的要求编写。

“电力机车电机与电器”是铁道机车专业的一门专业核心课程。本课程首先介绍牵引电机和牵引变压器的结构、工作原理及工作特性；阐述脉流牵引电机、交流牵引电机的起动、调速及制动方法。然后讲授电器的基本知识，包括电器的电动力与触头、电弧的燃烧与熄灭、电器的发热与散热以及传动装置；常用电力机车低压电器，包括继电器、接触器和其他低压电器的结构、基本原理及维护；电力机车高压电器，包括受电弓、主断路器、高压隔离开关等的结构、动作原理及维护与检修。本书以 SS_{4G} 型直流传动电力机车和 HXD3 型交流传动机车为典型车型编写，是一本既适合于理论教学，又贴近生产实际的教材。

教材的使用建议：

（1）教学中要坚持理论与实践相结合的原则，避免“重理论、轻实践”的错误做法。为了提高学生的动手能力，应结合其他专业课在适当的时候安排去现场进行一段时间的实习，将课堂知识转化为实际技能。

（2）突出教学的直观性。“电力机车电机与电器”是一门直观性、实践性很强的专业课，如果只是强调课本上的图文，不追求实物所带来的直观性，那就会使教学效果事倍功半。因此，教师在授课时，一方面要充分利用实物、模型等教具或多媒体课件激发学生的学习兴趣，另一方面要适当增大实验、实训课的教学时数。

（3）我国目前铁路干线运行的国产和进口电力机车型号多达数十种，加之新型机车的不断推出，由于篇幅所限，本书很难包罗所有车型，仅选择具有代表性的两种机车加以介绍。因此，作为本专业教师，应时刻关注电力机车发展的新动向，在教学中，随时将电力机车发展的新技术、新知识、新工艺补充进去；同时，在教学中总结出各型机车的异同点，做到举一反三，使学生具有较强的适应性和应变能力。

本书由西安铁路职业技术学院付娟、杨会玲、崔晶担任主编，西安铁路职业技术学院柏承宇、刘芳璇，湖南高速铁路职业技术学院王小刚担任副主编，中国铁路西安局集团有限公司机务处邢永红、纪涛担任主审。参加编写的有西安铁路职业技术学院丁洪芬（第一章第一节至第二节）、付娟（第一章第四节至第八节）、张丽娜（第二章第一节至第三节）、侯艳

（第二章第四节至第八节）、刘芳璇（第三章第一节至第五节）、王晓琴（第三章第七节至第九节）、崔晶（第四章）、柏承宇（第五章第一节、第三节）、王娟（第六章第一节）、杨会玲（第六章第二节至第四节）、虞梦月（第五章第二节、第六章第五节），湖南高速铁路职业技术学院王小刚（第一章第三节），中国铁路西安局集团有限公司延安机务段何涛（第三章第六节）。

由于编者水平所限，书中难免有疏漏和不足之处，殷切希望读者批评指正。

编　者

2018 年 10 月

目　录

第一章　直流电机的结构及运行

直流电机是应用电磁感应原理进行能量转换（将电能和机械能相互转换）的旋转电机之一。与交流电机相比较，直流电机结构复杂、运行维护困难、成本高。但直流电动机具有宽广的调速范围，较强的过载能力和较大的起动转矩等优点，广泛应用于对起动和调速要求较高的生产机械中，如电力机车、内燃机车、工矿机车、城市电车等的拖动电机。通过本章学习，应达到以下目标：

（1）掌握直流电机、脉流牵引电机的基本结构和工作原理。

（2）掌握直流电动机的转矩、电势表达式，熟悉直流电机的基本方程。

（3）熟悉直流电动机的起动、调速、反转和制动方法。

（4）了解直流电动机的工作特性和机械特性。

（5）了解直流电机的换向过程，掌握改善直流电机换向的方法。

第一节　直流电机的工作原理

直流电机是直流发电机和直流电动机的总称。直流电机具有可逆性，既可作直流发电机使用，也可作直流电动机使用。作直流发电机使用时，将机械能转换成直流电能输出；作直流电动机使用时，则将直流电能转换成机械能输出。

一、直流电机的模型结构

直流发电机的物理模型如图 1.1 所示。图中 N、S 为固定不动的主磁极，主磁极可以采用永久磁铁，也可以采用电磁铁。在电磁铁的励磁线圈上通以方向不变的直流电流，便形成一定极性的磁极。线圈 abcd 固定在可旋转导磁圆柱体上，线圈连同导磁圆柱体是直流电机可转动部分，称为电机转子（又称电枢）。线圈的首末端 a、d 连接到两个相互绝缘并可以随线圈一同转动的导电片上，该导电片称为换向片。转子线圈与外电路的连接是通过放置在换向片上固定不动的电刷进行的。在定子与转子间有间隙存在，称为空气隙，简称气隙。

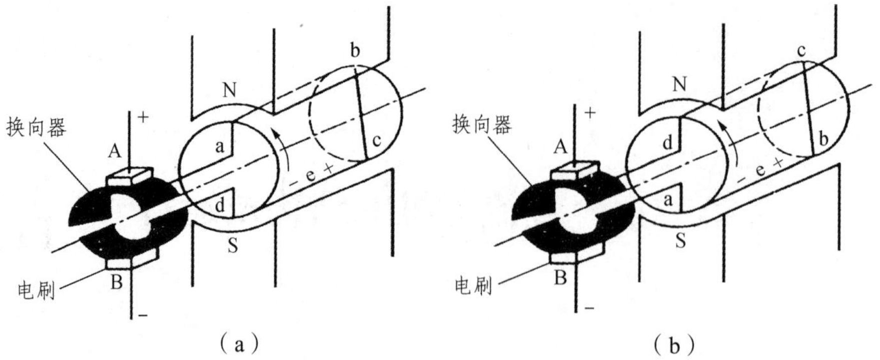

图 1.1 直流发电机模型

二、直流发电机的工作原理

在直流发电机的模型中，当原动机拖动转子以一定的转速逆时针旋转时，根据电磁感应定律可知，在线圈 abcd 中将产生感应电动势。

导体中感应电动势的方向可用右手定则确定。在逆时针旋转情况下，如图 1.1（a）所示导体 ab 在 N 极下，感应电动势的极性为 a 点高电位，b 点低电位；导体 cd 在 S 极下，感应电动势的极性为 c 点高电位，d 点低电位。此时，电刷 A 的极性为正，电刷 B 的极性为负。

当线圈旋转 180° 后，如图 1.1（b），导体 ab 在 S 极下，导体 cd 则在 N 极下。此时，导体中的感应电动势方向发生改变，由于原来与电刷 A 接触的换向片已经与电刷 B 接触，而与电刷 B 接触的换向片换到与电刷 A 接触，因此电刷 A 的极性仍为正，电刷 B 的极性仍为负。从图 1.1 中可以看出，和电刷 A 接触的导体总是位于 N 极下，和电刷 B 接触的导体总是位于 S 极下，因此电刷 A 的极性总为正，而电刷 B 的极性总为负，在电刷两端可获得直流电动势。

由以上分析可知，在电枢线圈内部为一交变电势，但电刷两端引出的电势方向始终不变，为一单方向的直流电势。

三、直流电动机的工作原理

把直流电源接到电刷 A、B 上，电刷 A 接电源的正极，电刷 B 接电源的负极，电枢线圈中将有电流流过，如图 1.2（a）所示。

在图 1.2（a）中，线圈的 ab 边位于 N 极下，线圈的 cd 边位于 S 极下，载流导体在磁场中受到电磁力的作用，其受力方向由左手定则确定。导体 ab 受力方向为从右向左，导体 cd 受力方向为从左到右。导体所受电磁力对轴产生一转矩，这种由于电磁作用产生的转矩称为电磁转矩，电磁转矩的方向为逆时针。当电磁转矩大于阻力转矩时，线圈按逆时针方向旋转。当电枢旋转到图 1.2（b）所示位置时，位于 N 极下的导体 ab 转到 S 极下，导体 ab 受力方向为从左向右；而位于 S 极下的导体 cd 转到 N 极下，导体 cd 受力方向为从右向左，该转矩的方向仍为逆时针方向，线圈在此转矩作用下继续按逆时针方向旋转。

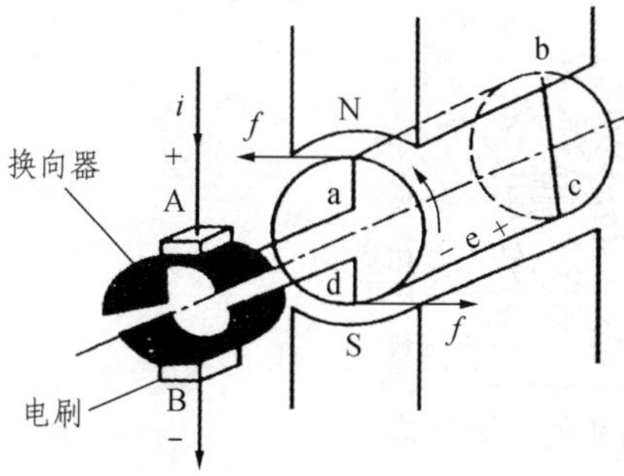

(a)

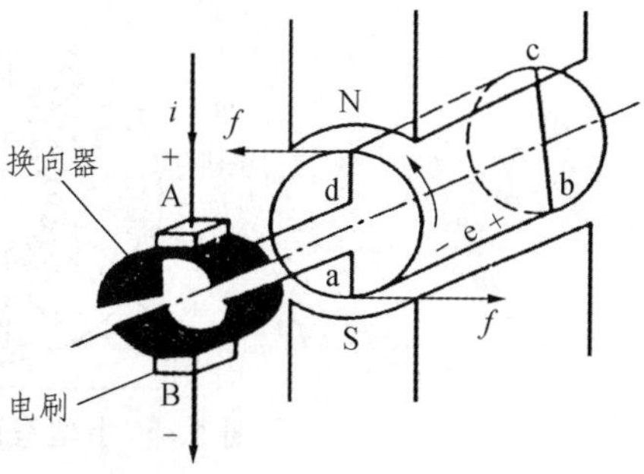

(b)

图 1.2　直流电动机的模型

由以上分析可知，在电枢线圈中流通的电流为交变的，但 N 极下的导体受力方向和 S 极下导体受力的方向并未发生变化，电动机在此方向不变的转矩作用下转动。

图 1.1 所示为直流发电机的简单模型，实际直流发电机的电枢根据具体应用需要有多个线圈。线圈分布于电枢铁心表面的不同位置上，并按照一定的规律连接起来，构成电机的电枢绕组。磁极也是根据需要 N、S 极交替放置。

四、电机的可逆原理

任何一台电机既可作发电机运行，也可作电动机运行，这一性质称为电机的可逆原理。直流电机也具有可逆性，当输入机械转矩将机械能转换成电能时，电机作发电机运行；当输入直流电流产生电磁转矩，将电能转换成机械能时，电机作电动机运行。例如电力机车在牵引工况时，牵引电机作电动机运行，产生牵引力；在制动工况时，牵引电机作发电机运行，将机车和列车的动能转换成电能，产生制动力对机车进行电气制动。

第二节　直流电机的结构

直流电动机和直流发电机的结构基本相同，都具有旋转部分和静止部分。旋转部分称为转子，静止部分称为定子，在定子和转子之间存在着空气隙。小型直流电机的结构如图 1.3 所示，其剖面结构如图 1.4 所示。

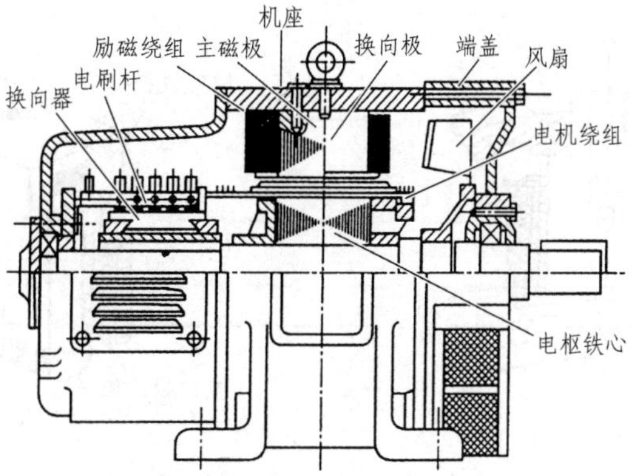

图 1.3　小型直流电机的结构

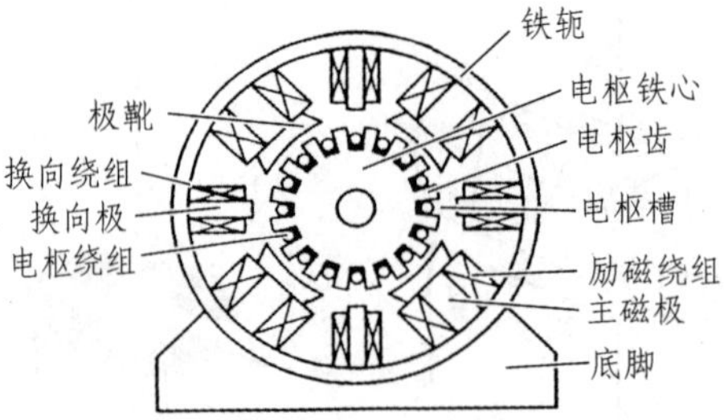

图 1.4 小型直流电机的剖面结构

一、定子部分

定子的作用，在电磁方面是产生磁场和构成磁路，在机械方面是整个电机的机械支撑。定子由主磁极、机座、换向极、电刷装置、端盖和轴承等组成。

1. 主磁极

主磁极简称主极，其作用是产生主磁场。主磁极由主磁极铁心和励磁绕组构成，其结构如图 1.5（a）所示。为了减小涡流损耗，主磁极铁心采用 1.0～1.5 mm 厚的低碳钢板冲制而成，再用铆钉把冲片铆紧成一个整体。小型电机的励磁绕组用绝缘铜线（或铝线）绕制而成，大中型电机励磁绕组用扁铜线绕制，并进行绝缘处理，然后套在主极铁心外面。整个主磁极用螺钉固定在机座内壁。

2. 机　座

直流电机的机座有两种形式，一种为整体机座，另一种为叠片机座。整体机座是用导磁效果较好的铸钢材料制成的，该种机座能同时起到导磁和机械支撑作用。叠片机座是用薄钢板冲片叠压成定子铁轭，再把定子铁轭固定在一个专起支撑作用的机座里，这样定子铁轭和机座是分开的，机座只起支撑作用，可用普通钢板制成。

3. 换向极

换向极又称为附加极，其结构如图 1.5（b）所示，换向极安装在相邻的两个主磁极之间，用螺钉固定在机座上。换向极用来改善直流电机的换向，一般电机容量超过 1 kW 时均应安装换向极。

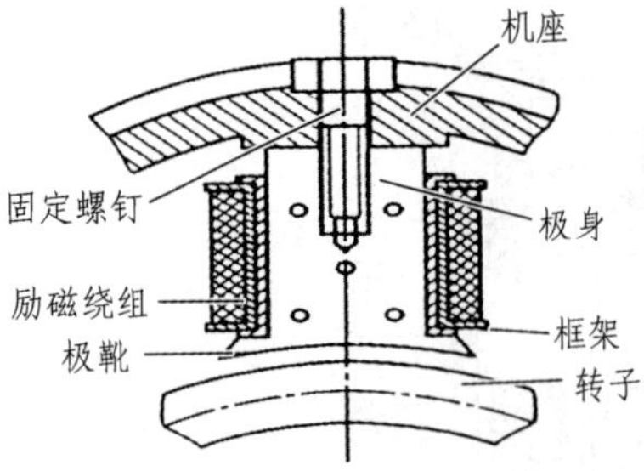

（a）主磁极结构

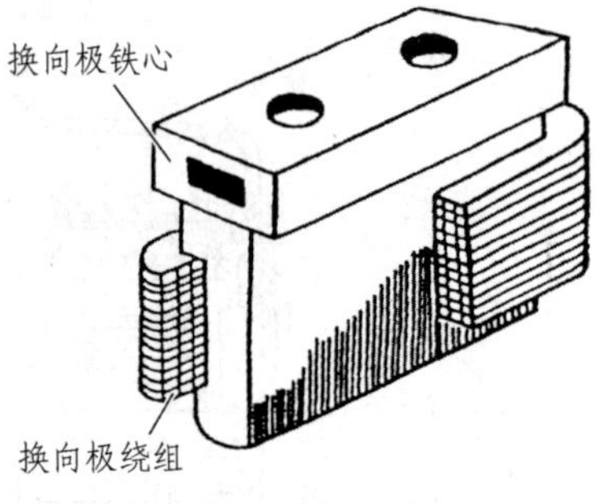

（b）换向极结构

图 1.5 直流电机主磁极和换向极结构

换向极由换向极铁心和换向极线圈组成。换向极铁心大多采用整块钢加工而成，但在脉流牵引电机中，为了更好地改善电机换向，换向极铁心也采用厚 1 ~ 1.5 mm 厚钢板或硅钢片叠成。换向极线圈采用圆铜线或扁铜线绕制而成，经绝缘处理后套在换向极铁心上，所有的换向极线圈串联后称为换向绕组，换向绕组与电枢绕组串联。换向极数目一般与主极数目相同，但在功率很小的直流电机中，只装主极数一半的换向极或不装换向极。

4. 电刷装置

电刷装置的作用是通过电刷和旋转的换向器表面的滑动接触，把转动的电枢绕组与外电路连接起来。电刷装置一般由电刷、刷握、刷杆、刷杆座和汇流条组成，电刷结构如图 1.6 所示。

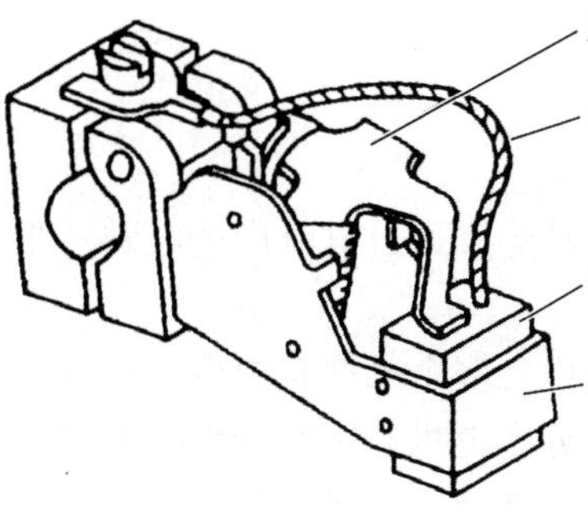

图 1.6　电刷结构

电刷是用石墨制成的导电块，放在刷握内，用弹簧以一定的压力将它压在换向器的表面。刷握用螺钉夹紧在刷杆上，刷杆装在一个可以转动的刷杆座上，成为一个整体部件。刷杆与刷杆座之间应绝缘，以避免正、负电刷短路。

5. 端　盖

电机中的端盖主要起支撑作用。端盖固定在机座上，其上放置轴承支撑直流电机的转轴，使直流电机能够旋转。

二、转子部分

转子又称电枢，是电机的转动部分，其作用是产生感应电动势和电磁转矩，从而实现能量的转换，转子由电枢铁心、电枢绕组、换向器、转轴、轴承和风扇组成。

1. 电枢铁心

电枢铁心的作用是通过磁通和嵌放电枢绕组。图 1.7 所示为小型直流电机的电枢冲片形状和电枢铁心装配图。在电枢铁心冲片上冲有放置电枢绕组的电枢槽、轴孔和通风孔。

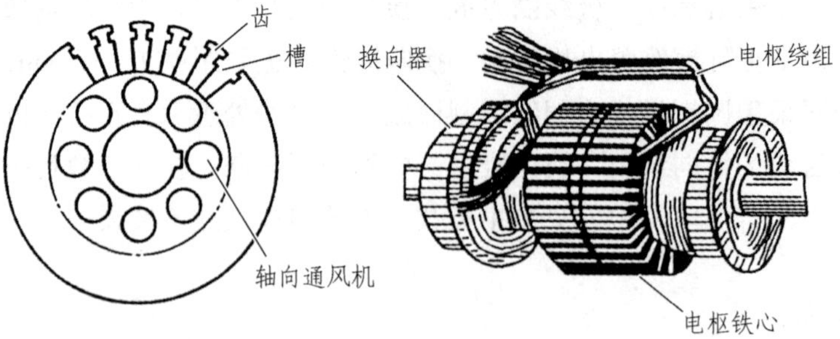

图 1.7 电枢冲片和电枢铁心装配图

为减小电机旋转时，铁心中的磁通方向发生变化引起的磁滞损耗和涡流损耗，电枢铁心用 0.35 mm 或 0.5 mm 厚的硅钢片叠成，叠片两面涂有绝缘漆。铁心叠片沿轴向叠装，中小型电机的电枢铁心通常直接压装在轴上；在大型电机中，由于转子直径较大，电枢铁心压装在套于轴上的转子支架上。

2. 电枢绕组

电枢绕组的作用是产生感应电动势和通过电流产生电磁转矩，实现机电能量转换。它是直流电机的主要电路部分。

电机的每一个线圈称为一个元件，多个元件有规律地连接起来形成电枢绕组。电枢绕组放置在电枢铁心的槽内，其直线部分在电机运转时产生感应电动势，称为元件的有效部分；把有效部分连接起来的部分称为端接部分，端接部分仅起连接作用，在电机运行过程中不产生感应电动势。

电枢绕组用圆铜线或矩形截面铜导线制成，铜线的截面面积决定于线圈中通过电流的大小。为了防止线圈在离心力作用下甩出，在槽口处用槽楔将线圈边封在槽内，线圈伸出槽外的端接部分，用热固性无纬玻璃丝带或非磁性钢丝扎紧。槽楔可用竹片或酚醛玻璃布板制成。

电枢绕组根据连接规律的不同，可分为单叠绕组、单波绕组、复叠绕组、复波绕组及混合绕组等几种形式。下面介绍绕组的基本知识。

1）元 件

线圈是构成绕组的基本单元，又称绕组元件（线圈单元），元件分为单匝和多匝两种。每一个元件不管是单匝还是多匝，均引出两根线与换向片相连，其中一根称为首端，另一根称为末端。

直流电机的电枢绕组放置在电枢铁心上的槽内，通常采用双层绕组，沿槽深方向每槽有两个元件边，为了避免各线圈互相交叠，每一元件有一个有效边放在槽的上层，称为上层边；另一有效边放在另一槽的下层，称为下层边。与上层边相连的出线端称为始端，与下层边相连的出线端称为末端。图 1.8 所示为元件在槽内的放置情况。

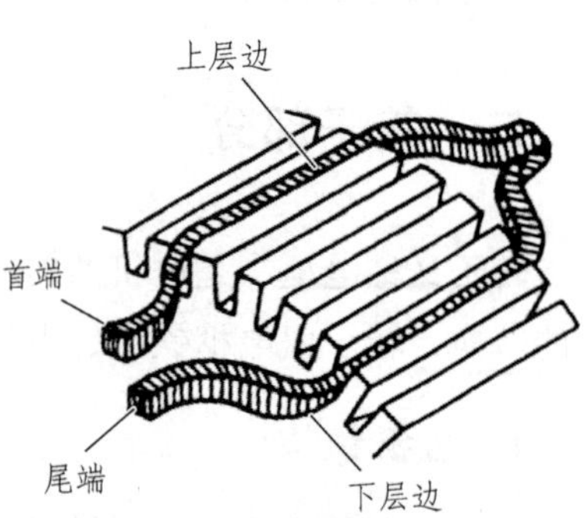

图 1.8 线圈元件边在槽内的放置情况

2）极　距

相邻两个主磁极轴线沿电枢表面之间的距离称为极距，用 τ 表示。可用下式计算

$$\tau = \frac{\pi D_a}{2p} \tag{1.1}$$

式中 D_a——电枢外径；

p——主磁极对数。

3）叠绕组和波绕组

叠绕组是指串联的两个元件总是后一个元件端接部分紧贴在前一个元件端接部分，整个绕组成折叠式进行。波绕组是指把相隔约为一对极距的同极性磁场下的相应元件串联起来，像波浪似的前进。直流电机的绕组如图 1.9 所示。

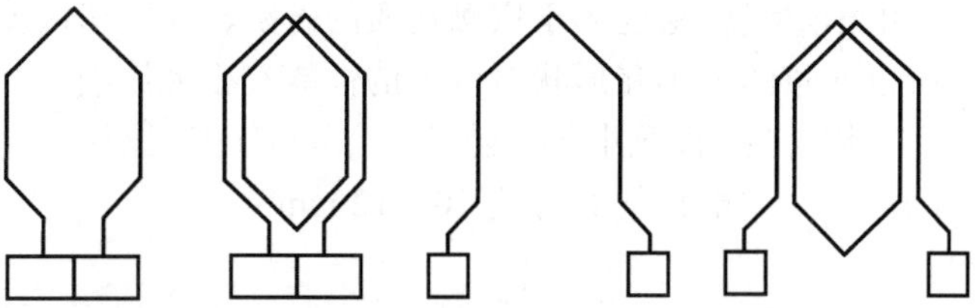

图 1.9　直流电机的绕组

在直流电机的极对数、元件数以及导体截面积相同的情况下，单叠绕组并联支路对数等于主磁极对数，并联支路数多，每条支路的元件数少，支路感应电动势较低，允许流过的电枢电流较大，适用于较低电压、较大电流的直流电机。交-直型电力机车采用单叠绕组，而对于单波绕组，支路对数与主磁极对数无关且永远等于 1，每个支路里的元件数较多，支路感应电动势较高，允许通过的电枢电流较小，适用于较高电压，较小电枢电流的直流电压。

3. 换向器

换向器又称为整流子。对于发电机，换向器的作用是把电枢绕组中的交变电动势转变为直流电动势向外部输出直流电压。对于电动机，它是把外界供给的直流电流转变为绕组中的交变电流以使电机旋转。换向器结构如图 1.10 所示。换向器是由换向片组合而成，是直流电机的关键部件，也是最薄弱的部分。

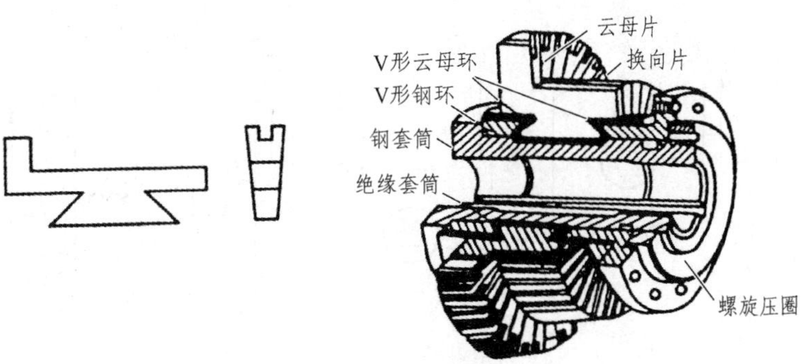

（a）换向片　　（b）换向器

图 1.10　换向器结构

换向器采用导电性能好、硬度大、耐磨性能好的紫铜或铜合金制成。换向片的底部做成燕尾形状，换向片的燕尾部分嵌在含有云母绝缘的 V 形钢环内，拼成圆筒形套入钢套筒上，相邻的两换向片间以 0.6 ~ 1.2 mm 的云母片作为绝缘，最后用螺旋压圈压紧。换向器固定在转轴的一端。换向片靠近电枢绕组一端的部分与绕组引出线相焊接。

4. 转　轴

转轴起转子旋转的支撑作用，需有一定的机械强度和刚度，一般用圆钢制成。

三、空气隙

主极极靴和电枢间的间隙称为空气隙，简称气隙。气隙既保证了电机的安全运行，又是磁路的重要组成部分。由于空气磁阻远大于铁磁物质的磁阻，而电机的能量转换是依靠气隙磁通为媒介进行的，所以气隙的大小和形状对电机的性能有很大影响。

直流电机的气隙是不均匀的。极靴中部气隙较小，两侧气隙逐渐扩大，极尖处气隙最大。小型电机气隙为 1 ~ 3 mm；大型电机气隙可达 10 ~ 12 mm。

第三节　直流电机的磁场、电动势和电磁转矩

从直流电机基本工作原理的分析可知，发电机将机械能转换为电能，电动机将电能转换为机械能，其必要条件之一是必须具有气隙磁通。因此，必须在直流电机主磁极的励磁绕组中通以励磁电流来产生磁势，以产生气隙磁通，使电枢绕组切割气隙磁通而产生感应电势；或者由电枢电流与气隙磁通相互作用而产生电磁转矩，从而实现机电能量的转换。

一、直流电机的励磁方式

直流电机中有两种基本绕组，即励磁绕组和电枢绕组。励磁绕组和电枢绕组之间的连接方式称为励磁方式，不同励磁方式的直流电机，其特性有很大的差异，选择励磁方式是选择直流电机的重要依据。

直流电机的励磁方式可分为他励、并励、串励、复励 4 类，如图 1.11 所示。

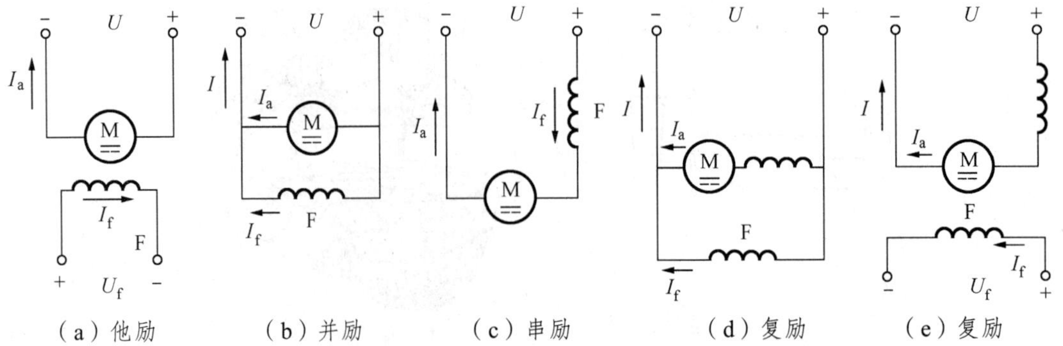

图 1.11　直流电机按励磁方式分类

1. 他励电机

他励直流电机的励磁绕组和电枢绕组分别由两个不同的电源供电，这两个电源的电压可以相同，也可以不同，如图 1.11（a）所示。励磁电流 I_f 的大小决定于励磁电源的电压和励磁回路的电阻，与电机的电枢电压及负载基本无关。用永久磁铁作主磁极的电机可当作他励电机。

2. 并励电机

并励直流电机的励磁绕组和电枢绕组并联，由同一电源供电，其接线如图 1.11（b）所示。励磁电流一般为额定电流的 5%，要产生足够大的磁通，需要有较多的匝数，所以并励绕组匝数多，导线较细。并励式直流电动机一般用于恒压系统。中小型直流电机多为并励式。

3. 串励电机

串励直流电机的励磁绕组与电枢绕组串联，如图 1.11（c）所示。励磁电流与电枢电流相同，数值较大，因此，串励绕组匝数很少，导线较粗。串励式直流电动机常用于要求很大起动转矩且转速允许有较大变化的负载。

4. 复励电机

复励电机至少有两个绕组励磁，其中之一是串励绕组，其他为他励（或并励）绕组，如图 1.11（d）、（e）所示。通常他励（或并励）绕组起主要作用，串励绕组起辅助作用。若串励绕组和他励（或并励）绕组的磁势方向相同，称为积复励，多用于要求起动转矩较大，转速变化不大的负载。若串励绕组和并励（或他励）绕组的磁势方向相反，称为差复励。差复励式直流电动机一般用于起动转矩小，而要求转速平稳的小型恒压驱动系统中。

直流电机各类绕组接线后，其引出线的端头要加以标记，各绕组线端的符号如表 1.1 所示。注脚“1”是始端，为正极；“2”是末端，为负极。

表 1.1　直流电机各绕组线端的符号

绕组名称	电枢绕组	换向极绕组	补偿绕组	串励绕组	并励绕组	他励绕组
线端名称	A_1　A_2	B_1　B_2	C_1　C_2	D_1　D_2	E_1　E_2	F_1　F_2

二、直流电机中的磁场

1. 空载时直流电机中的磁场

直流电机空载时，电枢电流几乎为零，只有励磁绕组中存在电流。因此，空载时电机的气隙磁场由励磁绕组的电流产生。根据磁通路径的不同，将其分为主磁通和漏磁通。主磁通同时匝链着励磁绕组和电枢绕组，是实现能量转换的关键。主磁通磁路的空气隙较小，磁阻较小。漏磁通只与励磁绕组或电枢绕组匝链，漏磁通磁路的空气隙较大，磁阻较大。所以，在同样的磁势作用下，漏磁通要比主磁通小得多。一般电机的主极漏磁通为主磁通的 15% ~ 20%。

2. 电枢磁场

直流电机带有负载时，电枢绕组中有电流通过，电枢绕组的电流也会产生磁场，称为电枢磁场。电枢磁场沿电枢表面的分布情况，与电枢电流的分布情况有关。在直流电机中，电枢电流的分界线是电刷，在电刷轴线两侧对称分布，所以电枢磁场的分布情况与电刷的位置有关。为了保证直流电机两电刷间感应电动势为最大，被电刷短接的元件里感应电动势最小，电刷应安装在几何中性线处。所谓几何中性线是指电机空载时磁感应强度为零的线，即两个主磁极之间的极间中心线。

3. 电枢反应

直流电机带上负载运行后，电枢里有电流流过，电枢电流产生电枢磁场，电枢磁场的出现能对主极磁场产生影响，这种影响称为电枢反应。电枢反应是直流电机实现能量转换的桥梁。当直流电机的电刷在几何中性线时，电枢反应使气隙磁场发生畸变；在磁路饱和时，会对主磁极起去磁作用。

三、直流电机的电枢电动势

电枢电动势是指直流电机正、负电刷之间的感应电动势，也就是每个支路里的感应电动势。当电机的气隙中有磁场存在，且电枢旋转使电枢导体切割磁力线时，在电枢绕组中会产生感应电动势。

每条电枢支路所含的元件数是相等的，而每个支路里的元件都是分布在同极性下的不同位置上。先求出一根导体在一个极距范围内切割气隙磁通密度的平均感应电动势，再乘上一个支路里总的导体数，就是电枢电动势。

设电枢绕组线圈数为 S，一个线圈的匝数为 N_a，则电枢导体总数 N 为

$$N = 2SN_a \tag{1.2}$$

每一支路中串联的导体数为 $\dfrac{N}{2a}$，a 为并联支路对数。

主极极距为 τ，导体在磁场中轴向有效长度为 L，每极磁通为 $\varPhi$，则平均气隙磁密 B_{av} 为

$$B_{av} = \frac{\varPhi}{L\tau} \tag{1.3}$$

导体的平均电势 e_{av} 为

$$e_{av} = B_{av} \cdot L \cdot v \tag{1.4}$$

式中，v 为电枢表面线速度，若电机转速为 n，电枢直径为 D_a，主极数为 $2p$，电枢表面周长 $\pi D_a = 2p\tau$，则

$$v = \frac{2p\tau n}{60} \tag{1.5}$$

因此，支路电势即电机的感应电势为

$$E_a = \frac{N}{2a} e_{av} = \frac{N}{2a} \cdot \frac{\varPhi}{\tau L} \cdot L \cdot \frac{2p\tau n}{60} = \frac{pN}{60a} \cdot \varPhi \cdot n = C_e \varPhi n \tag{1.6}$$

式中　Φ——每极磁通量（Wb）；

n——电机转速（r/min）；

C_e——电机电势常数，$C_e=\dfrac{pN}{60a}$。

对于给定的电机，p、N、a 均为定值，所以，C_e 是一个常数。

式（1.6）表明直流电机的感应电动势与电机结构、气隙磁通和电机转速有关。当电机制造好以后，与电机结构有关的常数 C_e 不再变化，因此电枢电动势仅与气隙磁通和转速有关，改变转速和磁通均可改变电枢电动势的大小。

四、直流电机的电磁转矩

电枢绕组通过电流时，在磁场中将受到电磁力的作用，电磁力在电枢轴上产生的转矩称电磁转矩。电磁转矩的大小，可根据电磁力定律求得。

电枢绕组的支路电流为 i_a 时，作用在任一根导体上的平均电磁力 f_{av} 为

$$f_{av}=B_{av}\cdot L\cdot i_a \tag{1.7}$$

导体产生的电磁转矩为

$$T_{av}=f_{av}\frac{D_a}{2} \tag{1.8}$$

由于每极下导体的电流方向相同，故同一极下各导体产生的电磁转矩方向相同，相邻极下的磁场和导体电流方向相反，转矩方向保持不变。因此，电磁转矩 T 应为电枢表面所有导体产生的 f_{av} 之和，即

$$T=f_{av}\frac{D_a}{2}N=B_{av}\cdot L\cdot i_a\cdot\frac{D_a}{2}\cdot N=\frac{\Phi}{\tau L}\cdot L\cdot\frac{I_a}{2a}\cdot\frac{p\tau}{\pi}\cdot N=\frac{pN}{2\pi a}\cdot\Phi\cdot I_a=C_T\Phi I_a \tag{1.9}$$

式中　I_a——电枢电流（A），$I_a=2ai_a$；

C_T——电机转矩常数，$C_T=\dfrac{pN}{2\pi a}$。

对于已制成的电机，p、N、a 均为定值，所以，C_T 也是一个常数。

从式（1.9）可知，制造好的直流电机其电磁转矩仅与电枢电流和气隙磁通成正比。

感应电势 $E_a=C_e\Phi n$ 和电磁转矩 $T=C_T\Phi I_a$ 是直流电机的两个重要公式。对同一台直流电机，电势常数 C_e 和转矩常数 C_T 有一定的关系。因为

$$C_e=\frac{pN}{60a},\quad C_T=\frac{pN}{2\pi a}$$

所以

$$C_T=\frac{60}{2\pi}\cdot\frac{pN}{60a}\approx 9.55\,C_e \tag{1.10}$$

第四节　直流电机的基本方程

直流电机的基本方程包括电压平衡方程、电磁转矩平衡方程和功率平衡方程。这些基本方程将直流电机中电、磁、机械等物理量联系起来，符合电学、力学及能量守恒定律。直流电机的基本方程是分析直流电机运行特性的基础。

一、电势平衡方程

无论是发电机还是电动机，当电枢旋转时，电枢绕组切割磁力线都产生感应电势，其大小为 $E_a = C_e \Phi n$，方向可用右手定则判定。在发电机里，电枢绕组接负载后，感应电动势驱动电流流动，所以电枢电流与感应电势同方向，如图 1.12 所示；在电动机里，电枢绕组经电刷外接电源，外加电压是驱动电流流动的原因，所以电枢电流与电源电压同方向，此时，感应电势与电枢电流方向相反，称为反电势，如图 1.13 所示。

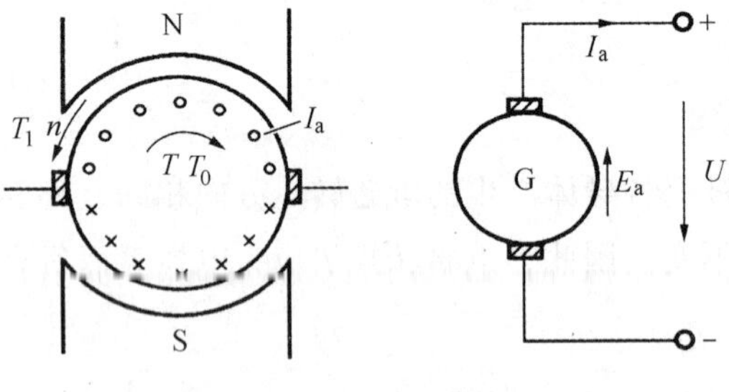

图 1.12　直流发电机的电动势、转矩平衡关系

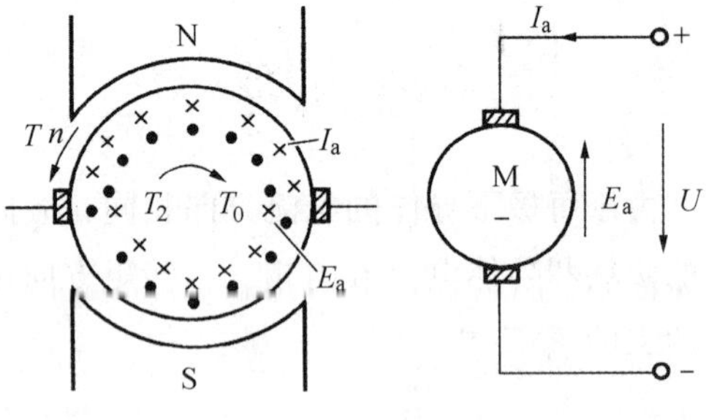

图 1.13　直流电动机的电动势、转矩平衡关系

设 U 为直流电机的端电压，取 U、E_a、I_a 的实际方向作为正方向，可得电枢回路的电势平衡方程为

发电机　　$U = E_a - I_a R_a$　　(1.11)

电动机　　$U = E_a + I_a R_a$　　(1.12)

式中，R_a 为电枢回路总电阻，包括电枢回路中各串联绕组的电阻和电刷与换向器之间的接触电阻。

式（1.11）和式（1.12）适用于各种励磁方式的直流电机，在计算时，要注意各种励磁方式中 R_a 所包含的内容不完全相同。

以上两式表明，直流发电机和电动机在运行时都存在电枢电势 E_a 和端电压 U，在发电机中，$E_a > U$，电枢电流 I_a 的方向与 E_a 的方向一致；在电动机中，$U > E_a$，电枢电流 I_a 的方向与 U 的方向一致，E_a 表现为反电势。

二、转矩平衡方程

无论是发电机还是电动机，当电枢绕组有电流流过时，电枢电流和磁场相互作用都产生电磁转矩，其大小为 $T = C_T \Phi I_a$，方向可用左手定则判定。在发电机（参见图 1.12）里，外加转矩 T_1 为驱动转矩使电枢旋转，电磁转矩 T 与转向相反，为阻力转矩，同时还存在电机的空载阻力转矩 T_0。在电动机（参见图 1.13）里，电磁转矩 T 使电枢转动为驱动转矩，与电动机转向相同，此时轴上的负载转矩 T_2 和 T_0 均为阻力转矩。

电机的转速恒定时，加在电机轴上的驱动转矩应与阻力转矩相等，所得转矩平衡方程为

发电机　　$T_1 = T + T_0$　　（1.13）

电动机　　$T = T_2 + T_0$　　（1.14）

以上两式表明，在电机稳定运行时，电磁转矩和外转矩都同时存在并达到平衡。在发电机里，$T_1 > T$，作为驱动转矩的是外转矩 T_1，电机的转向取决于 T_1 的方向，电磁转矩 T 是阻力转矩，起平衡外转矩的作用；在电动机里，$T > T_2$，作为驱动转矩的是电磁转矩 T，电机的转向取决于 T 的方向，电磁转矩带动负载转动而达到平衡。

三、功率平衡方程

电机是实现机电能量转换的装置，因而功率关系是电机运行中最基本的关系。电机运行过程中，存在输入功率、输出功率和各种损耗，它们之间应满足能量守恒定律。

1. 电机的损耗

1）铜耗 p_{Cu}

铜损耗是由于电机的各种绕组中流过电流而产生的电阻损耗，铜耗与电流平方成正比，随着电机的负载变化，称为可变损耗。铜耗包括电枢绕组、励磁绕组、换向极绕组、补偿绕组的铜耗和电刷与换向器接触电阻产生的损耗。铜耗将引起绕组及换向器发热。

2）铁耗 p_{Fe}

交变磁通在铁心中产生的磁滞和涡流损耗称为铁耗。电枢铁心在静止的磁场中旋转，通过铁心中的磁通为交变磁通，产生铁耗；电枢旋转时，电枢槽口引起主极表面磁通脉动，在极靴表面产生铁耗。铁耗大小与电机的转速、磁密及铁心冲片的厚度、材料有关。铁耗将引起铁心发热。

3）机械损耗 p_{Ω}

机械损耗是指电机旋转时，转动部分与静止部分以及周围空气摩擦所引起的损耗，主要有轴承摩擦损耗、电刷摩擦损耗和电枢与周围空气的摩擦损耗等，其大小和电机转速有关。机械损耗将引起轴承和换向器发热。

铁耗和机械损耗在电机空载时就存在，其大小与电机负载（电枢电流）无关，合称为空载损耗（又称不变损耗），用 p_0 表示，即

$$p_0 = p_{Fe} + p_{\Omega} \tag{1.15}$$

4）附加损耗 p_{ad}

产生附加损耗的原因很多，诸如：电枢反应使气隙磁场畸变而引起铁耗的增加；电枢表面电流分布不均而引起铜耗的增加等。p_{ad} 中一部分空载时已存在，另一部分随负载而变化。附加损耗一般不易计算，而估计为电机输出功率的 0.5% ~ 1%。

综上所述，电机的总损耗 $\sum p$ 为

$$\sum p = p_{Cu} + p_{Fe} + p_{\Omega} + p_{ad} \tag{1.16}$$

2. 电磁功率

在电机中，把通过电磁作用传递的功率称为电磁功率，用 P_M 表示。

对发电机而言，输入机械功率 $P_1 = T\Omega$（Ω 为旋转角速度），克服空载损耗后，其余部分转变为电磁功率，即

$$P_M = P_1 - p_0 \tag{1.17}$$

转换而来的电功率不能全部输出，必须克服电机的铜耗 p_{Cu} 后才能供给负载，输出给负载的电功率 $P_2 = UI$，即

$$P_2 = P_M - p_{Cu} = UI \tag{1.18}$$

对电动机而言，输入的电功率为 $P_1 = UI$，此功率不能全部转换为机械功率，必须克服电机本身的铜耗 p_{Cu} 后才能进行电磁转换，即

$$P_M = P_1 - p_{Cu} \tag{1.19}$$

转换而来的机械功率不能全部输出，必须克服电机的空载损耗 p_0 后才能输出，其轴上的输出机械功率 $P_2 = T_2\Omega$，即

$$P_2 = P_M - p_0 = T_2\Omega \tag{1.20}$$

电磁功率既可看成机械功率，又可看成电功率。从机械功率的角度看，P_M 是电磁转矩 T 和旋转角速度 Ω 的乘积，即

$$P_M = T\Omega \tag{1.21}$$

从电功率的角度看，P_M 是电枢电势 E_a 和电枢电流 I_a 的乘积，即

$$P_M = E_a I_a \tag{1.22}$$

根据能量守恒定律，两者相等，即

$$P_M = T\Omega = E_a I_a \tag{1.23}$$

因此，无论是发电机还是电动机，电磁功率均指电机能够利用电磁感应原理进行能量转换的这部分功率，可以表示为机械功率的形式，也可以表示为电功率的形式。由于电磁功率具有这样的物理意义，所以在实际计算中，经常把它作为从机械量计算电量或从电量计算机械量的桥梁。

3. 功率平衡方程式

电机的输入功率为 P_1，输出功率为 P_2，总损耗为 $\sum p$ 时，根据能量守恒定律，可得功率平衡方程式

$$P_1 = P_2 + \sum p \tag{1.24}$$

四、电机的效率

电机输出功率 P_2 与输入功率 P_1 之比的百分数，称为电机的效率 η，即

$$\eta = \frac{P_2}{P_1} = \frac{P_1 - \sum p}{P_1} = \frac{P_2}{P_2 + \sum p} \times 100\% \tag{1.25}$$

第五节 直流电动机的工作特性及机械特性

直流电动机的特性有工作特性和机械特性，代表了电动机本身的运行性能。

一、他励（并励）直流电动机的工作特性

直流电动机的工作特性是指供给电机额定电压 U_N、额定励磁电流 I_{fN} 时，转速与负载电流之间的关系，转矩与负载电流之间的关系及效率与负载电流之间的关系。这 3 个关系分别称为电动机的转速特性、转矩特性和效率特性。

他励直流电动机的工作特性与并励直流电动机的工作特性相似。

1. 转速特性

直流电动机的转速特性 $n = f(I_a)$，可根据直流电动机电势平衡方程式求得。即

$$U = E_a + I_a R_a = C_e \Phi n + I_a R_a$$

整理可得

$$n = \frac{U}{C_e \Phi} - \frac{R_a}{C_e \Phi} I_a \tag{1.26}$$

此式即为转速特性的表达式。如果忽略电枢反应的去磁效应，则转速与负载电流按线性关系变化，当负载电流增加时，转速有所下降。并励直流电动机的工作特性如图 1.14 所示。

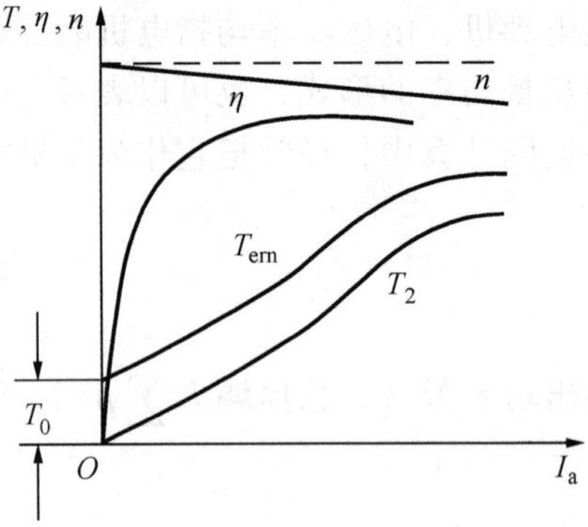

图 1.14 并励电动机的工作特性

2. 转矩特性

直流电动机的转矩特性 $T_{em}=f(I_a)$ 可由转矩平衡方程式推出，当忽略空载转矩后，电动机输出的转矩等于电磁转矩，故转矩特性可以直接由电磁转矩公式求出，即

$$T=C_T\Phi I_a \tag{1.27}$$

在忽略电枢反应的情况下电磁转矩与电枢电流成正比，若考虑电枢反应使主磁通略有下降，电磁转矩上升的速度比电流上升的速度要慢一些，曲线的斜率略有下降。

3. 效率特性

电动机在实现能量转换的过程中，会引起损耗，效率特性曲线 $\eta=f(I_a)$ 的形状取决于不变损耗（空载损耗）和可变损耗之间的比例关系。当不变损耗等于可变损耗时，电机效率最高。

不变损耗 p_0 是不随负载电流变化的，当负载电流较小时，效率较低，输入的功率大部分消耗在不变损耗上；当负载电流增大时，效率也增大，输入的功率大部分消耗在机械负载上；但当负载电流大到一定程度时铜损快速增大，此时效率又开始变小。直流电动机的可变损耗等于不变损耗时，效率最高。

二、串励直流电动机的工作特性

串励电动机的励磁绕组与电枢绕组相串联，电枢电流即为励磁电流。串励电动机的工作特性与并励电动机有很大的区别。当负载电流较小时，磁路不饱和，主磁通与励磁电流（负载电流）按线性关系变化，而当负载电流较大时，磁路趋于饱和，主磁通基本不随电枢电流变化。因此，串励电动机的转速特性、转矩特性和机械特性必须分段讨论。

当负载电流较小时，电机的磁路没有饱和，每极气隙磁通 Φ 与励磁电流 $I_f=I_a$ 呈线性变化关系，即

$$\Phi=k_f I_f=k_f I_a \tag{1.28}$$

式中，k_f 是比例系数。根据式（1.28），串励电动机的转速特性可写为

$$n=\frac{U}{C_e\Phi}-\frac{RI_a}{C_e\Phi}=\frac{U}{k_f C_e I_a}-\frac{R}{k_f C_e} \tag{1.29}$$

串励电动机电枢回路总电阻为 $R = R_a + R_f$。串励电动机的转矩特性可写为

$$T = C_T \Phi I = k_f C_T I_a^2 \qquad (1.30)$$

由上述可知，当负载电流较小时，转速较大，负载电流增加，转速快速下降，当负载电流趋于零时，电机转速趋于无穷大。因此串励电动机不可以空载或在轻载下运行，电磁转矩与负载电流的平方成正比。

当负载电流较大时，磁路已经饱和，磁通 Φ 基本不随负载电流变化，串励电动机的工作特性与并励电动机相同。串励直流电动机的工作特性曲线如图 1.15 所示。

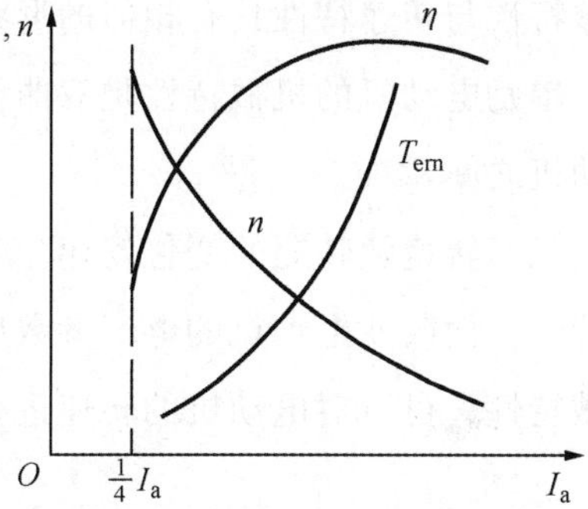

图 1.15 串励直流电动机的工作特性

三、复励直流电动机的工作特性

如果是他励（并励）绕组磁势起主要作用，复励电动机的转速特性就与他励（并励）电动机接近；如果是串励绕组磁势起主要作用，复励电动机的转速特性就与串励电动机接近。由于有串励和他励（并励）磁势的存在，复励电动机既有较高的起动能力和过载能力，又可允许空载或轻载运行。

四、直流电动机的机械特性

直流电动机的机械特性是指在电动机的电枢电压 U、励磁电流 I_f、电枢回路电阻 R_a 为恒值的条件下，即电动机处于稳态运行时，电动机的转速与电磁转矩之间的关系：$n = f(T)$。由于转速和转矩都是机械量，所以把它称为机械特性。

将电枢电动势 $E_a = C_e \Phi n$ 和电磁转矩 $T = C_T \Phi I_a$ 代入转速表达式（1.26）中，可得他励直流电动机的机械特性方程式

$$n = \frac{U}{C_e \Phi} - \frac{R_a}{C_e C_T \Phi^2} T = n_0 - \beta T = n_0 - \Delta n \qquad (1.31)$$

式中 C_e、C_T——分别为电动势常数和转矩常数；

n_0——理想空载转速，$n_0 = \dfrac{U}{C_e \Phi}$；

β——机械特性的斜率，$\beta=\dfrac{R_a}{C_e C_T \Phi^2}$；

Δn——转速降，$\Delta n=\beta T$。

由表达式 $T=C_T\Phi I_a$ 可知，电磁转矩 T 与电枢电流 I_a 成正比，所以只要励磁磁通 Φ 保持不变，则机械特性方程式（1.31）也可用转速特性代替，即

$$n=\frac{U}{C_e\Phi}-\frac{R_a}{C_e\Phi}I_a$$

因此，直流电动机的机械特性与转速特性具有相似的形状，他励（并励）电动机的机械特性是一条略有下降的直线。串励电动机的机械特性是双曲线的一只。复励电动机的机械特性介于他励电动机和串励电动机之间。

电动机的机械特性反映了稳态转速随转矩的变化规律。当电动机的电压和磁通为额定值时的机械特性称为固有机械特性，而改变电动机的电气参数后得到的机械特性称为人为机械特性。利用电动机的人为机械特性，可以对电动机的转速进行调节。

五、不同励磁方式的直流电动机特性比较

励磁方式不同的直流电动机其特性差异较大，他励和并励电动机，转速随负载变化较小，称为硬特性；串励电动机转速随着负载变化较大，称为软特性。

具有软特性的串励牵引电动机，自调节性能好，功率利用较好，并联工作时负载分配较均匀，受电网电压波动影响较小，在电力机车上得到广泛应用。其主要缺点是个别传动时容易发生空转，电气制动时需将串励改为他励。SS_{4G}、SS_8、SS_9 电力机车均采用串励牵引电动机。

他励电动机具有硬的机械特性，并不符合牵引要求。但是，如果利用晶闸管系统自动连续地调节励磁电流，便可获得所需要的牵引性能。电力机车上采用他励牵引电动机的主要优点是具有优良的防空转性能，能实现无级调速等。

串励加他励的积复励牵引电动机，他励磁场电流用微机控制，可获得良好的牵引性能。SS_{7E} 电力机车就采用这种积复励牵引电动机。

第六节　直流电动机的起动、调速、反转与制动

直流电动机的起动、调速和制动是应用电动机必须解决的问题，其实质都是电动机转速的调节，电机的转速表达式均适用。

一、直流电动机的起动

电动机由静止状态达到正常运转状态的过程称为起动过程。直流电动机在起动过程中不仅转速发生变化，而且转矩、电流等也发生变化。

当忽略电枢绕组电感时，电枢电流 I_a 为

$$I_a = \frac{U - E_a}{R_a}$$

在起动开始瞬间，由于转速 $n = 0$，故电枢感应电势 $E_a = 0$，此时的电流称起动电流，用 I_{st} 表示

$$I_{st} = \frac{U}{R_a} \tag{1.32}$$

由于电枢绕组电阻 R_a 很小，如果直接加额定电压起动，起动电流 I_{st} 很大，可达到额定电流的十几倍。这样大的起动电流将带来以下不良影响：

（1）使电动机换向恶化，产生严重的火花，导致电刷和换向器表面烧损。

（2）产生很大的电磁转矩，使传动机构和生产机械受到强烈冲击而损坏。

（3）使电网电压波动，影响供电的稳定性。

为此，在起动时必须设法限制起动电流 I_{st}。除了个别容量很小的电动机外，一般直流电动机是不允许直接起动的。对直流电动机的起动，有如下要求：

（1）要有足够大的起动转矩。

（2）起动电流要限制在一定的范围内。

（3）起动设备要简单、可靠。

由式（1.32）可知，为限制起动电流，直流电动机通常采用电枢回路串电阻起动或降低电枢电压起动。无论采用哪种起动方法，起动时都应保证电动机的磁通 Φ 达到最大值。这是因为在同样的电流下，Φ 大则起动转矩 T_{st} 大；而在同样的转矩下，Φ 大则 I_{st} 可以小一些。

1. 降低电源电压起动（降压起动）

在起动瞬间，给电动机加较低的直流电压，随着电动机转速的升高，电枢电势 E_a 逐渐增加，同时端电压 U 也人为地不断增加，U 与 E_a 的差值使起动过程中电枢电流保持在允许范围内，直到电动机端电压上升到额定值，电动机起动完毕。

采用降低电源电压方法起动并励电动机时必须注意：起动时必须加上额定励磁电压，使磁通一开始就有额定值，否则电动机起动电流虽然比较大，但起动转矩却较小，电动机仍无法起动。

降压起动的优点是在起动过程中无电阻损耗，并可达到平稳升速，但需要专用电源设备，多用于要求经常起动的大中型直流电动机。在使用直流电动机作为牵引动力的电力机车上，均采用降压起动。

2. 电枢回路串电阻起动（变阻起动）

直流电动机在电枢回路串入适当的起动电阻 R_{st}，按照把起动电流 I_{st} 限制在（1.5～2.5）I_N（I_N—额定电流）的范围内来选择起动电阻的大小。在起动过程中，随着转速 n 的升高，电枢电势 E_a 也升高，电枢电流相应地减小。为了保持一定的转矩，应逐渐将起动电阻切除，直到起动电阻全部切除，电动机起动完毕，达到额定转速稳定运行。

变阻起动能有效地限制起动电流，所需起动设备简单、广泛应用于各种中小型直流牵引电动机，如工矿机车、城市电车上多采用变阻起动。但变阻起动过程中能量消耗大，不适用于经常起动的大中型直流牵引电动机。

二、直流牵引电动机的调速

在电动机机械负载不变的条件下，用人为方法调节电动机转速叫作调速。此时，电动机的转速表达式为

$$n=\frac{U-I_a(R_a+R_{pa})}{C_e\Phi} \tag{1.33}$$

式中 R_{pa}——电枢回路串接的电阻。

由上式可知，影响电动机转速的 3 个因素是电源电压 U、电枢回路串接的电阻 R_{pa}、气隙主磁通 Φ。只要改变以上 3 个因素中的任何一个，都能达到调节电动机转速的目的。

1. 电枢回路串接电阻调速

图 1.16 所示为串励电动机电枢串接电阻时的机械特性。在某一负载下，电枢串入的电阻越大，转速越低。

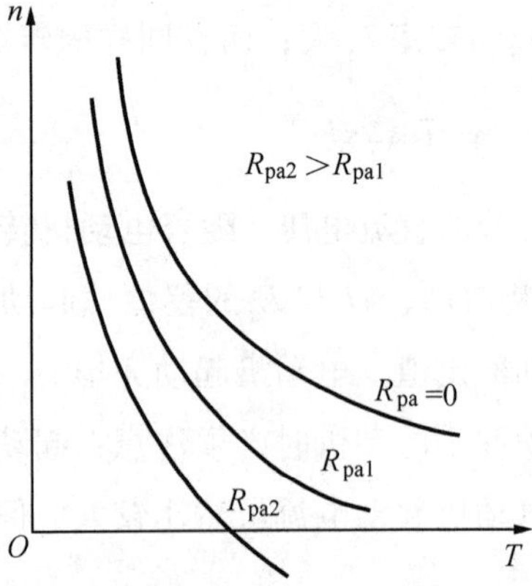

图 1.16 串励电动机电枢串接电阻时的机械特性

这种调速方法的优点是只需增设电阻和切换开关，设备简单，控制方便。缺点是能耗较大，经济性差；速度调节是有级的，调速平滑性差。

2. 改变电源电压调速

图 1.17 所示为串励电动机电压降低时的机械特性。在某一负载下，电压越低，转速也越低。为保证电机安全运行，电压只能以额定电压 U_N 为上限向下调节，也称降压调速。

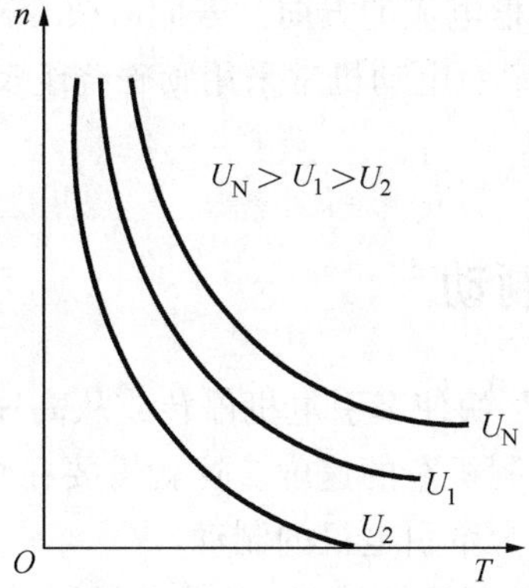

图 1.17　串励电动机电压降低时的机械特性

这种调速方法的优点是电源电压如能平滑调节，就可实现无级调速；调速中无附加能量损耗。缺点是需要专用的调压电源，成本较高；转速只能调低，不能调高。

3. 改变主磁通调速

图 1.18 所示为串励电动机磁通减弱时的机械特性。在某一负载下磁通越弱，转速越高。一般电机的额定磁通已设计得使铁心接近饱和，因此，改变磁通只能在额定磁通 Φ_N 下减弱磁通，所以又称为弱磁调速。削弱磁场需要在励磁绕组的两端并联电阻，一般电动机励磁功率只有电机容量的 1%～5%，因此用于削弱磁场的并联电阻容量也很小。

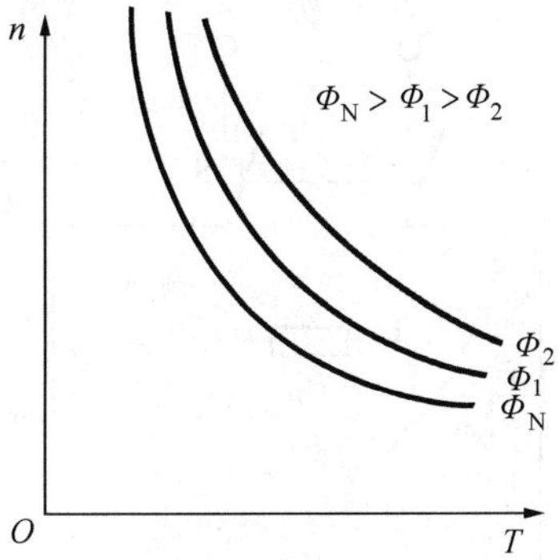

图 1.18　串励电动机磁通减弱时的机械特性

这种调速方法设备简单、控制方便、功率损耗小，可以提高电机的转速，是直流牵引电动机常用的调速方法之一。

为扩大直流牵引电动机的调速范围，常把几种方法配合使用。如早期地铁电动车组，常采用电枢串接电阻和弱磁调速；电力机车和内燃机车，常采用改变电压和弱磁调速。

三、改变直流牵引电动机转向的方法

直流电动机的旋转方向取决于电磁转矩方向，而电磁转矩 $T=C_T\Phi I_a$ 的方向取决于磁通 Φ 与电枢电流 I_a 相互作用的方向，故实际改变电动机转向的方法有两种：一是改变磁通（即励磁电流）的方向，二是改变电枢电流的方向。若同时改变磁通方向及电枢电流的方向，则直流电动机转向维持不变。直流牵引电动机常采用励磁绕组反接法，来改变电机的旋转方向，从而改变机车的运行方向。

四、直流牵引电机的制动

机车运行过程中，有时需要尽快使牵引电机停转或从高速运行转换到低速运行；下坡时，需要限制牵引电机的转速，以控制机车的速度。这就需要在牵引电机轴上加一个与转向相反的转矩（制动转矩）来实现，称为牵引电机的制动。

制动转矩是由机械制动闸产生的摩擦转矩，称为机械制动；制动转矩是由牵引电机本身产生的电磁转矩，称为电气制动。直流牵引电机的电气制动可分为能耗制动和再生制动两种。

1. 能耗制动

图 1.19 所示为串励牵引电机采用能耗制动的电路。电气制动时，励磁绕组由单独的励磁电源供电，并保持励磁电流方向不变（磁通方向不变），将电枢绕组从电源上断开并立即接到一个制动电阻 R_B 上。这时电枢绕组外加电压 $U=0$，而电机转子靠惯性继续旋转，切割方向未变的磁通，所感应的电势仍存在且方向不变，因此，产生的电枢电流（制动电流）为

$$I_a=\frac{U-E_a}{R_a+R_B}=\frac{-E_a}{R_a+R_B}=\frac{-C_e\Phi n}{R_a+R_B} \tag{1.34}$$

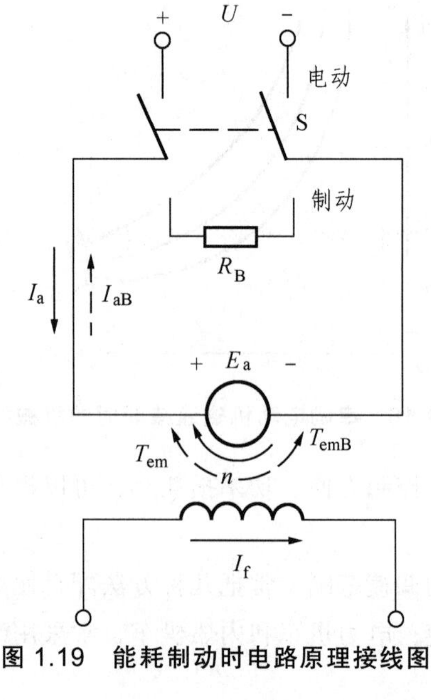

图 1.19 能耗制动时电路原理接线图

由式（1.34）可见，电枢电流 I_a 改变了方向，而磁通 Φ 的方向未变，电磁转矩 $T = C_T\Phi I_a$ 则改变了方向。因此，T 与 n 的方向相反，T 成为制动转矩，使电机转速很快下降。

在制动过程中，电机靠惯性继续旋转，在磁场不变的情况下，产生感应电势方向不变并输出电流，变成一台他励发电机，把机车和列车的机械能转换成电能，消耗在制动电阻上，故称为能耗制动。调节制动电阻或调节励磁电流改变磁通的大小，都可以改变制动电流的大小，以调节制动转矩的大小。另外，电机的转速越高，制动转矩越大，制动的效果越好；而低速时，制动转矩相应变小，需要配用机械制动，使电机迅速停转。

电力机车上多采用串励牵引电动机，在电气制动时，由于串励发电机特性不稳定，需要将励磁绕组改为他励绕组。

能耗制动所需设备简单，成本低，操作方便。不足之处是列车的动能转换为电能后消耗在制动电阻上，变成热能散发到大气中，没有被利用；不易迅速制停，因为当电机转速 n 较小时，E_a 较小，I_a 也较小，使制动转矩相应减小。此时，应采用减小制动电阻 R_B 来增大电枢电流 I_a，以提高低速区的制动转矩。

2. 回馈制动

电机作电动机运行时，由电势平衡方程式 $U = E_a + I_a R_a$ 可知，电源电压 U 大于反电势 E_a，电枢电流 I_a 方向与 U 同方向，电磁转矩方向与转向相同。若保持磁通方向不变，当转速升高到一定数值后，感应电势 E_a 大于电源电压 U，电枢电流方向与 E_a 同方向，电机作发电机运行，电磁转矩与转向相反起制动作用，发电机产生的电能送回到电网，这种制动方法称为回馈制动，又称再生制动。

电力机车下坡时，重力加速度的作用使车速增高，牵引电机感应电势 E_a 随之增大，若 $E_a = U$，则 $I_a = 0$，牵引电机就不需要从电网输入电能，电力机车由于本身的位能自动滑行并继续加速。转速继续升高，将使 $E_a > U$，则 I_a 反向，牵引电机自动转换为发电机运行状态。此时，电力机车下坡的位能，通过电机转换成电能，回馈给电网。由于电枢电流 I_a 反向，电磁转矩也随之反向，起到制动作用，车速越高，制动转矩越大。转速增高到一定程度，下坡时的位能产生的动力转矩与牵引电机的制动转矩和摩擦阻力转矩相平衡时，电力机车将恒速稳定运行。

他励和复励牵引电动机回馈制动时，需要保持励磁电流方向不变，电枢回路的接线不变。串励牵引电动机进行回馈制动时，由于串励发电机在许可范围内工作不稳定，需要将串励绕组改接为他励，由较低的电压供电以得到所需要的励磁电流。

第七节 直流电机的换向

电流电机电枢绕组中一个元件经过电刷从一个支路转换到另一个支路时，电流方向改变的过程为换向。“换向”是装有换向器电机运行时的薄弱环节，对电机正常运行有很大的影响，也是评定电机质量优劣的标准之一。由于牵引电机特殊的工作条件，其换向更为困难。电机换向不良会产生电火花或环火，严重时将烧毁电刷，导致电机不能正常运行，甚至引起事故。

一、换向概述

直流电机的工作原理表明：当旋转的电枢元件从一条支路（N 极下）换到另一条支路（S 极下）时要经过电刷。当电机带有负载后，电枢元件中有电流流过，同一支路里各元件的电流大小与方向都是一样的，相邻支路里电流大小虽然一样，但方向却是相反的。由此可见，某一电枢元件经过电刷，从一个支路进入另一个支路时，该元件中的电流从一个方向变换到另一个方向。电枢绕组元件中电流方向的改变称为换向。元件的换向过程如图 1.20 所示。

为了分析简单，忽略换向片之间的绝缘并假设电刷宽度等于换向片宽度。在图 1.20 中，电枢绕组以线速度 v_a 从右向左移动，电刷固定不动，观察图中元件 1 的换向过程。当电刷完全与换向片 1 接触时，如图 1.20（a）所示，元件 1 流过的电流为图中所标方向，电流大小为 $i=i_a$；当电枢转到使电刷与换向片 2 相接触时，如图 1.20（b）所示，由于换向片 2 接触了电刷，元件 1 被电刷短路，电流大小为 $i=0$。当电刷仅与换向片 2 接触时，如图 1.20（c）所示，换向元件 1 已进入另一支路，其中电流也从换向前的方向变为换向后的反方向，完成了换向过程，元件 1 中流过的电流为 $i=-i_a$。

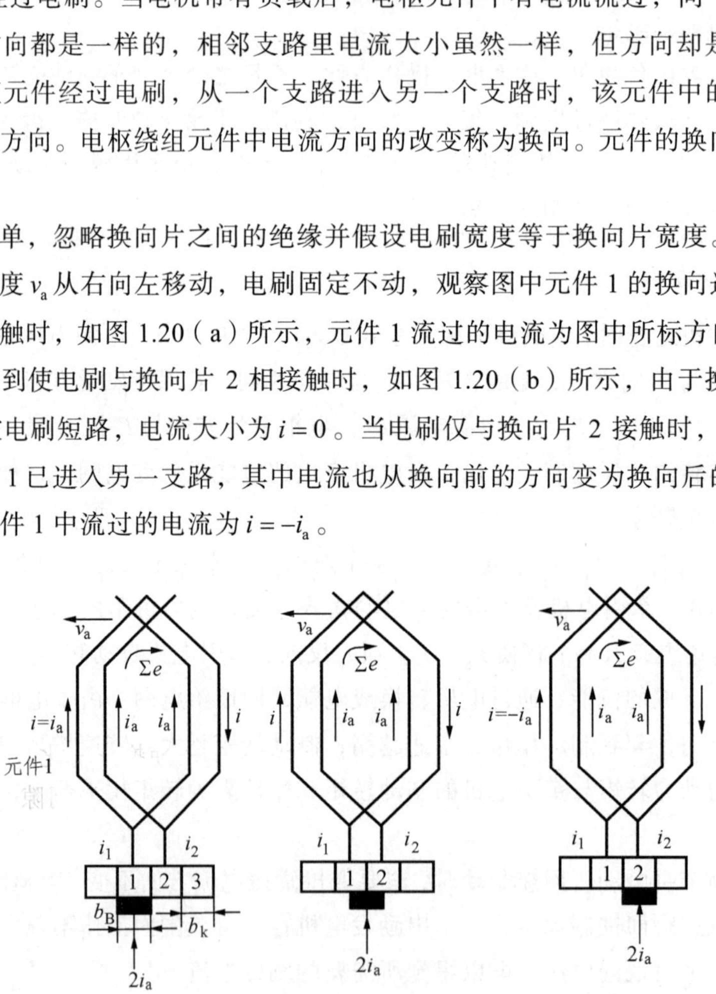

（a）换向开始　　（b）换向期间　　（c）换向结束

图 1.20　直流电机的换向过程

换向问题很复杂，换向不良会在电刷和换向片之间产生火花，当火花大到一定程度时有可能损坏电刷和换向器表面，从而使电机不能正常工作。火花的大小直接反映了直流电机换向性能的好坏。国家标准《电机基本技术要求》中，将直流电机换向器上的火花分为 1 级、$1\frac{1}{4}$

级、$1\frac{1}{2}$级、2 级、3 级共 5 个等级。1 级、$1\frac{1}{4}$级、$1\frac{1}{2}$级均为无害火花，允许电机在这些火花等级下长期运行。在 2 级火花作用下，换向器上会出现灰渣和黑色的痕迹。随着运行时间的延长，黑色痕迹将逐渐扩展，电刷和换向器磨损也显著增加，因此，2 级火花只允许短时出现。电机运行时绝不允许出现 3 级火花。

直流和脉流牵引电机由于工作条件恶劣，如负载急剧变化、电网电压波动、强烈的机械振动和冲击、在脉动电压下工作等，都使电机换向更加困难。为了保证牵引电机运行可靠，直流牵引电机在运行时的火花等级应限制在下述范围内：在额定磁场和各削弱磁场级位上正常运行时，火花不应超过$1\frac{1}{2}$级；在其他情况下（如短时冲击负载）运行时，火花不应超过 2 级。对于脉流牵引电机，其换向条件更为困难，允许在 2 级火花下持续运行。此时，换向器表面将发黑，但只要不损坏换向器工作表面，这种火花是允许的。

产生火花的原因是多方面的，除电磁原因外，还有机械的原因，此外换向过程中还伴随着电化学和电热学等现象，所以相当复杂。

二、改善换向的方法

改善换向的目的在于消除或削弱电刷下的火花。由于电磁原因是产生火花的主要因素，所以下面主要分析如何消除或削弱由此引起的电磁性火花。

1. 选用合适的电刷

脉流牵引电机由于换向条件困难，广泛采用高接触电阻的电化石墨电刷，如 SS_{4G} 型电力机车中 ZD105 型脉流牵引电机采用的 D374B 型电刷。

在电刷使用中还要注意以下几点：

（1）在同一台电机中，必须采用相同牌号的电刷。否则，会由于接触电阻大小不同造成电刷间负载分配不均，致使接触电阻小的电刷因电流较大而使换向恶化。

（2）电刷应仔细研磨吻合，保持清洁以及电刷和刷握间有适当间隙，防止电刷接触面粘铜。

（3）在正常使用中，温度升高会使电刷接触压降减小，可能引起换向不良。

（4）一台电机上各电刷压力必须均匀，压力不均使电流分配不均，电流较大的可能产生火花，低电流密度下滑动的电刷，对换向器磨损也有影响。

2. 装设换向极

目前改善直流电机换向最有效的办法，是安装换向极，换向极装设在相邻两主磁极之间的几何中性线上，如图 1.21 所示。

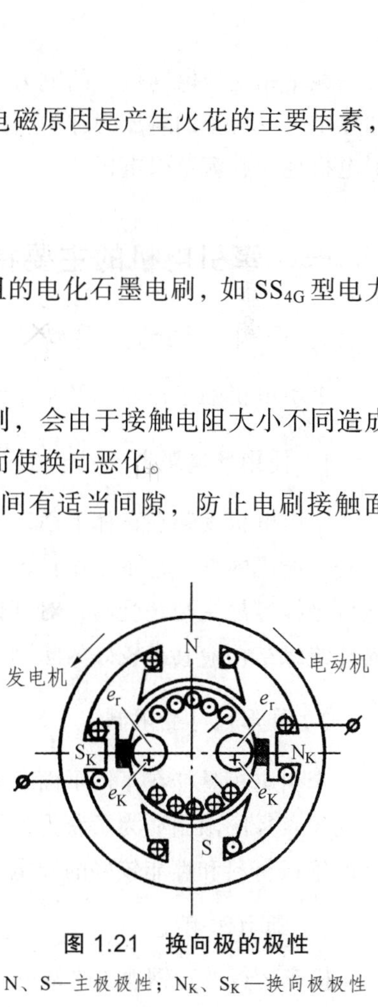

图 1.21　换向极的极性

N、S—主极极性；N_K、S_K—换向极极性

换向极绕组应与电枢绕组相串联，使换向极磁场也随电枢磁场的强弱而变化，换向极极性的确定原则是使换向极磁场方向与电枢磁场方向相反。

3. 装补偿绕组

由于电枢反应的影响使主磁极下气隙磁通密度曲线发生畸变，这样就增大了某几个换向片之间的电压。在负载变化剧烈的大型直流电机内，有可能出现环火现象，即正负电刷间出现电弧。电机出现环火，可以在很短的时间内损坏电机。

防止环火出现的办法是在主磁极上安装补偿绕组，从而抵消电枢反应的影响。补偿绕组与电枢绕组串联，它产生的磁动势恰恰能抵消电枢反应磁动势。这样，当电机带负载后，电枢反应磁动势被抵消，不会使气隙磁通密度曲线发生畸变，从而可以避免出现环火现象。补偿绕组装在主磁极极靴里，有了补偿绕组，换向极的负担减轻了，有利于改善换向。

第八节　脉流牵引电机概述

在单相交流电网供电的电力机车上，大多采用硅整流器整流后给牵引电机供电。此时，加在牵引电机上的电压为脉动电压，流过牵引电机的电流为脉动电流，由这种方式供电的牵引电机称为脉流牵引电机。

一、牵引电机的主要特点及要求

1. 牵引电机的主要特点

牵引电机的工作原理及基本结构与普通电机相似，其主要工作特点为：

1）使用环境恶劣

牵引电机安装在车体下面，直接受到雨、雪、潮气的影响，机车运行中掀起的尘土也容易侵入电机内部。此外，由于季节和负载的变化，还经常受到温度和湿度变化的影响。因此，电机绝缘容易受潮、受污，对其性能和寿命产生极为不良的影响。所以，牵引电机的绝缘材料和绝缘结构应具有较好的防潮、防尘性能及良好的通风、散热条件。

2）外形尺寸受限制

牵引电机悬挂在车体下面，其安装空间受到很大限制，轴向尺寸受轨距限制，径向尺寸受动轮直径的限制。为了获得尽可能大的功率，要求牵引电机结构必须紧凑，并采用较高等级的绝缘材料和性能较好的导电材料、导磁材料。

3）动力作用大

机车运行通过钢轨不平顺处（如钢轨接缝、道岔等），因撞击而产生的动力作用会传递给牵引电机，使牵引电机承受很大的冲击和振动，常常造成牵引电机螺栓松动、线圈连线断裂、零部件损坏等故障。对于脉流牵引电机，由于电刷的振动影响了电刷和换向器的正常接触，导致换向恶化。

4）换向困难

直、脉流牵引电机换向困难的原因除了受机械动力方面的影响外，还有电气方面的原因，如牵引电机经常起动、制动，此时电流可达额定电流的两倍；当机车在长大坡道上运行时，电机将长时间处于过电流状态；当机车高速运行时，采用深的磁场削弱使气隙磁场畸变增大；电网电压波动使电机端电压升高等，这些都将造成牵引电机换向困难。

5）负载分配不均匀

在同一机车上的数台牵引电机，不论在电的方面还是在机械方面都是连接在一起的。在电的方面，各电机之间是并联连接；在机械方面，各电机通过动轮与钢轨间的黏着作用而互相耦合在一起。由于同一台机车上牵引电机特性有差异，各动轮直径不等或个别轮对发生“空转”“滑行”等原因，都有可能造成各电机的负载分配不均，有的电机处于过载运行，有的电机处于欠载运行，从而使机车牵引力不能充分发挥。

2. 牵引电机必须满足的要求

为了保证牵引电机在上述条件下可靠工作，并且能适应机车运行的需要，牵引电机必须满足下列要求：

（1）应有足够大的起动牵引力和较强的过载能力。

（2）具有良好的调速性能。保证机车在不同的行驶条件下，有宽广的速度调节范围，并在速度变化范围内，能充分发挥牵引电机的功率。在正、反两个方向运行时，其特性尽可能相同。

（3）换向可靠。脉流牵引电机在大电流、高电压、高转速及磁场削弱条件下运行时，换向火花不应超过规定的火花等级。

（4）牵引电机各个部件应具有足够的机械强度，以保证电机在最恶劣的运行条件下可靠工作。

（5）牵引电机的绝缘必须具有很高的电气强度，并具有良好的防潮和耐热性能，以保证电机有足够的过载能力，并在其寿命期限内可靠工作。

（6）牵引电机的结构应充分适应机车运行和检修的需要。如电机的传动与悬挂应使机车与钢轨间的动力作用尽量减小；对灰尘、潮气及雨雪的侵入有良好的防护；便于检修和更换电刷等。

（7）必须尽可能地降低牵引电机单位功率的重量，使电磁材料和结构材料得到充分利用。

二、牵引电机的传动和悬挂方式

牵引电机的安装和一般常见的电机不同，不是用地脚螺钉固定在基础上，而是用悬挂的方式安装在机车上，并通过齿轮传动装置驱动机车轮对使机车行驶。因此，必须考虑到机车结构特点和运行要求，合理地选择传动方式和悬挂方式。同时，传动和悬挂方式也对牵引电机的总体结构和外形尺寸起着制约作用。

牵引电机的传动方式通常可分为个别传动和组合传动两种。

1. 个别传动

个别传动是目前国内外应用最广的传动方式。所谓个别传动是指一台牵引电机只驱动一个轮对，它是借助电机轴上的小齿轮驱动轮对轴上的大齿轮来实现机车牵引运行的。个别传动有两种悬挂方式：

1）抱轴式悬挂

抱轴式悬挂是指牵引电机一侧通过滑动轴承抱在机车动轮轴上，另一侧通过弹性缓冲装置悬挂在机车转向架的横梁上。这种悬挂的牵引电机，其重量约一半是直接压在机车动轮轴上，称为簧下重量；另一半通过转向架经轴箱弹簧压在轮轴上，称为簧上重量。故这种悬挂方式有时也称为半悬挂。

抱轴式悬挂结构简单、检修方便、成本较低。但由于这种悬挂方式的牵引电机约一半的重量直接压在机车动轮轴上，呈刚性连接，使车轮与钢轨之间的动力作用直接传到牵引电机，影响了牵引电机的正常工作。此外，齿轮传动比由于受电机轴和轮轴之间中心距离的限制，使电机尺寸也不能任意选择，限制了机车功率和速度的提高，只适用于车速不超过 120 km/h 的电力机车。

2）架承式悬挂

对于构造速度较高的客运机车和电动车辆，抱轴式悬挂方式已不能适应运行要求，通常要采用架承式悬挂。所谓架承式悬挂就是将牵引电机完全固定在转向架上，这样牵引电机的全部重量都成为转向架减振弹簧以上的重量，即成为簧上重量。因此，线路动力作用对牵引电机工作的不良影响将大为减少，克服了抱轴式悬挂的缺点。但这种悬挂方式由于牵引电机是簧上部分，在行车过程中，牵引电机的转轴中心线与机车动轮轴中心线会产生较大的相对移动。为此，必须改变传动结构，在牵引电机转轴和机车动轮轴之间装置弹性的或联轴节式的传动构件。通常不再将小齿轮（主动齿轮）直接装在电机转轴上，而是通过两个滚柱轴承装在齿轮箱上，并与装在机车动轮轴上的大齿轮相啮合。这时，牵引电机的转轴和小齿轮之间必须采用联轴节传动。

个别传动的主要优点是当一台牵引电机发生故障时，可以单独切除，不会影响其他电机工作，而且充分利用了机车下部空间，所以得到广泛应用。但是，由于各轮轴间没有直接的机械联系，个别轮对容易空转，从而使机车的黏着牵引力降低。

2. 组合传动

组合传动就是每个转向架上只安装一台牵引电机（这种转向架称为单电机转向架），通过变速齿轮装置驱动该转向架的每一根动轮轴。组合传动装置的结构比个别传动复杂，但由于组合传动有其特点而受到重视。

干线电力机车随着铁路运输重载高速的不断发展，要求充分利用机车每一个轮对的黏着重量，以实现大的黏着牵引力，在这种情况下，就倾向采用组合传动。组合传动还有利于降低牵引电机单位功率的重量，因为组合传动相当于把几个轮对上的较小功率的牵引电机合并为一台大功率的电机，电机功率越大，其重量指标（即每 1 kW 功率的重量）越低，在相同容量下，电机的造价也将降低。此外，采用组合传动还可以将传动齿轮进行不同的搭配来改变传动比，这样就可实现同一台机车既可成为高速客运机车，又可作为牵引力大的低速货运机车，使机车和牵引电机具有通用性。

三、典型脉流牵引电机的结构特点

1. ZD105 型牵引电机的结构特点

ZD105 型脉流牵引电机是 SS_{4G} 型电力机车的主动电机，它是带有补偿绕组的 6 极、串励脉流牵引电机。

ZD105 型牵引电机主要技术参数：

额定电压……………………………………………1 020 V
额定功率……………………………………………800 kW
额定电流……………………………………………800 A
额定转速……………………………………………960 r/min
最高电压……………………………………………1 180 V
最大电流……………………………………………1 200 A
最高转速……………………………………………1 850 r/min
励磁方式……………………串励，固定磁场分路 96%，三级磁场削弱分别为 70%、54%、45%
冷却方式……………………………………………强迫通风
冷却风量……………………………………………135 m^3/min
绝缘等级（定子/转子）……………………………H/F
悬挂方式……………………………………………抱轴式悬挂
传动方式……………………………………………双侧斜齿轮传动
齿轮传动比…………………………………………4.19
极　　数……………………………………………6
电枢直径……………………………………………660 mm
电枢铁心长…………………………………………360 mm
换向器直径…………………………………………540 mm
电枢槽数……………………………………………93
电枢槽形尺寸………………………………………9.4 mm × 42.8 mm
每槽元件数…………………………………………4
电枢导体排列方式…………………………………交叉竖放
电枢绕组形式………………………………………单叠绕组

主极线圈匝数……11
换向极线圈匝数……6
换向气隙（第一气隙/第二气隙）……10 mm/ 6 mm
补偿绕组匝数……8
刷握数……6
每刷握电刷数……3
电机质量……3 970 kg

ZD105 型脉流牵引电机主要部件的结构特点：

（1）机座采用 ZG25 Ⅱ 铸钢铸成圆筒形。主磁极和换向极以 30°角相互间隔布置于机座内侧，主磁极和换向级的线圈与铁心间隙用 F 极环氧胶浇注形成一体，称之为一体化结构。采用一体化结构，可杜绝由于线圈松动而引起的引线断裂、接地等故障，以提高电机运行的可靠性。

（2）主极线圈、换向极线圈都采用扁绕，在机械方面比较稳定，而且散热条件好。

（3）换向极铁心采用无心柱叠片结构，借助心块和端板用螺栓固定在机座上。换向极铁心在轴向还有两个铆钉，用以铆接换向极铁心。这样，既增大了换向极铁心磁路的有效横截面面积，又防止了换向极铁心磁路的局部过饱和。

（4）采用国际通用的电机引出线符号。4 个引出线端符号为：A1——电枢首端；B2——换向极绕组末端；D1——主极绕组首端；D2——主极绕组末端。

（5）抱轴轴承为滑动式，油箱为整体式，采用恒油位结构，以改善润滑条件。不仅在轴瓦方孔上开有 4 条回油沟，还在抱轴瓦的领圈上开有两道回油沟，以防止抱轴轴承润滑油与齿轮箱润滑油互相串通。

（6）采用双边斜齿轮传动。传动比 $\mu=4.19$，大齿轮齿数 $Z=88$，小齿轮齿数 $Z=21$，齿轮模数 $m=11$。

（7）采用电枢支架结构。电枢铁心不直接压装在转轴上，而是先压装在电枢套筒上，然后电枢套筒压装在电机转轴上，这样的结构有利于电枢的检修。

（8）换向器采用拱式结构。由 372 片银铜换向片和 372 片双云母片相互间隔叠压，经 3 次冷压、3 次热烘、3 次热压而成，绝缘等级为 F 级。

（9）电机有 6 个刷握，每个刷握的刷盒中装有 3 副双分裂式电刷，电刷的牌号为 D374B。由于一个刷盒中装置 3 块电刷，若采用双靴式接头接线很不方便，故电刷接头采用单靴式接线头。刷握弹簧采用圆形弹簧，电刷采用单压指结构。

2. ZD115 型脉流牵引电机的结构特点

SS_9 型电力机车所用的牵引电机型号为 ZD115 型，它是带有补偿绕组的 6 极串励电机。

ZD115 型脉流牵引电机主要技术参数：

额定电压……990 V
额定功率……880 kW
额定电流……870 A
额定转速……1 081 r/min
最高恒功电压……1 100 V

起动电流…………………………1 305 A
最高转速…………………………1 945 r/min
励磁方式…………………………串励，固定磁场分路 87%，最深磁场削弱 49%
冷却方式…………………………强迫通风
冷却风量…………………………130 m^3/min
绝缘等级（定子绕组/转子绕组）…………………………H/H 级
悬挂方式…………………………刚性架轴承
传动方式…………………………六连杆空心轴转动
齿轮传动比…………………………77/31 = 2.484
极　　数…………………………6
电枢直径…………………………680 mm
电枢铁心长…………………………275 mm
换向器直径…………………………500 mm
电枢槽数…………………………93
电枢槽形尺寸…………………………10 mm × 37 mm
每槽元件数…………………………4
电枢导体排列方式…………………………交叉立放
电枢绕组形式…………………………单叠绕组
主极线圈匝数…………………………11
主极气隙…………………………5.5 mm
换向极线圈匝数…………………………7
补偿绕组匝数…………………………6
刷握数…………………………6
每刷握电刷数…………………………3
电机质量…………………………3 550 kg

SS_9 型电力机车所采用的 ZD115 型脉流牵引电机实际是降功率使用，电机本身具备的功率为 900 kW，而 SS_9 型电力机车实际只用到了 800 kW，因此电机能够发挥的储备功率还很多。ZD115 牵引电机主要部件的结构特点：

（1）采用架承式悬挂，牵引电机的一端悬挂在机车转向架构架上，另一端固定在轮对的空心轴套上。

（2）采用轮对空心轴弹性传动方式，传动比 μ = 77/31≈2.484，齿轮模数 m = 12。

（3）采用全叠片无机壳机座。机座体的主要导磁部分为钢片叠片组，由前后压圈通过拉杆和筋板焊接将叠片紧固成一体。前后压圈为铸钢件，叠片组由 1 mm 厚的钢板冲制而成，冲片呈 12 边形，带有主极铁心及补偿槽。这种全叠片无机壳机座结构，能改善电机过渡过程的换向性能；主极铁心与机轭连成一体，保证了主极的等分精度，提高了定子的装配质量；磁路均匀，减小了电机特性的差异；机座与主级线圈的配合均为平面，主级线圈不需压弧，简化了线圈的制造和安装工艺，且有利于改善线圈的散热条件。

（4）定子线圈采用白胚嵌线，主极、换向极线圈的引出线及各绕组之间的连接线均采用钎焊连接。定子安装完成之后进行整体真空压力浸漆。

（5）刷架装置采用单压指、可旋转式刷架圈结构。电刷采用双分裂式。刷架圈靠近刷盒的位置上装有放电板，放电间隙为（12.5 ± 1）mm，放电板可减小电机环火造成的破坏。

本章小结

直流发电机将机械能转换成直流电能，直流电动机将直流电能转换成机械能。一台直流电机既可作为发电机运行，也可作为电动机运行，这就是电机运行的可逆性。

直流电机的励磁方式可分为他励、并励、串励和复励 4 种，励磁功率仅占电机额定功率的 1% ~ 3%，但对电机性能的影响很大。

直流电机空载时的主磁场仅由励磁电流产生，其磁密分布为梯形。负载时，电枢电流产生电枢磁场，电枢磁场对主磁场的影响，称为电枢反应。

感应电势、电磁转矩公式和电势、转矩及功率平衡方程式是直流电机最基本的公式。应用这些公式可定性和定量分析直流电机运行中的各种问题。

牵引电机的传动方式分为个别传动和组合传动两种。个别传动的牵引电机有两种悬挂方式：抱轴式悬挂结构简单，但簧下质量大，动力作用大，只适用车速不超过 120 km/h 的电力机车；架承式悬挂因电机的质量均为簧上质量，改善了牵引电机的工作条件，如采用电枢空心轴传动，机车速度可达 160 km/h，如采用轮轴空心轴传动，机车速度可达 250 km/h。组合传动也称为单电机转向架，这种传动方式虽然结构复杂，但牵引电机功率大，经济指标高，是值得注意的发展方向。

脉流牵引电机的工作条件极为困难，主要特点是：使用环境恶劣；外形尺寸受限；动力作用大；换向困难；负载分配不均等。为适应机车运行的需要，对牵引电机提出了一些基本要求。

直流牵引电动机的特性有工作特性和机械特性，代表了电动机本身的运行性能。励磁方式不同的牵引电动机其特性差异较大，他励和并励电动机，转速随负载变化较小，称为硬特性；串励电动机转速随着负载变化较大，称为软特性。具有软特性的串励牵引电动机，自调节性能好、功率利用较好、并联工作时负载分配较均匀、受电网电压波动影响较小，在电力机车上得到广泛应用。其主要缺点是：个别传动时容易发生空转，电气制动时需将串励改为他励。他励电动机具有硬的机械特性，并不符合牵引要求。

起动、反转、调速和制动是电动机运行时必须解决的问题。起动的问题主要是限制起动电流的大小，电力机车的牵引电动机常采用降压起动。调速问题实际上是用改变外加电压、电枢附加电阻和磁通的方法改变电动机的机械特性，使它与负载有不同的交点，从而获得不同的转速。电气制动是使电机本身产生的电磁转矩与转向相反而成为制动转矩，使电机停转或限速运行，有能耗制动和回馈制动。

牵引电动机的磁场削弱是指采用某种手段，将电动机的励磁磁势（主磁通）减少。常用的方法是在电动机励磁绕组两端并联分路电阻。采用磁场削弱，可以提高电动机的转速，并可提高电动机的利用功率。

换向是指电枢绕组元件从一条支路进入另一条支路时，元件中电流改变方向的过程。换向不良时，将在直流和脉流牵引电机的换向器与电刷之间产生有害火花。产生火花有电磁、机械和化学等方面的原因，其中，电磁原因起着决定性的作用。改善换向的目的在于消除电刷下的火花。

ZD115 型牵引电机是 SS_9 型电力机车的主电机，采用架承式悬挂。它是带补偿绕组的 6 极串励脉流牵引电机。采用无级磁场削弱，固定磁场分路 87%，最深磁场削弱 49%；采用全叠片机座，提高了电机的换向能力。

复习思考题

一、填空题

1. 直流电机具有可逆性，既可作________使用，也可作________使用。

2. 当直流发电机电刷两端获得直流电势后，若接上负载，载流导体在磁场中产生的电磁转矩与电枢旋转的方向________，故称为阻力转矩。

3. 脉流串励牵引电动机具有________，________和________等优点。

4. 直流电机定子主要由________、________、________和________等组成。

5. 直流电机的励磁方式可分为________、________、________和________4 类。

6. 调节电动机转速的方法有 3 种，即：________、________、________。

7. 电枢元件从电枢绕组一条支路经过电刷进入电枢绕组另一条支路，该元件中电流从一个方向变换到另一个方向的过程，称为________。

8. 产生火花通常归纳为________、________和________3 个方面的原因。

9. 机车上采用串励牵引电机存在的缺点主要为：（1）个别传动时，________；（2）电气制动时，需要将励磁绕组改接为________。

10. 改变电动机转向的方法有两种：一是________，二是________。若同时改变磁通方向及电枢电流的方向，则直流电动机转向________。

11. 在发电机里电磁转矩是________转矩；在电动机里电磁转矩是________转矩。

12. 牵引电动机的传动方式通常可分为________和________两种。

13. 牵引电动机工作的主要特点：________、________、________、________、________。

14. 装置换向极应满足以下要求：（1）换向极磁场方向与________磁场方向相反；（2）换向极绕组必须与电枢绕组________。

15. 改善脉流牵引电机换向的方法主要是________、________和________。

16. 脉流牵引电机的主磁极由________和________两部分组成。

17. 脉流牵引电机的换向极由________和________两部分组成。

18. 直流电机换向不良，会在________和________之间产生火花，环火时牵引电机处于________运行状态。

19. 脉流牵引电机转子由________、________、________和________等部件组成。

20. 牵引电机的机座一般都采用导磁性能和机械性能良好的________制成。

21. 改变直流发电机输出电压方向的方法是改变____________的方向或____________的方向。

22. 直流电机电枢铁心采用____________叠成，以减小____________损耗。

23. 直流电机作为发电机运行，电枢电流的方向和电枢电势的方向____________，电枢电势是____________电动势。

24. 直流电机作为电动机运行，电枢电流的方向和电枢电势的方向____________，电枢电势是____________电动势。

25. 直流电机作为发电机电势平衡方程____________，直流电机作为电动机运行时电势平衡方程____________。

26. 直流电机作为发电机转矩平衡方程____________，直流电机作为电动机运行时转矩平衡方程____________。

27. 负载时直流电机中有____________、____________、____________和附加损耗。

28. 脉流牵引电机采用____________制动或____________制动。

29. 直流电机电枢电动势是指____________与____________之间的感应电动势。

二、选择题

1. 脉流牵引电机采用（　　）传动方式。

A. 组合传动　　B. 个别传递
C. 齿轮传动　　D. 链条传动

2. 抱轴式悬挂适用于速度（　　）的机车，架承式悬挂适用于速度（　　）的机车。

A. 大于 120 km/h　　B. 小于 120 km/h
C. 大于 100 km/h　　D. 小于 100 km/h

3. 交-直型电力机车上采用（　　）牵引电机或（　　）牵引电机。

A. 串励　　B. 他励　　C. 并励　　D. 复励

4. 直流电动机在起动时的起动电流与（　　）关系不大。

A. 电源电压　　B. 转子电阻　　C. 起动转矩　　D. 励磁方式

5. 直流电动机的起动方法是（　　）起动。

A. 恒速　　B. 恒转矩　　C. 降压　　D. 恒功率

6. 电气制动是利用电机的（　　）原理。

A. 电磁感应　　B. 能量守恒　　C. 可逆性　　D. 功率平衡

7. 串励牵引电动机转速随负载变化（　　），称为软机械特性。

A. 较大　　B. 较小　　C. 不变　　D. 突变

8. 电气制动时，串励发电机特性不稳定，需要将串励磁绕组改为（　　）绕组。

A. 他励　　B. 并励　　C. 串励　　D. 复励

9. 采用磁场削弱不能提高电动机的（　　）。

A. 电流　　B. 转速　　C. 功率　　D. 电压

10. 电动机的机械特性是指（　　）和转速的关系。

A. 电压　　B. 电流　　C. 功率　　D. 电磁转矩

三、判断题

1. 串励牵引电动机自调节性能好。 (　　)
2. 串励牵引电动机的功率利用较好。 (　　)
3. 并励电机励磁绕组和电枢绕组相串联。 (　　)
4. 直流电机负载运行时，电枢电流所产生的磁场称为电枢磁场。 (　　)
5. 在同一台电机中，可以采用不同牌号的电刷。 (　　)
6. 串励电动机，速度变化范围大，称为软特性。 (　　)
7. 直流电机具有可逆性，既可作直流发电机使用，也可作直流电动机使用。 (　　)
8. 在直流电动机中，换向器将外加的直流电流变成绕组内的交流电流。 (　　)
9. 串励牵引电动机负载分配较均匀。 (　　)
10. 直流电动机直接加额定电压起动，起动电流很小。 (　　)
11. 直流电机绕组在接线时是将主极线圈单独接成一个电路，换向极线圈、电枢绕组及补偿绕组串联成为另一个电路。 (　　)
12. 正常的换向器表面薄膜应当是黄色的。 (　　)
13. 改善换向的目的在于消除电刷下的火花。 (　　)
14. 利用补偿绕组消除由于电枢反应而引起的气隙磁场畸变。 (　　)
15. 主极铁心通常采用钢板叠成，是为了降低电枢旋转时电枢铁心的齿和槽相对磁场移动所引起的磁场脉动在主极极靴表面产生的涡流损耗。 (　　)
16. 脉流牵引电动机的主极线圈通以交流电流而建立交变磁场。 (　　)
17. 串励牵引电动机电气制动时需将串励改为他励。 (　　)
18. 通常以换向器及电刷表面状态作为确定火花等级的主要依据。 (　　)
19. 他励电动机的转速特性是一条略有下降的直线。 (　　)
20. 脉流牵引电动机主要采用电枢串电阻调速。 (　　)

四、简答题

1. 直流发电机采用换向器将电枢元件中的交流感应电势整流成直流电压输出，在直流电动机中，所加的电枢已是直流电压，为什么还要有换向器？

2. 直流电机主极励磁绕组中电流是直流，主磁通方向不变，为什么电枢铁心采用电工钢片叠成？

3. 为了得到最大直流感应电势，电刷必须与几何中心线处的元件相连，为什么？为得到最大电磁转矩，电刷又应位于何处？

4. 一直流电动机拖动一直流发电机，当发电机电枢电流增加时，电动机的电枢电流将如何变化？为什么？

5. 牵引电动机的传动方式有哪几种？各有何优缺点？

6. 什么叫抱轴式悬挂？什么叫架承式悬挂？

7. 为什么电力机车上大多数采用串励牵引电动机？使用中存在什么问题？

8. 直流电动机在起动时有哪些要求？直流电动机的起动电流取决于什么？

9. 直流电动机有几种起动方法？分析各种方法的优缺点及使用范围。

10. 直流电动机有哪几种调速方法？电力机车常采用哪些方法调速？
11. 说明电气制动原理。直流电机电动状态与制动状态的根本区别是什么？
12. 何谓磁场削弱？牵引电动机磁场削弱的方法和作用是什么？
13. 什么叫换向？什么叫环火？
14. 电枢铁心为什么用电工钢片叠成？
15. 简述 ZD105 型脉流牵引电机的结构特点。
16. 简述 ZD115 型脉流牵引电机的结构特点。

第二章　牵引变压器的结构及运行

在工农业生产及社会生活的各个方面，存在着千差万别的用电设备，不同的用电设备常常需要接在各种不同等级电压的电源上。例如，家用电器一般接在电压为 220 V 的电源上；三相异步电动机一般接在电压为 380 V 的电源上；我国电力机车接在电压为 25 kV 的接触网上。为了供电、输电、配电的需要，就必须使用一种电气设备把发电厂内同步发电机发出的交流电压变换成不同等级的电压，这种电气设备就是变压器。变压器是在法拉第电磁感应原理的基础上设计制造的一种静止的电气设备，它可以将输入的一种等级电压的交流电能变换成同频率的另一种等级电压的交流电能输出。

通过本章学习应达到以下目标：

（1）熟悉变压器的作用、基本结构及工作原理。

（2）掌握变压器的运行原理、等效电路及平衡方程式。

（3）掌握变压器同各端的判定方法。

（4）掌握自耦变压器、电流互感器、电压互感器的特点及使用注意事项。

（5）掌握电力机车主变压器的特点及基本结构。

第一节　变压器的基本结构、分类及铭牌

变压器的基本结构部件是铁心和绕组，由它们组成变压器的器身。为了改善散热条件，大、中容量变压器的器身浸入盛满变压器油的封闭油箱中，各绕组与外电路的连接则经绝缘套管引出。为了使变压器安全可靠地运行，还设有储油柜、气体继电器和安全气道等附件，如图 2.1 所示。

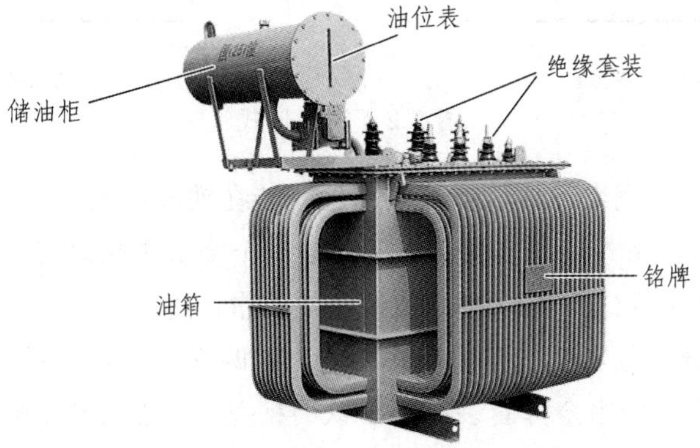

图 2.1　电力变压器外形

一、变压器的基本结构

变压器由铁心、绕组、油箱及附件等部分组成。下面以油浸式电力变压器为例来分别介绍。

1. 铁　心

铁心既作为变压器的磁路，又作为变压器的机械骨架。铁心由铁心柱和铁轭两部分组成，铁心柱上套装变压器绕组，铁轭起连接铁心柱使磁路闭合的作用。为了减小磁滞损耗及涡流损耗，铁心常采用冷轧硅钢片叠装而成。硅钢片的两面均有绝缘层，起绝缘作用。

2. 绕　组

绕组是变压器的电路部分，用来传输电能，一般分为高压绕组和低压绕组。接在较高电压上的绕组称为高压绕组；接在较低电压上的绕组称为低压绕组。从能量的变换传递来说，接在电源上，从电源吸收电能的绕组称为原边绕组（又称一次绕组或初级绕组）；与负载连接，给负载输送电能的绕组称副边绕组（又称二次绕组或次级绕组）。

绕组一般是用绝缘的铜线绕制而成。高压绕组的匝数多、导线横截面小；低压绕组的匝数少、导线横截面大。为了保证变压器能够安全可靠地运行以及有足够的使用寿命，对绕组的电气性能、耐热性能和机械强度都有一定的要求。

绕组是按照一定规律连接起来的若干个线圈的组合。根据高压绕组和低压绕组相互位置的不同，绕组的结构形式可分为同心式和交叠式两种，如图 2.2 所示。

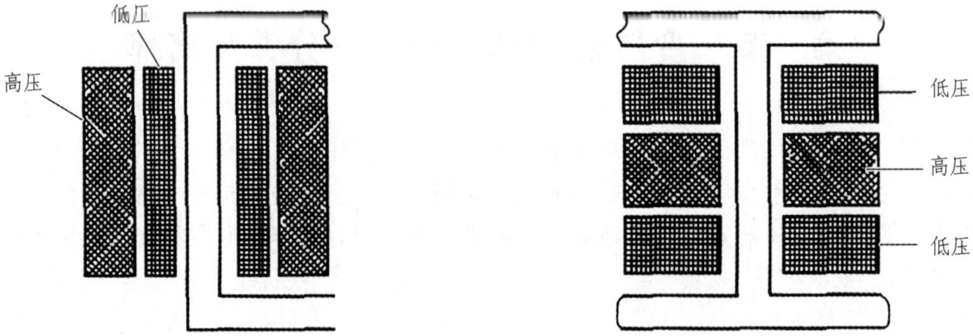

（a）同心式绕组　　（b）交叠式绕组

图 2.2　绕组形式

同心式绕组是将高压绕组和低压绕组同心地套装在铁心柱上。为了绝缘方便，低压绕组紧靠着铁心，高压绕组则套装在低压绕组的外面，两个绕组之间留有油道。油道有两个作用：一是作为绕组间的绝缘间隙；二是散热，使油从油道中流过冷却绕组。在单相变压器中，高、低压绕组均分为两部分，分别套装在两铁心柱上，这两部分可以串联或并联；在三相变压器中属于同一相的高、低压绕组全部套装在同一铁心柱上。同心式绕组的结构简单、制造方便，心式变压器一般都采用这种结构。

交叠式绕组是将高压绕组和低压绕组分成若干线饼，沿着铁心柱交替排列而构成。为了便于绝缘和散热，高压绕组与低压绕组之间留有油道，并且在最上层和最下层靠近铁轭处安放低压绕组。交叠式绕组的机械强度好，引线方便，壳式变压器一般采用这种结构。

3. 油　箱

高、低压绕组套装在铁心上总称为器身，器身放在油箱中，油箱中充以变压器油。充油的目的是：

（1）提高绕组的绝缘强度。因为油的绝缘性能比空气好。

（2）便于散热。因为通过油受热后的对流作用，可以将绕组及铁心的热量带到油箱壁，再由油箱壁散发到空气中去。

油箱就是油浸式变压器的外壳。变压器在运行中绕组和铁心会产生热量，为了迅速将热量散发到周围空气中去，可采用增加散热面积的方法。变压器油箱的结构形式主要有平板式、管式等。对容量较大的变压器，采用在油箱壁的外侧装有散热管的管式油箱来增加散热面积，当油受热膨胀时，箱内的热油上升到油箱的上部，经散热管冷却后的油下降到油箱的底部，形成自然循环，把热量散发到周围空气中。对大容量变压器，还可采用强迫冷却的方法，例如用风扇吹冷变压器等以提高散热效果。

二、变压器的分类

由于变压器的应用范围十分广泛，因此它的种类很多，但主要有以下几种。

1. 按用途分类

1）电力变压器

电力变压器用来传输和分配电能，是所有变压器中用途最广、生产量最大的一种变压器。

远距离输送一定的电功率，电压越低则电流越大，消耗在输电线路上的电阻损耗越大；若要减小输电线电阻以输送大电流，就要用大截面的输电线而消耗较多的导体材料。所以，为了减小输电线路上的电阻损耗和节约导体材料，目前电力系统的输电线路都采用高压输电。由于受到绝缘水平的限制，发电厂的同步发电机一般输出的额定电压为 10.5 kV（发电机额定电压越高对发电机各部分的绝缘要求就越高），而一般高压输电线路的额定电压为 110 kV、220 kV、330 kV、500 kV，这就需要用升压变压器将电压升高后再送入输电线路；当电能经过高压输电线路传输到用电区后，必须用降压变压器把输电线路上的高电压降下来，才能供给动力用电和照明用电。电力系统中存在许多变压器，通过这些变压器的作用产生了不同等级的电压从而能够满足不同的需要。

2）仪用变压器

仪用变压器包括电流互感器和电压互感器，在测量系统中使用。它能够把大电流变换成小电流，或把高电压变换成低电压，从而隔离大电流或高电压以便于安全地进行测量工作。

3）自耦变压器

容量较大的异步电动机降压起动时常用自耦变压器实现降压。在变压器、异步电机等的实验过程中，经常要使用自耦变压器，它可以很方便地调节输出电压。

4）专用变压器

电解用的整流变压器，焊接用的电焊变压器以及供无线电通信用的特殊变压器，都是专用变压器。

图 2.3　单相变压器

2. 按相数分类

1）单相变压器

单相变压器用于单相交流电系统。一次绕组和二次绕组均为单相绕组，如图 2.3 所示。其结构简单、体积小、损耗低，适宜在负荷密度较小的低压配电网中使用，在美国、日本等发达国家，单相变压器供电已成为居民供电的主要方式。

2）三相变压器

三相变压器用于三相交流电系统。一次绕组和二次绕组均为三相绕组，三相变压器是 3 个同容量的单相变压器的组合，它有 3 个铁心柱，每个铁心柱都绕着同一相的两个线圈，一个是高压线圈，另一个是低压线圈，如图 2.4 所示。

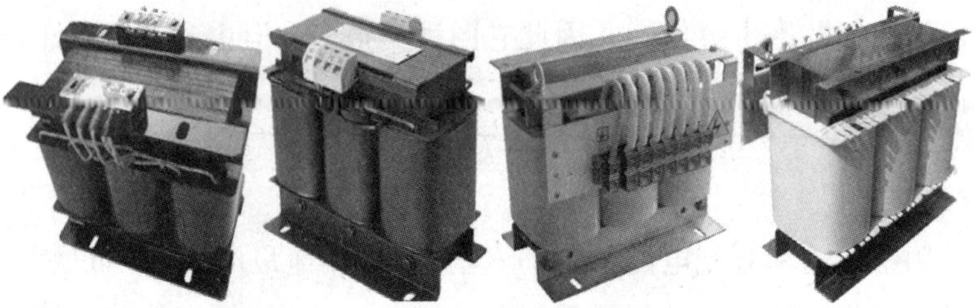

图 2.4　三相变压器

3. 按结构分类

按结构分类主要有心式变压器和壳式变压器两类，如图 2.5 所示。

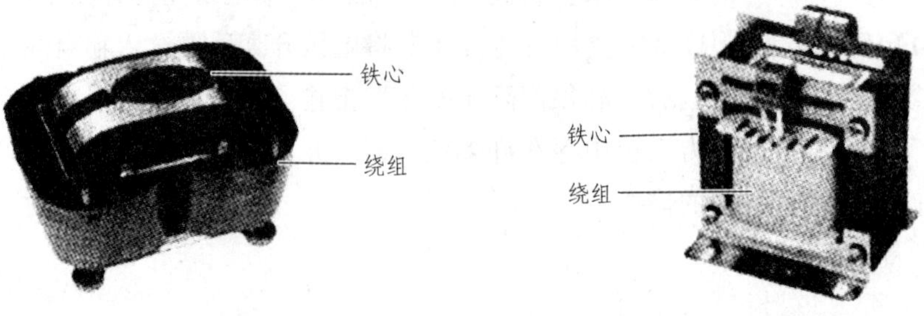

（a）心式变压器　　（b）壳式变压器

图 2.5　变压器的铁心形式

心式变压器：其结构特点是绕组包围铁心，电力变压器都采用心式结构。

壳式变压器：其结构特点是铁心包围绕组，电子设备中的小变压器一般采用这种结构。该结构的变压器机械强度高，铁心散热比较容易。

4. 按冷却方式分类

根据变压器的冷却方式，可分为干式变压器和油浸式变压器。

干式变压器以空气作为冷却介质。又分为开启式、封闭式和浇注式。

油浸式变压器依靠油作为冷却介质，还可进一步分为油浸自冷、油浸风冷、油浸水冷、强迫油循环风冷或水冷等形式。

虽然变压器的种类很多，但各种变压器运行时的基本物理过程及分析变压器运行性能的基本方法，大体上都是一样的。

三、变压器的铭牌

图 2.6 所示是一台电力变压器的铭牌，上面标注着变压器的型号和额定值等。。

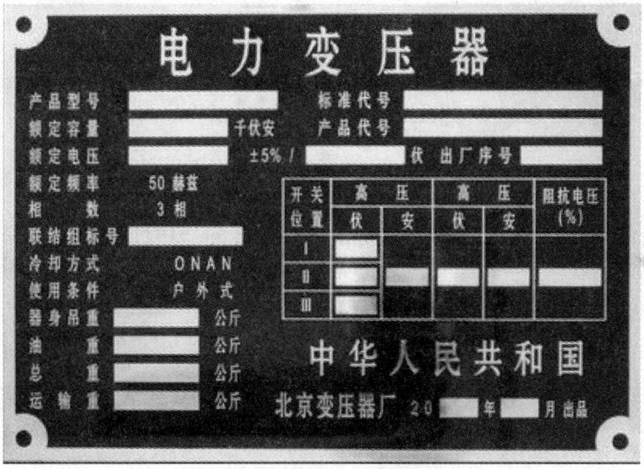

图 2.6　变压器的铭牌

1. 变压器的型号

型号用来表示变压器的特征和性能。一般由两部分组成：前一部分用汉语拼音字母表示，后一部分由数字组成。前者表示特性和性能，后者表示额定值。例如 S-200/10，S 表示三相，200 表示额定容量为 200 kV · A，10 表示高压绕组的额定电压为 10 kV。

2. 额定值

额定值是制造工厂对变压器正常工作时所做的使用规定。在设计变压器时，根据所选用的导体截面、铁心尺寸、绝缘材料以及冷却方式等条件来确定变压器正常运行时的有关数值，例如，它能流过多大电流及能承受多高的电压，等等。这些在正常运行时所承担的电流和电压等数值，就被规定为额定值。各个量都处在额定值时的状态被称为额定运行。额定运行可以使变压器安全、经济地工作并保证一定的使用寿命。变压器的额定值主要有：

1）额定电压

在额定运行时规定加在原边绕组的端电压，称为原边绕组额定电压，以 U_{1N} 表示；当变压器空载时，原边绕组加以额定电压后，在副边绕组上测量到的电压，称为副边绕组额定电压，以 U_{2N} 表示。因此，副边绕组的额定电压是指它的空载电压。在三相变压器中，额定电压都是指线电压。电压的单位是 V 或 kV。

2）额定电流

在额定运行时，原边绕组、副边绕组所能承担的电流，分别称为原边绕组、副边绕组的额定电流，并分别用 I_{1N} 和 I_{2N} 表示。在三相变压器中，额定电流都是指线电流。电流的单位是 A。

3）额定容量

原边绕组或副边绕组额定电流与额定电压的乘积，称为额定容量，以 S_N 表示，它是在铭牌上所标注的额定运行状态下，变压器输出的视在功率。它的单位以 kV · A 表示。对于三相变压器来说，额定容量是指三相的总容量。

对于单相变压器

$$S_N = I_{1N}U_{1N} = I_{2N}U_{2N} \tag{2.1}$$

对于三相变压器

$$S_N = \sqrt{3}I_{1N}U_{1N} = \sqrt{3}I_{2N}U_{2N} \tag{2.2}$$

4）额定频率

额定频率用 f_N 表示。我国规定的标准工业频率为 50 Hz，美国、日本等国家也有采用 60 Hz 的。

5）阻抗电压

阻抗电压又称为短路电压。它表示在额定电流时变压器短路阻抗压降的大小。通常用它与额定电压 U_{1N} 的百分比来表示。

此外，额定值还包括额定状态下变压器的效率、温升等数据。

在铭牌上除额定值外，还标注着变压器的制造厂名、出厂序号、制造年月、标准代号、相数、连接组标号、接线图、冷却方式等。为便于运输，有时还标注变压器的质量和外形尺寸等数据。

第二节　变压器的工作原理及运行分析

一、变压器的工作原理

变压器的结构是在一个闭合铁心上套有两个绕组，其原理如图 2.7 所示。这两个绕组具有不同的匝数且互相绝缘，两绕组间只有磁的耦合而没有电的联系。其中，接于电源侧的绕组称为原绕组或一次绕组，一次绕组各量用下标“1”表示；用于接负载的绕组称为副绕组或二次绕组，二次绕组各量用下标“2”表示。两个绕组中感应出同频率的电动势 e_1 和 e_2。

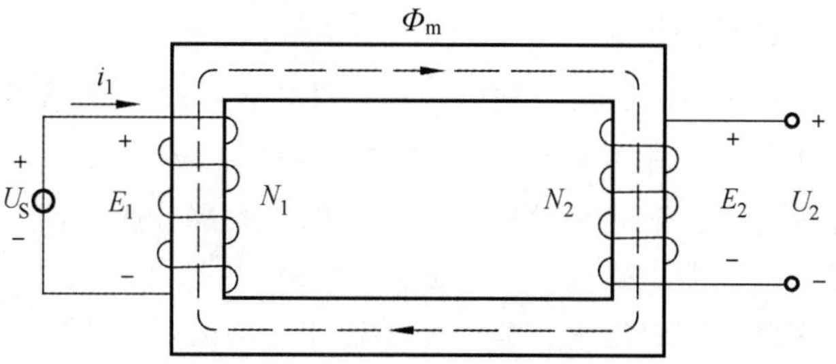

图 2.7　变压器的工作原理

二、变压器运行分析

1. 变压器的空载运行

变压器的一次绕组接在额定电压的交流电源上，而二次绕组开路时的运行状态称为变压器的空载运行。变压器空载运行如图 2.8 所示。

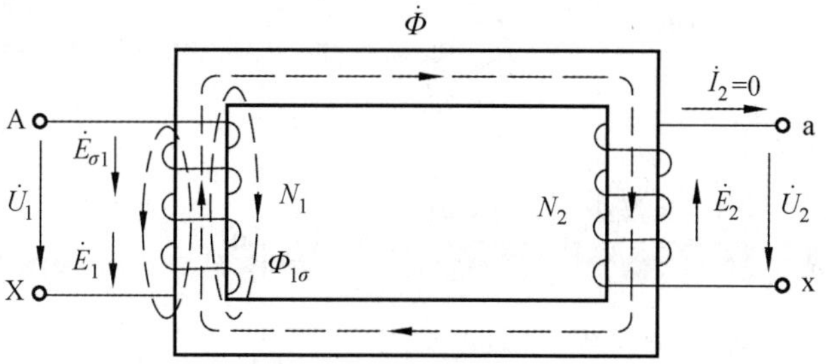

图 2.8　变压器空载运行

1）空载运行时的物理状况

由于变压器中电压、电流、磁通及电动势的大小和方向都随时间作周期性变化，为了能正确表明各量之间的关系，需要规定它们的正方向。一般采用电工惯例来规定其正方向：

（1）同一条支路中，电压 u 的正方向与电流 i 的正方向一致。

（2）电流 i 与其磁动势所建立的磁通 Φ，二者的正方向符合右手螺旋定则。

（3）由磁通 Φ 产生的感应电动势 e，其正方向与产生该磁通的电流 i 的正方向一致，则有 $e=-N\dfrac{\mathrm{d}\Phi}{\mathrm{d}t}$。

当一次绕组加上交流电源电压 u_1 时，一次绕组中就有电流产生，由于变压器为空载运行，此时称一次绕组中的电流为空载电流 i_0。由 i_0 产生空载磁动势 $F_0=N_1i_0$（N_1 为一次绕组匝数），并建立空载时的磁场。由于铁心的磁导率比空气（或油）的磁导率大得多，所以绝大部分磁通通过铁心闭合，同时交链一次、二次绕组，并产生感应电动势 e_1 和 e_2。如果二次绕组与负载接通，则在电动势作用下向负载输出电功率，所以这部分磁通起着传递能量的媒介作用，因此称之主磁通 Φ_m；另有一小部分磁通（约为主磁通的 0.25%左右）主要经非磁性材料

（空气或变压器油等）形成闭路，只与一次绕组交链，不参与能量传递，称之为一次绕组的漏磁通 $\Phi_{1\sigma}$，它在一次绕组中产生漏磁电动势 $e_{1\sigma}$。

2）主磁通和漏磁通的区别

（1）主磁通磁路由铁磁材料组成，具有饱和特性，Φ_0 与 i_0 成非线性关系；而漏磁通磁路由非铁磁材料组成，磁路不饱和，$\Phi_{1\sigma}$ 与 i_0 成线性关系。

（2）铁心的磁导率较大，磁阻小，所以总磁通的绝大部分通过铁心而闭合构成主磁通，故主磁通远大于漏磁通，一般主磁通可占总磁通的 99%以上。

（3）主磁通在二次绕组中感应电动势，起了传递能量的媒介作用；而漏磁通仅在一次绕组中感应漏磁电动势，只引起漏抗压降。

3）感应电动势和漏磁电动势

（1）主磁通感应的电动势。

设主磁通按正弦规律变化，即 $\Phi_0 = \Phi_m \sin\omega t$，按照图 2.7 中参考方向的规定，一、二次绕组感应电动势瞬时值为

$$e_1 = -N_1\frac{d\Phi_0}{dt} = -N_1\omega\Phi_m\cos\omega t = 2\pi f_1 N_1\Phi_m\sin(\omega t - 90°) = E_{1m}\sin(\omega t - 90°)$$

$$e_2 = -N_2\frac{d\Phi_0}{dt} = -N_2\omega\Phi_m\cos\omega t = 2\pi f_1 N_2\Phi_m\sin(\omega t - 90°) = E_{2m}\sin(\omega t - 90°)$$

其对应的有效值分别为

$$E_1 = \frac{E_{1m}}{\sqrt{2}} = \frac{\omega N_1\Phi_m}{\sqrt{2}} = \frac{2\pi N_1\Phi_m}{\sqrt{2}} = 4.44 f_1 N_1\Phi_m \tag{2.3}$$

$$E_2 = \frac{E_{2m}}{\sqrt{2}} = \frac{\omega N_2\Phi_m}{\sqrt{2}} = \frac{2\pi N_2\Phi_m}{\sqrt{2}} = 4.44 f_1 N_2\Phi_m \tag{2.4}$$

其对应的向量表达式为

$$\dot{E}_1 = -4.44 f_1 N_1\Phi_m \tag{2.5}$$

$$\dot{E}_2 = -4.44 f_1 N_2\Phi_m \tag{2.6}$$

由此可见，一、二次感应电动势的大小与电源频率、绕组匝数及主磁通最大值成正比，且在相位上滞后主磁通 90°。

（2）漏磁电动势。

变压器一次绕组的漏磁通 $\Phi_{1\sigma}$ 也将在一次绕组中感应产生一个漏磁电动势 $e_{1\sigma}$。根据前面的分析，同样可得出

$$\dot{E}_{1\sigma} = -j\sqrt{2}\pi f_1 N_1\dot{\Phi}_{1\sigma} = -j4.44 f_1 N_1\dot{\Phi}_{1\sigma} \tag{2.7}$$

从物理意义上讲，漏电抗反映了漏磁通对电路的电磁效应。由于漏磁通的主要路径是非铁磁物质，磁路不会饱和，漏磁路是线性的，漏磁路的磁导是常数，因此对已制成的变压器，漏电感 $L_{1\sigma}$ 为一常数，当频率 f_1 一定时，漏电抗也是常数 $X_1 = \omega_1 L_{1\sigma}$。

（3）空载运行时的电动势和电压比。

变压器空载运行电磁关系如下：

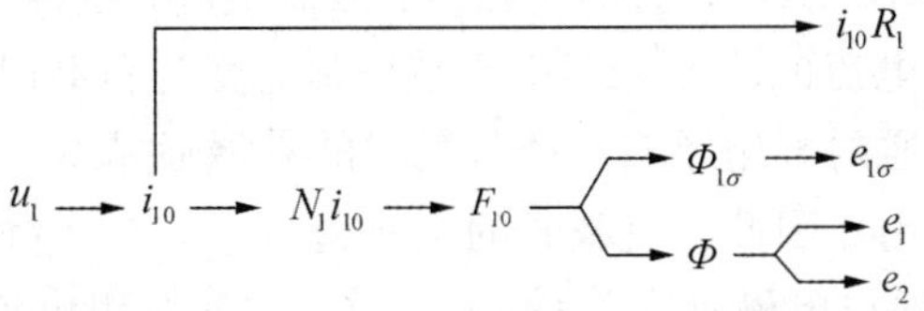

变压器一、二次绕组的电平衡方程式为

$$\begin{cases} u_1 = -e_1 = +N_1 \dfrac{\mathrm{d}\Phi}{\mathrm{d}t} \\ u_2 = -e_2 = +N_2 \dfrac{\mathrm{d}\Phi}{\mathrm{d}t} \end{cases} \tag{2.8}$$

若不计漏磁通，按上图所规定各量正方向，由基尔霍夫第二定律可列出一、二次绕组的电压平衡方程式：

$$u_1 = i_0 R_1 - e_1 = i_0 R_1 + N_1 \frac{\mathrm{d}\Phi}{\mathrm{d}t}$$

$$u_{20} = e_2 = -N_2 \frac{\mathrm{d}\Phi}{\mathrm{d}t}$$

式中：R_1 为一次绕组的电阻，u_{20} 为二次侧空载电压，即开路电压，一般 $i_0 R_1$ 很小，忽略不计时 $u_1 \approx -e_1$，则

$$\left[\frac{u_1}{u_2}\right] = \frac{e_1}{e_2} = \frac{N_1}{N_2} = K \tag{2.9}$$

调节一、二次侧匝数即可达到变压目的。

2. 变压器的负载运行

1）变压器负载运行时的物理情况

变压器的一次绕组加上电源电压 u_1，二次绕组接上负载阻抗 Z_L，如图 2.9 所示，即变压器投入了负载运行。

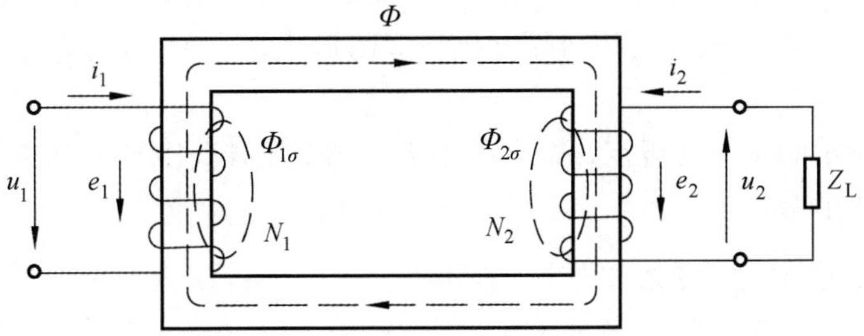

图 2.9　变压器负载运行示意图

变压器空载运行时一次绕组由空载电流 i_0 建立了空载时的主磁通。当二次绕组接上负载阻抗 Z_L 时，在 e_2 的作用下，二次绕组流过负载电流 i_2，并产生二次绕组磁动势 $F_2 = N_2 i_2$。根据楞次定律，该磁动势力图削弱空载时的主磁通，因而引起 e_1 的减小。由于电源电压 u_1 不变，所以 e_1 的减小会导致一次电流的增加，即由空载电流 i_0 变为负载时电流 i_1，其增加的磁动势用以抵消 $N_2 i_2$ 对空载主磁通的去磁影响，使负载时的主磁通基本回升至原来空载时的数值，使得电磁关系达到新的平衡。因此，负载时的主磁通由一、二次绕组的磁动势共同建立。

变压器负载运行时，通过电磁感应关系，将一次、二次绕组电流紧密地联系在一起，i_2 的增加或减小必然同时引起 i_1 的增加或减小；相应地，二次绕组输出功率的增加或减小，必然同时引起一次绕组输入功率的增加或减小，这就达到了变压器通过电磁感应传递能量的目的。

2）变压器负载运行的基本方程式

（1）磁动势平衡方程式。

变压器负载运行时，一次电流由空载时的 i_0 变为负载时的 i_1，由于一次绕组漏阻抗 Z_1 较小，因此一次绕组漏阻抗压降 $I_1 Z_1$ 也仅为（3%～5%）U_{1N}，当忽略不计时，有 $U_1 \approx E_1$，故当电源电压 U_1 和频率 f_1 不变时，产生 E_1 的主磁通 Φ_m 也应基本不变，即从空载到负载的稳定状态，主磁通基本不变。所以负载时建立主磁通所需的合成磁动势 $F_1 + F_2$ 与空载时所需的磁动势 F_0 也应基本不变，即有磁动势平衡方程：

$$\dot{F}_0 = \dot{F}_1 + \dot{F}_2 \tag{2.10}$$

$$N_1 \dot{I}_0 = N_1 \dot{I}_1 + N_2 \dot{I}_2 \tag{2.11}$$

将上式两边除以 N_1 并移项，便得

$$\dot{I}_1 = \dot{I}_0 + \left(\frac{-N_2}{N_1}\dot{I}_2\right) = \dot{I}_0 - \frac{\dot{I}_2}{K} = \dot{I}_0 + \dot{I}_{1L} \tag{2.12}$$

上式表明，负载时一次电流 $\dot{I}_1$ 由两个分量组成，一个是励磁电流 I_1，用于建立主磁通 Φ_m，另一个是供给负载的负载电流分量 $I_{1L} = -I_2 / K$，用以抵消二次绕组磁动势的去磁作用，保持主磁通基本不变。由于变压器空载电流 I_0 很小，为方便分析问题，常忽略不计，则式（2.13）可近似表示为 $I_1 \approx -I_2 / K$。表明，I_1 与 I_2 相位上相差接近 180°，考虑数值关系时，有

$$\frac{I_1}{I_2} \approx \frac{N_2}{N_1} = \frac{1}{K} \tag{2.13}$$

（2）电动势平衡方程式。

根据前面的分析可知，负载电流 I_2 通过二次绕组时也产生漏磁通 $\Phi_{2\sigma}$，相应地产生漏磁电动势 $e_{2\sigma}$。类似 $e_{1\sigma}$ 的计算，$e_{2\sigma}$ 也可用漏抗压降的形式来表示，即 $\dot{E}_{2\sigma} = -j\dot{I}_2 X_2$。二次绕组漏阻抗 Z_2 的压降为 $I_2 Z_2$。

参照图 2.7 所示的正方向规定，根据基尔霍夫第二定律，变压器在负载时的一次绕组、二次绕组的电动势平衡式为

$$\dot{U}_1 = -\dot{E}_1 + \dot{I}_1 Z_1 \tag{2.14}$$

$$\dot{U}_2 = \dot{E}_2 - \dot{I}_2 Z_2 \tag{2.15}$$

综上所述，可得到变压器负载时的基本方程式

$$\begin{cases} N_1\dot{I}_0 = N_1\dot{I}_1 + N_2\dot{I}_2 \\ \dot{U}_1 = -\dot{E}_1 + \dot{I}_1 Z_1 \\ \dot{U}_2 = \dot{E}_2 - \dot{I}_2 Z_2 \\ E_1 = KE_2 \\ \dot{U}_2 = \dot{I}_2 Z_\text{L} \end{cases} \tag{2.16}$$

第三节　变压器的连接组别及运行特性

一、变压器的连接组别

变压器的同一相高、低压绕组都是绕在同一铁心柱上，并被同一主磁通链绕，当主磁通交变时，在高、低压绕组中感应的电势之间存在一定的极性关系。要正确连接变压器的绕组就必须确定其极性关系，即变压器的连接组别。

1. 变压器绕组的同名端

在任何瞬间，变压器的原、副边绕组电势极性相同的两个对应的端点，称为同名端或同极性端，通常用标记“·”或“*”表示。

在使用变压器或其他磁耦合线圈时，经常会遇到两个绕组或线圈同名端的正确连接问题。当接法正确时，两个绕组所产生的磁通方向相同，磁通在铁心中互相叠加。如接法错误，则两个绕组所产生的磁通方向相反，它们在铁心中互相抵消，使铁心中的合成磁通为零，在每个绕组中也就没有感应电势产生，相当于短路状态，会把变压器烧毁。因此，同名端的判定是相当重要的，其判定方法如下：

1）对两个绕向已知的绕组

当电流从两个同极性端流入（或流出）时，铁心中所产生的磁通方向是一致的。如图 2.10 所示，1 端和 3 端为同名端，电流从这两个端点流入时，它们在铁心中产生的磁通方向相同。同样可判断图 2.10 中的两个绕组，则 1 端和 4 端为同名端。

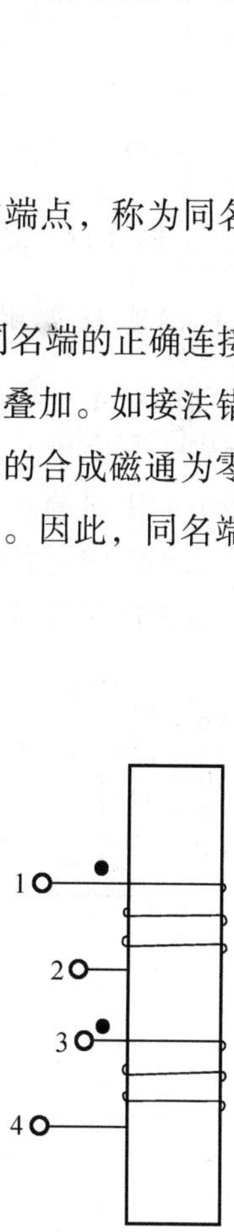

图 2.10　绕向已知的绕组

2）对一台已经制成的变压器

无法从外部观察其绕组的绕向，因此无法辨认其同名端，此时可用实验的方法进行测定。测定的方法有交流法和直流法两种。

（1）交流法。

将一、二次绕组各取一个接线端连接在一起，如图 2.11 中的 2 和 4，并在一个绕组上（图中为 N_1 绕组）加一个较低的交流电压 u_{12}，再用交流电压表分别测量 u_{12}、u_{13}、u_{34} 各值，如果测量结果为：$u_{13} = u_{12} - u_{34}$，则说明 N_1、N_2 组为反极性串联，故 1 和 3 为同名端。如果 $u_{13} = u_{12} + u_{34}$，则 1 和 4 为同名端。

（2）直流法。

用 1.5 V 或 3 V 的直流电源，按图 2.12 所示连接，直流电源接在高压绕组上，而直流毫伏表接在低压绕组两端。当开关 S 合上的一瞬间，如毫伏表指针向正方向摆动，则接直流电源正极的端子与接直流毫伏表正极的端子为同名端。

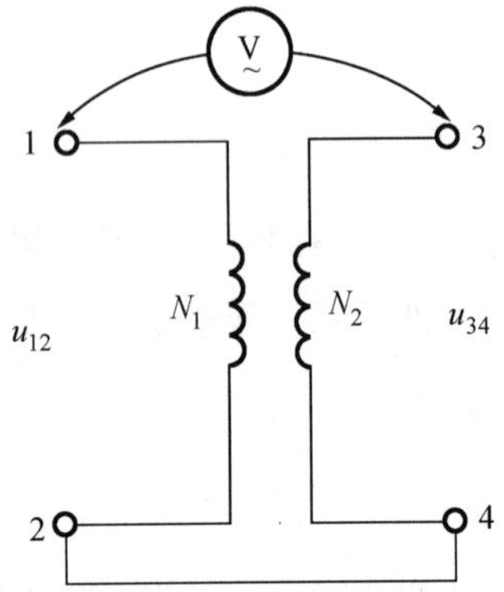

图 2.11 交流法测定同名端

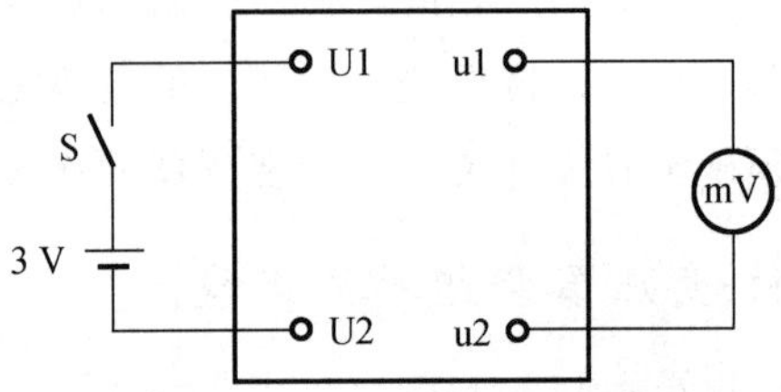

图 2.12 直流法测定同名端

2. 单相变压器的连接组别

国家标准规定：单相变压器的高压绕组出线端，以大写字母 A、X 标志，而低压绕组的出线端则以小写字母 a、x 标志，其中 A、a 表示绕组的首端，X、x 表示绕组的末端。

把绕组的出线端分为首端和末端并标上字母的这种标志方法，有两种标法：一是把变压器高、低压绕组的同名端标为首端，如图 2.13 中的（a）和（d）；一是把变压器高、低压绕组的非同名端标为首端，如图 2.13 中的（b）和（c）。

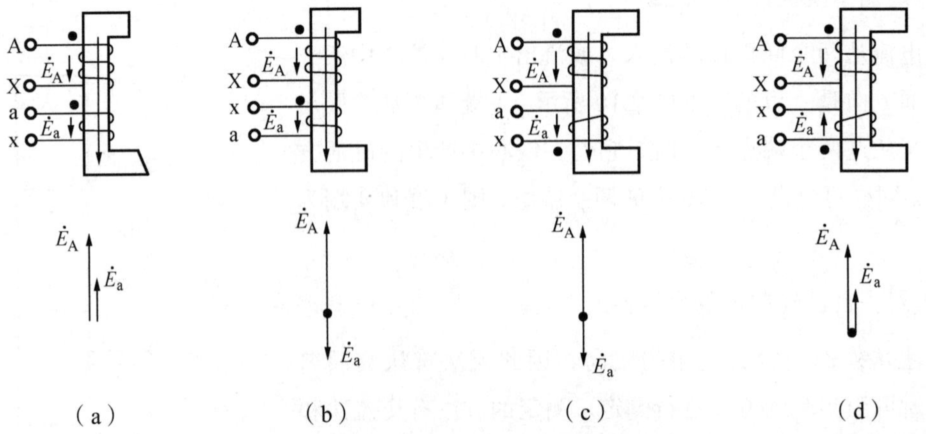

图 2.13 高、低压绕组相电势相位关系的标志方法

规定用首端指向末端的电势 $\dot{E}_{AX}$ 和 $\dot{E}_{ax}$ 来比较两个绕组感应电势的相位关系，为了简单用 $\dot{E}_A$ 表示 $\dot{E}_{AX}$，用 $\dot{E}_a$ 表示 $\dot{E}_{ax}$。从图中 4 种情况可见，原边绕组和副边绕组的感应电势 $\dot{E}_A$ 和 $\dot{E}_a$ 可以同相也可以反相，这取决于它们的绕向及如何标志首末端。如果把原边绕组和副边绕组的同名端标为首端，则 $\dot{E}_A$ 和 $\dot{E}_a$ 同相；如果把原边绕组和副边绕组的非同名端标为首端，则 $\dot{E}_A$ 和 $\dot{E}_a$ 反相。

变压器的连接组别用时钟表示法来确定。即，把高压绕组电势 $\dot{E}_A$ 当作时钟面上的长针并指向 12 点，把低压绕组电势 $\dot{E}_a$ 当作时钟面上的短针，短针指向钟面上的哪个数字，该数字就为变压器连接组别的标号。例如，图 2.13 中（a）和（d）所示的单相变压器连接组别的标号是“0”（$\dot{E}_A$ 和 $\dot{E}_a$ 都指向 12 点，其相位差是零），用 I，I0 表示；图 2.13 中（b）和（c）所示的单相变压器连接组别的标号是“6”（$\dot{E}_A$ 指向 12 点，$\dot{E}_a$ 指向 6 点，其相位差是 $6\times30°=180°$），用 I，I6 表示。其中 I，I 表示高、低压绕组都是单相，后面的数字表示高、低压绕组电势的相位关系。对单相变压器而言只有相电势的相位关系，所以单相变压器的连接组别只有 I，I0 和 I，I6 两种。

二、变压器的运行特性

电力系统的用电负载是经常发生变化的，负载变化所引起的变压器输出电压（副绕组的端电压）的变化程度，既与负载的大小和性质（电阻性，电感性，电容性和功率因数的大小）有关，又与变压器本身的性质有关。只有了解变压器的输出电压随负载变化的规律，才能适应不同负载的需要，对变压器的输出电压进行必要的调整，保证供电质量。对负载来说，变压器相当于电源。对一个电源，它的效率随负载变化而变化的，效率是变压器运行时的经济指标。

1. 变压器的电压变化率和外特性

1）电压变化率

电压变化率是指在一次绕组端电压保持为额定，负载功率因数为常数，空载与负载时二次绕组端电压的代数差值与二次侧额定电压的比值，即

$$\Delta U\%=\frac{U_{N2}-U_2}{U_{N2}}\times100\%=\frac{\Delta U}{U_{N2}}\times100\%=\frac{U_{20}-U_2}{U_{N2}}\times100\% \tag{2.17}$$

2）变压器的外特性

由于变压器内部存在电阻和漏电抗，因此负载运行时，当负载电流流过二次侧时，变压器内部将产生阻抗压降，使二次侧端电压随负载电流的变化而变化，这种变化关系可用变压器的外特性来描述。变压器的外特性是指一次侧的电源电压 U_1 和二次侧负载的功率因数 $\cos\varphi_2$ 均为常数时，二次侧端电压 U_2 随负载电流变化的规律，即 $U_2=f(I_2)$，如图 2.14 所示。

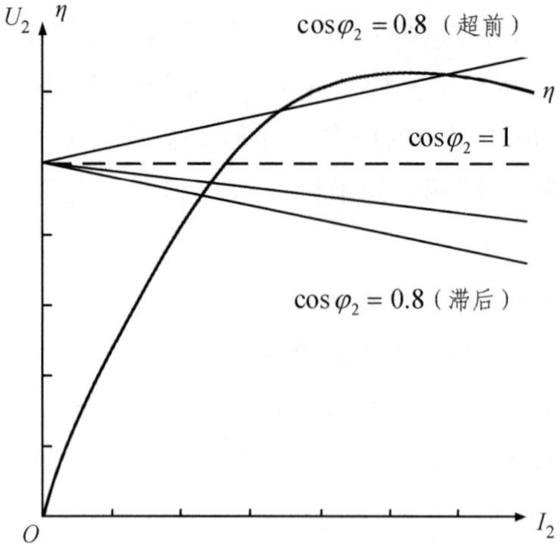

图 2.14　变压器的外特性

由图 2.14 可知，变压器的副边端电压 U_2 的大小不仅与负载电流 I_2 有关，而且还与负载的功率因数 $\cos\varphi_2$ 有关。

2. 变压器的损耗

变压器在传递能量过程中会产生损耗，其损耗包括铁损耗和原、副绕组的铜损耗两部分。

1）铜损耗

变压器的绕组都有一定的电阻，当电流流过绕组时就要产生绕组损耗，称为铜损耗，即铜耗 p_{Cu}。铜耗的大小取决于负载电流和绕组电阻的大小，因而是随负载的变化而变化，故称之为可变损耗。

2）铁损耗

由于铁心中的磁通是交变的，所以在铁心中要产生磁滞损耗和涡流损耗，统称为铁心损耗，即铁耗 p_{Fe}。铁耗的大小与硅钢片材料的性质、磁通密度的最大值、硅钢片厚度及交变率等有关。在其他因素不变的情况下，铁耗与 U_1 成正比，因此当电源电压 U_1 一定时，铁耗基本上可认为是恒定的，故称之为不变损耗，它与负载电流的大小和性质无关。

由于变压器空载时空载电流 I_0 很小，因此空载时的绕组损耗很小，可以忽略不计，所以空载损耗主要是铁心损耗，即 $P_0=p_{\mathrm{Fe}}$。

3. 变压器的效率特性

变压器运行时将产生损耗。变压器的损耗分为铜耗和铁耗，每一类又包括基本损耗和杂散损耗。其中铁耗可视为不变损耗。基本铜耗是指电流流过绕组时所产生的直流电阻损耗。杂散铜耗主要是指漏磁场引起电流集肤效应，使绕组的有效电阻增大所增加的铜耗，以及漏磁场在结构部件中所引起的涡流损耗等。

$$P_1=P_2+p_{\mathrm{Cu}}+p_{\mathrm{Fe}}=P_2+\sum p \tag{2.18}$$

变压器的输入有功功率为 P_1，输出功率为 P_2，总损耗功率为 $\sum p$

$$P_2 = P_1 - \sum p$$

所以

$$\eta = \frac{P_2}{P_1} = \frac{P_2}{P_2 + \sum p} = \frac{P_1 - \sum p}{P_1} = 1 - \frac{\sum p}{P_1}$$

变压器的效率与负载电流之间的关系，称为效率特性，如图 2.14 所示。当铜耗等于铁耗，即可变损耗等于不变损耗，效率最高。因变压器无转动部分，一般效率都很高，大多数在 95%以上。大型变压器可达 99%。变压器的效率一般用间接法测量。即测出各种损耗，再计算效率。

第四节　变压器的等效电路及参数测定

一、变压器的等效电路

用一个既能正确反映变压器内部电磁过程，又便于工程计量的纯电路来代替实际的变压器，这种电路称为等效电路。要得到变压器的等效电路，需要先进行变压器的折算。通过折算使变压器的基本方程得到简化，便可以找到与简化后的基本方程相对应的变压器的等效电路。

1. 变压器的折算

变压器的折算就是指假设用一个和原边绕组具有相同匝数 N_1 的等效副边绕组，去代替具有匝数 N_2 的实际副边绕组。折算前变压器的变压比为 $K = \dfrac{N_1}{N_2}$，折算后变压器的变压比为 $K = \dfrac{N_1}{N_1} = 1$。

如果折算前，实际副边绕组的电流、电势、电阻、漏抗和阻抗分别用 I_2、E_2、R_2、$X_{2\sigma}$ 和 $Z_{2\sigma}$ 表示，负载电阻、电抗和阻抗分别用 R_L、X_L 和 Z_L 表示。折算后，等效副边绕组的电流、电势、电阻、漏抗和阻抗分别用 I_2'、E_2'、R_2'、$X_{2\sigma}'$ 和 $Z_{2\sigma}'$ 来表示，负载电阻、电抗和阻抗分别用 R_L'、X_L' 和 Z_L' 表示，则折算前后的关系可用下列方法确定。

因折算前后副边绕组的磁势保持不变，即

$$I_2 N_2 = I_2' N_1$$

则

$$I_2' = \frac{I_2}{K} \tag{2.19}$$

因折算前后副边绕组回路上的视在功率保持不变，即

$$I_2E_2 = I_2'E_2'$$

$$I_2U_2 = I_2'U_2'$$

则

$$E_2' = KE_2 \quad (2.20)$$

$$U_2' = KU_2 \quad (2.21)$$

因折算前后副边绕组回路上的有功功率、无功功率保持不变，即

$$I_2^2R_2 = I_2'^2R_2'$$

$$I_2^2R_L = I_2'^2R_L'$$

$$I_2^2X_{2\sigma} = I_2'^2X_{2\sigma}'$$

$$I_2^2X_L = I_2'^2X_L'$$

则

$$R_2' = K^2R_2 \quad (2.22)$$

$$R_L' = K^2R_L \quad (2.23)$$

$$X_{2\sigma}' = K^2X_{2\sigma} \quad (2.24)$$

$$X_L' = K^2X_L \quad (2.25)$$

应用式（2.20）~式（2.25），可以把实际副边绕组回路上的各个量折算为等效副边绕组回路上的量，也可以反过来，把等效副边绕组回路上的量折回到实际副边绕组回路上去。

变压器的折算只是分析变压器的一种方法，通过折算可以把原边绕组和副边绕组之间复杂的电磁关系转换为等效的电的关系，从而能简化变压器的基本方程，画出变压器的等效电路。

2. 变压器的等效电路

经折算后，变压器的基本方程变为

$$\dot{U}_1 = -\dot{E}_1 + \dot{I}_1Z_{1\sigma} \quad (2.26)$$

$$\dot{U}_2' = \dot{E}_2' - \dot{I}_2'Z_{2\sigma}' \quad (2.27)$$

$$\dot{E}_1 = \dot{E}_2' \quad (2.28)$$

$$\dot{I}_1 + \dot{I}'_2 = \dot{I}_0 \tag{2.29}$$

$$\dot{E}_1 = -\dot{I}_0 Z_m \tag{2.30}$$

$$\dot{U}'_2 = \dot{I}'_2 Z'_{2L} \tag{2.31}$$

根据以上经折算后的变压器的基本方程，可以找到与其对应的等效电路，如图 2.15 所示。

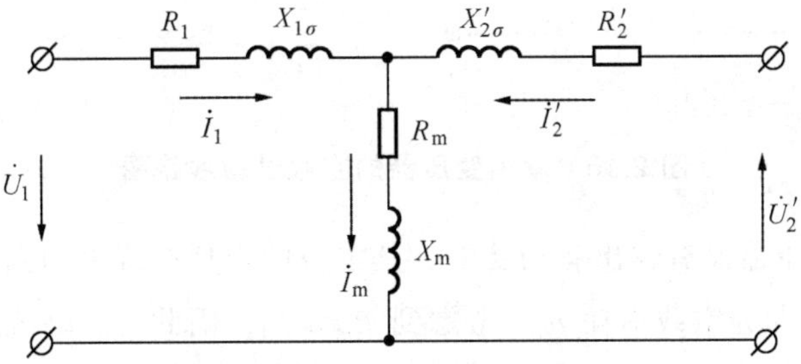

图 2.15　变压器的等效电路

图中　R_1——与变压器原边绕组的铜耗相对应的电阻；

$X_{1\sigma}$——与变压器原边绕组的漏磁通相对应的漏电抗；

R'_2——与变压器副边绕组的铜耗相对应的经折算后的电阻；

$X'_{2\sigma}$——与变压器副边绕组的漏磁通相对应的经折算后的漏电抗；

R_m——与变压器的铁损耗相对应的励磁电阻；

X_m——与变压器的主磁通相对应的励磁电抗。

采用等效电路能够等效地反应变压器的运行情况。例如，励磁支路中流过励磁电流 $\dot{I}_0$，它用来产生主磁通，以便产生感应电势 $\dot{E}_1 = \dot{E}'_2$；$\dot{E}'_2\dot{I}'_2$ 表示原边绕组通过电磁感应传送给副边绕组的电磁功率，它是变压器进行能量转化的枢纽；R_1 和 R'_2 上消耗的功率表示原边绕组电阻和副边绕组电阻的铜损耗；$\dot{U}_1\dot{I}_1$ 和 $\dot{U}'_2\dot{I}'_2$ 分别表示变压器的输入功率和输出功率。

二、变压器的参数测定

利用变压器等效电路分析其性能时，要用到变压器的参数 R_1、$X_{1\sigma}$、R'_2、$X'_{2\sigma}$、R_m 和 X_m，这些参数的大小直接影响到变压器的运行性能。要得到变压器的参数，可以有两种办法：一种是根据变压器所使用的材料、结构尺寸等，通过设计计算得到；另一种是，对已经制造出来的变压器，通过试验的方法来测定。

1. 变压器的空载试验

通过变压器的空载试验可以求得变比、空载电流、空载损耗以及等效电路中的励磁阻抗 Z_m，从而判断铁心的质量和线圈质量。图 2.16 是一台单相变压器的空载试验线路图。变压器的二次侧开路，在一次侧加以不同的外施电压 U_1，分别测出它所对应的 U_{20}、I_0、p_0。

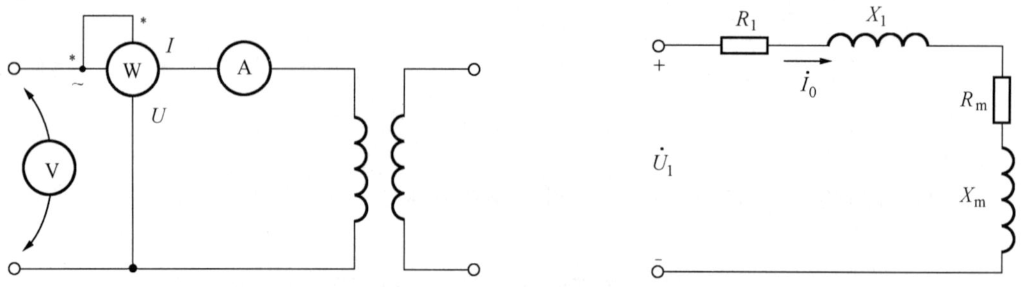

（a）接线图　　（b）等效电路

图 2.16　单相变压器的空载试验线路图

空载试验时，变压器没有输出有功功率，其本身的损耗有绕组的铜耗 $I_0^2R_1$ 及铁心中的铁耗 $I_0^2R_m$，这两项之和即为空载损耗 p_0。考虑到 $R_m \gg R_1$，因此可忽略绕组的铜耗，近似认为只有铁耗 $p_{Fe}=p_0$。于是从等效电路可知，变压器空载时的总阻抗为

$$Z_0 = Z_1 + Z_m \approx Z_m = R_m + jX_m \tag{2.32}$$

这样，根据空载试验测量的数据，就可计算出单相变压器的参数。

励磁阻抗

$$Z_m = \frac{U_1}{I_0} \tag{2.33}$$

励磁电阻

$$R_m = \frac{p_0}{I_0^2} \tag{2.34}$$

励磁电抗

$$X_m = \sqrt{Z_m^2 - R_m^2} \tag{2.35}$$

应该注意，以上的计算是对单相变压器进行的。如求三相变压器的参数，必须采用每相值，即根据每一相的空载损耗、相电压、相电流来计算，变比也应取相电压比。

必须指出，由于磁路饱和的原因，空载电流、铁心损耗以及励磁阻抗均随电压大小而变化。为了使测量出的参数符合变压器的实际运行情况，应该用额定电压下测量的数据进行计算；空载试验一般是在低压侧进行的，故所测得的励磁参数是折算到低压侧的数值。

2. 变压器的短路试验

根据变压器的短路试验可以求得变压器的负载损耗 p_s 和短路阻抗 Z_s。图 2.17 是变压器的短路试验线路图，短路试验也可以在任何一侧做，但由于短路试验时电流较大，可达到额定电流，而所加电压 U_s 很低，因此通常是将高压线圈接至电源，而将低压线圈直接短路。

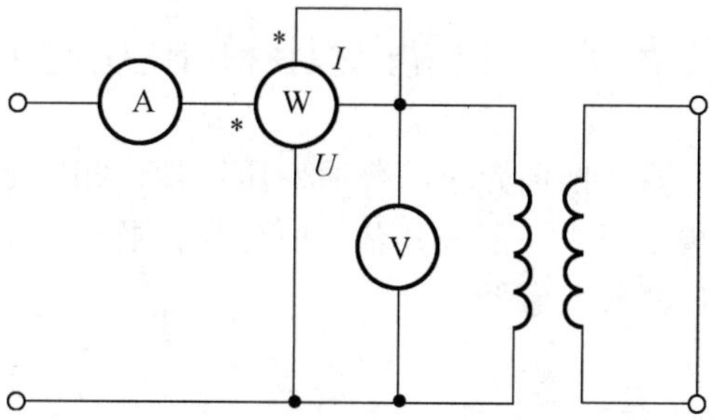

图 2.17 单相变压器短路试验线路图

短路试验时调节外施电压，使电流在 0 ~ 1.3 倍额定电流范围内变化，从而读取不同电压时的短路电流 I_s 和短路损耗 p_s 的值。由于此时铁心中主磁通很小，因而变压器的励磁电流和铁耗均可忽略不计，从电源输入的功率 p_s 等于铜耗，亦称为负载损耗。根据测取的 U_s、I_s、p_s 的数值，可算出下列短路参数：

短路阻抗

$$Z_s = \frac{U_s}{I_s} = \frac{U_s}{I_N} \tag{2.36}$$

短路电阻

$$R_s = \frac{p_s}{I_s^2} = \frac{p_s}{I_N^2} \tag{2.37}$$

短路电抗

$$X_s = \sqrt{Z_s^2 - R_s^2} \tag{2.38}$$

如同空载试验一样，对于三相变压器，必须根据一相的负载损耗、相电压、相电流来计算短路参数。

短路试验时，使短路电流为额定电流时一次侧所加的电压，称为短路电压，即 $U_{sN} = I_{sN} Z_{s75\,°C}$，它为额定电流在短路阻抗上的压降，亦称作阻抗电压。

短路电压通常以额定电压的百分值来表示，即

$$u_s(\%) = \frac{U_{sN}}{U_{1N}} \times 100\% = \frac{I_{1N} Z_{s75\,°C}}{U_{1N}} \times 100\% \tag{2.39}$$

短路电压（阻抗电压）的大小直接反映短路阻抗的大小，而短路阻抗直接影响变压器的运行性能。所以正常运行时希望它小些，这样负载变化时副边电压波动小，但从短路故障的角度，又希望阻抗电压大些，以限制短路电流。一般中、小型变压器的 U_s 为 4% ~ 10.5%，大型变压器为 12.5% ~ 17.5%。

第五节 自耦变压器和互感器

随着工业的不断发展，除了前面介绍的普通变压器外，相应地出现了适用于各种用途的特殊变压器，虽然种类和规格很多，但是其基本原理与普通双绕组变压器相同或相似，本节主要介绍较常用的自耦变压器和互感器。

一、自耦变压器

前面叙述的变压器，其一、二次绕组是分开绕制的，它们虽装在同一铁心上，但相互之间是绝缘的，即一、二次绕组之间只有磁的耦合，而没有电的直接联系，这种变压器称为双绕组变压器。如果把一、二次绕组合二为一，使二次绕组成为一次绕组的一部分，这种只有一个绕组的变压器称为自耦变压器，如图 2.18 所示。

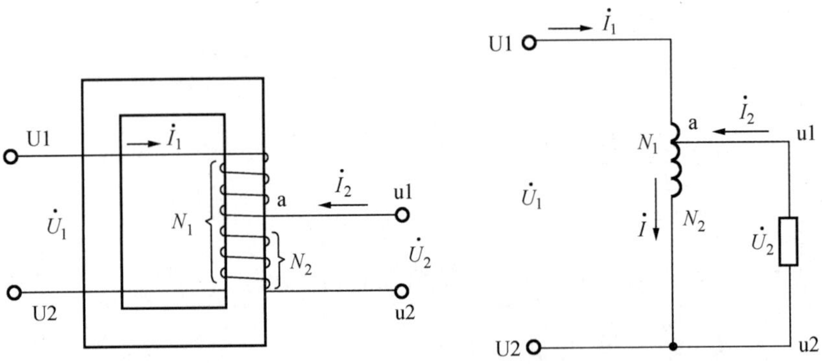

图 2.18 自耦变压器工作原理

自耦变压器的一、二次绕组之间除了有磁的耦合外，还有电的直接联系。自耦变压器可节省铜和铁的消耗量，从而减小变压器的体积、质量，降低制造成本，且有利于大型变压器的运输和安装。在高压输电系统中，自耦变压器主要用来连接两个电压等级相近的电力网，作联络变压器之用。在实验室常用具有滑动触点的自耦调压器获得可任意调节的交流电压。此外，自耦变压器还常用作异步电动机的起动补偿器，对电动机进行降压起动。

如果把自耦变压器的抽头做成滑动触点，就可构成输出电压可调的自耦变压器。为了使滑动接触可靠，这种自耦变压器的铁心做成圆环形，其上均匀分布绕组，滑动触点由碳刷构成，由于其输出电压可调，因此称为自耦调压器，其外形和原理电路如图 2.19 所示。

自耦变压器的一次绕组匝数 N_1 固定不变，并与电源相连，一次绕组的另一端点 U_2 和滑动触点 a 之间的绕组 N_2 就作为二次绕组。当滑动触点 a 移动时，输出电压 U_2 随之改变，这种调压器的输出电压 U_2 可低于一次绕组电压 U_1，也可稍高于一次绕组电压。如实验室中常用的单相调压器，一次绕组输入电压 $U_1 = 220$ V，二次绕组输出电压 $U_2 = 0 \sim 250$ V。

在使用时，要注意：

（1）一、二次绕组的公共端 U2 或 u2 接中性线（零线），U1 端接电源相线（火线），u1 端和 u2 端作为输出。

（2）必须注意自耦调压器在接电源之前，必须把手柄转到零位，使输出电压为零，以后再慢慢顺时针转动手柄，使输出电压逐步上升。

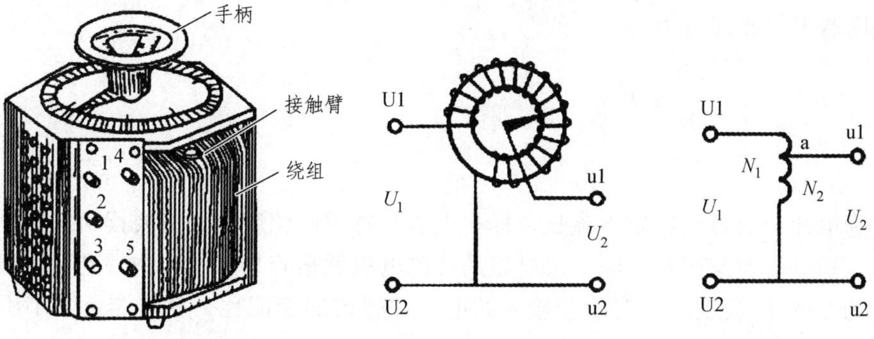

（a）外形图　　（b）电路原理图

图 2.19　自耦调压器

自耦变压器有单相的也有三相的。与讨论双绕组电力变压器一样，对单相自耦变压器运行时电磁关系等的分析方法及结论，也适用于对称运行的三相自耦变压器的每一相。

二、互感器

电工仪表中的交流电流表一般可直接用来测量 5 ~ 10 A 以下的电流，交流电压表可直接用于测量 450 V 以下的电压。而在实践中有时往往需测量几百、几千安的大电流及几千、几万伏的高电压，此时必须加接互感器。

互感器是作为测量用的专用设备，分电流互感器和电压互感器两种，它们的工作原理与变压器相同。

使用互感器的目的：一是为了测量人员的安全，使测量回路与高压电网相互隔离；二是扩大测量仪表（电流表及电压表）的测量范围。互感器除用于交流电流及交流电压的测量外，还用于各种继电保护装置的测量系统，因此互感器的应用很广，下面分别介绍。

1. 电流互感器

在电工测量中用来按比例变换交流电流的仪器称为电流互感器。

电流互感器的基本结构形式及工作原理与单相变压器相似，它也有两个绕组：一次绕组串联在被测的交流电路中，流过的是被测电流 I_1，它一般只有一匝或几匝，用粗导线绕制；二次绕组匝数较多，与交流电流表（或瓦时计、功率表）相接，如图 2.20 所示。

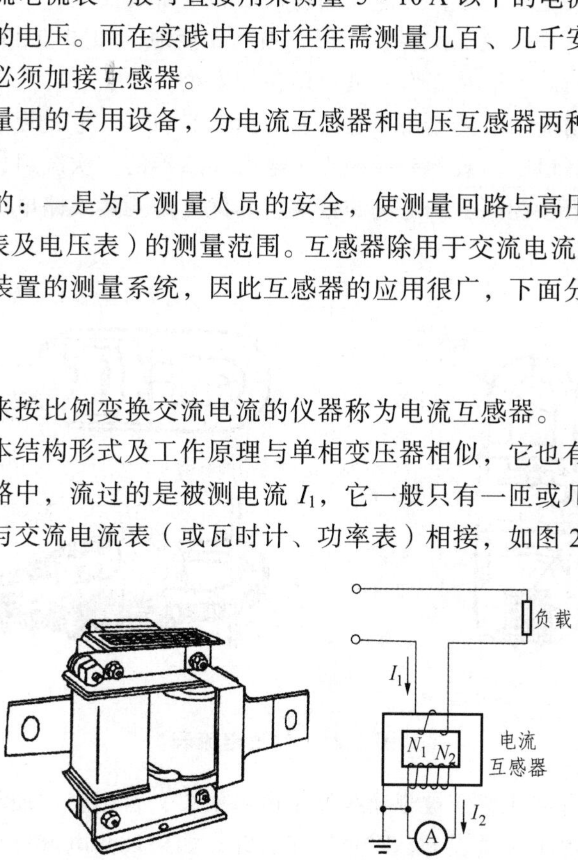

（a）外形图　　（b）电路原理图

图 2.20　电流互感器

由变压器工作原理可得

$$\left.\begin{array}{l}\dfrac{I_1}{I_2}=\dfrac{N_2}{N_1}=K_\mathrm{I}\\ I_1=K_\mathrm{I}I_2\end{array}\right\} \tag{2.40}$$

K_I称为电流互感器的额定电流比，标在电流互感器的铭牌上，只要读出接在电流互感器二次线圈一侧电流表的读数，则一次电路的待测电流就很容易从上式中得到。一般二次电流表用量程为 5 A 的仪表。只要改变接入的电流互感器的变流比，就可测量大小不同的一次电流。

在实际应用中，与电流互感器配套使用的电流表已换算成一次电流，其标度尺即按一次电流分度，这样可以直接读数，不必再进行换算。例如按 5 A 制造的但与额定电流比 600/5 A 的电流互感器配套使用的电流表，其标度尺即按 600 A 分度。

使用电流互感器时必须注意以下事项：

（1）电流互感器的二次绕组绝对不允许开路。因为二次绕组开路时，电流互感器处于空载运行状态，此时一次绕组流过的电流（被测电流）全部为励磁电流，使铁心中的磁通急剧增大，一方面使铁心损耗急剧增加，造成铁心过热，烧损绕组；另一方面将在二次绕组感应出很高的电压，可能使绝缘击穿，并危及测量人员和设备的安全。

（2）电流互感器的铁心及二次绕组一端必须可靠接地，如图 2.20（b）所示，以防止绝缘击穿后，电力系统的高压危及工作人员及设备的安全。

利用互感器原理制造的便携式钳形电流表如图 2.21 所示。它的闭合铁心可以张开，将被测载流导线嵌入铁心窗口中，被测导线相当于电流互感器的一次绕组，铁心上绕二次绕组，与测量仪表相连，可直接读出被测电流的数值。其优点是测量线路电流时不必断开电路，使用方便。

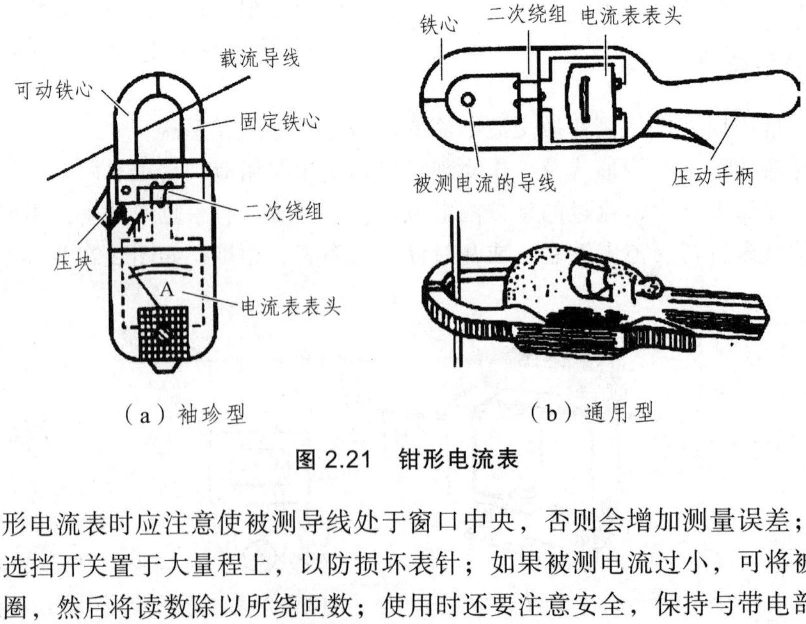

（a）袖珍型　　（b）通用型

图 2.21 钳形电流表

使用钳形电流表时应注意使被测导线处于窗口中央，否则会增加测量误差；不知电流大小时，应将选挡开关置于大量程上，以防损坏表针；如果被测电流过小，可将被测导线在钳口内多绕几圈，然后将读数除以所绕匝数；使用时还要注意安全，保持与带电部分的安全距离，如被测导线的电压较高时，还应戴绝缘手套和使用绝缘垫。

与变压器一样，式 $I_1 = K_1 I_2$ 仅是一个近似计算公式，即用电流互感器进行电流测量时存在一定的误差，根据误差的大小，电流互感器分下列各级：0.2、0.5、1.0、3.0、10.0。如 0.5 级的电流互感器表示在额定电流时，测量误差最大不超过 ± 0.5%。电流互感器精确度等级越高，测量误差越小，但价格越贵。

2. 电压互感器

在电工测量中用来按比例变换交流电压的仪器称为电压互感器，如图 2.22 所示。

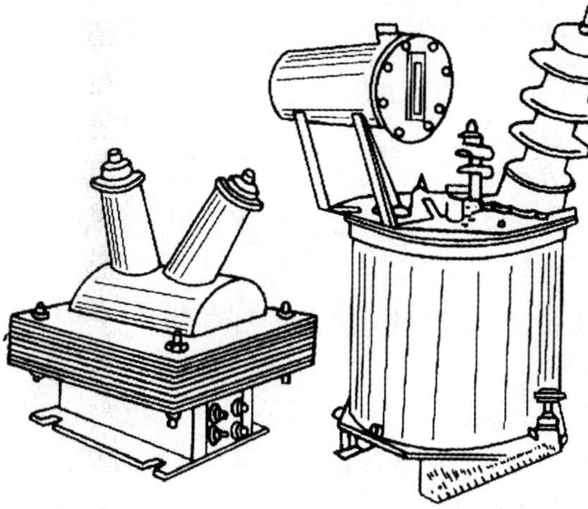

（a）外形图

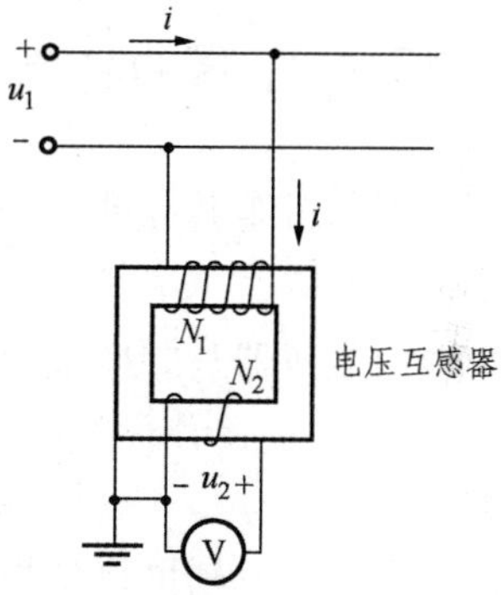

（b）电路原理图

图 2.22 电压互感器

电压互感器的基本结构形式及工作原理与单相变压器很相似。它的一次绕组（一次线圈）匝数为 N_1，与待测电路并联；二次绕组（二次线圈）匝数为 N_2，与电压表并联。一次电压为 U_1，二次电压为 U_2，因此电压互感器实际上是一台降压变压器，其变压比 K_u 为

$$K_u = \frac{U_1}{U_2} = \frac{N_1}{N_2} \tag{2.41}$$

K_u 常标在电压互感器的铭牌上，只要读出二次电压表的读数，一次电路的电压即可由上式得出。一般二次电压表均用量程为 100 V 的仪表。只要改变接入的电压互感器的变压比，就可测量高低不同的电压。在实际应用中，与电压互感器配套使用的电压表已换算成一次电压，其标度尺即按一次电压分度，这样可以直接读数，不必再进行换算。例如按 100 V 制造但与额定电压比 10 000/100 V 的电压互感器配套使用的电压表，其标度尺即按 10 000 V 分度。

使用电压互感器时必须注意以下事项：

（1）电压互感器的二次绕组在使用时绝不允许短路。如二次绕组短路，将产生很大的短路电流，导致电压互感器烧坏。

（2）电压互感器的铁心及二次绕组的一端必须可靠接地，如图 2.22（b）所示，以保证工作人员及设备的安全。

（3）电压互感器有一定的额定容量，使用时二次绕组回路不宜接入过多的仪表，以免影响电压互感器的测量精度。

第六节　牵引变压器的特点及基本结构

牵引变压器（又称主变压器），是交流电力机车上的一个重要的电器设备，用来将接触网上取得的 25 kV 高压电降为机车各电路所需的电压。牵引变压器的工作原理与普通单相降压电力变压器基本相同，但由于其工作条件特殊，特别是为了满足机车调压、整流电路的特殊要求，牵引变压器在设计及结构形式上均有自身的特点。

一、牵引变压器的特点

牵引变压器与机车其他部件相比，体积大、质量重，一般都安装在机车中部，一部分在车体底架下。

机车用牵引变压器与普通电力变压器相比，其特点大致可归纳为：

1. 绕组多

为满足机车调压及辅助设备用电的需要，牵引变压器除网侧高压绕组外，二次侧低压绕组有：牵引绕组、辅助绕组、励磁绕组及采暖绕组等多个绕组，有的绕组还有多个抽头。为保证各绕组之间耦合程度适当，有些绕组还需交叉布置，这就给绕组的绕制和装配带来一定的难度。

2. 电压波动范围大

我国干线电气化铁道接触网的额定电压为 25 kV，即允许电网电压在 19 ~ 29 kV 范围内波动，这就要求牵引变压器的铁心和绕组绝缘结构的设计应留有足够的裕量，磁路的磁通密度不能过高，以满足高网压下正常工作的要求。

3. 负载变化大

随着机车运行条件的变化，牵引变压器的负载变化范围是很大的，这就要求牵引变压器应能承受较大的负载变化，并具有一定的过载能力，以保证机车的可靠运行。

4. 耐振动

机车运行中产生的冲击和振动将不可避免地要传给牵引变压器，这就要求牵引变压器的各个部件应具有足够的机械强度，所有连接紧固件应有防松装置。

5. 对阻抗电压要求高

因牵引变压器二次侧绕组有较高的短路故障概率，故绕组抽头间的阻抗电压不能太小，以满足机车对调压整流电路和短路保护的要求。

6. 质量轻，体积小，用铜多

为满足机车总体布置及减轻自重的需要，牵引变压器与同容量的电力变压器相比，应具有较轻的质量和较小的体积。这就要求牵引变压器在设计上采用铜导线、高磁导率的冷轧硅钢片，强迫油循环冷却；工艺上采用真空干燥、真空注油等措施，来减轻质量和缩小体积。由于变压器绕组多、容量大，故用铜量特别多，通常，一般电力变压器的铜重与铁重之比为 1∶4 左右，而牵引变压器的这个比值一般为 1∶2，有的甚至达到 1∶1。用铜量多不但使牵引变压器造价高，而且还使冷却困难，冷却器庞大，这对变压器的轻量化是不利的。

二、牵引变压器的基本结构

牵引变压器的基本结构由器身、油箱、保护装置、冷却系统和出线装置等组成。牵引变压器的器身包括：铁心、绕组（线圈）、器身绝缘和引线装置等。

1. 铁　心

铁心的作用是构成变压器的闭合磁路，同时也是支撑绕组及引线装置的机械骨架。因此，要求铁心必须具有良好的导磁性能和足够的机械稳定性。

铁心由心柱、铁轭和夹紧装置组成，其中，套装绕组（线圈）的部分叫心柱；连接心柱构成闭合磁路的部分叫铁轭；夹紧装置用来夹紧心柱和铁轭，以构成坚实的整体，并借以支撑和压紧绕组，固定引线。为了减小铁心中的磁滞和涡流损耗，心柱和铁轭均采用高磁导率的冷轧硅钢片叠装而成。TBQ 系列牵引变压器的铁心多数采用 0.35 mm 厚的 DQ151-35 晶粒有取向冷轧硅钢片。

牵引变压器的铁心结构形式主要有心式和壳式两类。心式铁心通常为垂直放置，圆筒形的高、低压绕组同心地套装在心柱上，使绕组包围心柱。为了充分利用绕组的内圆空间，心柱截面常为外接圆形的多级阶梯形；为使磁通在铁轭中分布均匀，铁轭截面最好与心柱截面相同，但为了使夹紧装置及绝缘零件等结构简化，铁轭截面一般都采用矩形或倒多级梯形。心式铁心结构简单，并具有绕组装配及绝缘处理比较容易、短路时绕组机械稳定性好等优点。因此，心式铁心是目前应用最广泛的结构形式。国产 TBQ 系列牵引变压器大多采用图 2.24 所示的单相二柱式心式叠铁心。

2. 绕　组

绕组是牵引变压器最关键的部件，为了保证变压器安全可靠地运行，变压器绕组必须具有足够的电气强度、耐热强度、机械强度和良好的散热条件，使变压器既能在额定工作条件下长期使用，又能经受住过渡过程中（如短路、雷击、操作等）产生的过电压、过电流以及相应的电磁力的作用，不致发生绝缘击穿、过热、变形或损坏。

1）绕组的结构形式

绕组的结构形式分为同心式和交叠式两种。同心式绕组是将变压器的高、低压绕组绕成直径不同的圆筒形，套装在同一个铁心柱上，如图 2.23 所示。它具有结构简单、制造方便的特点，是最常用的一种绕组形式。按绕制方式不同，同心式绕组又分为圆筒式、螺旋式、连续式和纠结式等基本形式。交叠式绕组都做成饼式绕组，高、低压绕组互相交错叠放，易于构成多条并联支路，主要用于壳式变压器和特种变压器（如电焊、电炉变压器）中。

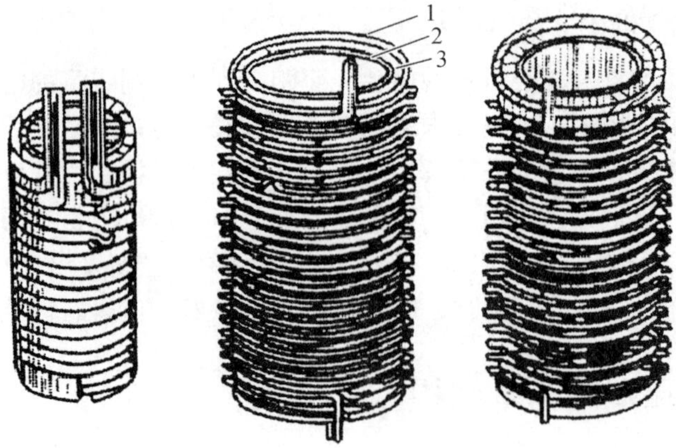

（a）圆筒式　　（b）螺旋式　　（c）连续式

图 2.23　同心式绕组

1—绝缘端圈；2—绝缘纸筒；3—绝缘撑条

变压器绕组根据容量大小、电压高低和使用条件的不同，选用不同的结构形式。牵引变压器中常用的同心式绕组有以下几种形式。

（1）筒式绕组。圆筒式绕组又称层式绕组，是同心式绕组中最简单的一种形式。通常用单根或几根扁导线或圆导线绕制而成，同层线匝相互紧靠，沿绕组轴向排列。圆筒式绕组分为单层、双层、多层 3 种。单层和双层绕组一般用作低压绕组，用 1 ~ 6 根导线直接在绕线模或绝缘纸筒上并联绕制；多层绕组用作高压绕组，层间用电缆纸及绝缘撑条隔开，构成轴向油道，以改善散热条件。圆筒式绕组绕制方便，但端部支撑的稳定性较差。TBQ8 型牵引变压器的辅助绕组为单层圆筒式绕组；8K 型电力机车牵引变压器的高压绕组为多层圆筒式绕组。

（2）螺旋式绕组。螺旋式绕组通常由沿绕组幅向重叠排列的多根扁导线并绕而成，每一线饼只有一匝，整个绕组像螺纹一样绕制下去，故称为螺旋式。匝间垫有绝缘垫块，形成径向油道，固定在绝缘纸筒上的撑条间构成轴向油道，如图 2.23（b）所示。螺旋式绕组按并列绕制的线圈数目的不同，又有单列、双列和四列螺旋绕组之分。螺旋式绕组的机械强度高、冷却条件好、并联导线多，但匝数较少，常用作大电流的低压绕组。TBQ8 牵引变压器的牵引绕组（大桥）就采用双螺旋绕组；TBQ4 型牵引变压器的牵引绕组采用四螺旋绕组。

（3）连续式绕组。连续式绕组是由单根或多根（一般不超过 4 根）并联扁导线先沿绕组径向串联绕制数匝，构成一个线段（又称线饼），然后采用特殊的“翻线法”使绕制连续过渡到下一个线段，用这种方法绕制的若干个串联线段就成了连续式绕组，如图 2.23（c）所示。连续式绕组的绕制技术要求较高，且费工时，但它的机械强度高，冷却条件好，能在较大范围内适应容量和电压的要求，一般用于大容量变压器中作高压或中压绕组，例如，TBQ 系列牵引变压器中的网侧高压绕组均采用连续式绕组。

（4）双饼式绕组。双饼式绕组的绕制方法与连续式绕组基本相似，它是以两个连续式线段为一组，组成一个双饼。各双饼绕组在套装到心柱上后，再根据需要把它们之间并联或串联焊接起来。因此，采用双饼式绕组可使绕组具有较多的抽头，一般用作特种变压器及壳式变压器的绕组。

2）绕组的绕向

绕组的线匝环绕方向称为绕向，绕组的绕向分为左绕向和右绕向两种。

左绕向：指从起绕头由上往下看，若线匝环绕方向为逆时针方向，则为左绕向，如图 2.24（a）所示。

右绕向：指从起绕头由上往下看，若线匝环绕方向为顺时针方向，则为右绕向，如图 2.24（b）所示。

判别绕组的绕向非常重要，绕组绕向不同，则绕组的极性也不相同，如果绕组绕向判别错误，那么绕组经过串联或并联之后，绕组间预期的电势极性关系必然也是错误的，不是电压输出不正确，就是绕组因短路而烧损。

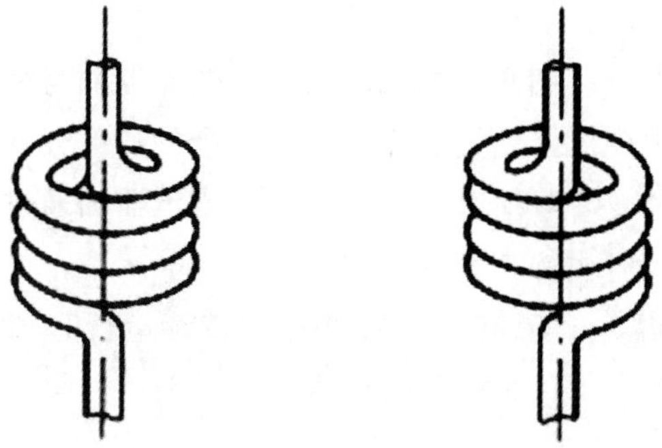

（a）左绕向　　（b）右绕向

图 2.24　绕组的绕向

3）绕组的排列

绕组排列方式主要应从阻抗电压大小、出线方便程度及绝缘结构的合理性等方面综合考虑。对于同心式排列的三绕组变压器，一般将低压绕组靠近铁心柱布置，因它与铁心所需的绝缘距离较小，有利于缩小绕组尺寸；带有较多抽头的低压绕组布置在最外面，便于抽头的引出和连接；高压绕组位于两个低压绕组之间，形成低-高-低排列方式，以减少阻抗电压。

3. 油　箱

油箱是油浸式牵引变压器的外壳，变压器的器身放在充满变压器油的油箱内。对油箱的基本要求是：在保证内部必要的绝缘距离条件下，尽可能减小体积，以节约用油；应具有必要的真空强度，以便在检修时能利用油箱进行真空干燥；油箱外部各种附件的布置应便于安装和维护。

变压器的器身放在充满变压器油的油箱中。由于牵引变压器与平波电抗器共用油箱，下油箱形状如凸字形，大腔用于安装牵引变压器的器身，小腔用于安装平波电抗器。两腔之间设置一块铝板，用以隔磁。上油箱的上部有箱沿，用以安装储油柜。在上油箱安装有信号温度计。

4. 保护装置

变压器油是从石油中提炼出来的优质矿物油。在油浸式变压器中，变压器油既是一种绝缘介质，又是一种冷却介质。因此，对变压器油的要求是：介质绝缘强度高、黏度低、闪点高、凝固点低、酸值低、灰粉等杂质及水分少。变压器油中只要含少量水分和杂质就会使绝缘强度大为降低（含 0.004%水分时，绝缘强度降低约 50%）。此外，变压器油在较高温度下长期与空气中的氧接触时会逐渐老化，在油中生成不传热的悬浮物，堵塞油道，并使酸值增加，绝缘强度降低，这对变压器的安全运行是十分不利的。

为了减缓变压器油受潮或老化的程度，使油能较长久地保持良好状态，在 TBQ 系列牵引变压器上专门设置了下列几种保护装置：

1）储油柜（油枕）

储油柜安装在箱盖的上方。储油柜的功能为减小变压器油与空气接触的面积，减缓变压器油的老化过程；当油箱中变压器油受热膨胀时，多余的那部分变压器油进入并储存在储油柜里；当油箱中的变压器油变冷收缩时，储油柜中的变压器油通过油管和蝶阀进入油箱，并把油箱填满，使油箱在任何时候都充满变压器油。

对储油柜要求：在高温（+40 °C）并在变压器持续运行时，油不溢出储油柜；在低温（−25 °C）且变压器不工作时，储油柜中应有油。

2）油位表

储油柜侧壁上有玻璃管油位表，玻璃管中有一个空心的红色玻璃球，用以指示油位。

3）吸湿器

吸湿器安装于储油柜与大气之间，当储油柜内的油面上升时，柜内油位上部空间的部分空气经过吸湿器排向大气；当储油柜内的油面下降时，柜内油位上部空间的空气压力下降，大气中的空气经吸湿器吸湿后进入储油柜，以减小大气中的水分对变压器油的影响。

TBQ 系列牵引变压器均采用吊式吸湿器，其主体为一玻璃管，内盛 1.5 kg 用氯化钴浸渍过的变色硅胶作为吸湿剂，其下部罩内有变压器油作空气杂质过滤剂。空气经罩与座之间的间隙进出，使空气干净。变色硅胶在干燥时呈蓝色，吸收潮气后呈粉红色。当玻璃管内有 2/3 的硅胶呈粉红色时，硅胶就应进行干燥处理或更换。

4）信号温度计

信号温度计是用来测量和监视牵引变压器的上层油温的。TBQ 系列牵引变压器上装有一只 WTZ-288 型信号温度计（TBQ19 型采用两只 Pt100 电阻温度计），当油温达到限值指针位置时，接点接通电路，发出警告信号。

5）油流继电器

油流继电器装在油联管中，用来监视变压器油循环状态是否正常。当潜油泵正常运行时，油流继电器的常开接点闭合，可显示油循环正常信号。另外，还可观察玻璃面板内的指针摆动位置，判断油循环是否正常。油流继电器外壳的材质为铝质。

油流继电器动作原理：动板置于油联管内，当油联管内的油流达到一定值时，动板被冲动，使传动轴旋转。其上的磁钢（永久磁铁）带动隔着薄壁的另一块磁钢（永久磁铁）转动。于是常闭接点打开，常开接点闭合，发出正常工作的信号。同时，指针直观地偏转 55°，显示油流正常。如果油流减少到一定程度，动板借弹簧作用返回，带动指针回零，同时常闭接点闭合，常开接点打开，表示油流异常。

6）压力释放阀

压力释放阀装在油箱壁上。变压器在运行中，因外电路或变压器内部有故障，出现很大的短路电流时，过高的热量使变压器油迅速气化，变压器内部压力升高。在压力升高到 70 kPa 时，压力释放阀口在 2 ms 内迅速打开，排出的气体和油流沿管路排到车下。当恢复正常时，阀口关阀。

5. 冷却系统

牵引变压器运行中产生的所有损耗将转变为热能，使各部件的温度升高，当牵引变压器温升超过规定的限值，将使绝缘损坏，直接影响牵引变压器的使用寿命（20 ~ 30 年）。因此，牵引变压器必须具有相应的散热能力。

TBQ 系列牵引变压器在保证内部散热能力良好的同时，其外部冷却采用了强迫导向油循环风冷式冷却系统，该系统分油路和风路两部分。

冷却系统的油路为：热油从油箱上部出油口抽出进入潜油泵的进油口，经冷却器冷却后，打入油箱底部，冷油先冷却牵引变压器的铁心、绕组，然后冷却平波电抗器的绕组、铁心。此后冷油进入上油箱，在冷却 4 台滤波电抗器后进入潜油泵的进油口，如此反复循环。

冷却系统的风路：冷却柜上部安装有通风机。冷却风从车体侧墙（或车顶）吸入后，先进入冷却柜内的铝冷却器，然后进入通风机，最后从车底排出。

6. 绝缘和引线装置

油浸式变压器的内部绝缘分为主绝缘和纵绝缘两类，主绝缘是指绕组（或引线）对地及对其他绕组（或引线）之间的绝缘；纵绝缘则指同一绕组不同部位之间的绝缘。绝缘结构尺寸，特别是主绝缘尺寸将直接影响变压器的质量和外形尺寸，以及阻抗电压、损耗等性能数据。

对于同心式绕组的主绝缘广泛采用油隔板绝缘结构，TBQ 系列牵引变压器的绕组与心柱、不同绕组之间的隔板为 4 ~ 5 mm 厚的酚醛纸筒，绕组均匀绕在酚醛纸筒上，并且绕组与油箱、铁心以及不同绕组之间必须有足够的绝缘距离（油隙）。绕组不同部位间的纵绝缘由垫块、撑条构成的轴向、径向油道组成。牵引变压器的器身绝缘结构除了要保证足够的绝缘强度外，还应满足绕组散热的要求。

绕组引线均用裸铜排制成，引线与绕组出头的焊接采用电阻焊接。由于铜是加速变压器油氧化的催化剂，故引线表面要覆盖一层绝缘漆作保护层。所有绕组引线均通过引线支架固定在器身上。

牵引变压器各绕组的引线从油箱内引至油箱外时，必须采用出线装置，以便使带电的导线与接地的油箱绝缘。TBQ 系列牵引变压器的出线装置多数采用复合瓷绝缘套管。

第七节 TBQ 系列牵引变压器的基本结构

SS 系列电力机车使用 TBQ 系列牵引变压器，其型号意义为：T 为铁路机车用；B 为变压器；Q 为牵引；数字为设计序号；“-” 后为容量。例如，SS_9 型电力机车牵引变压器的型号为 TBQ12-8668/25，即表示其容量为 8 668 kV·A，电压为 25 kV。

一、TBQ12-8668/25 牵引变压器结构

SS_9 型电力机车采用 TBQ12-8668/25 牵引变压器，其主要结构有以下特点。

1. 铁 心

TBQ12-8668/25 型牵引变压器的铁心为心式结构，采用性能优良的冷轧硅钢片，硅钢片厚度为 0.3 mm。为降低铁损，硅钢片叠积时按两片一叠交替进行。

2. 绕 组

TBQ12-8668/25 型牵引变压器的电路原理如图 2.25 所示，共有高压绕组，牵引绕组（包括基本绕组和调压绕组），辅助绕组（含辅助 1、辅助 2、辅助 3 绕组），励磁绕组及采暖绕组等 8 种绕组。

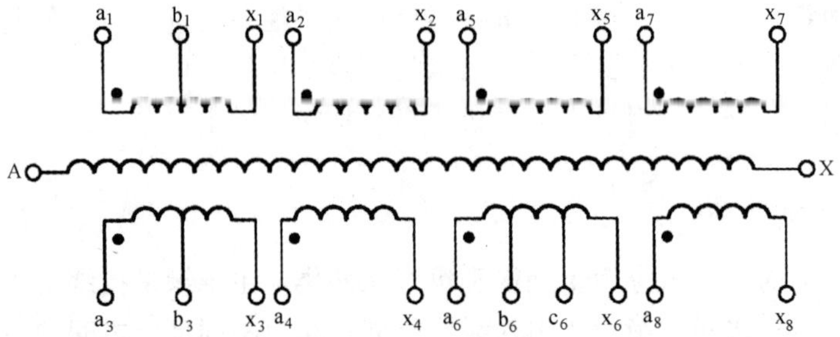

图 2.25 TBQ12-8668/ 25 型主变压器的电路原理图

1）高压绕组

牵引变压器高压绕组有两个，分别套在铁心的 A 柱及 X 柱，绕组的出头为 A、X，绕组结构特点为连续式绕组，一共 66 段，总匝数为 1 092 匝。高压绕组由接触网吸取电能，作为变压器的原边绕组，额定电压为 25 kV。

2）牵引绕组

牵引绕组用来满足机车牵引或机车电阻制动的需要，牵引绕组包括基本绕组和调压绕组，两个绕组的线圈匝数相同，电压相等。额定电压是（695.4 + 2 × 347.7）× 2 V。牵引绕组具体分为牵引内线圈及牵引外线圈两个线圈，分别对应相控方式中的大桥和小桥，牵引外线圈对应 $a_1b_1x_1$ 或 $a_3b_3x_3$，牵引内线圈对应 a_2x_2 或 a_4x_4，牵引线圈结构为螺旋式线圈，匝数为 30 匝，采用换位导线以避免由漏磁通电动势引起的环流。

3）辅助绕组

辅助绕组用来供给辅助设备用电，并通过电源柜向控制电路供电，其额定电压为399.86 V，从该绕组抽头得到 226 V 的电源，供电炉等使用。辅助绕组为连绕式线圈，每柱一层，两柱串联，中间抽头为 b6。

4）励磁绕组

励磁绕组在机车电阻制动时，向牵引电机的励磁绕组供电，额定电压是 104.3 V。励磁绕组匝数为 5 匝。

5）采暖绕组

采暖绕组为层式线圈，3 根并绕，总匝数为 38 匝。

3. 油保护装置

1）储油柜

储油柜安装在车体内，用快速接头与油箱相连。储油柜的容量应满足：在高温并在牵引变压器持续运行时，油不溢出储油柜，在低温且变压器处于不工作时，储油柜中应有油。

2）油　表

油表在储油柜上，油表旁边有刻度，这些刻度是指变压器未工作，在环境温度为 + 40 °C，+ 20 °C，－30 °C 时，储油柜里的油具有的油位，应根据油位指示调整变压器油量。

3）吸湿器

吸湿器装在储油柜上，用金属管与储油柜上部空间连接起来。当储油柜油面上升时，柜内油位上部空间的部分空气要排往大气；当储油柜内的油位下降时，柜内油位上部的空气不足，需要从大气中吸进空气，以免形成负压。这就要求在储油柜与大气中建立一个通道，这个通道必须能把进入储油柜空气的湿气除掉，这个任务由吸湿器完成。

4）Pt100 电阻温度计

Pt100 电阻温度计装在箱盖上，它是用来测量变压器邮箱中上层油温的，并有电信号送到司机室，在司机室显示屏上可显示测温。

二、TBQ8-4934/25 牵引变压器结构

SS_{4G} 型电力机车采用 TBQ8-4934/25 牵引变压器。这是一种一体化变压器，除含有牵引变压器外，还含有平波电抗器和 4 个独立磁路的滤波电抗器，它们装在一个油箱里，共用一个冷却系统。

TBQ8-4934/25 型牵引变压器由下油箱、上油箱、器身、油保护装置、冷却系统、其他附属装置等组成，器身由铁心、线圈、绝缘件组成。

1. 铁　心

牵引变压器的铁心为心式结构，采用 0.35 mm 性能优良的冷轧电工钢片叠装而成，由于该电工钢片表面覆有一层薄的氧化膜，有一定的绝缘作用，所以表面不涂漆。芯柱截面为 10

级阶梯形。为降低铁损，硅钢片接缝采用半斜接，即硅钢片的 4 个接缝中，有两个是直接缝，有两个是斜接缝，可显著减小空载损耗和空载电流。硅钢片不冲孔，采用环氧玻璃胶粘带绑扎。铁心用夹件夹紧，夹件与硅钢片之间有夹件油道，以作绝缘和冷却油流路径。

2. 绕　组

TBQ8-4934/25 型牵引变压器有 4 个绕组，分别为高压绕组、牵引绕组、辅助绕组和励磁绕组，其电气原理如图 2.26 所示。

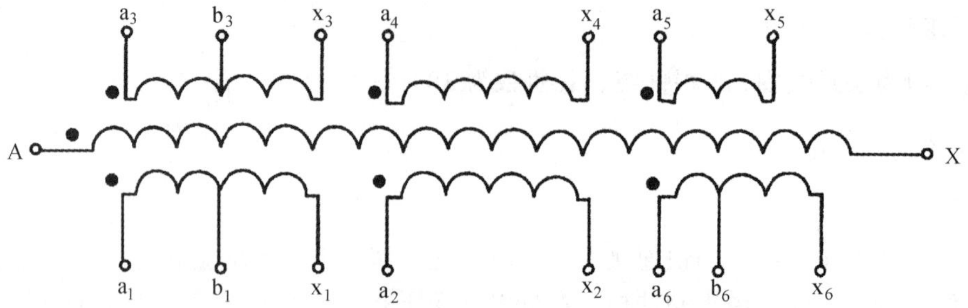

图 2.26　TBQ8-4934/25 型主变压器电气原理图

高压绕组 AX 从接触网吸取电能，作为变压器的原边绕组，额定电压为 25 kV。

牵引绕组用来满足机车牵引或机车电阻制动的需要，牵引绕组包括基本绕组 a_2x_2、a_4x_4 和调压绕组 $a_1b_1x_1$、$a_3b_3x_3$，两个绕组的线圈匝数相同、电压相等。额定电压是（695.4 + 2 × 347.7）× 2 V。

辅助绕组 $a_6b_6x_6$ 用来供给辅助设备用电，并通过电源柜向控制电路供电，绕组的额定电压为 399.86 V，从该绕绕组抽头得到 226 V 的电源，供电炉等使用。

励磁绕组 a_5x_5 在机车电阻制动时用，额定电压是 104.3 V。

高压绕组由布置在两个心柱（靠近高压绕组 A 端的称为 A 柱，另一个称为 X 柱）上的两个连续式绕组并联而成。高压绕组总匝数为 1 438 匝，A 柱绕组为左绕向，X 柱绕组为右绕向，两柱绕组并联，引线端子号为 A、X，额定电压为 25 kV。

3. 油　箱

TBQ8 系列牵引变压器的油箱箱底用 10 mm 厚钢板制成，上面焊有用来限制器身移动的 4 个定位钉，并设有放油阀。箱壁长边用 8 mm，短边用 6 mm 的钢板焊接而成，为防止变形，四周焊有一些加强钢筋板。

上油箱用钢板制成，其内壁用作安装 4 台滤波电抗器。上油箱和下油箱的箱沿间垫有直径 20 mm 的耐油圆橡胶密封圈，四周用螺栓紧固，以防漏油。上油箱装有储油柜和 1 个 WTZ.288 型信号温度计。

4. 冷却系统

TBQ8 系列牵引变压器采用独立的强迫导向油循环风冷却系统。系统中设置有 STD.1 型铝冷却器，能承受 700 kPa 的压力。

冷却油循环系通路：冷却器上部装有通风机，冷却风从车体侧墙吸入后，经通风机进入冷却器散热管后排向大气。

在平波电抗器腔内设置有多处隔板，使油流按一定路径流动，此方式为强迫导向油循环方式。

三、平波电抗器

平波电抗器是串接在牵引电机回路中的电感装置，可用来减少整流电流的脉动，改善牵引电机的换向条件。对于交-直流传动的电力机车，由于整流器输出电压是一个脉动电压，在整流电路中必然产生脉动电流，这种脉动电流会影响牵引电动机的换向。因此，在牵引电机回路中串联另外的电抗装置，改善牵引电机的换向，减少整流电流的脉动，这个装置称平波电抗器，

平波电抗器的基本结构为铁心和绕组。

1. 铁　心

铁心构成平波电抗器的磁路。由硅钢片叠成，硅钢片的牌号为 DW465-50。芯柱截面为 8 级，近似圆形。芯柱的中间部分做成分段，段间有气隙垫块。铁轭做成矩形；上、下铁轭和分段铁心之间用不锈钢制的拉螺杆紧固。

2. 绕　组

平波电抗器绕组多采用连续式，每个绕组匝数为 136 匝，用换位导线绕制。平波电抗器组装后进行整体浸漆处理。

第八节　JQFP 系列牵引变压器的基本结构

HXD 型电力机车采用 JQFP 系列牵引变压器，将 25 kV 的接触网电压变换为机车所需的各种低电压，以满足电力机车各种电机电器工作需要。

一、JQFP2-9006/25（DL）牵引变压器结构

HXD3 型电力机车装有一台 JQFP2-9006/25（DL）牵引变压器，采用下悬式安装，强迫导向油循环风冷方式，牵引变压器总质量 13 t。牵引变压器与冷却装置分开布置。

1. 牵引变压器特点

（1）变压器采用心式卧放结构，A 级绝缘，普通矿物油。

（2）高阻抗绕组结构，使变压器内部空间漏磁场很强，大量采用无磁结构件。

（3）油箱采用钢板加磁屏蔽的方式，避免漏磁干扰外部信号。

（4）线圈导线采用 Nomex 纸绝缘，具有耐热等级高、机械强度大的特点。

（5）全铝板翅式冷却器，两路油循环系统。

（6）高压套管采用 NEXANS 公司的高压端子，在低压套管出线装置中采用了新型结构的出线装置，具有安装拆卸方便、可靠及使用寿命长的特点。

（7）考虑到机车的使用环境，该变压器具有抗振的特点。

（8）将经常需要检测及保养的部件装配在机车的两侧，以便于进行维护保养、检查。

（9）将大电流的低压出线装置与牵引变流器按顺序安装，使其连线最短。

（10）变压器油采用氮气密封保护，使油不与外界环境相通，防止其劣化。

2. 主要技术数据

型号 ………………………………………… JQFP2-9006/25（DL）

机车网压范围 ………………………………… 17.2 ~ 31.3 kV

频率 50 Hz

联络组 ………………………………………… I，I0

形状尺寸 ……………………… 3 060 mm × 2 760 mm × 1 475 mm

安装方式 ………………………………………… 车体下悬挂式

冷却方式 ………………………………………… 强迫油循环风冷

空载电流 ………………………………………… 0.16%

空载损耗 ………………………………………… 2 600 W

负载损耗 ………………………………………… 224 W

总质量 ………………………………………… 13 000 kg

3. 结 构

JQFP2-9006/25（DL）型牵引变压器由油箱、器身、油保护装置、冷却系统、其他附属装置等组成。器身由铁心、绕组、绝缘件组成。通风机、冷却器安装在车体台架的上方。高压绕组的高压端子安装在油箱壁上，其余端子都安装在油箱箱盖上，其外形如图 2.27 所示。

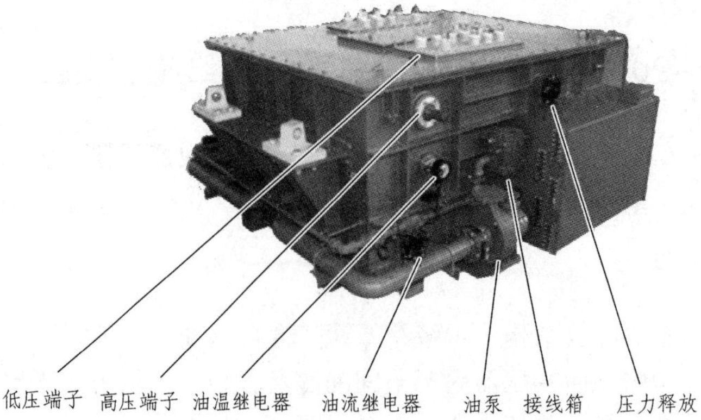

图 2.27 JQFP2-9006/25（DL）牵引变压器外形

1）铁　心

牵引变压器铁心为对拉螺杆心式结构，主要组成部分是对拉螺杆、上夹件、下夹件、硅钢片等。上、下夹件由不锈钢板焊接而成，为提高刚度，腹板和肢板之间焊有增强筋。2 个上夹件之间和 2 个下夹件之间除了用穿心螺杆连接之外，在两端各有构件衔接。这就提高了夹件的刚度，不易变形。铁心采用斜缝铁心结构，由 0.30 mm 厚的 30P105 有取向冷轧硅钢片叠成，芯柱采用多级近似圆形的截面，直径 285 mm。铁轭也采用多级近似圆形的截面，涂漆。夹件与硅钢片之间有夹件油道，以作为绝缘和冷却油流路径。

2）绕　组

牵引变压器有 3 种线圈：高压线圈、牵引线圈、辅助线圈。为满足高阻抗的要求，变压器采用心式结构，层式线圈，导线采用 Nomex 纸绕包。高压线圈分别布置在两个柱上，8 个线圈互相并联。牵引线圈采用多根导线并联，牵引线圈之间互不相连，互相弱耦合。

由铁心开始内侧为牵引线圈和辅助线圈，外侧为高压线圈，线圈绕在 20 mm 的绝缘筒上，整个线圈的辐向宽度为 215 mm。整个绕组不浸漆。

3）引　线

引线采用顶部电缆出线，占用空间少，电缆交叉处用绝缘纸板包扎，电流大的引线采用多根并联，可以随意弯曲，引线与端子之间采用冷压连接，操作方便，避免了焊接的麻烦。引线固定采用绝缘螺杆和绝缘螺母，拧紧后涂绝缘胶，防止松动。

4）油　箱

油箱采用钢板焊接，并采用磁屏障的方法使外泄漏限制在一定的范围内。通过 2 个吊挂座把变压器与车体底架连接起来。在油箱下部装有 $\phi 15$ 活门，作为注油、滤油和放油用。油箱壁的侧面安装有压力释放阀。

油箱的两侧分别是储油柜和氮气膨胀箱，两者之间有管路连接。牵引变压器采用真空注油，并注入一定压力的氮气，通过不同的温度下氮气体积的变化来调节储油柜中油位的高低，以补充油箱中的油量，而且使变压器油不与空气接触，从而减缓变压器油的老化过程。

二、JQFP-11620/25 型牵引变压器结构

HXD3B 型电力机车是大功率交流电传动六轴干线货运用电力机车，其牵引变压器的型号为 JQFP-11620/25，牵引变压器悬挂安装于机车车底的中间，原边电压通过高压电缆由受电弓经高压电器柜连接到牵引变压器。

将需要经常检测及保养的部件装配在机车的两侧，以便于维护、保养和检查。牵引变压器采用油冷，具有温度、油流、压力等保护功能。

JQFP-11620/25 型牵引变压器采用下悬式安装方式的一体化结构，内装 1 台牵引变压器和 3 台谐振电抗器，变压器的冷却器采用强迫导向油循环风冷方式。为缩小变压器体积和节省车内空间，变压器的储油柜集成在车内的一个冷却塔里。变压器总重约 13.8 t，其中变压器油质量约 2.3 t。

1. 铁　心

HXD3B 型电力机车牵引变压器的铁心为心式结构，由 0.3 mm 厚的有取向冷轧硅钢片叠成，心柱采用多级近似圆形的截面，铁轭也为多级近似圆形截面，涂漆。夹件与硅钢片之间有夹件油道，以作为绝缘和冷却油流路径。采用强迫导向油循环冷却方式，下夹件上有油孔，从油冷却器出来的油通过油管进入油箱的集油腔，再通过下夹件的油孔，然后流向绕组。

2. 绕　组

JQFP-11620/25 牵引变压器的接线原理图如图 2.28 所示.

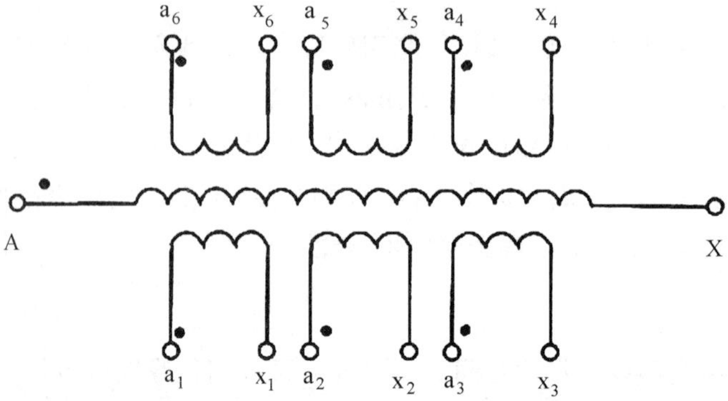

图 2.28　JQFP-11620/25 牵引变压器的接线原理图

牵引变压器采用高阻抗绕组结构，使变压器内部空间漏磁场很强，故大量采用无磁结构件。牵引变压器共有 3 种绕组：高压绕组、牵引绕组和辅助绕组。为了满足高阻抗的要求，变压器绕组采用层式线圈，线圈导线采用 Nomex 纸绝缘，具有耐热等级高、机械强度大的特点。高压绕组分别布置在 2 个柱上，8 个绕组相互并联。牵引绕组采用多根导线并联，绕组之间互不相连，相互弱耦合。

由铁心开始，内侧为牵引绕组和辅助绕组，外侧为高压绕组，绕组绕在 20 mm 的绝缘筒上，整个绕组不浸漆。各绕组主要数据如表 2.1 所示。

表 2.1　JQFP-11620/25 牵引变压器各线圈数据

参数	高压线圈 AX	牵引线圈 a_1x_1、a_2x_2、a_3x_3、a_4x_4、a_5x_5、a_6x_6	辅助线圈
额定电压/V	25 000	1 450×6	399
额定电流/A	360	966×6	759
匝数/柱	1 380×3	80×3	22
线圈数	4	3	1
并联导线数	2	15	15
线圈形式	层式	层式	层式
裸线截面积	10.72	180.15	180.15
电流密度/（A/mm^2）	5.22/3.49	5.36	4.22
直流电阻/Ω（85 °C）	5.836/8	0.013 44	0.003 66

3. 引　线

JQFP—11620/25 型牵引变压器采用顶部电缆出线，占用空间少，电缆交叉处用绝缘纸板包扎，电流大的引线采用多根并联，可以随意弯曲，引线与端子之间采用冷压连接，操作方便，避免了焊接的麻烦。

4. 油　箱

油箱采用钢板焊接，加磁屏蔽，避免漏磁干扰外部信号，在油箱下部装有活门，用于注油、滤油和放油。油箱壁的侧面安装有压力释放阀。

本章小结

变压器是一种传递电能的静止电机，由主磁通在原边绕组、副边绕组中感应出电势来传递电能。原边绕组电势的大小与电源频率、原边绕组匝数、主磁通成正比，与铁心材料和尺寸无关。当变压器原边电压一定时，无论负载是否变化，主磁通基本不变，电势的大小也基本不变。

为了把复杂的电磁场的问题转化为相对简单的电路问题，引出了励磁电阻、励磁电抗和漏电抗的概念，画出了变压器的等效电路，用等效电路作定量计算比较方便。

变压器的空载试验和短路试验是测定变压器特性的基本试验。通过空载试验可以确定变压器的铁耗、变比、空载电流和励磁电阻、励磁电抗；通过短路试验可以确定变压器额定负载时的铜耗、短路电阻、短路电抗和阻抗电压。通过试验求出变压器参数后还可计算出变压器的电压变化率和效率。

变压器的极性是相对极性，用来表示原边绕组、副边绕组中感应电势相位的关系。变压器的连接组表示变压器高压边、低压边绕组电势的相位关系。

自耦变压器原边绕组、副边绕组之间除了磁的耦合外，还有电的联系，输出功率中有一部分功率是从电源传导过来的，这是和普通变压器的根本区别。电压互感器相当于一台降压变压器的空载运行。电流互感器相当于一台升压变压器的短路运行。

牵引变压器的工作原理与一般电力变压器基本相同。其基本结构包括：器身、油箱、冷却系统、保护装置及出线装置等 5 部分。

器身由铁心、绕组、器身绝缘和引线组成，是变压器的核心部件。铁心采用单相二柱式心式结构，由导磁性能优良的冷轧硅钢片叠装而成。绕组通常包括高压绕组、牵引绕组和辅助绕组等。高压绕组均采用连续式绕组；牵引绕组多数采用螺旋式绕组。

器身放置在充满变压器油的油箱内。为加强牵引变压器的散热能力，均采用油循环风冷却系统。为了防止变压器油的老化以及监视油循环系统的工作状态，TBQ 系列牵引变压器上设置了储油柜、吸湿器、油流继电器、压力释放阀及信号温度等保护装置。

HXD3 型电力机车牵引变压器采用下悬式安装，强迫导向油循环风冷方式，牵引变压器与冷却装置分开布置。两路油循环系统。变压器油采用氮气密封保护，使油不与外界环境相通，防止其劣化。

复习思考题

一、填空题

1. 牵引变压器一般装置在电力机车的________部位，其主要部件是铁心和________。

2. 变压器折算前的变比表达式为____________，变压器折算后的变比为__________。

3. 变压器的铁心采用______________，变压器运行时铁心中的________基本上不变。

4. 变压器铁心既作为变压器的____________，又作为变压器的______________。

5. 变压器负载运行是指___________________________的状态。

6. 变压器的电压变化率的表达式为____________，电压变化率与负载大小成_______比。

7. 变压器由____________、______________、____________3大部分组成。

8. 变压器绕组是用来_________电能，分为__________绕组和__________绕组。

9. 变压器接在较高电压上的绕组称为__________或_________，接在较低电压上的绕组称为_____________或__________。

10. 电流互感器在使用时副边不许_________，电压互感器在使用时副边不许________。

11. 当变压器的不变损耗和可变损耗相等时，变压器的效率达到____________。

12. 牵引变压器除网侧高压绕组外，二次侧低压绕组有______________、______________、_____________及____________等多个绕组。

13. 牵引变压器与普通变压器相比，其特点是__________、_________、__________、耐振动、_____________、______________。

14. 变压器的空载试验一般在_________侧加外施电压，_______侧开路。根据空载试验测定的数据，可计算出变压器的励磁__________和____________。

15. 变压器的短路试验一般在___________侧加外施电压，_________侧短路。根据短路试验测定的数据，可计算出变压器的短路____________和____________。

16. 牵引变压器又称___________，是电力机车的一个重要设备，用来将接触网上取得的_____________V降为机车各电路所需的电压。

二、选择题

1. 升压变压器，一次绕组的每匝电势（　　）二次绕组的每匝电势。

A. 等于　　B. 大于　　C. 小于

2. 三相变压器二次侧的额定电压是指原边加额定电压时二次侧的（　　）电压。

A. 空载线　　B. 空载相　　C. 额定负载时的线

3. 运行中的电流互感器二次侧（　　）。

A. 不允许开路　　B. 允许开路　　C. 不允许短路

4. 变压器的变比是指（　　）。

A. 原边与次边电压之比　　B. 次边与原边电压之比

C. 原边与次边电位之比

5. 下面不属于牵引变压器保护装置的是（　　）。

A. 储油柜　　B. 油箱　　C. 吸湿器

6. SS_{4G}型电力机车牵引变压器采用的是（　　）变压器。

A. 立式　　B. 卧式　　C. 三相

7. HXD3 电力机车牵引变压器采用的是（　　）变压器。

A. 三相　　B. 立式　　C. 卧式

8. SS 型电力机车变压器的（　　）浸在变压器油里。

A. 储油柜　　B. 器身　　C. 压力继电器

9. 变压器吸湿器里面的变色硅胶在干燥时呈（　　）色。

A. 红色　　B. 粉色　　C. 蓝色

10. 变压器吸湿器里面的变色硅胶在吸收潮气后呈（　　）色。

A. 红色　　B. 粉色　　C. 蓝色

三、判断题

1. 变压器的电压变化率与它的负载大小成正比。（　　）
2. 变压器的绕组是变压器的电路部分，用来传输电能。（　　）
3. 电流互感器是一个近似短路运行的降压变压器。（　　）
4. 变压器可以改变交流电压，也可以改变直流电压。（　　）
5. HXD3 型电力机车牵引变压器采用强迫导向油循环风冷方式。（　　）
6. 变压器的铁心浸在变压器油中，将阻碍铁心的散热。（　　）
7. 变压器从电源吸收电能的绕组称为副边绕组。（　　）
8. 变压器与负载连接，给负载输送电能的绕组称原边绕组。（　　）
9. 变压器的变压比等于原边、副边绕组的匝数之比。（　　）
10. 电压互感器使用时副边不许短路。（　　）
11. 电流互感器是一个近似短路运行的单相升压变压器。（　　）
12. 电流互感器使用时副边不许开路。（　　）
13. 自耦变压器的原边绕组和副边绕组既有电的联系又有磁的联系。（　　）
14. 电流互感器串联在直流或交流电网，用于测量直流或交流电网的大电流。（　　）
15. HXD3 型电力机车牵引变压器采用下悬式安装，强迫导向油循环风冷方式。（　　）

四、简答题

1. 简述变压器的工作原理。
2. 变压器有哪些部件？各部件的作用是什么？
3. 变压器不用铁心行不行？为什么铁心要用硅钢片叠装而成？
4. 叠装铁心的硅钢片表面为什么要涂绝缘漆？
5. 为什么电力变压器的铁心与绕组通常浸在变压器油中？
6. 变压器的额定值主要有哪些？

7. 变压器空载运行时，与额定电流比较，空载电流是大还是小？为什么？
8. 自耦变压器有什么特点？
9. 使用电流互感器应注意哪些事项？
10. 电压互感器在使用中应注意哪些事项？
11. 牵引变压器一般安装在电力机车的哪个位置？
12. 牵引变压器与一般电力变压器相比较，具有哪些特点？
13. 牵引变压器的器身由哪些部件组成？。
14. TBQ 系列牵引变压器设置了哪些保护装置？分别起什么作用？
15. HXD3 型电力机车牵引变压器有何结构特点？
16. 画出 HXD3 型电力机车牵引变压器的电路原理图，说明各绕组的名称、作用。

第三章　三相异步电机的结构及运行

异步电机也称感应电机，其容量从几十瓦到几千千瓦，在国民经济的各行各业中应用极为广泛。主要应用于家用电器（如吊式电风扇、抽油烟机和洗衣机）、民用设备（如水泵、磨煤机、鼓风机和卷扬机）以及工业用机械（破碎机、轧钢机、切削机床、塔吊等）。

本章主要学习异步电动机的起动、调速、反转和制动，通过本章学习应达到以下目标：

（1）掌握三相异步电机的结构和工作原理。

（2）熟悉三相异步电动机的基本方程式和等效电路。

（3）会分析三相异步电动机的工作特性和机械特性。

（4）掌握三相异步电动机的起动、调速、反转和制动方法。

（5）了解单相异步电动机的结构和工作原理。

（6）了解劈相机的结构和工作原理，掌握劈相机的起动方法。

第一节　异步电机的基本结构、分类及铭牌

一、三相异步电机的基本结构

三相鼠笼式异步电机的结构如图 3.1 所示，它主要是由定子和转子两大部分组成，定子和转子中间是气隙。此外，还有端盖、轴承、机座、风扇等部件。三相绕线式异步电机的结构如图 3.2 所示，绕线式和鼠笼式异步电机不同，它有三相转子绕组和集电环。

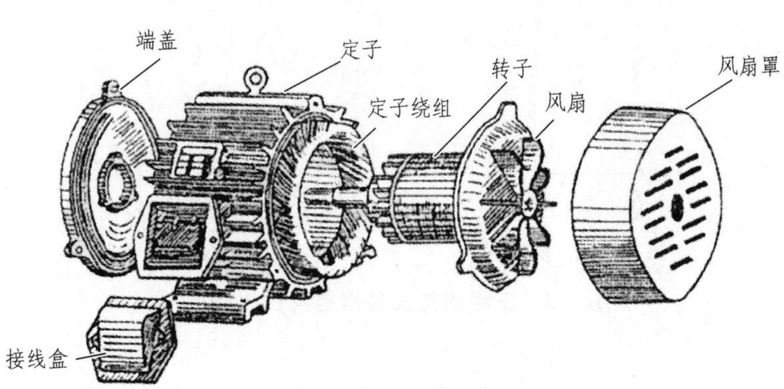

图 3.1　三相鼠笼式异步电机组成部件

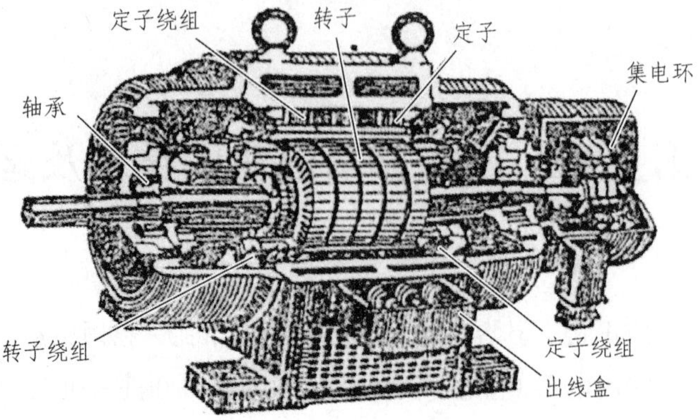

图 3.2　三相绕线式异步电机组成部件

1. 定子部分

定子部分由定子三相绕组、定子铁心和机座组成。

1）定子三相绕组

定子三相绕组是电机定子部分的电路，它是把电能转换为机械能的关键部件。一般有 6 个出线端 U_1、U_2、V_1、V_2、W_1、W_2 置于机座外侧的接线盒内。根据额定电压和电源电压的配合情况，可接成星形（Y）或三角形（△），星形接法时额定电压为 220 V，改为三角形时就可用于 380 V 的电源上。为了满足这种改接的需要，通常把三相绕组的 6 个端头都引到接线板上，如图 3.3 所示。高、中型容量的异步电动机三相绕组一般采用星形接法；小容量的异步电动机三相绕组用三角形接法。

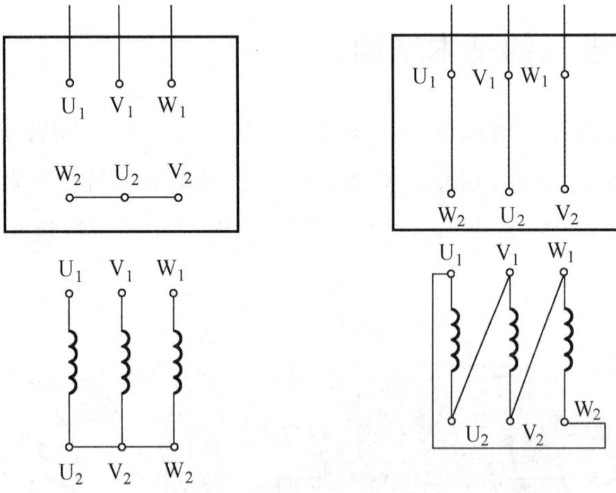

（a）Y 形接法　　（b）△形接法

图 3.3　三相鼠笼式异步电动机出线端

2）定子铁心

定子铁心是异步电机磁路的一部分，由于主磁场以同步转速相对定子旋转，为减小在铁心中引起的损耗，铁心采用 0.5 mm 厚的高导磁电工钢片叠成，电工钢片两面涂有绝缘漆以减小铁心的涡流损耗。中小型异步电机的定子铁心一般采用整圆的冲片叠成，大型异步电机的定子铁心一般采用扇形冲片拼成。在每个冲片内圆均匀地开槽，使叠装后的定子铁心内圆均匀地形成许多形状相同的槽，用以嵌放定子绕组。槽的形状由电机的容量、电压及绕组的形式而定。绕组的嵌放过程在电机制造厂中称为下线。完成下线并进行浸漆处理后的铁心与绕组成为一个整体一同固定在机座内。

3）机　座

机座又称机壳，它的主要作用是支撑定子铁心，并通过机座的底脚将电机安装固定。全封闭式电机的定子铁心紧贴机座内壁，机座外壳上的散热筋是电机的主要散热面。中、小型电机的机座一般采用铸铁制成。大型电机因机身较大浇注不便，常用钢板焊接成型。

2. 转　子

异步电机的转子部分由转子铁心、转子绕组及转轴组成。

1）转子铁心

转子铁心也是电机磁路的一部分，也是用 0.5 mm 厚的电工钢片叠成。与定子铁心冲片不同的是，转子铁心冲片是在冲片的外圆上开槽，叠装后的转子铁心外圆柱面上均匀地形成许多形状相同的槽，用以放置转子绕组。

2）转子绕组

转子绕组是异步电机电路的另一部分，其作用为切割定子磁场，产生感应电势和电流，并在磁场作用下受力而使转子转动。其结构可分为鼠笼式转子绕组和绕线式转子绕组两种类型。

鼠笼式转子绕组结构与定子绕组大不相同。在转子铁心外圆有槽，每槽内放一根导条，在铁心两端用两个端环把所有的导条都连接起来，形成自行闭合的回路。如果去掉铁心，整个绕组的形状就像一个鼠笼，如图 3.4 所示。导条与端环的材料可用铜或铝。如果是用铜的，就是事先把做好的裸铜条插入铁心槽中，再用铜端环套在两端铜条的头上，并用铜焊或银焊把它们焊在一起。对于中、小型电机一般都采用铸铝转子，是用熔化了的铝液直接浇铸在转子铁心槽内，连同端环以及风叶等一次铸成，如图 3.5 所示。

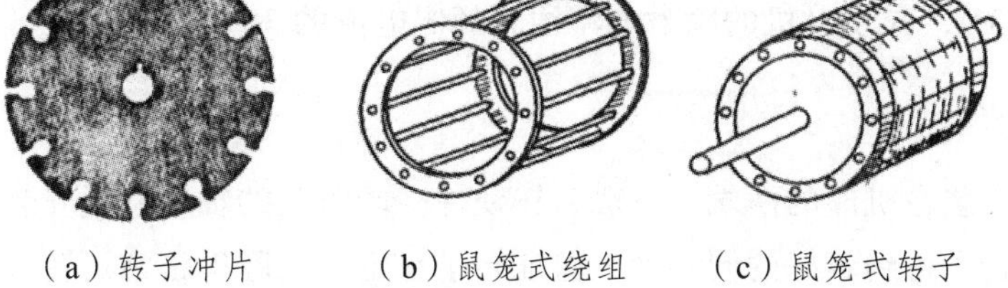

（a）转子冲片　　（b）鼠笼式绕组　　（c）鼠笼式转子

图 3.4　鼠笼式转子

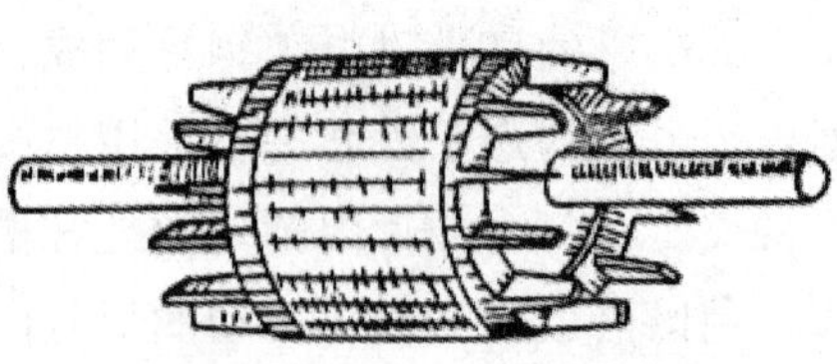

图 3.5 鼠笼式铸铝转子绕组

绕线式转子绕组是用绝缘导线制成的，嵌放在转子铁心槽内，转子三相对称绕组一般采用星形接法，3 根引出线分别接到 3 个集电环上，集电环固定在转轴上并互相绝缘。通过安装在端盖上的电刷装置与集电环接触把电流引出来，如图 3.6 所示。

绕线式转子的特点是可以通过集电环和电刷在转子回路中接入附加电阻，用以改善电动机的起动性能，或调节电动机的转速。与鼠笼式转子相比，绕线式转子的缺点是结构复杂，价格较贵，运行的可靠性也较差。因此，绕线转子异步电动机只用在要求起动电流小、起动转矩大，或需要调节转速的场合，例如，用来拖动频繁起动的起重设备。

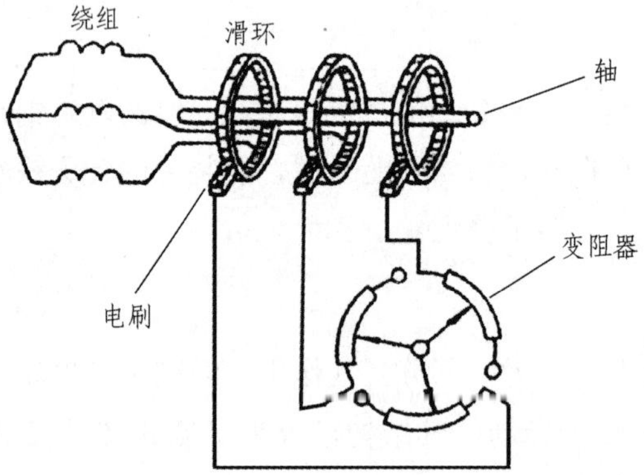

图 3.6 绕线式转子与外部变阻器的连接图

3）转 轴

转轴是整个转子部件的安装基础，又是力和机械功率的传输部件，整个转子靠轴和轴承被支撑在定子铁心内腔中。转轴一般由中碳钢或合金钢制成。

3. 气 隙

异步电机的气隙很小，中小型电机一般为 0.2 ~ 2 mm。由于气隙的存在，异步电机的磁路磁阻远比变压器的大，因而异步电机的励磁电流也比变压器的大得多。变压器的励磁电流约为额定电流的 3%，异步电机的励磁电流约为额定电流的 30%。

4. 其他部件

（1）端盖：安装在机座的两端，一般为铸铁件。端盖上的轴承室里安装了轴承来支撑转子，以使定子和转子得到较好的同心度，保证转子在定子内膛里正常运转。端盖除了起支撑作用外，还起着保护定子、转子绕组的作用。

（2）轴承：连接转动部分与不动部分，目前都采用滚动轴承以减少摩擦。

（3）轴承端盖：保护轴承，使轴承内的润滑油不致溢出。

（4）风扇：冷却电机。

二、异步电机的分类

异步电机按定子相数可分为三相、单相和两相异步电机 3 类。除约 200 W 以下的电机多做成单相异步电机外，现代动力用电机大多数都为三相异步电机。两相异步电机主要用于微型控制电机。

按照转子形式，异步电机可分为鼠笼式转子和绕线式转子两大类。鼠笼转子又分为普通鼠笼转子、深槽形鼠笼转子和双鼠笼转子 3 种。三相绕线式异步电机外形如图 3.7 所示。

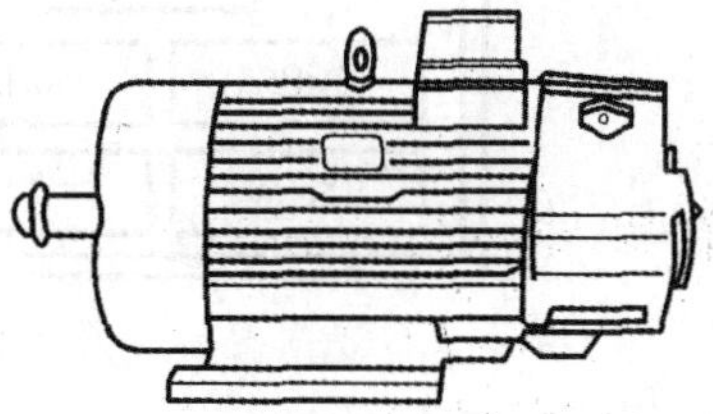

图 3.7　三相绕线式异步电机外形

根据机壳不同的保护方式，异步电机可分为开启式、防护式、封闭式和防爆式等，如图 3.8 所示。

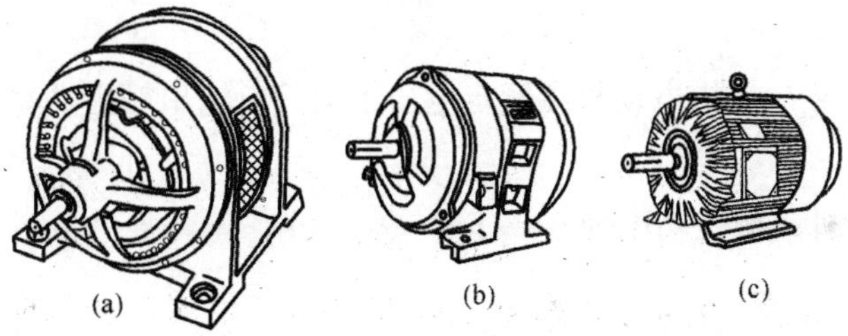

(a) 开启式　(b) 防护式　(c) 封闭式

图 3.8　三相鼠笼式异步电机外形

防护式异步电机具有防止外界杂物落入电机内的防护装置，一般在转轴上装有风扇，冷却空气进入电机内部冷却定子绕组端部及定子铁心后将热量带出来。J2 系列电机是鼠笼转子防护式异步电机，JR 系列电机是绕线转子防护式异步电机。

封闭式异步电机的内部和外部的空气是隔开的。它的冷却是依靠装在机壳外面转轴上的风扇吹风，借机座上的散热片将电机内部发散出来的热量带走。这种电机主要用于尘埃较多的场所，例如机床上使用的电机。JOR 系列及 Y 系列电机就属于这种类型。

防爆式异步电机为全封闭式，它将内部与外界的易燃、易爆性气体隔离。这种电机多用于有汽油、酒精、天然气、煤气等气体较多的地方，如矿井或某些化工厂等处。

三、异步电机的铭牌和额定值

每台异步电机机壳上都装有铭牌，把它的运行额定值印刻在上面，如图 3.9 所示。

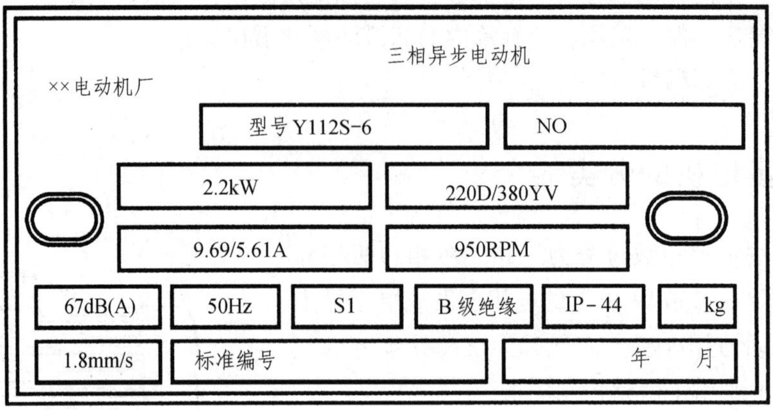

图 3.9 三相异步电机铭牌

电机按铭牌上所规定的条件运行时，称为电机的额定运行状态。根据国家标准规定，异步电动机的额定值主要有：

（1）额定功率 P_N：指电动机在制造厂（铭牌）所规定额定运行状态下运行时，轴端输出的机械功率，单位 W 为或 kW。

（2）定子额定电压 U_N：指电动机在额定状态下运行时，定子绕组应加的线电压，单位 V 为或 kV。

（3）定子额定电流 I_N：指电动机在额定电压下运行，输出额定功率时，流入定子绕组的电流，单位为 A。

对三相异步电动机，额定功率为

$$P_N = \sqrt{3}U_N I_N \eta_N \cos\varphi_N \tag{3.1}$$

式中 η_N——额定运行时异步电动机的效率；

$\cos\varphi_N$——额定运行时异步电动机的功率因数。

（4）额定转速 n_N：指电动机在额定状态下运行时，转子的转速，单位为 r/min。

（5）额定频率 f_N：我国工频为 50 Hz。

（6）额定功率因数 $\cos\varphi_N$：指电动机在额定负载时，定子边的功率因数。

（7）绝缘等级与温升。

除上述数据外，铭牌上有时还标明定子相数和绕组接法、额定运行时电机的效率、定额、转子额定电动势 E_{2N}（指定子绕组加额定电压、转子绕组开路时，集电环之间的线电势）和转子额定线电流 I_{2N}。

电动机的额定输出转矩可以由额定功率 P_N、额定转速 n_N 计算，公式为

$$T_{2N} = 9\ 550\frac{P_N}{n_N} \tag{3.2}$$

其中，功率的单位是 kW，转速的单位是 r/min，转矩的单位 N · m。

第二节　交流绕组的电势及磁势

交流电机要进行能量转换，必须有电势和磁势，本节主要分析单相绕组、三相绕组的电势和磁势，为分析三相异步电机的工作原理奠定基础。

一、三相定子绕组的电势

三相绕组的线圈是按照一定的规律分布排列的，且它们的线圈节距均小于其极距，也就是说，它们是分布线圈绕组。相比较而言，可以说变压器原、副边绕组都是集中线圈绕组。根据电磁感应定律可以证明，三相异步电机定子绕组的相电势 E_1 为

$$E_1 = 4.44 f_1 N_1 k_\omega \Phi_m \tag{3.3}$$

式中　f_1——三相定子绕组中电流的频率；

N_1——每相定子绕组总的串联匝数；

Φ_m——异步电机的每极磁通；

k_ω——绕组因数，$k_\omega = k_y k_q$；

k_y——节距因数，它的数值与线圈节距有关，它表示短距线圈和长距线圈电势的减小程度，短距线圈和长距线圈的 $k_y < 1$，整距线圈的 $k_y = 1$。

k_q——分布因数，它的数值与线圈分布有关，它表示分布线圈电势的减小程度，分布线圈的 $k_q < 1$，集中线圈的 $k_q = 1$。

二、三相定子绕组的磁势

1. 单相绕组的磁势

在三相定子绕组中通入三相正弦波的电流，则三相定子绕组中的每一个单相绕组所产生的磁势为脉动磁势。所谓脉动磁势，就是磁势的轴线（即磁势幅值所在的位置）在空间固定不动，但振幅不断随时间而变化的磁势。

可以证明，单相绕组脉动磁势 $f_\Phi(x,t)$ 的数学表达式可以写成

$$f_\Phi(x,t) = F_\Phi \cos x \cos \omega t \tag{3.4}$$

式中　F_Φ——磁势的幅值；

x——空间坐标；

t——时间坐标；

ω——绕组中正弦交流电的角频率。

从式（3.4）可见，在任一瞬间，磁势的空间分布为一余弦波，但在空间任何一点的磁势，则又随时间作余弦变化。或者说，该磁势既是空间函数又是时间函数。

2. 三相绕组的磁势

三相绕组由 3 个单相绕组组成，这 3 个单相绕组分别产生脉动磁势。在三相异步电动机中，3 个单相绕组是对称的，即 U、V、W 三相绕组在空间互相间隔的距离为 120° 电角度。电机在对称运行时，通入三相绕组中的三相电流亦是对称的，即其幅值相等，在时间相位上互差 120° 电角度，即

$$i_U = \sqrt{2}I\cos\omega t$$

$$i_V = \sqrt{2}I\cos(\omega t - 120°)$$

$$i_W = \sqrt{2}I\cos(\omega t - 240°)$$

在 U、V、W 三相绕组的磁势分别为

$$f_{\Phi U} = F_\Phi \cos x \cos\omega t$$

$$f_{\Phi V} = F_\Phi \cos(x - 120°)\cos(\omega t - 120°)$$

$$f_{\Phi W} = F_\Phi \cos(x - 240°)\cos(\omega t - 240°)$$

将这 3 个脉动磁势分别进行分解，可得

$$f_{\Phi U} = \frac{1}{2}F_\Phi \cos(\omega t - x) + \frac{1}{2}F_\Phi \cos(\omega t + x)$$

$$f_{\Phi V} = \frac{1}{2}F_\Phi \cos(\omega t - x) + \frac{1}{2}F_\Phi \cos(\omega t + x - 240°)$$

$$f_{\Phi W} = \frac{1}{2}F_\Phi \cos(\omega t - x) + \frac{1}{2}F_\Phi \cos(\omega t + x - 120°)$$

把上述 3 个公式相加，可知前三相余弦互相叠加，后三相之和为零。故三相合成磁势为

$$f(x,t) = 1.5F_\Phi \cos(x - \omega t) \tag{3.5}$$

上式表明，当三相对称电流流过三相对称绕组时，三相绕组的合成磁势为一个圆形旋转磁势。圆形旋转磁势的幅值为单相绕组脉动磁势幅值 F_Φ 的 1.5 倍，其旋转速度为同步转速，用 n_1 来表示，其计算公式为

$$n_1 = \frac{60f_1}{p} \tag{3.6}$$

式中 f_1——三相定子绕组中电流的频率；

p——三相异步电动机的磁极对数。

旋转磁势的转向总是从超前电流的相转向滞后电流的相。要改变旋转磁势的转向，只要改变通入电流的相序。也就是说，只要把三相绕组中的任何两个出线端的位置对换就可以了。

三相绕组合成磁势具有以下性质：

（1）三相合成磁势在任何瞬间保持着恒定的振幅，它是单相脉振磁势振幅的 1.5 倍。

（2）三相绕组合成磁势的转速仅决定于电流的频率和电机的极对数。

（3）合成磁势的旋转方向决定于电流的相序。

第三节　三相异步电机的工作原理及功率关系

一、三相异步电机的工作原理

三相异步电机的工作原理如图 3.10 所示，三相异步电机的工作可分为以下 3 种情况。

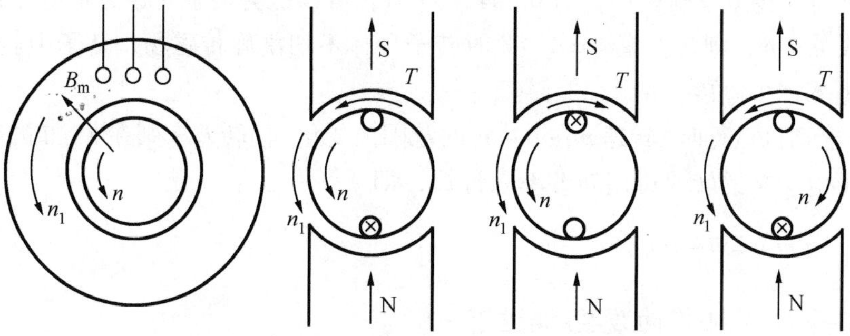

图 3.10　三相异步电机的工作原理

1. 三相异步电机作为电动机运行

三相异步电机作为电动机运行是其最普遍的工作状态。三相电流流入三相定子绕组，产生旋转磁势，并在气隙中产生相应的旋转磁场。旋转磁场以同步转速 n_1 在旋转。为了便于说明问题，在图 3.10（a）中用一对旋转的磁极来表示该旋转磁场。

当旋转磁场切割转子导体时，在其中产生感应电势，使转子导体中有电流流过。其方向可利用右手定则判断。转子电流与旋转磁场作用而产生电磁转矩，使转子以转速 n 旋转，从而把电能转换成机械能，作电动机运行。由左手定则判断可知：转子方向与磁场旋转方向相同，如图 3.10（b）所示。

当异步电机作为电动机运行时，为了克服负载的阻力转矩，三相异步电动机的转速 n 总是略低于同步转速 n_1，以便气隙中的旋转磁场能够切割转子导体而在其中产生感应电势和感应电流，从而能够产生足够的电磁转矩来拖动转子旋转。如果转子的转速与同步转速相等，转向又相同，则气隙旋转磁场与转子导体之间没有相对运动，因而转子导体中就不会产生感应电势和电流，电机的电磁转矩也将为零。可见，异步电机产生电磁转矩的必要条件是，磁场的同步转速 n_1 和转子的转速 n 不相等，即 $n_1 \neq n$。

把同步转速 n_1 和转子转速 n 的差值称为转差，转差与同步转速 n_1 的比值称为转差率，转差率用 s 来表示，即

$$s = \frac{n_1 - n}{n_1} \tag{3.7}$$

转差率是异步电机的一个基本变量，它可以表示异步电机的各种不同运行状态。

（1）在电机刚起动时，转子转速 $n=0$，则 $s=1$，转子切割旋转磁场的相对速度为最大，转子中的电势及电流也最大。如果电动机产生的电磁转矩足以克服机械负载的阻力转矩，转子就开始旋转，转速会不断上升。

（2）随着转子转速 n 的上升，转差率 s 减小，转子切割旋转磁场的相对速度减小，转子中的电势及电流也减小。在额定状态下，转差率 s 的数值通常都是很小的，中小型异步电动机的转差率为 0.01 ~ 0.07，转子转速与同步转速相差并不很大。而空载时，因阻力矩很小，转子转速 n 很高，转差率则更小，为 0.004 ~ 0.007，可以认为转子转速近似等于同步转速。

（3）假设 $n_1=n$，则转差率 $s=0$，此时转子导体不切割旋转磁场，转子中就没有感应电势及电流，也不产生电磁转矩。

可见，作电动机运行时，转速 n 在 0 ~ n_1 的范围内变化，而转差率则在 1 ~ 0 的范围内变化。

三相异步电动机的转速可用转差率来计算，即

$$n=(1-s)n_1 \tag{3.8}$$

2. 三相异步电机作为发电机运行

若异步电机的转轴上不是机械负载，而是用原动机拖动异步电机的转子以大于同步转速的速度与旋转磁场同方向旋转，如图 3.10（c）所示，此时，转子导体相对于旋转磁场的运动方向与图 3.10（b）相反，转子导体中的电势及电流也反向。由左手定则可知，转子导体所产生的电磁转矩也与转子转向相反，起着制动作用。为了克服电磁转矩的制动作用，使转子能继续旋转下去，并保持 $n>n_1$，原动机就必须不断向电机输入机械功率，而电机则把输入的机械功率转换为电功率输出给电网，此时异步电机成为发电机。异步发电机运行时，转差率 s 为负值。

3. 三相异步电机在制动状态下运行

若在外力作用下，使转子逆着旋转磁场方向转动，如图 3.10（d）所示。比较图 3.10（b）和图 3.10（d）可见，此时，转子导体相对于磁场的运动方向与电动机运行状态相同，故转子导体中的电势和电流方向仍与电动机状态相同，作用在转子上的电磁转矩方向与旋转磁场方向一致，但却与转子转向相反，起到阻止转子旋转的作用，故称为三相异步电动机的制动运行。在这种情况下，它一方面消耗原动机的机械功率，同时也从电网吸收了电功率，这两部分功率均变为三相异步电动机内部的损耗。制动运行时，由于转子逆着磁场方向旋转，$n<0$，则转差率 $s>1$。

由以上分析可知，当 $1\geqslant s>0$ 时，电磁转矩和转子的转速都为正，转子转速小于磁场的同步转速，电机处于电动机运行状态；当 $s<0$ 时，转子的转速为正，转子转速大于磁场的同步转速，电磁转矩为负，电机处于发电机运行状态；当 $s>1$ 时，转子的转速为负，电磁转矩为正，电机处于制动运行状态。

在 3 种运行状态下，转子转速总是与旋转磁场转速（同步转速）不同，因而称为异步电机。又由于异步电机的转子绕组并不直接与电源相接，而是依靠电磁感应的原理来产生感应

电势和电流，从而产生电磁转矩使电动机转，因而异步电机又称为感应电机。

实际上，异步电机绝大多数都是作为电动机运行。异步发电机的性能不如同步发电机优越，因此仅用在特殊场合。制动运行往往是吊车等设备的一种特殊运行状态。

二、三相异步电动机的功率和转矩平衡关系

1. 三相异步电动机中各项功率、损耗的含义

当三相异步电动机接在电网上稳定运行时，由电网供给的电功率称为三相异步电动机的输入功率 P_1。

$$P_1 = 3U_1 I_1 \cos\varphi_1 \tag{3.9}$$

式中　U_1——三相异步电动机定子绕组相电压；

I_1——三相异步电动机定子绕组相电流；

φ_1——相电压 U_1 与相电流 I_1 之间的相位角；

$\cos\varphi_1$——三相异步电动机的功率因数。

输入功率中的一小部分将消耗于定子绕组的电阻上，该部分称为定子绕组铜耗 p_{Cu1}

$$p_{Cu1} = 3I_1^2 r_1 \tag{3.10}$$

式中　r_1——三相异步电动机定子绕组相电阻。

输入功率的另外一小部分将消耗于定子铁心上，该部分称为铁耗 p_{Fe}。

转子铁心损耗可忽略不计。这是因为正常运行时，三相异步电动机转子转速接近旋转磁场的同步转速，转差率 s 很小，转子铁心中磁通变化的频率很小，再加上转子铁心和定子铁心都是用硅钢片叠成，因而转子铁心中铁耗很小。所以，三相异步电动机的铁耗主要是定子铁心损耗。

输入功率减去定子铜耗和铁耗以后，余下的功率全部送入转子，这部分功率称为电磁功率 P_M。电磁功率是借助电磁感应作用通过气隙旋转磁场由定子传递到转子的。

$$P_M = P_1 - p_{Cu1} - p_{Fe} \tag{3.11}$$

传递到转子的电磁功率，一部分将消耗于转子绕组中的电阻上，这部分功率称为转子绕组铜耗 p_{Cu2}。

$$p_{Cu2} = 3I_2^2 r_2 \tag{3.12}$$

式中　I_2——三相异步电动机转子绕组相电流；

r_2——三相异步电动机转子绕组相电阻。

传递到转子的电磁功率减去转子铜耗 p_{Cu2} 后余下的功率称为全机械功率 $P_{全}$。

$$P_{全} = P_M - p_{Cu2} \tag{3.13}$$

全机械功率实际上是传递到电机转轴上的机械功率，它是转子绕组中的电流与旋转磁场相互作用产生电磁转矩，带动转子以转速 n 旋转时所对应的功率。

电机转子转动时，会产生轴承摩擦及风阻等阻力转矩，为克服此阻力转矩将消耗一部分功率，这部分功率称为机械损耗 p_{Ω}。

定子及转子绕组中流过电流时，除产生基波磁通外，还产生高次谐波磁通及其他漏磁通，这些磁通穿过导线、定子及转子铁心、机座、端盖等金属部件时，在其中感应电势和电流并引起损耗，这部分损耗称为杂散损耗 p_{S}。杂散损耗的大小与气隙的大小和制造工艺等因素有关。

全机械功率减去机械损耗和杂散损耗以后，就是三相异步电动机转轴上输出的机械功率 P_2。用 $p_{\Omega+\mathrm{S}}$ 表示机械损耗和杂散损耗之和，则

$$P_2 = P_{全} - p_{\Omega+\mathrm{S}} \tag{3.14}$$

铁耗 p_{Fe}、定子绕组铜耗 p_{Cu1}、转子绕组铜耗 p_{Cu2} 都属于电磁损耗，这 3 项损耗主要与电机的电磁负荷有关，即与电机中的磁场强度、绕组中的电流大小、铁心和绕组的几何尺寸等有关。机械损耗 p_{Ω} 主要与电机的转速、摩擦系数等因素有关。以上 4 项损耗属于电机的基本损耗。杂散损耗 p_{S} 的值很小，一般可以忽略不计。

2. 三相异步电动机的功率平衡关系

三相异步电动机从电网吸收电功率，从转轴上输出机械功率，其功率流程如图 3.11 所示。

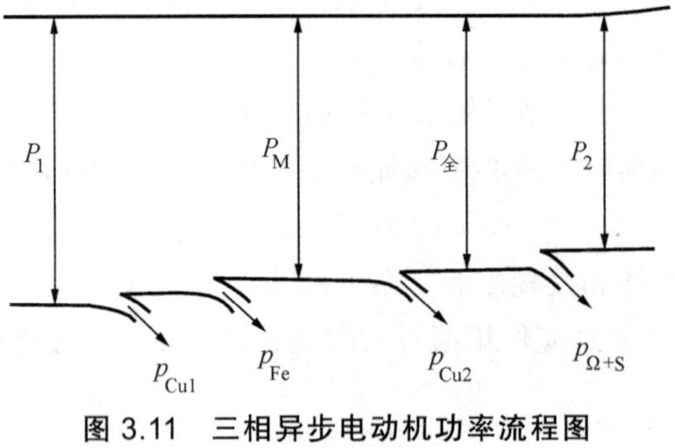

图 3.11　三相异步电动机功率流程图

由图 3.11 可以得出三相异步电动机的功率平衡方程为

$$P_1 = p_{\mathrm{Cu1}} + p_{\mathrm{Fe}} + p_{\mathrm{Cu2}} + p_{\Omega+\mathrm{S}} + P_2 = \sum p + P_2 \tag{3.15}$$

电动机的总损耗

$$\sum P = p_{\mathrm{Cu1}} + p_{\mathrm{Fe}} + p_{\mathrm{Cu2}} + p_{\Omega+\mathrm{S}} \tag{3.16}$$

电磁功率

$$P_{\mathrm{M}} = p_{\mathrm{Cu2}} + p_{\Omega+\mathrm{S}} + P_2 \tag{3.17}$$

全机械功率

$$P_{全} = p_{\Omega+S} + P_2 \tag{3.18}$$

除以上功率关系外，三相异步电动机的转子绕组铜耗与电磁功率之间存在着一定的关系：转子绕组铜耗与电磁功率之比等于异步电机的转差率，即

$$p_{Cu2} = sP_M \tag{3.19}$$

上式说明，转差率越大，电磁功率中转变为转子铜耗的部分就越大。转子电阻越大时转子的铜耗便越大，因此转差率也越大，转速便越低。

根据三相异步电动机功率流程图和式（3.17）、式（3.18）、式（3.19）可知，全机械功率与电磁功率之间的关系为

$$P_{全} = P_M - p_{Cu2} = (1-s)P_M \tag{3.20}$$

3. 三相异步电动机的转矩平衡方程

在三相异步电动机中，输入定子的电能转换为转子上的机械能输出是通过转子上产生电磁力（载流导体在磁场中的受力），由电磁力产生电磁转矩使转子旋转而实现的。因此，电磁转矩是电机中能量形态变换的基础。对于已制造好的异步电动机，电磁转矩的大小与旋转磁场磁通的大小及转子电流大小密切相关。通过数学分析可知，电磁转矩 T 的大小与旋转磁场的每极磁通 Φ_m 及转子电流 I_2 成正比，可用公式表示为

$$T = C_T \Phi_m I_2 \cos\varphi_2 \tag{3.21}$$

式中　C_T——电机常数；

$\cos\varphi_2$——转子的功率因数。

从动力学知道，作用在旋转体上的转矩等于旋转体的机械功率除以它的机械角速度。因此，在三相异步电动机的功率关系式 $P_{全} = p_{\Omega+S} + P_2$ 中，两边都除以转子的机械角速度 Ω，便得到三相异步电动机的转矩平衡方程式，即

$$T = T_0 + T_2 \tag{3.22}$$

上式中，电磁转矩 $T = P_{全}/\Omega$，也就是说，在三相异步电动机中，转子转轴上的电磁转矩等于全机械功率除以转子机械角速度；$T_0 = p_{\Omega+S}/\Omega$ 为三相异步电动机的空载转矩，它等于机械损耗与杂散损耗之和除以转子机械角速度；$T_2 = P_2/\Omega$ 为三相异步电动机的输出转矩，它等于输出功率除以转子机械角速度。

三相异步电动机的转矩平衡方程表明，电动机稳定运行时，电磁转矩减去空载转矩后，才是电动机转轴上的输出转矩。

由于全机械功率 $P_{全} = (1-s)P_M$，转子的机械角速度 $\Omega = (1-s)\Omega_1$，Ω_1 为旋转磁场的同步角速度，则可以得到

$$T=\frac{P_{全}}{\Omega}=\frac{P_M}{\Omega_1} \tag{3.23}$$

上式说明，作用在转子上的电磁转矩与通过气隙旋转磁场传递到转子的电磁功率成正比。

第四节　三相异步电动机的工作特性及机械特性

异步电动机从定子侧吸取电能，从转子轴端输出机械能。从使用方面来说，机械负载需要它有一定的转矩和转速；从电网方面来说，要求电动机具有一定的效率、功率因数，并应限制其起动电流。为了保证电动机能够可靠、经济地运行，在设计和制造时，必须保证电动机的性能满足国家标准所规定的技术指标。三相异步电动机的工作特性和机械特性反映了这些重要技术指标的变化规律。

一、三相异步电动机的工作特性

三相异步电动机的工作特性是指在额定电压及额定频率时，转速 n 、电磁转矩 T 、定子电流 I_1 、定子功率因数 $\cos\varphi_1$ 以及效率 η 随着输出功率 P_2 而变化的关系曲线。

1. 转速特性

三相异步电动机在额定电压及额定频率下，输出功率 P_2 变化时，转速 n 的变化规律曲线 $n=f(P_2)$ 称为转速特性，如图 3.12 所示，它是一条微微下倾的曲线。对一般的三相异步电动机，为保证有较高的效率，转子铜耗 p_{Cu2} 不能过大，所以转差率 s 的数值很小。在额定负载时的转差率约为 $s_N=0.01\sim0.07$（其中小的数字对应于容量大的电机），这表明额定转速仅比同步转速低 1%～7%。

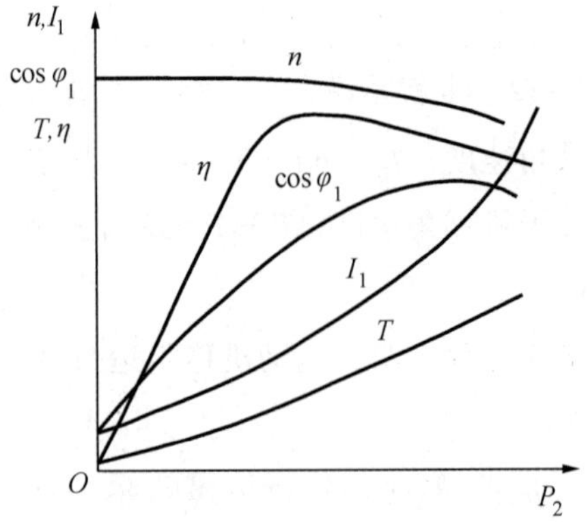

图 3.12　三相异步电动机工作特性

2. 转矩特性

三相异步电动机在额定电压及额定频率下，输出功率 P_2 变化时，电磁转矩 T 变化规律 $T = f(P_2)$ 曲线称为转矩特性。

由三相异步电动机的转矩平衡方程式可知

$$T = T_0 + T_2 = T_0 + \frac{P_2}{\Omega} \tag{3.24}$$

电机从空载到额定负载之间，空载转矩 T_0 可认为不变，假设电动机的转速也不变，则转矩特性 $T = f(P_2)$ 为一条直线。实际上，随着 P_2 的增加，电动机的转速略有下降，所以，转矩特性 $T = f(P_2)$ 是一条比直线略有上翘的曲线。

3. 定子电流特性

三相异步电动机在额定电压及额定频率下，输出功率 P_2 变化时，定子电流 I_1 变化规律曲线 $I_1 = f(P_2)$ 称为定子电流特性，如图 3.14 所示。

电机空载运行时，转子电流 $I_2 \approx 0$，此时定子电流 I_1 几乎全部为励磁电流。当负载增加以后，输出功率增大，转子转速下降，转子电流增加，以产生足够的电磁转矩与负载转矩相平衡，通过电磁感应关系，定子电流也随着增加，输入功率增大，从而满足功率平衡方程的要求。

4. 功率因数特性

三相异步电动机在额定电压及额定频率下，输出功率 P_2 变化时，定子功率因数 $\cos\varphi_1$ 的变化规律曲线 $\cos\varphi_1 = f(P_2)$ 称为功率因数特性，如图 3.14 所示。

电机空载运行时，定子电流中的大部分是励磁电流，由于励磁电流中的主要成分是无功的磁化电流，所以空载时的功率因数很低，通常为 $\cos\varphi_0 < 0.2$。加上负载后，由于要输出一定的机械功率，因此，定子电流中的有功分量增加，电动机的功率因数逐渐提高。一般电动机在额定功率附近，功率因数将达到最大数值，额定功率因数 $\cos\varphi_N = 0.7 \sim 0.9$。

5. 效率特性

三相异步电动机在额定电压及额定频率下，输出功率 P_2 变化时，效率 η 的变化规律曲线 $\eta = f(P_2)$ 称为效率特性。

三相异步电动机的效率 η 为输出功率与输入功率之比

$$\eta = \frac{P_2}{P_1} = \frac{P_2}{P_2 + \sum P} \tag{3.25}$$

空载时，输出功率 $P_2 = 0$，故 $\eta = 0$。随着负载的增大，输出功率逐步增大，效率也相应增大。异步电动机在运行过程中的转速及气隙磁通是近似不变的，故机械损耗与定子铁耗之和基本上是常数，称为不变损耗；定子、转子铜耗与电流平方成正比，随电流的变化而变化，称为可变损耗。当不变损耗与可变损耗相等时，出现最大效率。出现最大效率后，若负载继续增大，电动机的效率就要下降，效率特性 $\eta = f(P_2)$ 曲线形状如图 3.14 所示。

二、三相异步电动机的机械特性

异步电动机输出机械功率主要表现在输出转矩和转速上，当三相异步电动机的外加定子电压及频率不变，转差率 s 变化时，电磁转矩 T 的变化规律曲线 $T=f(s)$ 称为机械特性。通过数学分析，可以得到用参数表示的电磁转矩 T 的计算公式

$$T=\frac{3pU_1^2r_2'/s}{2\pi f_1[(r_1+r_2'/s)^2+(x_{1\sigma}+x_{2\sigma}')^2]} \tag{3.26}$$

式中 p——极对数；

U_1——电动机相电压；

f_1——定子频率；

r_1、$x_{1\sigma}$——定子绕组的电阻和电抗；

r_2'、$x_{2\sigma}'$——转子绕组的折算电阻和电抗。

当异步电机的定子电压、频率及各参数都为定值时，改变转差率 s 的大小，根据式（3.26）可算出相应的电磁转矩 T，画出机械特性 $T=f(s)$ 曲线，如图 3.13 所示。

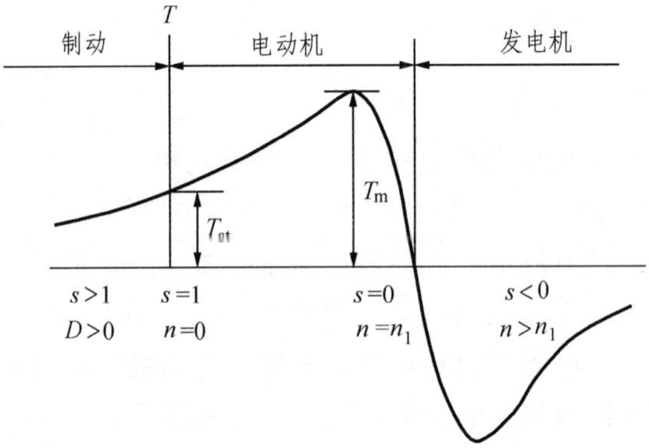

图 3.13 三相异步电动机的机械特性

通过机械特性曲线，可以看到三相异步电动机具有以下一些特点：

（1）在起动的瞬间，即 $s=1$ 时的电磁转矩称为起动转矩 T_{st}。起动时，电动机的起动电流很大，但转子功率因数很小，而 $T=C_T\Phi_m I_2\cos\varphi_2$，故起动转矩 T_{st} 并不很大。

（2）如果转子达到同步转速，即 $s=0$，则转子电流 $I_2=0$，此时的电磁转矩 $T=0$。

（3）当转差率 s 达到某一值时，电磁转矩达到最大值，称为最大转矩 T_m，对应于此时的转差率称为临界转差率 s_m，一般异步电动机的 $s_m=0.04\sim0.14$。

（4）对应于额定负载时的转矩称为额定转矩 T_N，相应的转差率称为额定转差率 s_N。

（5）最大转矩与额定转矩之比，称为电动机的过载能力 K_m，它是衡量电动机过载能力的一个重要指标。

$$K_m = \frac{T_m}{T_N} \tag{3.27}$$

一般三相异步电动机的过载能力 $K_m = 2 \sim 2.2$。

（6）起动转矩与额定转矩之比，称为电动机起动转矩倍数 K_{st}，有

$$K_{st} = \frac{T_{st}}{T_N} \tag{3.28}$$

希望 K_{st} 尽量大一些为好。JO2 系列电动机的 $K_{st} = 0.9 \sim 2$，Y 系列电动机的 $K_{st} = 1.8 \sim 2.2$。

当异步电机作为电动机运行时，电机在 $0 < s < 1$ 范围内运行，其中：$s = 0 \sim s_m$ 一段是电动机的稳定运行范围；当 $s > s_m$ 后，电动机的转矩将明显减少，使电动机转速越来越低，直到停转。所以 s 在（$s_m \sim 1$）区段是电动机不稳定运行区。

第五节　三相异步电动机的起动、反转、调速及制动

由于生产机械经常要进行起动、调速和停车，所以作为原动机的异步电动机，其起动、调速和制动等性能的好坏，对生产机械的运行有很大影响。

一、三相异步电动机的起动

三相异步电动机的起动是指从电动机接入电网开始转动，到达正常运转为止的这一过程。

一般衡量三相异步电动机起动性能的好坏，主要有 4 点：

（1）起动电流尽可能小。

（2）起动转矩要足够大。

（3）起动所需用的设备简单、经济、操作方便。

（4）起动过程中的功率损耗要尽量小。

异步电动机在起动时存在着两种矛盾：电动机的起动电流大，而供电线路承受冲击电流的能力有限；电动机的起动转矩小，而负载又要求有足够的转矩才能起动。在不同的情况下，应采取不同的起动方法。

对于容量不大，又是在空载情况下起动的异步电动机，例如一般机床上用的电动机，起动电流虽大，但在很短时间内冲一下就下降了，只要车间里许多机床不是同时起动，对供电线路不会造成太大影响，其起动转矩即使比电机的额定转矩还小，只要是空载起动，也是够用的，转起来之后，仍能承担额定负载。因此，在这种情况下，可以采用直接起动。

对于几百千瓦以上的中、大容量电动机，额定电流就有好几百安培，起动电流有数千安培，在这样大的电流冲击一下，会造成电压的瞬时降低。不仅会使这台要起动的电机本身转

不起来，在同一条供电母线上的其他设备也要受到冲击。因此，大容量的异步电动机是不允许直接起动的。

1. 小容量电动机空载或轻载起动——直接起动

小容量电动机空载或带轻载时，可以直接起动。直接起动就是将电动机定子绕组直接接到具有额定电压的电网上。这种起动方法的优点是操作和起动设备都简单。直接起动时电流较大，如果负载的惯量较大，起动时间可能较长。为了保证电动机起动时不引起太大的电网压降，电动机应满足下列经验公式的要求

$$\frac{I_{st}}{I_N} \leqslant \frac{3}{4} + \frac{\text{供电变压器的容量}}{4 \times \text{电动机额定容量}} \tag{3.29}$$

电动机能否采用直接起动方法，这不仅取决于电动机本身的容量大小，而且还与供电电网容量、供电线路长短、起动次数及其他用户的要求有关。

供电电网容量越大，允许直接起动的电动机容量也越大；电动机与供电变压器之间的距离越长，起动时线路电压降也越大，则电动机的端电压就越低，有可能使电机转不起来，此种情况下应降低允许直接起动的电动机容量；频繁起动的电动机，由同一台变压器供电的其他设备，如果都是动力用户，即都是电动机，则对允许直接起动的电动机容量的要求就放松一些，如果还有照明用户，以及其他对电源电压波动很敏感的用户，则对允许直接起动的电动机容量的要求就更严一些。

2. 中、大容量电动机空载或轻载起动——降压起动

降压起动是指电动机在起动时降低加在定子绕组上的电压，起动结束后再加上额定电压运行。降压起动可以有效地降低电动机的起动电流。

由式（3.26）可知，异步电动机的起动转矩和电压的平方成正比，因此降压起动时，电动机的起动转矩也相应降低，因此，降压起动只适用于电动机空载或轻载起动。常用的降压起动方法有星三角降压起动、自耦变压器降压起动、定子绕组串电阻或电抗降压起动、延边三角形降压起动。以下仅介绍两种降压起动方法。

1）星-三角（Y/△）降压起动

星-三角降压起动是指在额定电压下正常运行时为三角形接法的电动机，在起动时采用星形接法从而使三相定子绕组所承受的每相相电压降至额定电压（电源线电压）的 $\frac{1}{\sqrt{3}}$。其原理线路如图 3.14 所示。

起动时，先将转换开关 SA_1 置于“起动”位，这时定子三相绕组作星形连接然后将开关 SA_2 置于“星形”，电动机开始起动，待电动机转速升高到一定值后，再把 SA_2 置于“三角形”位，此时定子三相绕组作三角形连接，电动机就在额定电压下正常运行。

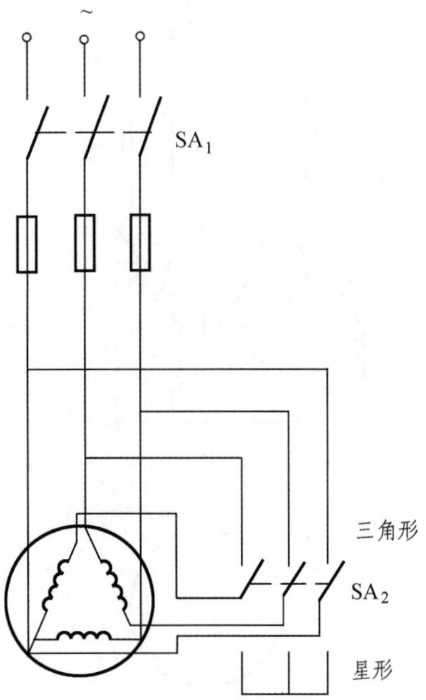

图 3.14 星-三角降压起动原理线路图

当定子绕组接成星形起动时，每相绕组所加电压为$\frac{U_1}{\sqrt{3}}$，设电动机起动时每相阻抗为Z_{st}，则起动时的线电流为

$$I_{st(Y)} = \frac{U_1}{\sqrt{3}|Z_{st}|} \tag{3.30}$$

如用三角形直接起动时，每相所加电压为U_1，此时线电流为

$$I_{st(\triangle)} = \sqrt{3}\frac{U_1}{|Z_{st}|} \tag{3.31}$$

两种接线方法起动电流的比值是

$$\frac{I_{st(Y)}}{I_{st(\triangle)}} = \frac{1}{3} \tag{3.32}$$

由此可见，用星-三角降压起动，起动电流为采用三角形接法直接起动时的1/3，对降低起动电流很有效，但由于起动转矩T_{st}正比于U_1^2，因此起动转矩也相应降低，为采用三角形接法直接起动时的1/3，即起动转矩也降低很多，故此种方法只能用于空载或轻载起动的设备上。

2）自耦变压器降压起动

自耦变压器降压起动也称起动补偿器起动，这种起动方法是利用自耦变压器来降低起动时加在定子三相绕组上的电压，其原理线路如图 3.15 所示，它由三相自耦变压器和控制开关等组成。

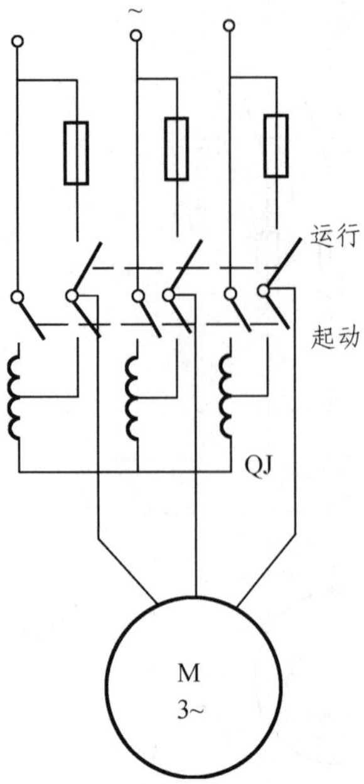

图 3.15 自耦变压器降压起动原理线路图

起动时，先将开关置于“起动”位，这时经过自耦变压器降压后的交流电压加到电动机三相定子绕组上，电动机开始降压起动，待电动机转速升高到一定值后，再把开关置于“运行”位，电动机就在额定电压下正常运行，此时自耦变压器已从电网上被切除。

设自耦变压器的变比为K，原边电压为U_1，则副边电压为$U_2 = U_1 / K$，副边电流也减小为额定电压下直接起动时起动电流的$1/K$。根据变压器原副边的电流关系是$I_1 = I_2 / K$，可知此时电源供给电动机的起动电流为直接起动时的$1/K^2$，起动转矩也会相应降低到直接起动的$1/K^2$。

这种起动方法的优点是可以按容许的起动电流和所需的起动转矩选择自耦变压器的变比从而实现降压起动，而且不论电动机定子绕组采用星形接法或三角形接法都可使用；缺点是投资较大，设备体积大。

3. 中、大容量电动机重载起动-绕线电动机起动

绕线电机常用转子串接电阻或转子串接频敏变阻器的方法来改善起动性能（详见三相异步电动机变转差率调速）。绕线电机转子串接电阻时，如果阻值选择合适，可以既增大起动转矩，又减小起动电流，使两对矛盾都得到解决，当然投入的设备要多一些，成本较高。另外，对于频繁起动、制动的电机来说，即使容量不大，但起动、制动的时间占整个电机工作时间的比例较大，大电流持续时间长，发热严重。如果选用鼠笼电动机，哪怕只是空载，每小时来回起动、制动次数过多也会过热。这时也应采用绕线电机，利用转子外接电阻来控制起动、制动，起动时大部分热量产生在电机外面，电机本身的发热也就小多了。

二、三相异步电动机的调速

调速是指用人为的方法来改变电动机的转速，包括起动、调速和制动。异步电动机的转速公式为

$$n = n_1(1-s) = \frac{60f_1}{p}(1-s) \tag{3.33}$$

从上式可见，异步电动机可通过改变定子绕组的极对数 p、改变电源频率 f_1 和改变转差率 s 进行调速。

1. 变极调速

变极调速就是改变电动机定子绕组的极对数 p 来调速。如果电源频率 f_1 固定不变，只要改变电机绕组的极对数 p，则同步转速 n_1 和转子转速 n 也会随着改变。

变极调速的异步电动机一般采用鼠笼式转子，因为鼠笼式转子的极对数能自动地随着定子极对数的改变而改变，使定、转子磁场的极对数总是相等而产生平均电磁转矩。若为绕线型转子，则定子极对数改变时，转子绕组必须相应地改变接法以得到与定子相同的极对数，很不方便。改变磁极对数的异步电动机称为多速异步电动机，其中有双速、三速、四速等多种，我国目前已大量生产，老产品有 JD02 系列，新产品有 YD 系列。

变极调速方法的优点是：设备简单、运行可靠。缺点是：不平滑调速，而是一级一级的分段式调速。

2. 变转差率调速

变转差率调速就是改变电动机的转差率 s 来调速。

1）转子回路串接起动电阻器

改变转差率调速常用的方法是在转子回路中串电阻，特性如图 3.16 所示。这种方法只适用于绕线转子异步电动机，在电动机转子回路中接入附加电阻后就可以改变电动机的特性曲线形状。假设在不同的转速时负载转矩 T_2 恒定不变，在转子回路未接入附加电阻时，电动机稳定在 a 点运行，这时电动机的电磁转矩刚好与负载转矩 T_2 相平衡，随着转子电阻的增大，电动机的稳定运行点逐渐向左移动（a-b-c-d），也就是说，随着转子电阻的增加，转差率 s 变大，电动机的转速降低。

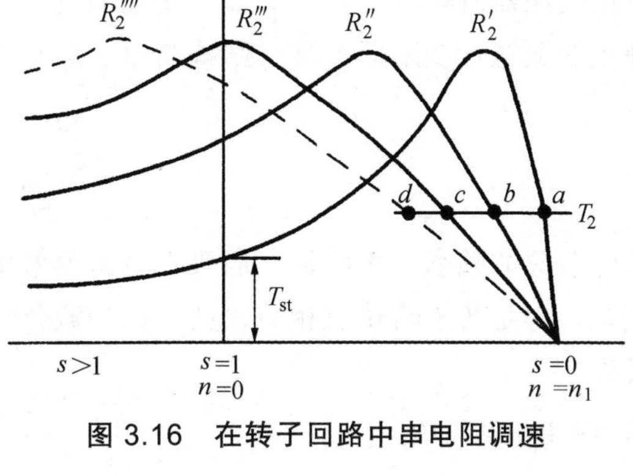

图 3.16　在转子回路中串电阻调速

这种方法的缺点是：转子回路中接入附加电阻后，将使转子铜耗增加，降低了电动机效率。但由于此法比较简单，在中小容量的电动机中使用较多，例如交流供电的桥式起重机，大部分采用此法调速。

2）转子回路串接频敏变阻器

频敏变阻器是一个三相铁心绕组（三相绕组接成星形），铁心一般做成 3 柱式，由几片或几十片较厚（30 ~ 50 mm）的 E 形钢板或铁板叠装制成，其结构和起动线路如图 3.17（a）所示。

绕线电动机起动时，电阻绕组中的三相交流电通过频敏变阻器，在铁心中便产生交变磁通，该磁通在铁心中产生很强的涡流，使铁心发热，产生涡流损耗，频敏变阻器线圈的等效电阻随着频率的增大而增加，由于涡流损耗与频率的平方成正比，当电动机起动时（$s = 1$），转子电流（即频敏变阻器线圈中通过的电流）频率最高（$f_2 = f_1$），因此频敏变阻器的电阻和感抗最大。起动后，随着转子转速的逐渐升高，转子电流频率（$f_2 = sf_1$）便逐渐降低，于是频敏变阻器铁心中的涡流损耗及等效电阻也随之减小。实际上频敏变阻器相当于一个电抗器，它的电阻是随交变电流的频率而变化的，故称为频敏变阻器。

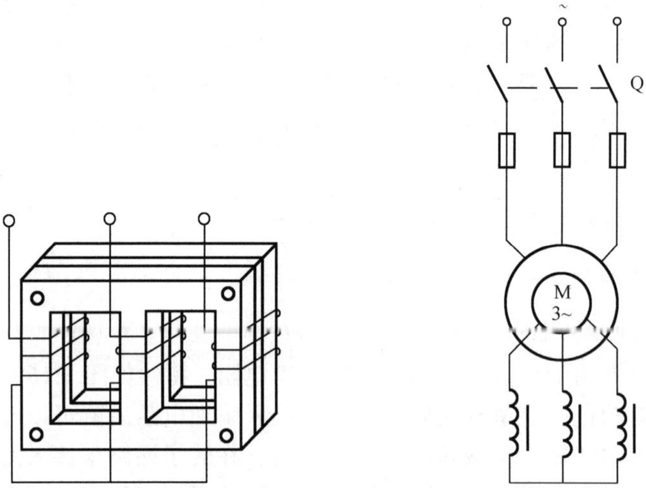

（a）频敏变阻器的结构示意图　　（b）起动线路图

图 3.17　频敏变阻器降压起动

由于频敏变阻器在工作时总存在着一定的阻抗，使得机械特性比固有机械特性软一些，因此，在起动完毕后，可用接触器将频敏变阻器短接，使电动机在固有特性上运行。

频敏变阻器是一种静止的无触点变阻器，具有结构简单、起动平滑、运行可靠、成本低廉、维护方便等优点。

3. 变频调速

变频调速就是改变供电电源的频率 f_1 来调速。当改变电源频率 f_1 时，旋转磁场的同步转速与电源频率 f_1 成正比变化，于是转子转速也相应改变，达到调节转速的目的。异步电动机定子绕组电压平衡方程式为

$$U_1 \approx E_1 = 4.44 f_1 N_1 k_{\omega 1} \Phi_m \tag{3.34}$$

从式（3.34）可见，当降低交流电源频率 f_1 进行调速时，如果电源电压 U_1 不变，则磁通 Φ_m 将增加，使铁心饱和，导致励磁电流和铁损耗增加，电动机温升将增加，这是不允许的；如果增大交流电源频率 f_1 进行调速，电源电压 U_1 不变，则磁通 Φ_m 将减小。在转子电流 I_2 不变的情况下，电磁转矩 T 必然下降，电机输出功率将下降。所以，变频调速时，总希望保持磁通 Φ_m 不变。因此，在调节交流电源频率 f_1 时，必须同时调节电源电压 U_1，并保持 U_1/f_1 为常数。

变频调速根据电动机输出性能的不同可分为：

（1）保持电动机过载能力不变的变频调速。

（2）保持电动机输出转矩不变的恒转矩变频调速。

（3）保持电动机输出功率不变的恒功率变频调速。

从调速范围、平滑性以及调速过程中电动机的性能等方面来看，变频调速的交流电动机可以和直流电动机相媲美。但要使频率 f_1 和端电压 U_1 同时可调，需要一套专门的变频装置，使投入的设备增多，成本增大。

异步电动机的调速性能不如直流电动机的调速性能好。这是因为，异步电动机的运行特点就是在接近同步转速工作时（即转差率 s 较小时），机械性能较硬，效率和功率因数都较高。如果远低于同步转速（即转差率 s 较大），各方面的性能都要变差。因此，改变转差率 s 不是理想的调速方法，而变极调速和变频调速又不像直流电动机改变电枢电压那么方便。

三、三相异步电动机的反转和制动

1. 反　转

三相异步电动机的旋转方向取决于定子旋转磁场的旋转方向，并且两者的方向相同。只要改变旋转磁场的方向，就能使三相异步电动机反转。因此，将三相接线端中的任意两相接线端对调，改变三相顺序，就改变了旋转磁场的方向，从而使三相异步电动机反转。

2. 制　动

制动是指加上一个与电动机转向相反的转矩来使电动机迅速停转或限制电动机的转速。电动机在下列情况下运行时属于制动状态：一种情况是在负载转矩为势能转矩的机械设备中（例如起重机下放重物，电力机车下坡运行）使设备保持一定的运行速度；另一种情况是在机械设备需要减速或停止转动时，电动机能实现减速或停止转动。

三相异步电动机的制动方法有两类：机械制动和电气制动。机械制动是利用机械装置（如电磁抱闸机构）来使电动机迅速停止转动，常用于起重机械设备上。电气制动是使异步电动机所产生的电磁转矩的方向和电动机转子的旋转方向相反，电气制动通常可分为反接制动、回馈制动和能耗制动。

1）反接制动

就是在分析异步电机工作原理时指出的制动状态，此时转子的转向与定子旋转磁场的转向相反，实现反接制动可用下述两种方法。

（1）正转反接。

将正在电动机状态下运行的异步电动机的定子绕组的 3 根供电线任意对调两根，则定子电流的相序改变，其相应的旋转磁场立即反转，从原来与转子转向一致变为与转子转向相反，于是电机立即进入相当于 $s \approx 2$ 时的制动状态。为了使反接时电流不致过大，若为绕线型异步电动机，反接时应在转子回路中串入附加电阻。当电动机转速下降至零时，必须立即切断定子电源，否则电动机将向相反方向旋转。

（2）正接反转。

当绕线型异步电动机拖动的起重机下放重物时，电机定子仍按电动机运行时的接法（正接），在转子回路串入较大电阻 R_t 来使转子反转。其原理和在转子回路串入电阻调速一样，当串入转子的电阻 R_t 逐步增至很大时，转子转速逐步减小至零，如图 3.18 中 *a-b-c* 所示。此时如果 R_t 继续增加，电磁转矩将小于总负载转矩（T_2+T_0），转子就开始反转（重物向下降落）而进入制动状态，当 R_t 增加到 R_{t3} 时，电动机稳定运行在 *d* 点，转差率 $s=1.2$，转子反转的速度为 $0.2\,n_1$，从而保证了重物以较低的均匀转速慢慢下降，而不致把重物损坏。显然，可调节 R_t 的大小来平滑控制重物下降的速度。

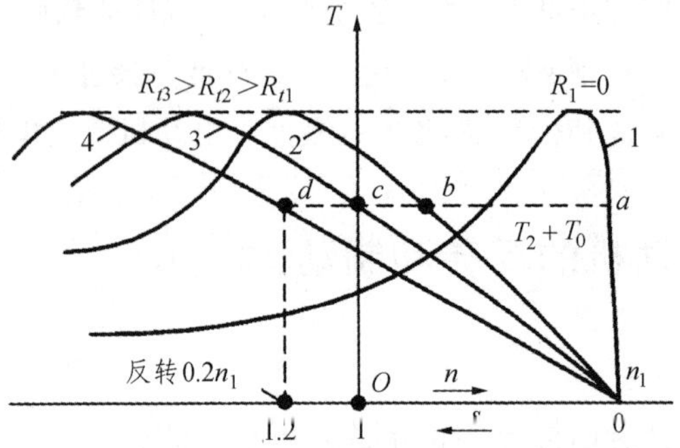

图 3.18　绕线型异步电动机正接反转的反接制动

2）回馈制动

当异步电动机作电动机运行时，如果由于外来因素，使转子加速到超过同步转速，则异步电动机进入回馈制动（发电机运行）状态。例如前述的起重机放下重物时，如果仍按电动机状态运行，即转子转向和定子旋转磁场转向相同，则在电动机的电磁转矩和重物的重力产生的转矩共同作用下，重物以越来越快的速度下降，当转子转速由于重力的作用超过同步转速，即 $n>n_1$ 时，异步电机就进入发电机制动状态运行，电磁转矩方向立即改变，一直到电磁转矩与重力转矩平衡时，转子转速以及重物下降速度才稳定不变，使重物恒速下降。这时重物下降减少的位能转换为电能送给电机所接的电网，因此称回馈制动。

回馈制动的优点是经济性能好，可将负载的机械能变为电能返送回电网。缺点是应用范围窄，只有在电动机转速大于同步转速时才能实现。

3）能耗制动

将正在运行中的异步电动机的定子绕组从电网断开，接到一个直流电源上，由直流电流励磁而在气隙中建立一个静止的磁场。于是，从正在旋转的转子上来看此磁场将是向后旋转的，因此由它感应出转子中的电流所产生的电磁转矩的方向应为向后转，即对转子起制动作用。这种制动方法是利用转子旋转时的惯性，使转子导体切割静止磁场的磁通而产生制动转矩，把转子的动能消耗于转子回路的电阻上成为铜耗，故称能耗制动。

能耗制动的优点是制动力强、制动平稳、对电网影响小。缺点是需要一套直流电源装置，而且制动转矩随着电动机转速的减小而减小，不易制停。

第六节　三相交流牵引电机

一、三相交流牵引电机的优点

无换向器的三相交流电机在制造成本、单位功率重量、运行维修等方面，与传统的有换向器的直流电机相比较有一系列的优点：结构简单、工作可靠，具有优越的防空转性能。为了在铁道电力牵引方面应用这些优点，人们对它进行了近一个世纪的试验研究，并试制了多种形式的采用三相交流牵引电机的电传动机车。

近 20 多年来，由于电子技术特别是大功率可控硅变流技术的迅速发展，研制出了体积小、质量轻、功率大、效率高的静止变流装置——静止逆变器，作为三相交流电机的变频电源，使三相交流牵引电机在铁路电力牵引中的应用取得了突破性的进展。采用三相交流牵引电机的电传动机车具有以下主要的优点：

1. 结构简单、牢固，维修方便

因为三相交流牵引电机没有换向器和电刷装置等需要经常维护修理的易损部件。特别是三相交流鼠笼式异步电机，其转子无绝缘的绕组，除了轴承需要润滑之外，几乎不要作日常的维护和保养。而且电机的故障也大为减少，提高了机车运行的可靠性。

2. 功率大、体积小、质量轻

因为，三相交流牵引电机没有换向器，不存在换向器圆周速度的限制，不存在旋转的电枢绕组中电抗电势数值的限制，不存在换向器式电机中片间电压的限制，所以，三相交流牵引电机的转速可以较高，定子的电压和电流也可以提高。因此，在体积相同时输出功率较大，或者在输出功率相同时质量较轻。例如，E120 型电力机车中的 QD646 型三相鼠笼式异步电机持续功率为 1 400 kW，质量仅为 2 300 kg；而我国生产的 SS_3 型电力机车中的 ZQ800-1 型脉流牵引电机功率为 800 kW，质量则为 3 960 kg。由于电机质量轻，所以机车转向架的质量也随之减轻，减轻了机车的簧下质量，机车对线路的动力影响也小，这对于发展高速、重载运输是十分有利的。

3. 有良好的牵引性能

由于三相交流牵引电机的功率较大，可以允许它在任何速度下持续运行，而且它对瞬时过电压、过电流不像带换向器的直流电机那么敏感。合理的设计三相交流牵引电机的调频、调压特性，可以实现大范围的平滑调速，充分发挥电机的功率。同时，三相交流电动机的机械特性很硬，在机车运行时，若个别轮对由于黏着下降发生空转时，它的转速也不会超过定子频率的同步转速，即不会发生“飞速”。这时，由于轮对的滑动量很小，因而即使发生空转也容易恢复黏着，以满足机车牵引的需求。

4. 节省电器设备，操作简便

交流电传动机车广泛采用了静止变流器和电子控制系统，电动机转向的改变以及从牵引到再生制动的转换，只需通过控制系统改变变频输出电源的相序或频率即可自动完成，不需要采用传统的开关电器来进行电路的转换。机车的操纵控制可以更多地依靠自动装置来实现。

5. 可以得到更高的功率因数和更小的电网谐波干扰电流

在单相交流电力机车上采用的四象限控制器，可以使电动机从电网取得的电流波形十分接近正弦波，可以保持机车在广泛的负载范围内使电网的功率因数接近于 1。这对改善电网供电条件，减轻通讯干扰，改善接触网电压质量和增加牵引变电所的距离都有非常积极的作用。

二、三相交流牵引电机的类型

三相交流牵引电机，可分为异步型与同步型两种类型。目前，异步牵引电机，代表型机车为 DE2500（干线内燃机车）和 E120（干线电力机车）。同步牵引电机，代表型机车为 BJI83 的（干线电力机车），它所用的牵引电机型号为 HB-604 型，该机车为单电机转向架，电机的小时功率为 1 800 kW。上述两种类型的三相交流牵引电机，就电机本身而论，异步型电机最为简单牢固，而同步型电机的转子仍需励磁电源供电，在空间利用、维修和功率因数及谐波干扰方面均不如异步型。但就电力机车的传动系统来说，同步型的变频装置却较异步型的大为简单，它没有明显的直流环节和强迫换流装置，从而节省了大量的可控硅、二极管、电容及电抗器等，因而成本较低。另外同步型传动系统的效率亦较高。但是，随着快速大功率可控硅性能的进一步提高和成本的降低，并主要考虑到异步型电机的结构简单和它对于交直流电网的适应能力及前述的若干优点，采用异步型机车有着较大的吸引力。

对于异步和同步牵引电机的争议，只限于大功率的干线电力机车，而对于功率较小的城市交通运输电动车普遍采用异步牵引电机。原因是同步电机需要有滑环，在大功率时，由于定子内径大，在定子绕组端部，有足够的空间在轴上可安装滑环，而在功率较小时，就无此可能。另一原因是，机车轮径不同，牵引电机转速有差别，而每台同步电机转子轴位置又必须与定子磁场严格一致。一台逆变器不适用于多台同步电机并联工作。电动车牵引电功率较小时，往往是两台或四台电机并联，由一台逆变器供电。此外，电动车起动和停止频繁，亦不宜用同步电机。

三、异步牵引电机的结构特点

异步牵引电机就其外形看与一般直（脉）流牵引电机相近，所不同的是机座上不需要换向器观察孔。异步牵引电机的内部结构与普通异步牵引电机基本相同，其机座多采用钢板焊接结构，定子轭由电工钢片叠压而成。电机的极数取决于最高定子频率，一般牵引逆变器在最高出电压时，最高频率不超过 200 Hz。电机的极数一般取 $2p = 4$、6、8 极，电机功率大时，极数较多。较大功率的异步牵引电机定子槽一般为开口槽，以便采用成形绕组，获得良好的绝缘性能，增强运行的可靠性。

异步牵引电机的转子采用鼠笼式，鼠笼绕组用铝或铜硅铝合金铸成，当电机功率较大时（1 000 kW 以上），则采用钢材料制成。为了改善电机的起动性能，转子槽一般采用矩形槽，功率较大时，也采用梯形槽。异步牵引电机一般不用斜槽转子。

异步牵引电机因安装空间限制，结构较为紧凑，为了节省轴向空间，电机一般不采用径向通风道，而采用轴向通风道。机座上方有进风口，由专用通风机进行强迫通风冷却。由于异步牵引电机悬挂在转向架上，机车运行中电机将承受强烈的振动，迫使它加大空气隙，通常为 1.5 ~ 2.5 mm。异步牵引电机转速由于不受换向条件等的限制，齿轮传动装置可选用较高的传动比，一般异步牵引电机的传动比大于 4。例如国产 AC4000 型交流传动电力机车中采用的 YD103S 型异步牵引电机，其传动比为 4.4。

四、典型异步牵引电机的技术参数

1. YJ85A 型牵引电机

YJ85A 型牵引电机是引进日本东芝公司的图纸和制造技术，进行国产化的电机。该电机东芝公司原型号为 Sea-107，是专为本次中国出口而设计。该电机装用在大连机辆公司生产的 HXD3 型 120 km/h 货运电力机车上，该机车轴式为 C_0-C_0，也即每台机车装用 6 台牵引电机。此电机自 2006 年初在永济电机公司开始生产，已成为我国铁路线上发挥作用最大、保有量最大的异步牵引电机。YJ85A 电机的额定参数如下：

额定功率……1 250 kW
额定电压……2 150 V
额定电流……390 A
额定转速……1 365 r/min
额定频率……46 Hz
额定效率……95%
功率因素……0.91
最高转速……2 662 r/min
极数……4
绝缘等级（定/转）……200 级
接线方式……Y
冷却空气量……1.53 m^3/s（92 m^3/min）
质量……2 600 kg

2. Mitrac TM3800 F 型牵引电机

Mitrac TM3800 F 型牵引电机是一个 4 极三相鼠笼式单轴承异步电机，采用强迫风冷，半悬挂、单级斜齿轮传动。该电机为逆变器供电特别设计，可降低逆变电源造成的脉动转矩、损耗和噪声等级。该电机由 Bombardier 公司开发生产，产品符合 IEC60349-2 标准。每台 HXD3B 型机车由 6 台该电机驱动。Mitrac TM3800 F 主要技术参数如下：

极对数……………………………………………………………………………… 2

直流中间电压（最大）……………………………………………………… 2 950 V

额定功率……………………………………………………………………… 1 632 kW

额定转速……………………………………………………………………… 1 494 r/min

额定电流………………………………………………………………………498 A

额定电压……………………………………………………………………… 2 183 V

额定频率……………………………………………………………………… 50.4 Hz

最大电动机转速……………………………………………………………… 3 198 r/min

功率因数……………………………………………………………………… 0.904

冷却类型……………………………………………………………………… 外部冷却

冷却风量……………………………………………………………………… 约 1.8 m^3/s

绝缘级别………………………………………………………………………200 级

质量…………………………………………………………………………… 2 150 kg

3. MT205 型牵引电机

CRH2 型动车组采用 MT205 型交流牵引电机，每辆动车配置 4 台牵引电机（并联连接），一个基本动力单元共 8 台，全列共计 16 台。MT205 主要技术参数如下：

方式……………………………………………………………… 三相鼠笼异步电动机

极数……………………………………………………………………………4 极

相数……………………………………………………………………………3 相

输出功率……………………………………………………………………… 300 kW

电压…………………………………………………………………………… 2 000 V

电流……………………………………………………………………………106 A

频率…………………………………………………………………………… 140 Hz

转差率…………………………………………………………………………1.4%

转速…………………………………………………………………………… 4 140 r/min

效率…………………………………………………………………………… 94.0%

功率因数……………………………………………………………………… 87.0%

绝缘类别等级………………………………………………………………… 200

温度上升极限………………………………………… 200K（定子绕组；电阻法）

冷却方式…………………………………………… 强制风冷方式（20 m^3/min）

动力传送方式……………………………………平行齿轮弯曲轴万向接头方式
最高使用转速……………………………………………………6 120 r/min
最高试验转速……………………………………………………7 040 r/min
质量……………………………………………………………………440 kg

五、异步牵引电动机的特性调节

电力机车为了获得良好的运行性能，单纯依靠牵引电动机的固有特性进行调节已不能满足机车运行尤其是高速运行的要求。因此就需要对机车的运行方式加以控制，以保证机车有良好的牵引性能，提高机车运行的可靠性，提高运输效率。

1. 机车牵引运行的调节区域

异步电动机作为铁路机车的牵引电动机，必须满足牵引性能的要求。一般来说，电力机车的牵引运行可分为：起动加速区、恒功率输出区、提高速度区或恒电压区这 3 个运行调节区，如图 3.19 所示。在机车起动加速阶段，一般要求牵引力尽可能接近黏着牵引力，以获得大而稳定的起动牵引力，这时异步动机应按恒转矩要求进行变频调节；起动后，随着速度的提高，牵引电动机输出功率也不断增大，起动过程结束，则希望牵引电动机按在各种运行速度下保持恒功率输出的要求进行变频调节。为了满足机车起动和运行时牵引特性的要求，需要在调节频率的同时相应调节牵引电动机的电压。下面简要分析异步牵引电动机工作在不同运行区的变频调节规律。

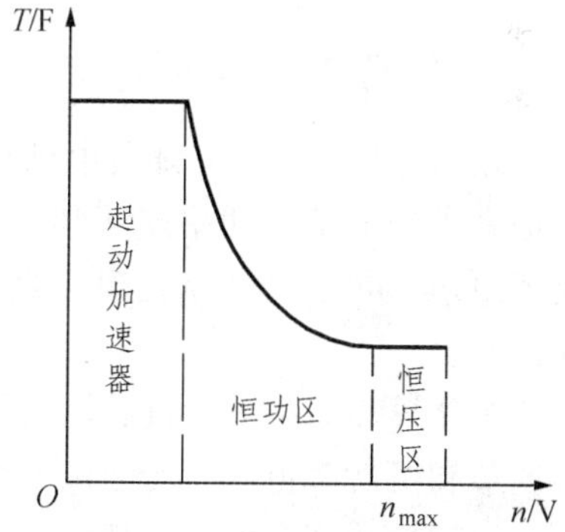

图 3.19 机车牵引特性

2. 恒转矩特性的变频调节

通常运行在固定频率下的三相异步电动机，其起动电流约为额定电流的 5 ~ 6 倍。但由于此时转子的频率高、漏抗大、功率因数很低，所以起动转矩实际上并不大。而采用变频调节时，则可使异步电动机在较低频率下起动，此时定、转子漏抗都很小，从而改善了转子的功率因数，增大了起动转矩。一般来说，机车起动时，异步电动机低频起动电流大致为 2 倍额定电流的情况下，可使电机起动转矩为最大转矩的 70%左右，并保持不变。由于异步电动机最大转矩正比于 $(U_1/f_1)^2$，U_1 与 f_1 之比通常称为“伏赫比”。要使机车获得恒定的起动转矩，电机必须保持伏赫比不变，即电机的端电压随频率的提高而正比例增加，这时，电动机的气隙磁通也近似不变。这就是机车起动加速区异步电动机变频调节规律。

应当注意的是：电动机起动开始时，频率很低，因此定子漏电抗 $x_{1\sigma}$ 和转子不转时的漏电抗 $x_{2\sigma}$ 很小，这时电阻在阻抗中的比例相当大，忽略定子绕组电阻 r_1 会产生较大的误差。若要保持磁通不变，则在起动时必须适当增加电压 U_1，以克服 r_1 所产生电压降。在恒转矩下变频调节时电机电压 U_1 和定子电流 I_1 随频率 f_1 的变化曲线如图 3.20 所示。

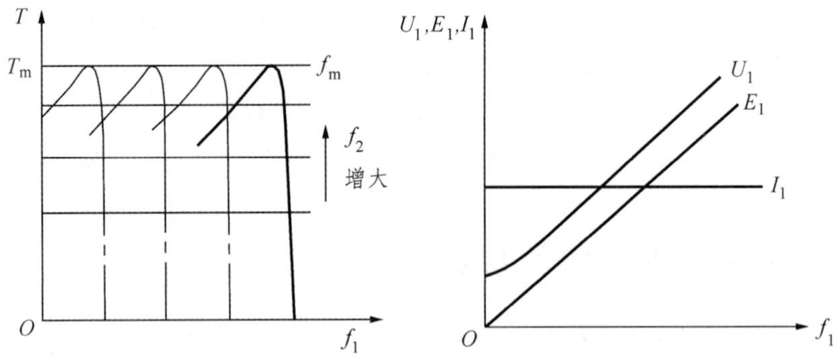

（a）转矩与定子频率的关系

（b）电动机定子电流、电压、电势与定子频率的关系

图 3.20 恒转矩调节特性

恒磁通运行时，在 U_1/f_1 不变时，无论 f_1 如何变化，定子电流 I_1 维持不变，这时变频器在恒电流下运行，可以充分利用变频装置的容量，便变频装置的设计更为经济。

3. 恒功率特性的变频调节

在恒转矩运行中，随着电动机转速的上升，电压 U_1 的提高，电机输出功率增大。但电压的提高受到电动机功率或变频器最大电压的限制，当电压升高到一定数值后将维持不变，或者电压不再正比于 f_1 上升。此后异步牵引电动机将以恒功率输出为条件进行电压和频率的调节。

为使异步牵引电动机有恒定的输出功率，电压和频率的调节方式分为：恒功率变电压变频调节和恒功率恒电压变频调节两种。

（1）恒功率变电压变频调节。

为保持不同运行速度下输出功率不变，异步电动机的电压 U_1 应随定子频率 f_1 的平方根正比变化。这就是保持异步牵引电动机工作在额定工况下输出功率恒定时所应遵循的变频调节规律。所以，这种调节方式称为恒功率变电压变频调节，其牵引特性曲线如图 3.21 所示。

恒功率变电压变频调速时异步牵引电动机的电压、电流和功率曲线如图 3.22 所示。电动机起动转矩约为 1.6 ~ 1.8 倍的额定转矩并保持不变。转速增加时电压和功率正比增加，电流不变。电动机起动结束进入恒功率运行区，电流随转速增加而减小，两者乘积保持恒定，作恒功率运行。

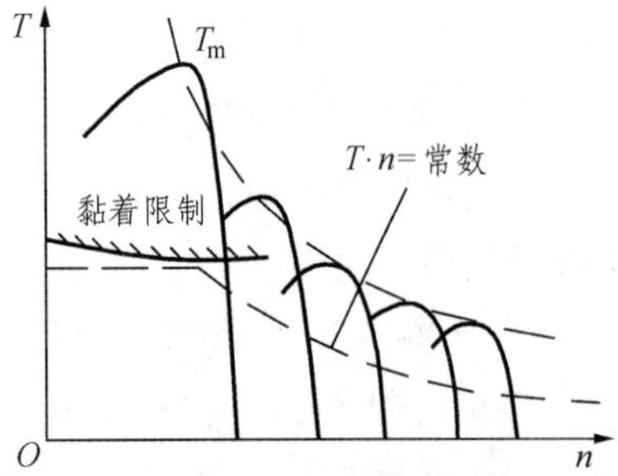

图 3.21 异步电动机恒功率变电压变频调速时的牵引特性

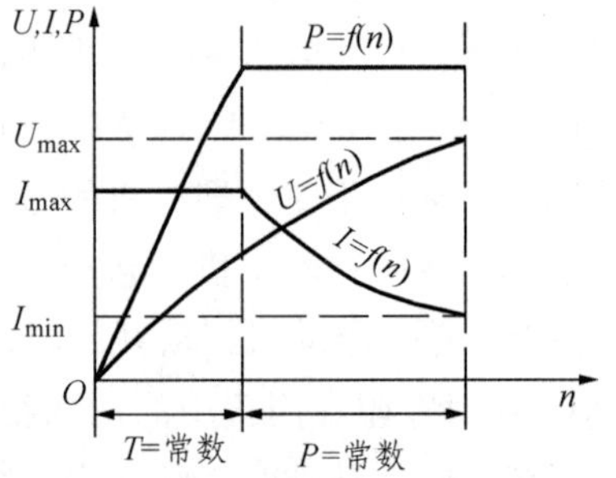

图 3.22 恒功率变电压变频调速时的电压、电流和功率曲线

（2）恒功率恒电压变频调节。

机车运行时，保持异步电动机的电压和功率都不变的变频调速方法，称为恒电压变频调节。在恒功率恒电压条件下，频率调节的规律是：随着频率的增加，电机额定转矩与最大转矩之比 A 也应正比增加，即电机工作点越来越接近电动机的最大转矩。为了保证电机正常工作，必须使最高频率时的工作转矩低于最大转矩。图 3.23 所示为该种调频方式所得的牵引特性曲线。恒功率恒电压变频调速时异步牵引电动机的电压、电流和功率曲线如图 3.24 所示。

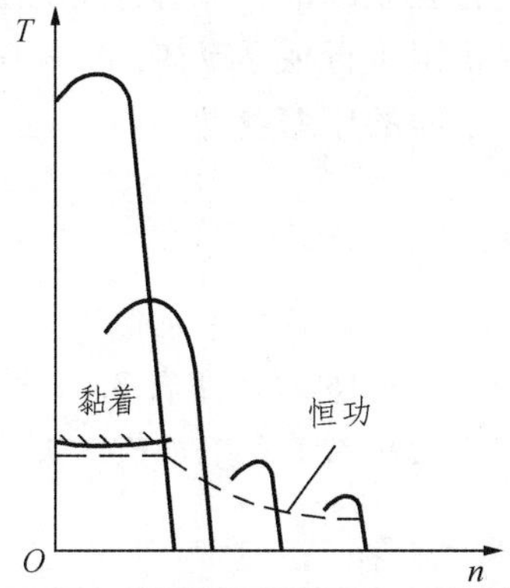

图 3.23　异步电动机恒功率、恒电压变频调速时的牵引特性曲线

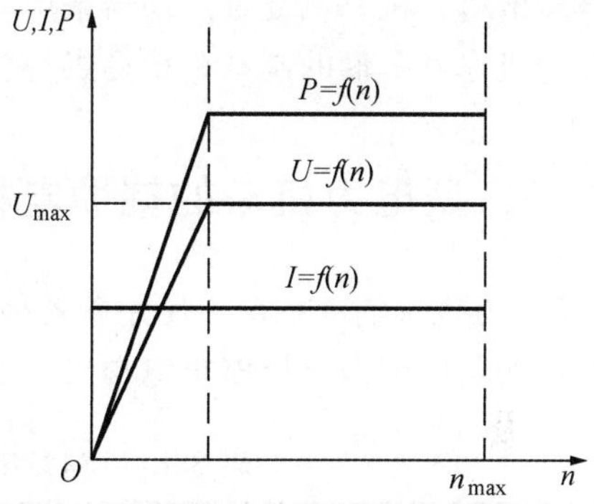

图 3.24　恒功率恒电压变频调速时的电压、电流和功率曲线

由于这种调节方式采用了逆变器输出电压恒定，所以转速增加时，电动机实际上随 f_1 的增加，维持在磁场削弱工况下运行，使定子电流不致下降（恒定），以保持电动机输出的功率不变。

以上是从两种极端情况来分析异步牵引电动机的变频调节规律，实际的最佳控制规律则应从异步牵引电动机和逆变器两方面的经济技术指标来考虑，以求得两者的最佳配合。

第七节　交流辅助电动机

为了保证电力机车正常运行，在单相工频交流电力机车中装有许多辅助机械，这些辅助机械多采用结构简单、价格低廉的三相异步电动机驱动。用于驱动辅助机械的三相异步电动机（简称辅助电动机）结构上与普通鼠笼式异步电动机相同。

由于劈相机给辅助电动机供电时，电压波动范围大、三相电压和电流不对称等，使得辅助电动机工作在三相不对称，且非额定、非正弦电压下。为保证辅助电动机能正常工作，在选用和设计辅助电动机时，必须考虑电动机额定功率与实际使用功率之间的差异，以满足电动机在电压变化及不对称条件下运行的需要。

一、交流辅助电机概述

电力机车辅助系统是采用单相交流电转变成三相交流电供异步电动机工作的方式，由旋转式异步劈相机或逆变器实现单-三相交流的转换。主要辅助机械均由三相异步电动机拖动（升弓辅助压缩机组除外）。

在 SS 型电力机车中，使用着各种用途的辅助电动机。可将其分为以下几类：压缩机组是用来产生供机车与列车制动装置及气动器件所使用的压缩空气；牵引通风机组（即离心式风机及其驱动电机）用于冷却牵引电机、主变流装置及平波电抗器；制动电阻通风机组用来冷却制动电阻；变压器通风机（即轴流式风机及其驱动电机）用来冷却牵引变压器油冷却器；变压器潜油泵（即潜油泵及其驱动电机的组合体）是为变压器油循环提供动力，提高变压器的散热能力。

对于 HX 型电力机车，牵引电机采用牵引通风机组进行独立冷却。牵引通风机组为三相鼠笼式异步电机；机车上复合冷却器采用复合冷却器通风机组进行独立冷却；空气压缩机组的作用是为机车及车辆的制动系统提供符合要求的干燥、洁净的压缩空气。

二、SS 型电力机车的辅助电机

SS_9 型电力机车辅助系统中使用着各种用途的辅助电动机共 15 台，如表 3.1 所示。这些电动机按用途可归纳为：压缩机电动机、通风机电动机、主变压器油泵电动机 3 类。

表 3.1　SS_9 型电力机车辅助电机一览表

序号	名　称	代　号	型　号	数量	用　途
1	劈相机	1、2 MA	JP402A	2	
2	压缩机电动机	3、4MA	FS200-2A	2	驱动 TSA-230AD 型空气压缩机
3	牵引通风机电动机	5、6、7、8MA	JD305A	4	驱动 5-47 型牵引离心通风机
4	制动电阻通风机电动机	9、10、11、12MA	JD306A	4	驱动 TZTF6.0 型制动电阻轴流通风机
5	主变压器通风机电动机	13MA	JD330	1	驱动 TZTF5.6A-2 型主变压器轴流式通风机
6	主变压器油泵电动机	14MA	TG_{2A}.95-170/10D	1	驱动 TG_{2A}.95-170/10D 型变压器潜油泵
7	辅助压缩机电动机		TZK_1-50	1	驱动 TZKl-50 型辅助压缩机

SS_9 型电力机车辅助电机主要技术数据，如表 3.2 所示。

表 3.2　SS_9 型电力机车辅助电机主要技术数据表

电机名称		压缩机电动机	牵引通风机电动机	制动电阻通风机电动机	主变压器通风机电动机	变压器油泵电动机
电机型号		FS200-2A	JD305A	JD306A	JD330	TC295-170
技术数据	额定功率/kW	22	30	15	22	10
	额定电压/V	380	380	380	380	380
	额定电流/A	42.7	56.5	30	40.16	
	功率因数	0.87	0.89	0.88	0.9	0.9
	转速/$r \cdot min^{-1}$	2 955	2 945	2 900	2 940	
	绝缘等级	F	F	F	F	A
	质量/kg	190	286			

三、交-直-交型电力机车的辅助电机

交-直-交型电力机车的辅助电机按用途可以分为牵引通风机组、复合冷却器通风机组、空气压缩机组等几大类。以 HXD3 型电力机车为例进行介绍。

1. 牵引通风机组

HXD3 型电力机车的 6 台牵引电动机采用 6 台牵引通风组进行独立冷却。牵引通风机组特点如下：

（1）采用离心涡轮式叶轮，平衡修正为两面修正，以提高风机性能和效率。

（2）风机叶轮与壳体之间间隙较大，以防止结冻。

（3）风机电机为三相鼠笼型异步电动机，其滚动轴承采用 NSK 生产的单列深沟球轴承，型号为 6309 VVC3，轴承封入 ENS 油脂优质润滑油。

（4）风机噪声小。

该型通风机组主要由机壳，导风罩，电动机，叶轮，接线盒等组成。电动机借助其底座上的 4 个安装孔用螺栓与风机机壳内座板相连并保证同心度，在底座下端安装轴向止挡。叶轮采用不锈钢螺帽安装在电动机输出转轴上。通风机组通过接地螺栓接有接地导线。电机的三相引出线经连接管由机壳孔再经密封后引致铸铝接线盒内。

牵引通风机组电机采用鼠笼式三相异步电机。由机车辅助变流装置（APU）供电。

电动机型号分别为 TIKK-FCKW8、YFDQ185、FVF160DL1-2、JD160。电动机主要技术参数如表 3.3 所示。

表 3.3　HXD3 型电力机车牵引通风机组电动机主要技术参数

参　数	连续（SI）	参　数	连续（SI）
额定功率	18.5 kW	绕组连接方式	Y
额定电压	AC 380 V	绝缘等级	F
额定电流	35.5 A	防护方式	IP44
额定频率	50 Hz	通风方式	全闭外扇形
额定转速	2 930 r/min	绝缘强度	导电部位与风机外壳间工频，1 800 V，1 min 无击穿闪络现象
额定效率	91.5%	轴承	输出端，非输出端　6309VVC3（ENS 润滑脂）
功率因数	0.853	质量	150 kg
极数	2		

该电机与鼠笼型异步电机结构相似，主要由定子组装、转子组装、风扇、端盖、滚动轴承、轴承盖、键、出现部件等组成。电机的滚动轴承采用单列深沟球轴承，使用非接触橡胶密封圈式（载荷侧、反载荷侧一样）。轴承型号为 6309VVC03。轴承封入 ENS 油脂润滑油。

6309VVC03 型滚动轴承除具有承受径向负荷外，还可以承受两个方向的轴向负荷。改型轴承摩擦力矩小，适用于高速旋转、低噪声、低振动场合。由于该轴承是双面非接触橡胶密封，所以具有高密封性，防尘性能好，平时运用时无须用油嘴加润滑脂，减小维护工作量，提高运用寿命。

2. 复合冷却器通风机组

HXD3 型机车的 2 台符合冷却器采用 2 台复合冷却器通风机组进行独立冷却。

复合冷却器通风机组特点如下：

（1）采用斜流螺旋桨式叶轮，平衡修正为两面修正，以提高风机性能和效率。

（2）风机叶轮与壳体间气隙较大，以防止冻结。

（3）采用免维护电机轴承，以减少通风机维护工作量。

（4）风机噪声小。

复合冷却器通风机组参数及结构包括以下内容：

1）复合冷却器通风机组电动机

复合通风机组采用鼠笼式三相异步电动机。由机车辅助变流装置（APU），变压变频（VVVF）供电。电动机型号为 TIKK-FCKLW8、YFDL200、FVF160DL2-2、JD160L。

2）复合冷却器通风机组电动机主要技术参数

电动机主要参数如表 3.4 所示。

表 3.4　HXD3 复合冷却器通风机组电动机主要技术参数

参　数	连续（SI）	参　数	连续（SI）
额定功率	20 kW	绕组连接方式	Y
额定电压	AC 380 V	绝缘等级	F
额定电流	38.5 A	防护方式	IP44
额定频率	50 Hz	通风方式	全闭其他外扇形
额定转速	2 930 r/min	绝缘强度	导电部位与风机外壳间，工频耐压 1 800 V，1 min 无击穿闪络现象
额定效率	91.5%	轴承	输出端，非输出端 6309VVC3（ENS 润滑脂）
功率因数	0.863	质量	150 kg
极数	2		

3）复合冷却器通风机组电动机主要结构

该电机与鼠笼式异步电动机结构相似。主要由定子组装、转子组装、前后端盖、滚动轴承、轴承盖、出线等部分组成。电动机依靠通风机的风来冷却。

电动机采用 6309VVC3 型滚动轴承，轴承内封入 ENS 油脂润滑油。

3. 空气压缩机组

空气压缩机组的作用是为机车及车辆的制动系统提供符合要求的干燥、洁净的压缩空气。HXD3 型电力机车采用两台 SL22-47 型螺杆式空气压缩机组作为系统风源，排风量为每台 2 750 L/min。配套使用两个 LT3.2-H 型双塔干燥器和两个 OEF2 型微油过滤器作为风源滤水、滤油的处理装置。其双塔干燥器的空气处理气量为每个 4.8 m^3/min。处理后的压缩空气可以满足 ISO8573-1 固体颗粒 2 级、油 2 级、水 2 级的标准。空气压缩机组技术参数如表 3.5 所示。

表 3.5　HXD3 空气压缩机主要技术参数

型号	SL22-47	频率	50 Hz
转速	2 920 r/min	工作电流	48×(1-10%)～48×(1＋20%)
流量	2750×（1±6%）L/min	功率因数	0.89
工作压力	1 MPa	起动电流	440×（1＋20%）A
轴功率	20×（1±7%）kW	冲击电流（峰值）	810×（1＋20%）A
机油量	7/6 L	保护等级	IP55
机油牌号	Anderal3 057 M	冷却空气流速	0.55 m^3/s
工作温度范围	－40～＋50 °C	控制电压	DC 110×（1±30%）V
电机型号	KB/26-180LB	整备质量	330×（1±3%）kg
工作电压	380(1－5%)～380(1＋15%)		

HXD3 型机车采用 4 个容积均为 400 L 的风缸串联作为压缩空气的储存容器，风缸采用车内立式安装。为了满足机车重联功能，在机车端部安装可总风重联管软管和平均管软管。空气压缩机的驱动电机为 KB/256-180LB 型交流电机。此空气压缩机组具有温度、压力控制装置，可以实现无级负荷起动。冷却器排风口向下向车内排风。空气压缩机的开停状态由总风压力开关进行自动控制，也可以手动按钮强行控制开停。

第八节　单相异步电动机

单相异步电动机是利用单相交流电源供电的一种小容量交流电机。它具有结构简单、成本低廉、运行可靠、维修方便等优点及可以直接在单相 220 V 交流电源上使用的特点，因此在家用电器（电扇、洗衣机、电冰箱、空调器等）及轻工业装置上得到了广泛的应用。与同容量的三相异步电动机比较，单相异步电动机的体积大，运行性能较差，效率较低。因此，单相异步电动机只做成小容量的，从几瓦到几百瓦。

一、单相异步电动机的结构

单相异步电动机的类型很多，除罩极电动机的定子有的具有凸出的磁极外，其余各类单相异步电动机定子铁心和普通三相异步电动机的相似。单相异步电动机的结构特点是：定子铁心上通常有两个绕组。一个称为主绕组（工作绕组），用以产生主磁场和从电源吸收电功率输入给电机；另外一个称为辅绕组（起动绕组），用来起动电动机。这两个绕组的轴线在空间错开一定的位置。为节省层间绝缘，提高槽利用率，单相异步电动机定子绕组一般选用单层绕组。从改善电动机性能出发，可采用正弦绕组。所谓正弦绕组，从结构上看就是一种每槽导体数不等的同心式绕组。辅绕组电路常接入电容器和起动开关触头，起动开关的离心器（离心式）套在转子轴上。转子是普通的鼠笼式转子，其结构示意图如图 3.25 所示。

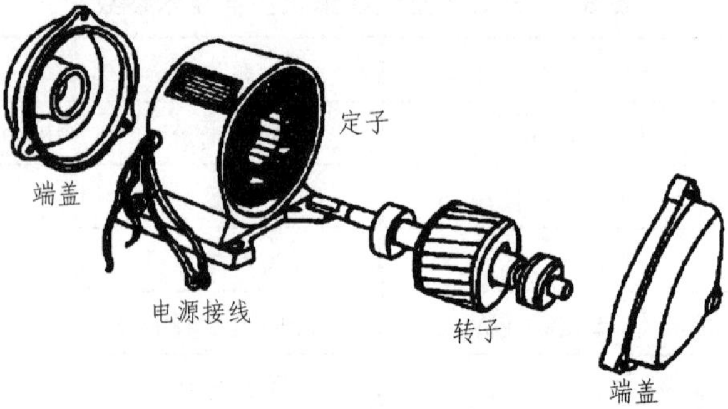

图 3.25 单相鼠笼式异步电动机的结构

二、单相异步电动机的工作原理

单相异步电动机的工作原理可以用双旋转磁场理论来说明。当单相异步电动机的定子绕组（工作绕组）接单相交流电源时，产生一个脉动磁场，此脉动磁场可分解为两个大小相等、转速相等而转向相反的旋转磁场（证明略）。设 B_{1+} 和 B_{1-} 分别表示定子绕组的正向和反向旋转磁场。这两个大小相等、转向相反的旋转磁场切割转子导条后，将在导条中分别感应出相应的电势和电流。正向磁场与转子正向电流作用产生正向电磁转矩 T_{m+}，它企图使转子顺着正向磁场旋转的方向转动；反向磁场与转子反向电流作用产生反向电磁转矩 T_{m-}，它企图使转子顺着反向磁场旋转的方向转动，如图 3.26 所示。

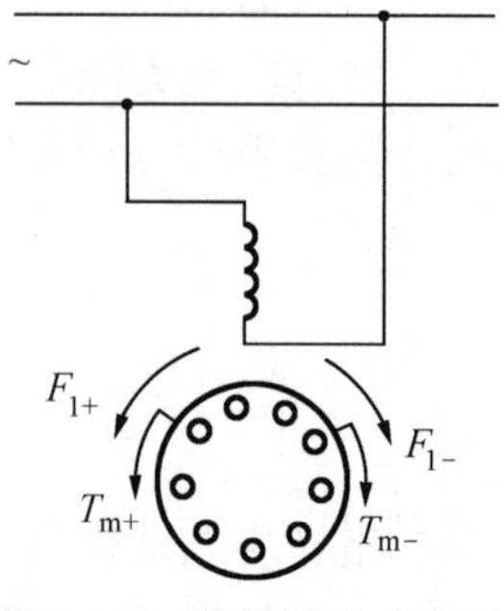

图 3.26 单相异步电动机示意图

异步电动机的转子静止不动时，转子对正向和反向磁场的转差率都等于 1，电磁转矩 T_{m+} 和 T_{m-} 大小相等、方向相反。因此，合成电磁转矩为零，电动机不能自己起动。

如果借助外力使电动机的转子向某一方向（如向正向磁场 B_{1+} 的方向）转动，那么正向和反向旋转磁场切割转子导条的速度将不同，因此转子的反应也将不同。若转子转速为 n，则对正向磁场（一般把与转子同方向旋转的这个磁场作为正向磁场）而言，转子的转差率 s_+ 应为

$$s_+ = \frac{n_1 - n}{n_1} = s \tag{3.35}$$

对反向磁场，由于反向磁场的转速为 $-n_1$，故转子对它的转差率 s_- 应为

$$s_{-}=\frac{-n_1-n}{-n_1}=2-\frac{n_1-n}{n_1}=2-s \tag{3.36}$$

转矩 T_{m+}、T_{m-} 与转差率的关系，和普通三相异步电动机的相类似。在 $0<s<1$ 时，正向磁场所产生的电磁转矩 T_{m+} 大于反向磁场所产生的电磁转矩 T_{m-}，于是转子就受到一个合成电磁转矩 T_m 的作用。因为 T_{m-} 是反向转矩，对转子起制动作用，所以合成转矩 T_m 小于 T_{m+}。图 3.27 表示单相异步电动机的机械特性曲线。

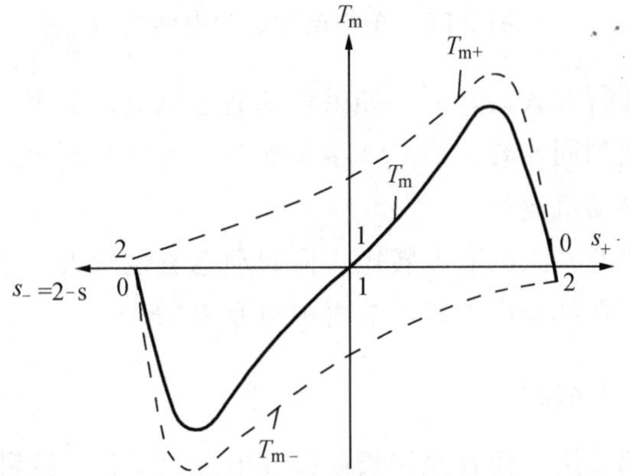

图 3.27　单相异步电动机的机械特性曲线

综上所述，单相异步电动机无起动转矩，因此必须采取措施使之产生必要的起动转矩。此外，在 $s=1$ 的两边，合成转矩是对称的，因此单相异步电动机没有固定的转向，在两个方向都可以旋转，运行时的旋转方向由起动时的转动方向而定。只要外力把转子向任一方向驱动，转子就将沿着该方向继续旋转，直到接近同步转速。

由于在单相异步电动机中始终存在一个反向旋转磁场，因此单相异步电动机的损耗较大，效率较低，功率因数也较低。这样，就使得单相异步电动机的效率和功率因数总是低于三相异步电动机。

三、单相异步电动机的分类与起动方法

根据起动方法或运行方法的不同，单相异步电动机可分为以下 4 种基本形式：单相电容起动电动机；单相电容运转电动机；单相电阻起动电动机；单相双值电容电动机。

1. 单相电容起动电动机

单相电容起动电动机的接线原理示意图如图 3.28 所示。装在定子铁心上的辅绕组 Z_1Z_2（又称起动绕组）与主绕组 U_1U_2（又称工作绕组）在空间互差 90° 电角度。主绕组电感大，辅绕组 Z_1Z_2 与起动电容器 C 串联后，通过起动开关（离心开关）触点与主绕组 U_1U_2 一起并接到同一电源上。转子上有离心开关。

在图 3.28 中，适当选择电容器值，使辅绕组中的电流超前主绕组中的电流约 90° 相角，则在定子内圆气隙中就会产生一个近似圆形的旋转磁势，相应地产生旋转磁场，在该磁场的作用下，能产生较大的起动转矩，使电动机转动起来。

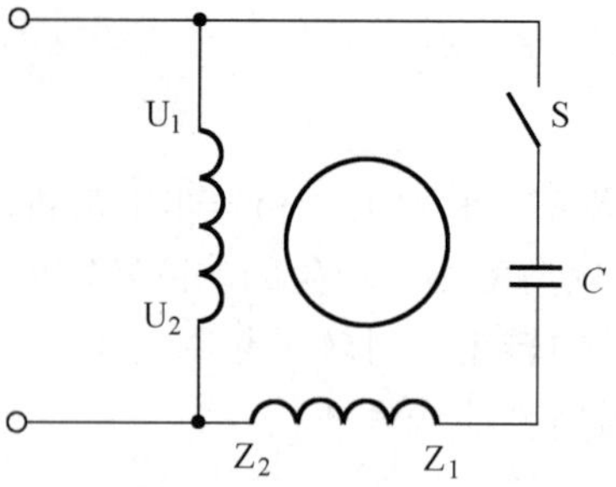

图 3.28　单相电容起动电动机

辅绕组是按照短时运行方式设计的，如果长期通过电流，会因过热而损坏。因此，起动过程中，当电机的转速达到同步转速的 75%～85%时，由离心开关把辅绕组从电源断开，电动机便作为单绕组异步电动机运行。

单相电容起动电动机有较大的起动转矩，但起动电流也较大，适用于各种满载起动的机械，如小型空气压缩机，在部分电冰箱压缩机中也有采用。

2. 单相电容运转电动机

如果辅绕组不仅供起动用，而且允许长期接在电源上工作，这种电机就称为单相电容运转电动机，如图 3.29 所示，主绕组电感大，辅绕组电路中串入运转电容器 C，呈容性。

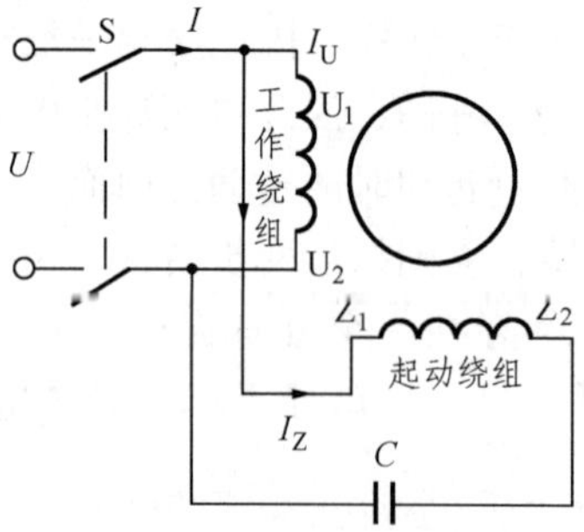

图 3.29　单相电容运转电动机

单相电容运转电动机实质上是一台两相异步电动机，其两个绕组在空间相隔 90° 电角度，绕组中的电流也相差约 90° 相角，产生的旋转磁场近似为圆形旋转磁场，起动及运行过程中主、辅两绕组同时工作。单相电容运转电动机的性能有较大的改善，其功率因数、效率及最大转矩都比单绕组单相异步电动机高。

单相电容运转电动机结构简单，维护保养方便，只要任意改变主绕组（或辅绕组）的首端、末端与电源的接线，即可改变旋转磁场的转向，从而使电动机反转。这类电动机常用于吊扇、台扇、洗衣机、吸尘器等。

3. 单相电阻起动电动机

将图 3.31 中的电容器换成电阻就构成单相电阻起动电动机，如图 3.30 所示。这种电动机的特点是辅绕组 Z_1Z_2 的导线直径较细，匝数少，又与起动电阻串联，则该支路的总电阻远大于感抗，可近似看作流过绕组中的电流与电源电压同相位；主绕组 U_1U_2 的导线直径较粗，匝数较多，则感抗远大于绕组的直流电阻，可近似看作流过绕组中的电流滞后电源电压约 90°电角度。因此，可近似看作辅绕组中的电流与主绕组中的电流相差 90° 电角度，从而在定子与转子气隙中产生旋转磁场，使转子获得转矩而旋转。这种电动机起动转矩不大，宜于空载起动。

家用电冰箱中拖动压缩机的单相异步电动机目前较多采用电阻起动。它是利用一个热敏电阻 *R*（称为 PTC 组件）与辅绕组串联。PTC 组件的工作特性如图 3.31 所示，当温度 *t* 较低时，PTC 组件本身的电阻值 *R* 很小；当高于一定温度后，即呈高电阻值状态。这种特性正好满足压缩机上的单相电阻起动电动机的起动需要。

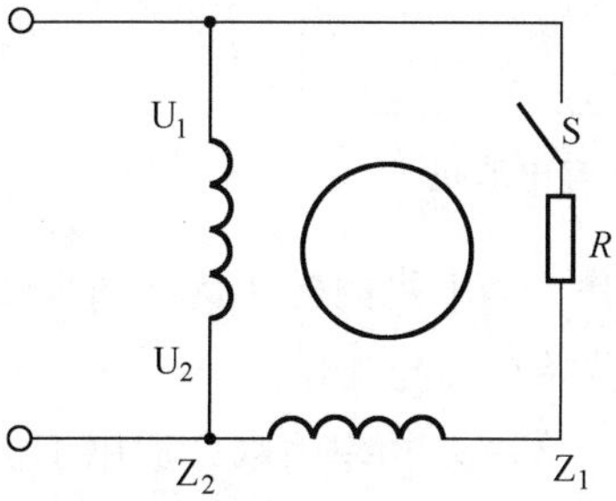

图 3.30　单相电阻起动电动机

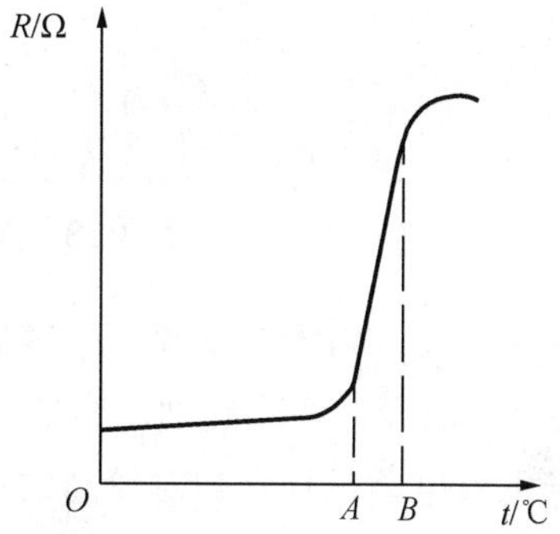

图 3.31　PTC 组件的工作特性图

将用 PTC 组件组成的 PTC 起动继电器与辅绕组串联后接入电路，如图 3.32 所示，在电路通电的开始一段时间内（1 ~ 5 s），由于 PTC 中通过的电流时间较短，所产生的热量较少，故 PTC 组件的电阻值很小，相当于图 3.31 中曲线 *O* ~ *A* 段；辅绕组中流过一定电流后，使电动机起动完毕，由于电流的热效应，PTC 组件温度升高到 *B* 点，使 PTC 组件的电阻值变得很大，则辅绕组相当于处在断路状态，完成起动过程。由于该类电动机起动转矩小，因此当电冰箱在工作中突然断电后又很快恢复供电时，压缩机有残压而可能使电动机无法拖动压缩机工作，这有可能导致烧毁电动机。因此，应经过几分钟后，让压缩机压力下降，才能重新通电起动电动机。

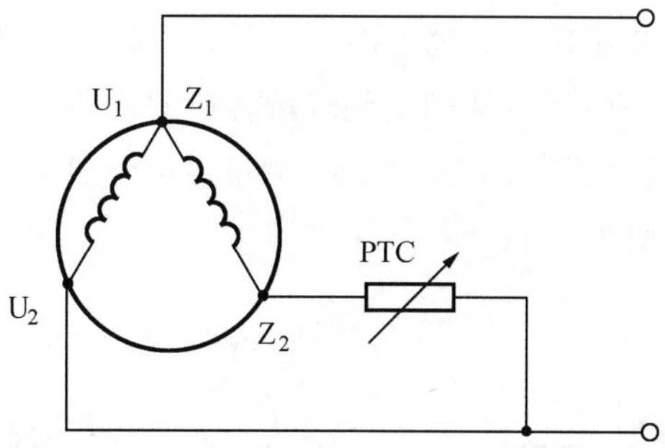

图 3.32　PTC 起动继电器起动的单相异步电动机电路原理图

4. 单相双值电容电动机

单相电容起动电动机与单相电容运转电动机比较，起动转矩较大。单相电容运转电动机的效率、功率因数及最大转矩都比单相电容起动电动机高。为综合单相电容起动电动机与单相电容运转电动机各自的优点，出现了单相双值电容电动机，如图 3.33 所示，接在单相交流电源上的主、辅两绕组在空间错开 90° 电角度，主绕组电感大，辅绕组电路中串入了两个并联的电容器，其中一个与起动开关触头串联，鼠笼转子上有离心开关。

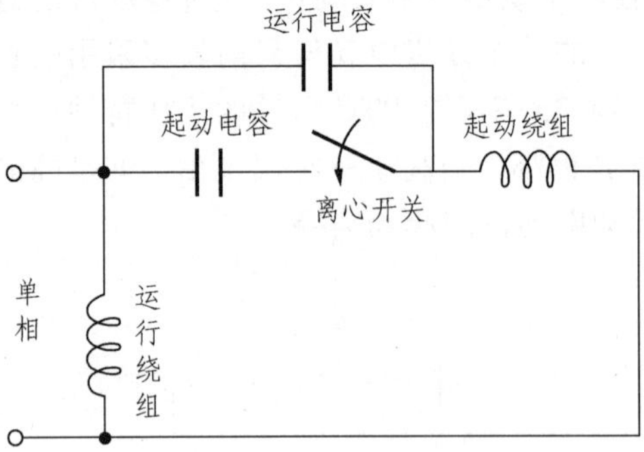

图 3.33　单相双值电容电动机

起动过程中，主、辅绕组及两个电容器同时工作，当电机的转速达到同步转速的 75%～85%时，起动开关断开，切除起动电容器，其他部分始终参与工作。

单相双值电容电动机具有相对较高的起动转矩、效率及功率因数，适用于机床、农副产品加工机械、医疗器械等。

四、单相异步电动机的调速与反转

1. 调　速

由于单相异步电动机有一系列的优点，所以使得它的使用领域越来越广泛，尤其在家用电器的使用上获得了迅速的发展。单相异步电动机的调速方法很多，对于电风扇用电动机调速，目前常用的有电抗法和抽头法。

1）串电抗器调速

将电抗器与电动机定子绕组串联，通电时，利用在电抗器上产生的电压降，使加到电动机定子绕组上的电压低于电源电压，从而达到降低转速的目的。因此用串电抗器调速时，电动机的转速只能由额定转速往低调。图 3.34（a）为罩极电动机半电抗器调速电路图，图 3.34（b）为电容电动机带有指示灯的电路。

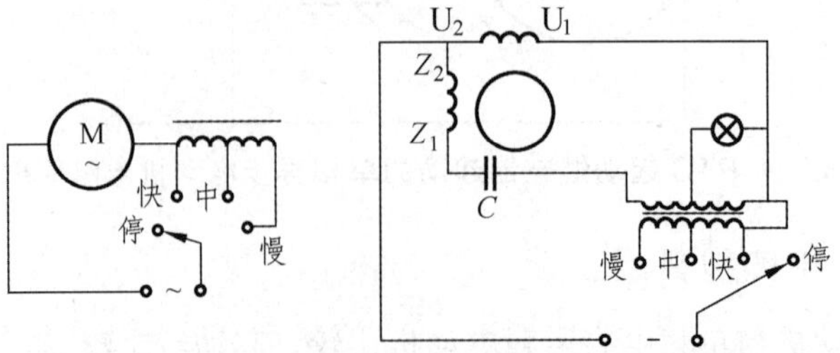

（a）罩极电动机　（b）电容运转电动机（带指示灯）

图 3.34　单相异步电动机串电抗器调速电路

这种调速方法线路简单，操作方便。缺点是电压降低后，电动机的输出转矩和功率明显降低，因此只适用于转矩及功率都允许随转速降低而降低的场合。目前主要用于吊扇及台扇上。

2）电动机绕组抽头调速

电容式电动机较多地采用定子绕组抽头调速，此时电动机定子铁心槽中嵌有工作绕组 U_1U_2、起动绕组 Z_1Z_2 和中间绕组 D_1D_2。通过调速开关改变中间绕组与起动绕组及工作绕组的接线方法，从而改变电动机内部气隙磁场的大小，达到调节电动机转速的目的，这种调速方法通常有 L 形接法和 T 形接法两种，如图 3.35 所示。

与串电抗器调速比较，用绕组内部抽头调速不需电抗器，故材料省，耗电少，缺点是绕组嵌线和接线比较复杂，电动机与调速开关的接线较多。

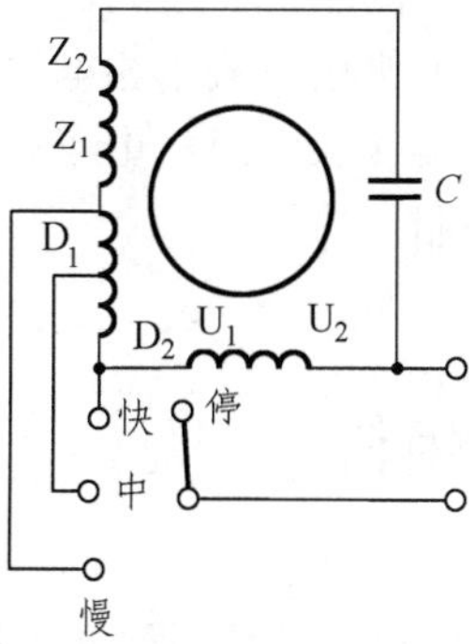

（a）L 形接线法

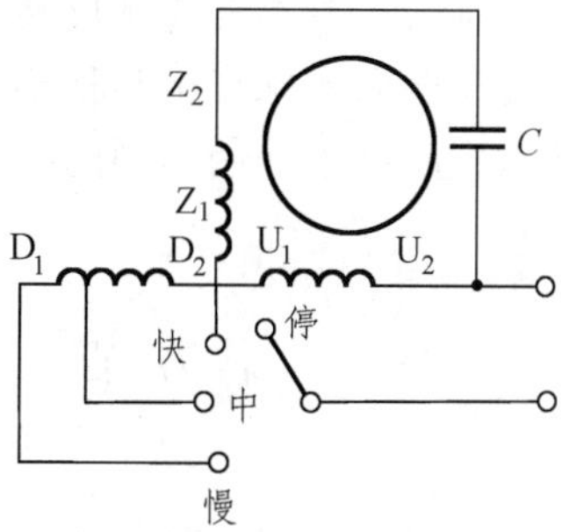

（b）T 形接线法

图 3.35 电容电动机绕组抽头调速接线图

2. 反 转

我们通过洗衣机用电动机来分析单相异步电动机的反转。

洗衣机主要有滚筒式、绊式和波轮式 3 种。目前我国的洗衣机大部分是波轮式，底部波轮高速转动带动衣服和水流在洗涤桶内旋转，由此使桶内的水形成螺旋涡流，并带动衣物转动，上下翻滚，使衣服与水流和桶壁摩擦，在洗涤剂的作用下使衣服污垢脱落（对洗衣机用电动机的主要要求是出力大，起动好，耗电少，温升低，噪声小，绝缘性能好，成本低等）。

洗衣机工作时要求电动机在定时器的控制下正反交替运转。改变单相电容运转电动机转向的方法有两种：一是在电动机与电源断开时，在主绕组或副绕组中任何一组的首尾两端换接以改变旋转磁场的方向，从而改变电动机的转向；二是在电动机运转时，将副绕组上的电容器串接于主绕组上，即主、副绕组对调，从而改变旋转磁场和转子的转向。洗衣机所采用的大都是后一种方法，因为洗衣机在正反转工作时情况完全一样，所以两相绕组可轮流充当主副相绕组，因而在设计时，主副相绕组应具有相同的线径、匝数、节距及绕组分布形式。

图 3.36 为洗衣机电动机与定时器的接线图，当主触点 K 与 a 接触时，流进绕组 I 的电流超前于绕组 II 的电流某一角度。假如这时电动机按顺时针方向旋转，那么当 K 切换到 b 点，流进绕组 II 的电流超前绕组 I 的电流一个电角度，电动机便逆时针旋转。

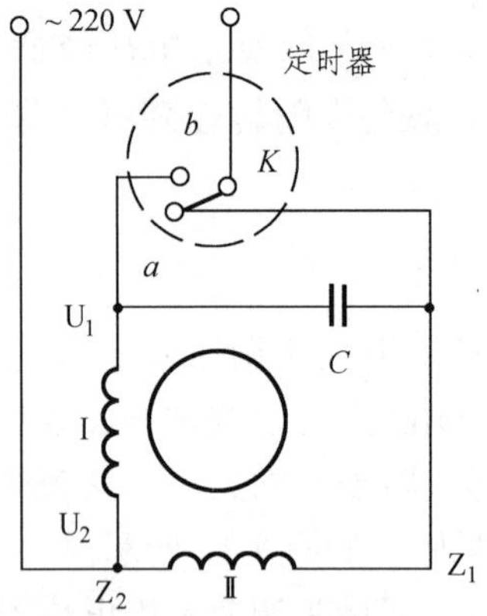

图 3.36 洗衣机用电容运转电动机的正、反转控制

洗衣机脱水用电动机也是采用电容运转式电动机，它的原理和结构同一般单相电容运转电动机相同。由于脱水时一般不需要正反转，故脱水用电机按一般单相电容运转异步电动机接线，即主绕组直接接电源，副绕组和移相电容串联后再接入电源。由于脱水用电动机只要求单方向运转，所以主副绕组采用不同的线径和匝数绕制。

第九节 异步劈相机

异步劈相机是一种结构特殊、用途特殊的三相异步电机。它是一种能实现单-三相变换的异步电机，用于一切由单相电源供电，而又以三相异步电动机为负载的场合。在单相工频交流电力机车的辅助系统中，异步劈相机（简称“劈相机”）用来将主变压器辅助绕组供给的单相电源“劈成”三相，向辅助系统所有三相异步电动机供电。图 3.37 所示为异步劈相机工作原理线路图。

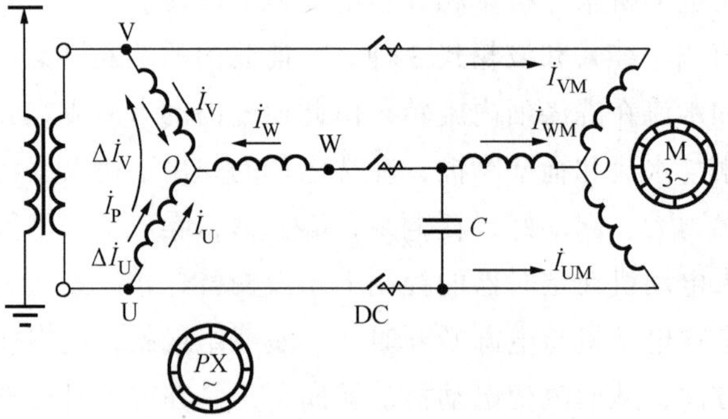

图 3.37 异步劈相机工作原理线路图

一、异步劈相机的空载工况

当定子绕组 UOV 接至单相电源时，单相电流 I_P 由 U 相流入，从 V 相流出，该电流产生的磁场可以分解为两个幅值相等、转速相同、转向相反的旋转磁场，分别称为正序旋转磁场

和负序旋转磁场。当劈相机转子静止不动时，这两个旋转磁场在转子导体中感应出两个大小相等、方向相反的电势和电流，而产生两个大小相等、方向相反的电磁转矩，其合成起动转矩为零，故劈相机不能自行起动，这是劈相机的一个特点，也是一个缺点。因此，如何经济、可靠地实现劈相机的起动，是劈相机运行中必须首先解决的问题。

如果用某种方法使劈相机的转子转动起来，并达到额定转速 n_N，那么和转子转向一致的定子正序磁场与转子的相对速度很小，而和转子转向相反的定子负序磁场与转子的相对速度约为两倍同步转速，定子负序磁场切割转子导体，在转子导体中感应出数值较大，且频率为接近两倍电网频率的转子负序电势和电流。由于转子漏抗的显著增大，使转子负序电流在相位上滞后于转子负序电势 90° 电角度，从而使转子负序电流建立的磁场几乎抵消了定子负序磁场，气隙中的剩余负序磁场很微弱，这种现象称为转子的阻尼作用。异步电机的这种阻尼作用正是异步电机具有劈相机功能的基础。因此，当劈相机转子以额定转速转动时，可以认为气隙中只有正序磁场和正序磁通。

当劈相机转动起来以后，若劈相机不与外界电负载相接，称为劈相机空载工况。这时劈相机气隙中的正序磁场和磁通有两个作用：一是，正序磁通和转子导体内感应的正序电流相互作用产生电磁转矩，用以克服转子的机械阻力转矩及转子负序电流产生的电磁阻力转矩，驱使转子沿着正序磁场的方向继续维持转动，这时劈相机实际上是作为一台单相异步电动机运行；二是，正序磁场切割定子三相绕组，感应出三相电势，从劈相机三相负载端来看，它又是三相发电机。因此，从这两方面作用来看，劈相机是一台单相异步电动机和三相异步发电机的组合体，既可以在它的轴上接上机械负载，又可以在它的 U、V、W 三相输出端接上电负载。

二、异步劈相机的负载工况

当劈相机与三相电负载接通后，因 U、V 两相负载直接与单相电源相连，不需要经过劈相机即可直接从单相电源获得负载电流 I_{VM} 和 I_{UM}。W 相负载电流 I_{WM} 则由劈相机的 W 相提供。因为当电网 W 相缺相时，劈相机的 W 相电势高于 W 相端电压，从而使 W 相电流反相，源源不断地向三相负载输出第三相电流 I_W，这时电机才真正进入劈相机工况运行。

由于专用劈相机的轴上均不带机械负载，故劈相机负载前后的轴输出机械功率是不变的，所以它的气隙正序磁场也应保持不变。但 W 相输出电流 I_W 产生的单相磁势将使气隙磁场发生变化，这就需要从 U 相和 V 相输入相应的附加电流 ΔI_U 和 ΔI_V，以保持气隙正序磁场不变，而定子的负序磁场将随着 W 相电流 I_W 的增加而增加，这些新增加的负序磁场同样由转子产生新的负序电流去抵消，仍然保持气隙负序磁场几乎为零的特点。

用数学关系式来表示上述两个物理现象，可把劈相机负载时的定子三相电流分解成两组：一组是劈相机空载时，仅在 U、V 相绕组中流过的单相电流，此电流与转子作用产生电磁转矩，以维持转子的继续转动，故称此电流为电动机电流，习惯上将 U、V 相绕组称为劈相机的电动相绕组；另一组是劈相机负载后，在三相绕组中重新加入的三相电流 ΔI_U、ΔI_V、ΔI_W，该电流与转子作用产生电磁阻转矩，相应地将这一组电流称为发电机电流，习惯上将 W 相绕组称为劈相机的发电相绕组。由此可知，当劈相机负载时，在劈相机的发电相绕组中仅有发电机电流 I_W 流过，而在 U、V 电动相绕组中同时存在着电动机电流 I_P 和发电机电流 ΔI_V，所以劈相机负载后的定子三相电流的关系可写成

$$I_U = I_P + \Delta I_U \tag{3.37}$$

$$I_V = -I_P + \Delta I_V \tag{3.38}$$

$$I_W = I_W \tag{3.39}$$

因此，劈相机无论是空载工况还是负载工况，其定子三相电流都是不对称的，这种三相电流的不对称是劈相机负载后三相电压不对称的重要原因之一，这将直接影响辅助电动机的正常运行。如何在劈相机负载后或负载变化时保持其输出三相电压的对称性，也是劈相机运用中必须解决的核心问题之一。

上述分析表明：劈相机实质上是一种本身只输出一相电流的异步电机。劈相机工况实际上是三相异步电机在不对称条件下运行的一个特例。

异步电机进入劈相机工况一般应具备以下两个条件：

（1）电机轴上的机械负载不变。

（2）三相电网中 W 相缺相，使 W 相电流反相输出。

只要具备上述条件，一般的三相异步电动机同样具有劈相机功能。对于多台异步电动机并联运行的场合，如果电网突然缺相造成三相异步电动机单相运行，那么先运行的电动机便会自动投入劈相机工况来起动后面的电动机，当后面的电动机起动完成后，该电机的劈相工况自动结束。

三、异步劈相机的起动及三相电压对称性调整

1. 异步劈相机的起动方法

在单相电网中，劈相机不能自行起动，需采用特殊的起动方法。异步劈相机采用分相起动方法。分相起动法分为电阻分相起动和电容分相起动两种。电阻分相起动具有线路简单、设备成本低等优点，因而得到广泛的应用，国产 SS 系列电力机车上的劈相机都采用电阻分相起动的方法。

劈相机的电阻分相起动原理线路如图 3.38（a）所示，图中 R_Q 为起动电阻。当劈相机的电动相绕组 UV 接通单相电源起动时，可以把定子绕组看作是由两相组成：一相是 VOU，它直接由单相电源供电；另一相是 VOW，它与起动电阻 R_Q 串联后由单相电源供电。这时流经 VOU 相的电流 i_{Q1} 滞后电压 U_{VU}90° 电角，而流经 VOW 相的电流 i_{Q1} 滞后 U_{VU} φ 角（$\varphi < 90°$），如图 3.38（b）所示。

这两个时间上有不同相位的起动电流通入在空间彼此相差一定电角度的两相绕组中，所产生的气隙合成磁场是一个旋转磁场，在该磁场的作用下能产生较大的起动转矩，使劈相机的转子转动起来。当转速达到同步转速的 80%~90%时，借助接触器切除起动电阻，起动即告完成，劈相机投入空载运行。

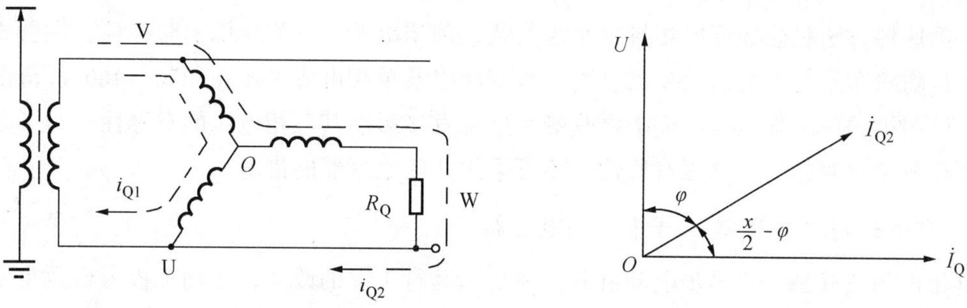

（a）原理线路图　　（b）向量图

图 3.38　劈相机电阻分相起动原理图

在劈相机的实际使用时，还应注意以下几点：

（1）劈相机只允许空载起动，待劈相机起动完成后，才能逐个接通电动机负载。

（2）劈相机停止工作前应先断开电动机负载。劈相机运行中应特别防止接触网突然断电，劈相机转速下降到 1 200 r/min 以下不带起动电阻重新起动时，可能造成劈相机“走单相”故障的发生。

（3）劈相机起动时间不能过长，在最低网压（19 kV）下起动时间应不超过 15 s，在高网压（29 kV）下要防止过早切除起动电阻，造成劈相机在低速大电流下单相堵转。在一般情况下，连续起动次数不应超过3次，如仍不能起动，则应查明原因消除故障后，方可再行起动。

2. 异步劈相机三相电压不对称的原因

劈相机负载时其电动相绕组中流过的既有电动机电流，又有发电机电流；而发电相绕组中只流过发电机电流，这说明劈相机的定子三相电流是不对称的，不对称电流引起不对称的阻抗压降。在感性负载情况下，发电机电流引起的阻抗压降将使绕组的端电压小于感应电势，而电动机电流引起的阻抗压降使绕组的端电压大于感应电势。因此，如果三相绕组对称，则三相感应电势是对称的，在劈相机负载后由于三相不对称的阻抗压降，仍会造成劈相机三相端电压的不对称。

此外，没有被完全抵消的气隙剩余负序磁场，也将在定子三相绕组中感应出负序电势，这就进一步加剧了三相电压的不对称。

3. 三相电压不对称调整的方法

劈相机输出三相电压的不对称，将直接影响辅助电动机的正常运行，严重的三相电压不对称还将引起辅助电动机个别绕组过热而烧损，直接影响电力机车的正常工作。为了改善劈相机三相电压的对称性，通常采取以下措施：

1）劈相机定子绕组采用三相不对称绕组

根据输出负载的要求，相应地提高或降低某些相的电势，是改善劈相机在额定负载时三相电压对称性的主要方法。为此，劈相机的定子三相绕组匝数和空间相隔的电角度均应根据需要确定，其绕组选择的定性规律是：一方面要增加发电相 W 相的匝数，另一方面要减少电动相 V 的匝数，即应 $W_W > W_U > W_V$ 。JP402A 型异步劈相机三相绕组匝数分别为：$W_W : W_U : W_V = 54 : 48 : 24$ 。

采用这种方法只能保证劈相机在额定负载、额定电压下三相电压的对称性。但劈相机的电负载是随机车运行工况而改变的，当负载变动以及单相电源电压在 270 ~ 460 V 范围内波动时，劈相机的三相端电压也要随之改变，这将直接影响其三相电压的对称性。为了改善劈相机在负载变动时的三相电压对称性，还可采用并联电容器的措施。

2）在负载侧的 U 和 W 端子上并联电容器

劈相机的负载是三相异步电动机群，因机车运行工况的改变，电动机投入台数也不同，这就要求劈相机输出功率和功率因数随投入电动机数的差异而有所不同。为适应实际需要，可在负载侧的 U、W 端子并联一些电容器和电感元件，以扩展劈相机的容量，通过这些元件向负载提供 W 相电流，由它们辅助劈相机向负载提供电流，有利于改善三相电压的对称性。在实际使用中为了简化线路起见，一般只在负载侧的 U 和 W 端子间并联一定数量的电容器，图 3.39 所示为其原理接线图。在三相电压对称时，该电流对 W 相负载而言是提供正的电功率 $P_W = 0.5U_W I_{CK}$，这样就使单相电源通过电容向 W 相负载提供部分电流。因为电容 C 具有分相作用，故称为分相电容。

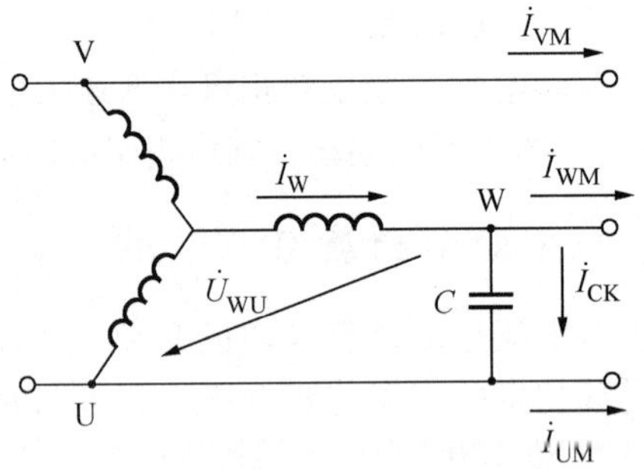

图 3.39 并联电容器改善电压对称性

负载侧并联电容后可以减小流过劈相机 W 相的电流，从而降低劈相机三相电压的不对称度。只要随着负载的增减相应地增减并联电容的数量，就能保证劈相机负载变化时的三相电压对称性。另外，并联电容后可使发电相电流 I_W 的相位超前，有利于提高劈相机的功率因数。由于电动机并联电容后，会在合闸瞬间产生较大的合闸电流，因此对频繁起动的压缩机电动机没有并联电容器。

本章小结

转子转速与定子旋转磁场的转速（即同步转速）不相等，是异步电机运行的基本条件，也是异步电机与同步电机的基本区别。三相异步电动机由固定的定子和旋转的转子两个基本部分组成。

三相绕组的电势与定子绕组中电流的频率、定子绕组的串联匝数、异步电动机的每极磁通和绕组结构有关；三相绕组的合成磁势为圆形旋转磁势。

转差率 s 是异步电机的一个基本变量，它可以表示异步电机的各种不同运行状态：当

$0<s<1$时，三相异步电机作为电动机运行；当$s<0$时，三相异步电机作为发电机运行；当$s>1$时，三相异步电机在制动状态下运行。三相异步电动机在负载运行时，同时满足功率和转矩平衡关系，这些平衡规律概括了异步电动机运行的基本电磁过程和能量转换过程。三相异步电动机的工作特性是指在额定电压及额定频率时，转速n、电磁转矩T、定子电流I_1、定子功率因数$\cos\varphi_1$，以及效率η随着输出功率P_2而变化的关系曲线。三相异步电动机的机械特性是指电磁转矩T和转差率s的关系。

三相异步电动机起动要求在尽量小的起动电流下获得足够大的起动转矩；三相异步电动机的调速有变极调速、变转差率调速和变频调速 3 种方法。三相异步电动机的制动有反接制动、回馈制动和能耗制动 3 种形式。

异步电动机作为铁路机车的牵引电机，必须满足牵引性能的要求。一般来说，电力机车的牵引运行可分为：起动加速区、恒功率输出区、提高速度区或恒电压区这 3 个运行调节区。在机车起动加速阶段，一般要求牵引力尽可能接近黏着牵引力，以获得大而稳定的起动牵引力，这时异步动机应按恒转矩要求进行变频调节；起动后，随着速度的提高，牵引电动机输出功率也不断增大，起动过程结束，则希望牵引电动机按在各种运行速度下保持恒功率输出的要求进行变频调节。为了满足机车起动和运行时牵引特性的要求，需要在调节频率的同时相应调节牵引电动机的电压。

YJ85A 型牵引电机是引进日本东芝公司技术，进行国产化的电机，该电机装用在大连机辆公司生产的 HXD3 型 120 km/h 货运电力机车上，该机车轴式为 C_0-C_0，也即每台机车装用 6 台牵引电机。额定功率 1 250 kW，额定电压 2 150 V。

Mitrac TM3800 F 型牵引电机是一个 4 极三相鼠笼式单轴承异步电动机，冷却方式采用强迫风冷，悬挂方式采用半悬挂、单级斜齿轮传动。该电机为逆变器供电特别设计，可降低逆变电源造成的脉动转矩、损耗和噪声等级。该电机由 Bombardier 公司开发生产，每台 HXD3B 型机车由 6 台该电机驱动。额定功率 1 632 kW，额定电压 2 183 V。

MT205 型牵引电动机，牵引电动机为 4 极三相鼠笼异步电机，每辆动车配置 4 台牵引电机（并联连接），一个基本动力单元共 8 台，全列共计 16 台。电动机额定功率为 300 kW，最高转速为 6 120 r/min，最高试验速度达 7 040 r/min。

单相异步电动机不能自行起动，根据起动或运行方法的不同，单相异步电动机可分为单相电容起动电动机、单相电容运行电动机、单相电阻起动电动机。

SS_9 型电力机车辅助系统中使用着各种用途的辅助电动机共 15 台，这些电动机按用途可归纳为：压缩机电动机、通风机电动机和变压器潜油泵电动机 3 类。其结构和特点与普通三相鼠笼式异步电动机相似。HXD3 型电力机车辅助系统采用 6 台牵引通风机组对 6 台牵引电机进行独立冷却，按用途可以归纳为：牵引通风机组、复合冷却器通风机组、空气压缩机组三类。

复习思考题

一、填空题

1. 当三相感应电动机定子绕组接于 50 Hz 的电源上作电动机运行时，定子电流的频率为__________，定子绕组感应电势的频率为__________。

2. 感应电动机起动时，转差率 s=____________，此时转子电流 I_2 的值____________，$\cos\varphi_2$__________，主磁通比正常运行时要____________，因此起动转矩____________。

3. 三相感应电动机空载时运行时，电机损耗包括_______损耗、_______损耗、_______损耗和附加损耗，电动机空载输入功率与这些损耗相平衡。

4. 三相感应电机转速为 n，定子旋转磁场的转速为 n_1，当时 $n<n_1$ 时为_________运行状态；当 $n>n_1$ 时为__________运行状态；当 n 与 n_1 反向时为__________运行状态。

5. 一台频率为 f= 60 Hz 的三相感应电动机，用在频率为 50 Hz 的电源上（电压不变），电动机的最大转矩为原来的__________，起动转矩变为原来的__________。

6. 三相异步电动机的调速有__________、__________、__________调速 3 种方法。

7. 三相异步电动机的制动有__________、__________、__________制动 3 种形式。

8. 三相异步电动机的机械特性是指____________和____________的关系。

9. 工作特性是指在额定电压及额定频率时，_______、_______、_________、________，以及效率 η 随着输出功率 P_2 而变化的关系曲线。

10. YJ85A 型牵引电机装用在_______型电力机车上，每台机车装用_______台牵引电机。额定功率为_________kW，额定电压为________V。

11. 单相异步电动机不能自行起动，根据起动或运行方法的不同，单相异步电动机可分为____________、____________、____________电动机。

12. SS_9 型电力机车辅助系统中使用着各种用途的辅助电动机，这些电动机按用途可归纳为____________、____________、____________3 类。

13. HXD3 型电力机车辅助系统采用__________台牵引通风机组对牵引电机进行独立冷却，按用途可以归纳为____________、____________、____________3 类。

14. 电力机车的牵引运行可分为__________、__________、__________3 个运行调节区。

15. 三相异步电机由____________和____________两个基本部分组成。

16. 三相异步电机定子由____________、____________和__________组成。

17. 三相异步电机定子三相绕组的结构是____________，根据需要可接成____________或__________。

18. 三相异步电机机座一般采用_________制成，三相异步牵引电机一般采用__________机座。

19. 异步电机的转子由___________、___________及__________组成。

20. 按照转子形式，异步电机可分为____________转子和____________转子两大类。

21. 当转差率 s 为负值时，三相异步电机作________运行，当转差率 s 大于 1 时，三相异步电机作________运行

22. 三相异步电动机常用的降压起动方法有___________降压起动、___________降压起动、_____________降压起动。

23. 三相异步电动机的旋转方向取决于____________________，改变异步电动机旋转方向的方法是______________________，即_________________电源线。

24. 单相异步电动机起动转矩为___________，不能自行起动，根据启动或运行方法的不同，单相异步电动机可分为____________电动机、___________电动机、___________电动机。

25. 劈相机的作用是将__________交流电变成__________交流电。异步劈相机可以看作一台______________和______________的组合体。

26. 异步劈相机三相电压不对称调整的方法是劈相机定子绕组采用______________，在负载侧的__________端子上并联__________。

27. 异步劈相机分相起动法分为_________起动和__________起动两种。国产 SS 系列电力机车上的劈相机都采用_________分相起动的方法。

28. 异步劈相机是一台_________和_________的组合体。

29. 异步劈相机的起动方法有_________起动法和_________起动法两种。

30. 异步劈相机分相起动方法分为_________分相起动和_________分相起动。

31. 国产 SS 系列电力机车上的劈相机都采用_________分相起动的方法。

32. 异步电动机也称_________电动机。

二、选择题

1. 绕线式三相感应电动机，转子串电阻起动时（　　）。

A. 起动转矩增大，起动电流增大

B. 起动转矩不变，起动电流减小

C. 起动转矩不变，起动电流不变

D. 起动转矩减小，起动电流增大

2. 一台 50 Hz 三相感应电动机的转速为 720 r/min，该电机的级数和同步转速为（　　）。

A. 4 极，1 500 r/min　　B. 6 极，1 000 r/min

C. 8 极，750 r/min　　D. 10 极，600 r/min

3. 鼠笼式三相感应电动机的额定状态转速下降 10%，该电机转子电流产生的旋转磁动势相对于定子的转速（　　）。

A. 上升 10%　　B. 下降 10%

C. 上升 1/110%　　D. 不变

4. 国产额定转速为 1 450 r/min 的三相感应电动机为（　　）极电机。

A. 2　　B. 4　　C. 6　　D. 8

5. 一台三相感应电动机拖动额定恒转矩负载运行时若电源电压下降 10%，此时电机的电磁转矩（　　）。

A. $T = T_N$　　B. $T = 0.81T_N$　　C. $T = 0.9T_N$　　D. $T>T_N$

6. 三相异步电动机气隙增大，其他条件不变，则空载电流（　　）。

A. 增大　　B. 减小　　C. 不变　　D. 不能确定

7. 三相绕线式感应电动机拖动恒转矩负载运行时，采用转子回路串入电阻调速，运行时在不同转速上时，其转子回路电流的大小（　　）。

A. 与转差率反比　　B. 与转差率正比

C. 与转差率无关　　D. 与转差率成某种函数关系

8. 在机车起动加速阶段，一般要求牵引力尽可能接近黏着牵引力，这时异步动机应按（　　）要求进行变频调节。

A. 恒磁通　　B. 恒功率　　C. 恒转矩　　D. 恒电压

三、判断题

1. 三相感应电动机转子自成回路，无固定的极对数。 ( )

2. 三相鼠笼式异步电动机在转子回路中串频敏变阻器调速，并且频敏变阻器的电阻越大，起动转矩就越大。 ( )

3. 当三相感应电动机转子绕组短接并堵转时，轴上的输出功率为零，则定子边输入功率亦为零。 ( )

4. 三相感应电动机的功率因数 $\cos\varphi_1$ 总是滞后的。 ( )

5. 感应电动机运行时，总要从电源吸收一个滞后的无功电流。 ( )

6. 只要电源电压不变，感应电动机的定子铁耗和转子铁耗基本不变。 ( )

7. 感应电动机的负载转矩在任何时候都绝不可能大于额定转矩。 ( )

8. 绕线式感应电动机转子串电阻可以增大起动转矩；笼型感应电动机定子串电阻亦可以增大起动转矩。 ( )

9. 三相感应电动机起动电流越大，起动转矩也越大。 ( )

10. 三相绕线式异步电动机在转子回路中串电阻可增大起动转矩，所串电阻越大，起动电流越小。 ( )

11. 三相异步电动机由固定的定子和旋转的转子两个基本部分组成。 ( )

12. 三相异步电动机定子三相绕组是异步电动机的磁路部分。 ( )

13. 三相异步电动机定子三相绕组的结构是不对称的。 ( )

14. 三相异步电动机定子三相绕组可接成星形或三角形。 ( )

15. 降压起动是指降低加在定子绕组上的运行电压。 ( )

16. 三相异步电动机在调速和控制性能上较直流电动机优越。 ( )

17. 变极调速就是改变电动机定子绕组的极对数来调速。 ( )

18. 变极调速是平滑调速。 ( )

19. 变频调速就是改变供电电源的频率来调速。 ( )

20. 单相异步电动机的旋转方向由起动时的转动方向而定。 ( )

四、简答题

1. 按照转子形式，三相异步电动机可分为哪两大类？

2. 三相异步电动机主要由哪些部件组成？各部件的作用是什么？

3. 三相异步电动机铭牌上重要的数据有哪几个？各额定值的含义是什么？

4. 一台三相异步电动机铭牌上写明，额定电压 380/220 V，定子绕组接法 Y/△。如果使用时将定子绕组连成△，接在 380 V 的三相电源上，能否空载或带负载运行？为什么？如果将定子绕组连成 Y，接在 220 V 的三相电源上，能否空载或带负载运行？为什么？

5. 三相绕组所产生的旋转磁势，它的转速与通入的三相电流的频率以及绕组的极对数之间有什么关系？

6. 一台额定频率为 50 Hz 的三相电机，如果通以 60 Hz 的三相对称交流电，假设电压电流额定值等都不变，问旋转磁势的幅值大小、极对数、转速、转向将如何变化？

7. 一台三相异步电动机定子绕组为星形接法，如果把三相引出线中的两个头对调一下再接电源，问旋转磁势的转向是否变化？如果定子绕组为三角形接法，转向又将如何？

8. 三相异步电动机中的定子旋转磁场是怎样产生的？

9. 试述三相异步电动机的工作原理。异步电机和同步电机的基本差别。

10. 为什么说异步电动机的工作原理与变压器的工作原理类似？试分析它们的异同点。

11. 异步电动机为什么又叫感应电动机？

13. 已知三相异步电动机的额定频率为 50 Hz，额定转速为 970 r/min，该电机的极数是多少？额定转差率是多少？

14. 异步电动机的转速一定低于同步转速吗？什么叫转差率？如何由转差率的大小范围来判断异步？

15. 一台三相异步电动机，额定运行时电压为 380 V，电流为 6.5 A，输出功率为 3 kW，转速为 1 430 r/min，功率因数为 0.86，求该电动机额定运行时的效率、转差率和输出转矩。

16. 电力机车辅助电动机的类别有哪些？

17. 异步劈相机的起动方法有哪些？

18. 简述异步劈相机三相电压不对称的原因及电压不对称的调整方法。

19. 只有一个运行绕组的单相异步电动机为什么不能自行起动？单相异步电动机的起动方法有哪几种？

20. 如何改变电容分相式单相异步电动机的转向？

21. 家用风扇采用哪种电动机？如何进行速度调节？

22. 家用冰箱突然断电后，一般要停几分钟才能重新通电，为什么？

23. 家用洗衣机采用哪种电机？如何从正传变反转？

第四章 电器基础知识

电器基础知识主要包括电器的发热和散热、电器的电动力与触头、电弧的燃烧和熄灭及电器的传动装置等。

学习目标与要求：

（1）了解电动力的作用、危害，掌握电动力的判断方法。

（2）掌握触头的主要参数、接触电阻及磨损等。

（3）掌握熄灭电弧的基本方法及装置。

（4）掌握电器传动装置的组成及工作原理。

第一节 概 述

一、电器的定义及分类

由于电能与其他形式的能量相比具有容易转换和便于控制、调整、输送等优点，因此在生产、生活及科学领域中获得了广泛的应用。然而电能从产生、输送到应用并不是一个简单的过程，而是较为复杂，同时也需要一系列控制、调整、保护装置的作用才能很好完成的过程。例如，对电路实行导通、关断控制；对电动机实行起动、停止、正转、反转控制；对用电设备进行过载、过压、短路、断相等故障保护；在电路中传递、变换、放大电或非电的信号，从而达到自动检测和调节的目的等。

所以，凡是根据外界特定信号，自动或手动地接通和分断电路，对电路或非电量对象起控制、调整、保护及检测作用的电工设备，均称之为电器。根据这个定义，电机（包括发电机与电动机）和一般的负载不属于电器的范畴。

由于电器的用途广泛、功能多样、工作原理各异，造成其产品种类繁多，无法用某一分类方法来说明其全部特点，因此，电器只能按不同的分类标准进行分类。

1. 按电压高低分类

（1）高压电器：额定电压 500 V 及以上的电器，称为高压电器。如高压断路器、隔离开关、电抗器、电压互感器、电流互感器、避雷器等。

（2）低压电器：额定电压 500 V 以下的电器，称为低压电器。如接触器、起动器、自动开关、低压熔断器、继电器和主令电器等。

2. 按用途分类

（1）开关电器：用来自动或非自动地开闭有电流的电路，如闸刀开关、自动开关、转换开关、按钮开关、隔离开关和主断路器等。此类开关操作次数少，断流能力强。

（2）控制电器：用于自动或非自动地控制电机的起动、调速、制动及换向等，如接触器。

（3）保护电器：用于保护电路电机或其他电器设备，使其免受不正常的高电压、大电流的损害，如各种保护继电器、避雷器、熔断器及电抗器等。

（4）调节电器：用于自动调节电路和设备，使参数保持给定值，如电压调节器、温度调节器等。

（5）仪用变流和变压器：用于将高电压及大电流变为低电压、小电流，以供仪表测量或继电器保护电路之用，如电流互感器、电压互感器等。

（6）受电器：用于接受电网电能，以作为机车电源，如受电弓。

（7）成套电器：由一定数量的电器按一定的电路要求组合的整体电器屏柜，如高压柜、辅助柜、控制屏、信号屏等。

3. 按操作方式分类

（1）手动电器：如刀开关、隔离开关、按钮开关等。

（2）自动电器：如高压断路器、接触器、继电器等。自动电器还可根据传动方式分为电磁传动电器、电空传动电器、电动机传动电器等。

4. 按电器的执行功能分类

（1）有触点电器：电器通断电路的执行功能由触头来实现。

（2）无触点电器：电器通断电路的执行功能是根据开关元件输出信号的高低电平不同，由一些电子组件来完成的。

（3）混合式电器：有触点与无触点结合的电器。一般正常工作由有触点部分完成，而转换过程由无触点部分完成。

5. 按电器使用场合和工作条件分类

（1）一般工业企业用电器：适用于大部分工业企业环境，无特殊要求。

（2）特殊工业企业用电器：适用于矿山、冶金、化工等特殊环境，例如矿用防爆电器和化工用电器。

（3）热带用电器和高原用电器：适合于热带、亚热带地区及高原山区的电器。

（4）家用电器：适用于家庭生活环境中的电器。

（5）牵引、船舶、航空用电器：例如船用电器、航空电器、电气铁道用的牵引电器以及汽车、拖拉机用电器等。

二、电力机车电器的分类

在电传动机车上起开关、控制、转换、保护、检测、调节等作用的电工器械（电器）称为牵引电器。

在电力机车上，既有一般工业用的通用电器，也有专门为它设计、制造的适用于电力机车的牵引电器，本课程中将两者统称为电力机车电器。根据其特殊情况，电力机车电器还有以下的分类方法。

1. 按电器所接入的电路分类

（1）主电路电器：指使用在电力机车主电路中的电器，如受电弓、主断路器、转换开关、高压连接器、高压互感器及电空接触器等。

（2）辅助电路电器：指使用在电力机车辅助电路中的电器，如接触器。

（3）控制电路电器：指使用在电力机车控制电路中的电器，如司机控制器、各种继电器及一些低压开关等。

2. 按电器在电力机车上的用途分类

（1）控制电器：用来对电力机车上的牵引设备进行切换、调节作用的电器，如司机控制器、接触器、转换开关等。

（2）保护电器：用来保护电力机车上电气设备不受过电压、过电流及其他损害的电器，如自动开关、熔断器、接地继电器、过流继电器、避雷器、机械式继电器等。

（3）检测电器：用于与其他设备配套，检测电力机车各电路电压、电流及机车运行速度等的电器，如互感器、传感器等。

（4）受流器：用于电力机车在接触网上获取电流的电器，如受电弓。

三、电力机车电器在电力机车电气系统中的作用

电器的需求量随着电气化水平的提高而急剧增长。我国经济建设在不断发展，电网容量迅速增大，电力传动技术在革新，因此对电力机车电器提出了越来越高的要求。对低压电器，要继续提高使用寿命和操作频率，减小体积、减轻质量而提高容量，降低成本；在继续发展有触点电器的同时，发展无触点电器及混合式电器。对高压电器，则要发展大容量、快速动作、断口电压高的新系列产品，努力发展组合电器及成套配电装置。

电力机车电器在电气系统中的作用主要包括：

（1）控制作用：能自动或非自动地控制电机的起动、调速、制动及换向等。

（2）保护作用：能根据设备的特点，对设备、环境以及人身实行自动保护，如电动机的过热保护，电网的短路保护、漏电保护等。

（3）测量作用：利用仪表及与之相适应的电器，对设备或其他非电参数进行测量，如电流、电压、功率、转速、温度、湿度等。

（4）调节作用：低压电器可对一些电量和非电量进行调整，如温度的自动调节等。

（5）指示作用：利用低压电器的控制、保护等功能，检测出设备运行状况与电气电路工作情况，如绝缘监测、保护指示等。

（6）转换作用：在用电设备之间转换或对低压电器、控制电路分时投入运行，以实现功能切换，如励磁装置手动与自动的转换，供电的市电与自备电的切换等。

总的来说，电力机车电器正向着提高工作可靠性、电器寿命，提高分断能力及减小体积、简化拆装线路、降低费用的方向发展。随着我国电力机车更新换代速度的加快，将有更多性能及质量更好的电器产品应用在电力机车上。

四、电力机车电器的工作条件和基本要求

由于电力机车电器安装在高速运行的电力机车上，而电力机车内部空间又极为有限，所以其工作条件与一般工业企业用电器有所不同，相应的也有一些不同的要求。

电力机车电器的工作条件及特点主要是：受较强烈振动、温度与湿度变化大、大气环境及污染影响严重、操作频率高、工作电压和电流波动大及安装空间位置受限制等。

1. 工作环境问题

由于电力机车露天运行，电器工作的环境温度变化范围大，工作时车内温度很高，车底及车顶在冬天或温度很低时甚至可能结冰。因此要求电力机车电器允许的温度范围为 -40～+40 °C（其中 -40 °C 为存放温度，-25～+40 °C 为工作温度）。由于大气中的粉尘及其他污染物对电力机车电器的腐蚀也较为严重，从而降低了电器的绝缘能力，严重时会影响其正常工作。因此，在电力机车电器选择时，相应的标准要高一些，并经常对电器进行清扫、保养，以保证其工作正常。

2. 振动问题

机车运行中，当机车起动或制动时，产生沿机车纵向的振动；当机车通过曲线或道岔时，产生沿机车横向的振动；当机车轮对通过钢轨接缝时，产生垂直方向的振动。这样必然引起电力机车电器的各零件也产生振动。另外，机车内部的一些旋转性设备（如电机、通风机、压缩机等）也会引起一些振动。由于振动，使电器各部件受到附加力的作用，严重时会影响电器的正常工作。为此，在选用、布置、安装电器时应考虑到振动因素的影响。要注意紧固件应有弹簧垫及防松装置，以防松脱。电器中弹簧的力量及电磁吸力应适当增加，以防振动发生误动作。连接线（如母线、电子线路）连接要坚固，避免发生由于振动而产生接触不良、内部发热而造成的事故。

3. 操作频率问题

机车常有起动、停车以及在不同工况时进行调速的操纵，所以电力机车电器的操作频率较高。另外，电力机车主电路的电压在较大范围内变动，而电流则随牵引电动机的工作状态而变化，故机车电器的工作环境中电压、电流波动范围相当大。对电力机车电器而言则要求其操作频率的等级要高些。另外，其电气及机械寿命应长一些。

4. 空间安装位置问题

由于安装电器的机车内部空间是有一定限制的，因此电器要有尽量小的安装尺寸。为了更有效地利用机车内有限空间，应尽量采用成套装置。同一电路中的电器应安装在同一屏柜中，这样既便于安装又便于检修。

总之，电力机车电器的工作条件及环境是相当恶劣的，对其正常工作有一定的影响。因此，对电力机车电器的基本要求是：动作准确可靠、有较高的操作频率、有足够的电器寿命与机械寿命、能量消耗少和便于检修。在生产上则要求质轻体小、经济耐用和便于生产。

五、电力机车电器的发展

随着我国电气化铁道及电力机车技术的迅速发展，电力机车电器在产品的结构、形式、质量方面都有了很大的改进和提高。在电力机车中，不断地采用了性能较好、运行可靠及免维护的接触器及继电器，普遍地应用了真空主断路器，越来越多地应用了无触点电器。

电力机车电器发展的一般趋势概括起来有以下几个特点：

1. 从有触点电器逐步过渡到无触点电器，且两者互相结合，取长补短

随着电子技术的迅速发展，使用电子元件的无触点电器得到了广泛的应用。无触点电器有很多优点，如不怕振动、工作可靠、操作频率高、寿命长、体积小、质量轻、维修方便，适用于防火、防爆场合，有利于实现系统的自动化且动作可靠、灵敏。但也有不足之处，主要是：导通时有较大的管压降、阻断时有较大的残余电流、不能完全切断电路；功率损耗大；承受过载和过电压的能力差。基于此，在电力机车电器的发展中，有触点电器与无触点电器联合使用，各自发挥其优点，从而推动电力机车电器的发展。

2. 从单个电器过渡到成套电器或成套装置

所谓成套装置，不是指将一般结构的电器简单地、机械地连接在一起，而是将所有电器、组件和小体积的零件按照一定的要求，有机地结合在一起。目前，电力机车同一电路中的电器安装在同一屏柜上，这样既便于安装又便于检修。

3. 趋向于标准化、系列化、通用化、小型化

电力机车电器在发展中越来越标准化、系列化、通用化、小型化。

总的来说，电力机车电器是向着提高工作可靠性、电器寿命，提高分断能力及减小体积、简化拆装线路、降低费用的方向发展的。

第二节　电器的发热及散热

一、概　述

有触点电器是由导电材料、导磁材料和绝缘材料等组成的。电器在工作时由于有电流通过导体和线圈而产生电阻损耗。如果电器工作于交流电路，则由于交变电磁场的作用，在铁磁体内产生涡流和磁滞损耗，在绝缘体内产生介质损耗。所有这些损耗几乎全部都转变为热能，其中一部分散失到周围介质中，另一部分加热电器本身，使其温度升高。

电器温度升高后，其本身温度与周围环境温度之差，称为温升。电器的温度超过某一极限值后，其中金属材料的机械强度会明显下降，绝缘材料的绝缘强度会受到破坏。若电器温度过高，会使其使用寿命降低，甚至遭到破坏。反之，电器工作时的温度也不宜过低，因为电器工作时温度太低，说明材料没有得到充分利用，经济性差，相对体积大、质量大。

因为电器的工作环境直接影响电器的散热过程，我国国家标准规定最高环境温度为 + 40 °C（一般为 35 °C），从发热温度极限减去最高环境温度即为允许温升值，即

$$\text{允许温升} = \text{发热温度极限} - 40\ ^\circ\text{C}$$

由此可见，研究电器的发热与散热问题，对保证电器正常可靠地运行及缩小电器体积、节约原材料、降低成本、增长使用寿命等方面具有重要意义。

二、电器的发热

1. 电流通过导体的电阻损耗

直流电流通过导体时产生的电阻损耗为

$$W = I^2 Rt \tag{4.1}$$

式中　W——电阻损耗能量（J）；

I——通过导体的电流（A）；

R——导体电阻（Ω）；

t——导体通过电流的时间（s）。

交流电流通过导体时在导体内将建立交变磁通，交变磁通感应电势和电流用以阻止原电流流通。导体中心部分匝链的磁通较其表面部分多，因而使导体中心部分电流密度减小，导体表面部分电流密度增大，产生所谓集肤效应；当两导体平行且靠得较近时，导体中的交变电流建立的磁通彼此耦合，使导体截面中的电流分布不均匀，产生所谓邻近效应。集肤效应和邻近效应都使电流分布不均，导体有效截面面积减小，有效电阻增大，损耗增加。

2. 磁滞和涡流损耗

铁磁体在交变磁通的作用下，会在铁磁零件中产生一定的涡流。这是因为铁的导磁率很高，而磁通变化速度又快，因而产生相应的电动势和涡流损耗。同时，磁通的方向和数值变化使铁磁材料反复磁化，产生磁滞与涡流损耗导致铁质零件发热。一般来说，这个损耗不大。但如果制造不当，如材料较差、铁片较厚或片间绝缘不好，则涡流损耗就比较大。

磁滞与涡流损耗一般与磁通密度大小、磁通变化率及铁磁材料有关。

3. 电介质损耗

绝缘介质中的介质损耗一般与电场强度及频率有关。电场强度和频率越高则介质损耗也越大。对于电场强度较小的低压电器而言，介质损耗小，通常忽略不计。但在高压电器中，

电压很高，介质中的电场强度很大，必须考虑电介质损耗及其产生的发热，以免引起过热而使绝缘老化加速，甚至引起热击穿而损坏。

三、电器的散热

电器工作时，只要电器温度高于周围介质及接触零件的温度，它便向周围介质散热，所以发热和散热同时存在于电器发热过程中。

当电器产生的热量与散失的热量相平衡时，电器的温升维持不变，这时称电器处于热稳定状态，此时的温升称为稳定温升。若温升随着时间而变化，则称为不稳定发热状态。

电器的散热以热传导、热对流与热辐射 3 种基本方式进行。

1. 热传导

热传导现象的实质是通过具有一定内部能量的物质基本质点间的直接相互作用，使能量从一个质点传递到另一相邻质点。热传导的方向是由较热部分向较冷部分传播，或由发热体向与它接触的物体传播。热传导是固体传热的主要方式，它也可在气体和液体中进行。

2. 热对流

热对流是通过流体（液体与气体）的运动而传递热量。热量的转移和流体本身的转移结合在一起。根据流体流动的原因，对流分为自然对流和强迫对流。电力机车电机、电器、变流器等因受安装空间的限制，较多采用强迫对流。可加强散热，缩小体积。

3. 热辐射

热辐射是发热体的热量以电磁波形式传播能量的过程。热辐射可穿越真空和气体而传播，但不能透过固体和液体物质。

热传导、热对流、热辐射 3 种传热过程可通过相关公式进行计算，但是分别进行热计算是相当复杂的，而且结果并不十分准确。所以在实际计算发热体表面温升时，不进行单独考虑，而是在一定表面情况和周围介质条件下，把 3 种散热方式综合起来，用综合散热系数 K_T 来考虑散热，这就是通常采用的牛顿公式，即

$$P = K_T S\tau \tag{4.2}$$

式中 P——散热功率（W）；

K_T——综合散热系数[W/(cm^2·°C)]；

S——有效散热面积（cm^2）；

τ——温升（°C）。

通过式（4.2）可得出，散热功率和温升及有效散热面积成正比，温升越高，有效散热面越大，则散热功率越大。严格地讲，综合散热系数 K_T 不是常数，它是指温度升高 1 °C，发热体单位面积发散到周围介质的功率，其大小和发热体结构、工作制、布置方式及周围介质密度、传热系数等诸多因素有关。

第三节　电器的电动力及触头

一、电器的电动力

1. 载流导体的电动力

载流导体处在磁场中会受到力的作用，载流导体间相互也会受到力的作用，这种力称为电动力。对于这种现象，有可利用的一面，如电动机的工作原理就是利用电动力将电能转换为机械能。但也有危害的一面，如对大容量输配电设备来说，在短路情况下电动力可达很大数值，对配电装置的性能和结构影响极大。

在电器中，载流导体间、线圈匝间、动静触头间、电弧与铁磁体间等都有电动力的作用。在正常电流下电动力不至于使电器损坏，但动、静触头间的电动斥力过大会使接触压力减小，接触电阻增大造成触头的熔化或熔焊，影响触头的正常工作。有时在强大短路电流所形成的电动力作用下，使电器发生误动作或使导体机械变形，甚至损坏。利用电动力的作用改善和提高电器性能的例子也是很多的，例如接触器的磁吹灭弧、快速自动开关的速断机构等。

电动力的方向判断可用左手定则或磁通管侧压力原理来进行。左手定则为伸平左手，磁通穿过左手掌，4 个手指为电流方向，大拇指指的就是电动力方向。磁通管侧压力原理（米特开维奇定则）是：把磁力线看成磁通管，磁通管密度高的一侧具有推动导体向密度低的一侧运动的力，这个方向即为电动力的方向。

电动力方向判断的两种方法其结果是一样的，可根据具体情况采用某一种。在结构及产生磁场因素复杂的情况下用磁通管侧压力原理来判定电动力方向较为方便，如图 4.1 ~ 4.3 所示。

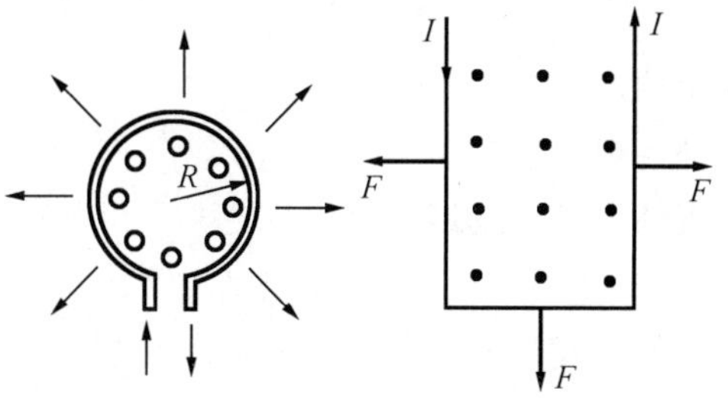

图 4.1　环形导体和 U 形导体所受电动力

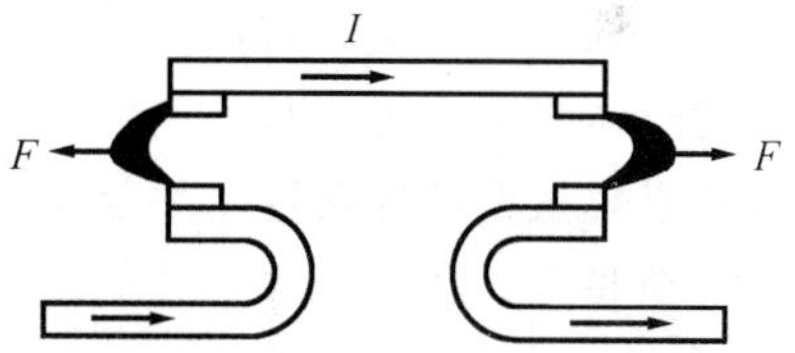

图 4.2　电弧受到的电动力

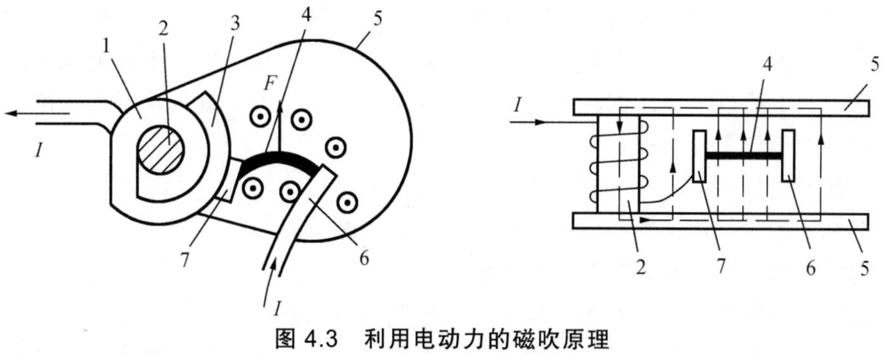

图 4.3　利用电动力的磁吹原理

1—磁吹线圈；2—磁吹铁心；3—导弧角；4—电弧；5—铁夹板；6—动触头；7—静触头

2. 电器的电动稳定性

电器的电动稳定性是指当大电流通过电器时，在其产生的电动力作用下，电器有关部件不产生损坏或永久变形的性能；也可以说是电器有关部分在电动力作用下不产生损坏或永久变形所能通过的最大电流的能力。

触头闭合通过电流时，在触头间也有电动力存在。这是因为触头表面不管加工得再平整，从微观上看仍然是凹凸不平的，如图 4.4 所示。由于接触面积远小于触头表面积，电流线在接触点处产生收缩，由此而引起触头间的电动斥力。当电流很大时此电动力可将触头拉开或使触头间接触压力减小。触头处在闭合位置能承受短路电流所产生的电动力而不致损坏的能力，称为触头的电动稳定性。

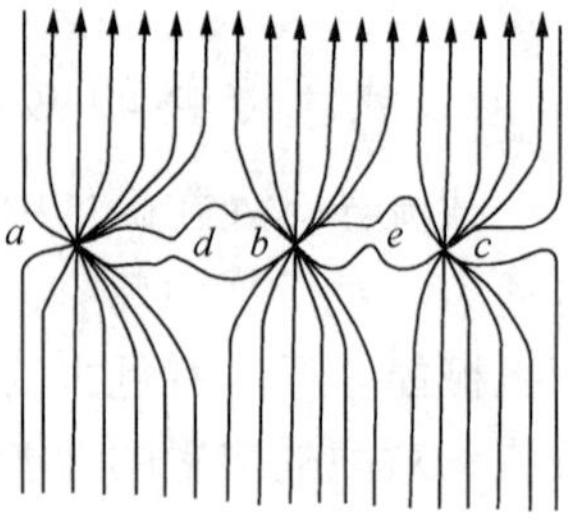

图 4.4 接触的触头间收缩电动力

二、触　头

电路的通断和转换是通过电器中的执行部件，主要是其触头来实现的。触头是有触点电器的执行元件，由于它经常受到机械撞击、发热及电弧等的影响，极易损坏，因此触头是电器中最薄弱的环节之一，其工作性能的优劣直接影响到电器的性能。

1. 触头的基本要求

根据触头的工作情况，为了保证电器可靠工作和有足够的寿命，对触头有如下要求：

（1）工作可靠，接触电阻要小。

（2）有足够的机械强度。

（3）长期通过额定电流时，温升不超过规定值。

（4）通过短路电流时，有足够的电动稳定性与热稳定性。

（5）有足够抵抗外界腐蚀（如氧化、化学气体腐蚀）的能力。

（6）寿命长。

（7）所用的材料要少，质量轻，价格便宜，便于制造和维修等。

2. 触头的分类

（1）按触头工作情况：分为有载开闭和无载开闭两种。前者在触头开断或闭合过程中，允许触头中有电流通过；后者在触头开断或闭合过程中，不允许触头中有电流通过，而在闭合后才允许触头中通过电流，如转换开关。无载开闭触头，由于触头开断时无载，故无电弧产生，对触头的工作十分有利。

（2）按开断点数目：分为单断点式和双断点式触头。

（3）按触头正常工作位置：分为常开触头和常闭触头。

（4）按结构和形状：分为指形触头和桥式触头等。

（5）按触头的接触方式：分为面接触、线接触和点接触 3 种。

（6）按在电路中的作用：分为主触头和辅助触头。主触头用于主电路，辅助触头用于辅助电路或控制电路。由于辅助触头常常起到电气联锁作用，所以又称为联锁触头。联锁触头又分为正联锁触头（常开触头）和反联锁触头（常闭触头）。在无电情况下，触头是断开的为常开触头；触头是闭合的为常闭触头。

3. 触头接触面形式

触头的接触面形式分为点接触、线接触和面接触 3 种，如图 4.5 所示。

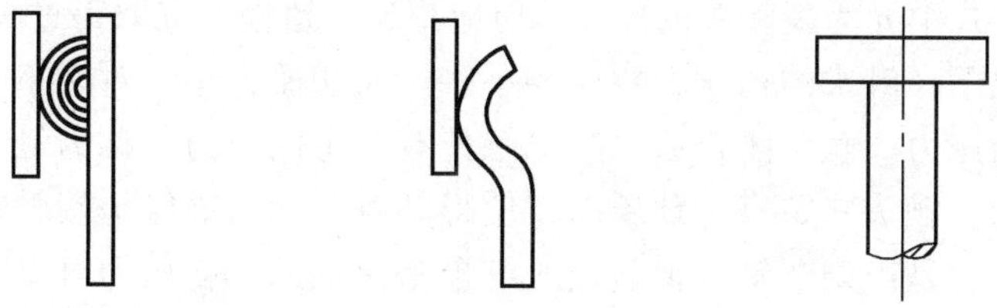

（a）点接触　　（b）线接触　　（c）面接触

图 4.5　触头的接触面形式

（1）点接触。点接触是一个很小的面积内的若干个点接触的触头（如球面对球面，球面对平面），如图 4.5（a）所示。点接触用于 20 A 以下的小电流电器，如继电器、接触器和自动开关的联锁触头等。由于接触面积小，保证其工作可靠性所需的接触压力也较小。

（2）线接触。线接触是指两个导体沿着线或较窄的面积发生的接触（如圆柱对圆柱、圆柱对平面），如图 4.5（b）所示。线接触的接触面积和接触压力适中，常用于几十安至几百安电流的中等容量电器，如接触器、自动开关及高压开关电器的触头等。

（3）面接触。面接触是指两个导体有着较大的表面接触（如平面对平面），如图 4.5（c）所示。其接触面积和触头压力均较大，多用于大电流电器，如大容量的接触器和断路器的主触头等。

4. 触头的参数

触头的参数主要有触头的结构尺寸、开距、超程、研距、触头初压力和终压力等。

（1）触头的结构尺寸。触头的结构尺寸主要是根据触头工作时的发热条件确定，同时要考虑到它的机械强度与工作寿命等条件。

（2）触头的开距。触头处于断开位置时，动静触头之间的最小距离 s 称为触头的开距（或行程），如图 4.6（a）所示。开距是触头的一个主要参数。它不仅要保证在开断正常电流时能可靠地熄弧，而且还能使触头间具有足够的绝缘能力。当电源出现不正常的过电压时不致击穿。它不仅影响触头与灭弧系统的尺寸，而且影响到电磁传动机构的尺寸。

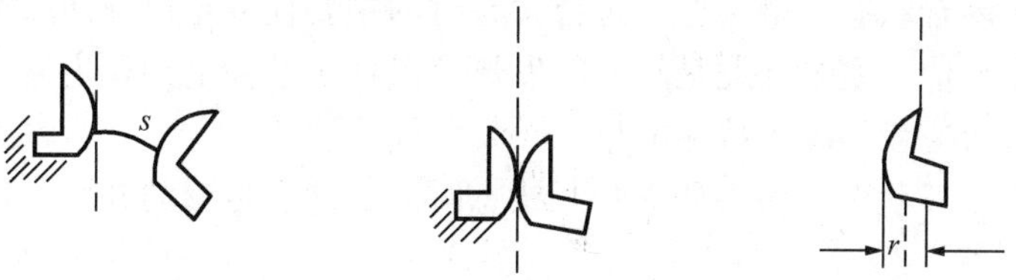

（a）断开状态　　（b）刚接触时　　（c）闭合状态

图 4.6　触头的参数

从减小电器的尺寸和减少触头闭合时振动的观点出发，在保证可靠开断电路的原则下，触头开距越小越好。触头开距的大小与开断电流大小、线路电压、线路参数以及灭弧装置等有关。

（3）触头的超程。触头的超程是指触头对完全闭合后，如果将静触头移开，动触头在触头弹簧的作用下继续前移的距离 r，如图 4.6（c）所示。

触头超程是用来保证在触头允许磨损的范围内仍能可靠地接触。一般在计算时选取超程 $r=(0.6\sim0.8)d$，式中 d 为新触头的厚度。但应指出，超程不宜取得过大，因为当超程大时，在一定的吸力情况下，触头的初压力相应要小些。而初压力小，对减小触头振动是不利的。

（4）触头的初压力。触头闭合后，其接触处有一定的压力，称为触头压力。触头压力是由触头弹簧产生的。触头弹簧有一预压缩，使得动触头刚与静触头接触时就有一互压力 F_0，称为触头初压力，它是由调节触头弹簧预压缩量来保证的。初压力可以降低触头闭合过程的振动。

（5）触头终压力。动、静触头闭合终了时，触头间的接触压力称为终压力 F_Z。它是由触头弹簧最终压缩量来决定的。它使触头闭合时的实际接触面积增加，使闭合状态时的接触电阻小而稳定。

（6）触头的研距。一般线接触触头的动、静触头开始接触时，其接触线在 a 点处（见图 4.7），在触头闭合过程中，接触线逐渐移动，最后停在 b 点处，以导通工作电流。动触头上的 ab 和静触头上的 $a'b'$ 称为触头研距。研距是触头开闭过程中动静触头滚动距离与滑动距离之和。接触线的移动，使触头在闭合时的撞击处与最后闭合位置的工作点之间，以及开断电路时产生电弧处与闭合位置的工作点之间分开，保证工作点不受机械撞击与电弧的破坏作用，同时擦除触头表面所形成的氧化膜，使触头有良好的电接触。

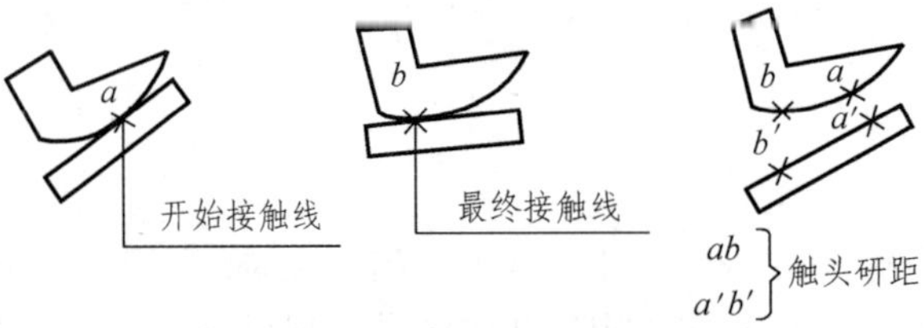

图 4.7 触头的研磨过程及研距

触头的开距、超程、初压力和终压力都是必须进行检测的重要参数。在电器的使用和维修中常用这些参数来反映触头的工作情况及检验电器的工作状态。

5. 触头的工作情况

（1）触头处于闭合状态。触头处于闭合状态时的主要任务是保证能通过规定的电流，且触头温升不超过允许值，主要问题是触头的发热及热稳定性和电动稳定性。触头的发热是由接触电阻引起的，故应设法减小接触电阻。

（2）触头处于断开状态。触头处于断开状态时，必须有足够的开距，以保证可靠地熄灭电弧和开断电路。

（3）触头闭合过程。从动、静触头刚开始接触到触头完全闭合，由于会发生振动，使它不是一次接触就能闭合，而是有一个过程，这个过程称为触头的闭合过程。由于触头在闭合过程中会因碰撞而产生机械振动，因此这个过程的主要问题是减小机械振动，从而减小触头的磨损，避免触头熔焊。

（4）触头开断过程。触头开断过程是触头最繁重的工作过程。由于在触头开断电路时，一般会在触头间产生电弧，因此这个过程的主要问题是熄灭电弧，减小由电弧而产生的触头电磨损。

6. 触头的接触电阻

1）接触电阻的产生

两个导电零件接触在一起实现电的连接，其导电能力显然比同样尺寸的完整导体要差。图 4.8（a）所示为一段完整的导体，通以电流 I，用电压表测量出其 AB 长度上的电压降为 U，则 AB 段导体的电阻为

$$R = \frac{U}{I} \tag{4.3}$$

如果将此导体截断，仍通以原来的电流，测得 AB 两点之间的电压降为 U_C，如图 4.8（b）所示。U_C 比 U 大得多，AB 点之间的电阻 R_C 为

$$R_C = \frac{U_C}{I} \tag{4.4}$$

R_C 除含有该段导体材料的电阻 R 外，还有附加电阻 R_j，即

$$R_C = R + R_j \tag{4.5}$$

附加电阻为收缩电阻与表面膜电阻之和，是由接触层之间直接产生的电阻，故称此附加电阻 R_j 为接触电阻。动静触头接触时同样也存在接触电阻。

（1）收缩电阻。接触处的表面无论经过多么细致的加工处理，从微观角度分析，其表面总是凹凸不平的，它们不是整个面积接触，而是只有若干小的突起部分相接触，如图 4.9 所示，实际接触面积比视在接触面积小得多。当电流通过实际接触面积时，电流只从接触点上通过，在这些接触点附近，迫使电流线发生收缩。由于有效接触面积（即实际接触面积）小于视在接触面积，由此产生的附加电阻称为收缩电阻。

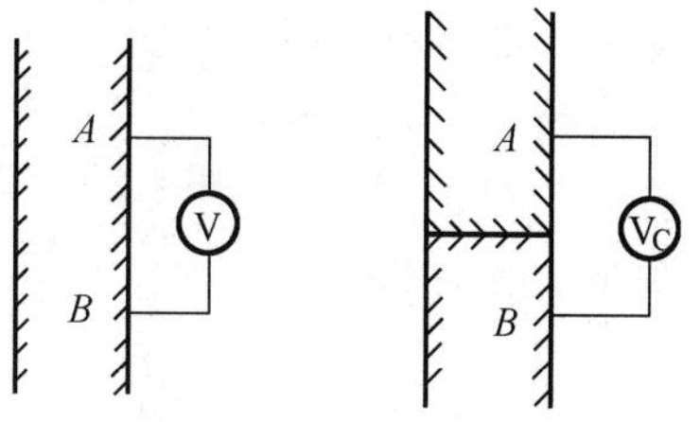

（a）　　（b）

图 4.8　接触电阻

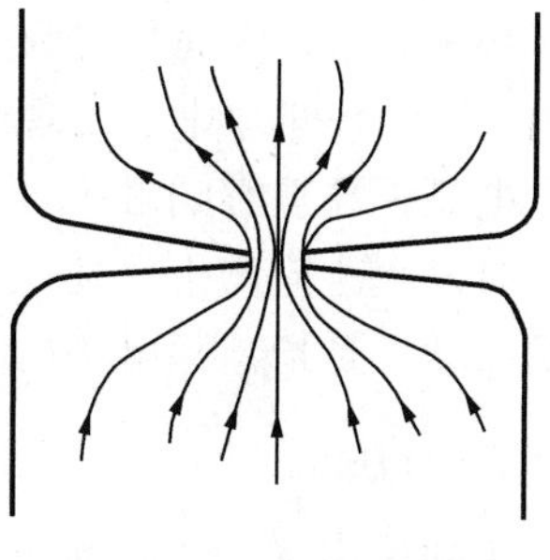

图 4.9　电流线收缩

（2）表面膜电阻。由于种种原因，在触头的接触表面上覆盖着一层导电性很差的薄膜，例如金属的氧化物、硫化物等，其导电性很差，也可能是落在接触表面上的灰尘、污物或夹

在接触面间的油膜、水膜等，由此而形成的附加电阻称为表面膜电阻。

表面膜电阻的大小除和膜的种类有关外，还与薄膜的厚度有关，膜越厚，电阻越大。

2）影响接触电阻的因素

接触电阻与触头材料、触头压力、接触面形式、触头温度、触头表面和清洁状况及化学腐蚀等因素有关。

3）减小接触电阻的方法

根据接触电阻的形成原因，减小接触电阻一般可采用下列方法：

（1）增加接触点数目。选择适当的接触形式，用适当的方法加工接触表面，并在接触处加一定的压力，均可使接触点数目增加。

（2）选择合适的材料。采用本身电阻系数小，且不易氧化或氧化膜电阻较小的材料作为接触导体，或作为接触面的覆盖层。

（3）触头在开闭过程中应具有研磨过程，以擦去氧化膜。

（4）经常进行触头清扫，使触头表面无油污、尘埃，保持干燥。

7. 触头的振动

1）触头产生振动的原因

触头在闭合过程中，触头间的碰撞、触头间的电动斥力和衔铁与铁心的碰撞都可能引起触头的机械振动。另外，在触头带电接通时，由于实际接触的只有几个点，在接触点处便产生电流线的密集或弯曲，如图 4.10 所示。畸变的电流线和通过反向电流的平行导体一样，相互作用产生斥力，使触头趋于分离，该电动力称为收缩电动力。收缩电动力也能引起触头间的振动，特别是在闭合大的工作电流或短路电流时，电动斥力的作用更为显著。

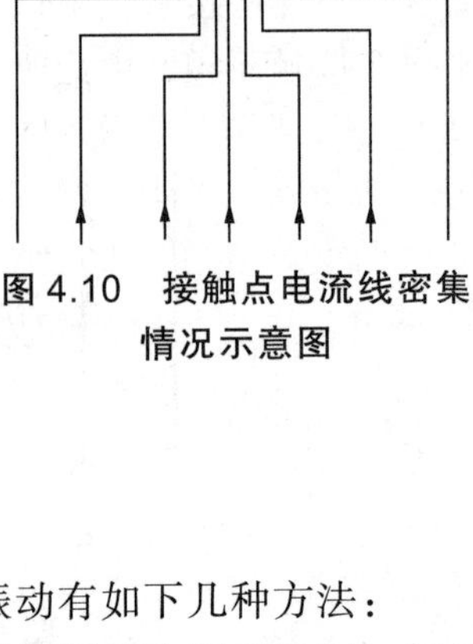

图 4.10 接触点电流线密集情况示意图

对于电磁传动的电器来讲，在触头闭合过程中，衔铁以一定的速度向静铁心运动，当衔铁吸合时，同样会因碰撞而产生振动，以致触头又发生第二次振动。

在触头振动过程中，若碰撞后触头不会分离，这样的振动不会产生电弧，对触头无害，因而称之为无害振动。反之，若碰撞后动静触头分离，在触头间隙中会出现金属桥，造成触头磨损或熔焊，甚至产生电弧，严重影响触头寿命，故称之为有害振动。两个触头在闭合时发生碰撞产生振动是不可避免的，所谓消除触头闭合过程中的振动，是指消除触头的有害振动。

2）减小振动的方法

为了提高触头的使用寿命，必须减小触头的振动。减小触头振动有如下几种方法：

（1）使触头具有一定的初压力。增大初压力可减小触头反跳时的振幅和振动时间。但初压力增大是有限的，如果初压力超过了传动机构的作用力（例如电磁机构的吸力），则不仅触头反跳的距离增加，而且触头也不能可靠地闭合，反而加剧了触头的磨损。

（2）降低动触头的闭合速度，以减小碰撞动能。由实验可知，减小触头闭合瞬间的速度可减小触头振动的振幅。这要求吸力特性和反力特性良好配合。需要指出的是，当触头回路电压高于 300 V 时，若闭合速度过小，则在动、静触头靠近时，触头间隙会击穿形成电弧，反而会引起电磨损的增加。

（3）减小动触头的质量，以减小碰撞动能，从而减小触头的振幅。但在减小触头质量的同时，必须考虑触头的机械强度、散热面积等问题。

（4）对于电磁式电器，应减小衔铁和静铁心碰撞时引起的磁系统的振动，以减小触头的二次振动。其方法是吸力特性与反力特性有良好的配合及铁心具有缓冲装置。

8. 触头的磨损

触头在多次接通和断开有载电路后，其接触表面将逐渐产生磨耗和损坏，这种现象称为触头的磨损。磨损直接影响电器的寿命。

1）触头磨损的原因

触头磨损包括机械磨损、化学磨损和电磨损。机械磨损是在触头闭合和打开时研磨和机械碰撞所造成的，它使得触头接触面产生压皱、裂痕或塑性变形和磨损。化学磨损是由于周围介质中的腐蚀性气体或蒸汽对触头材料侵蚀所造成的,它使得触头表面形成非导电性薄膜，致使接触电阻变大，且不稳定，甚至完全破坏了触头的导电性能。这种非导电性薄膜在触头相互碰撞及触头压力作用下，逐渐剥落，形成金属材料的损耗。机械磨损和化学磨损一般很小，约占全部磨损的 10%左右。

触头的磨损主要取决于电磨损。电磨损主要发生在触头的闭合和开断过程中，尤其以触头开断过程中产生的电磨损为主。在触头闭合电流时产生的电磨损，主要是由于触头碰撞引起的振动所产生的；在触头开断电流时所产生的电磨损，主要是由高温电弧造成的。

2）触头电磨损的形式

触头在分断与闭合电路过程中，在触头间隙中产生金属液桥、电弧和火花放电等各种现象，引起触头材料的金属转移、喷溅和气化，使触头材料损耗和变形，这种现象称为触头的电磨损。触头的电磨损形式主要有两种，即液桥的金属转移和电弧的烧损。

（1）液桥的形成和金属转移。触头开断时，在从触头完全闭合到触头刚开始分离的时间内，先是触头的接触压力和接触点数目逐渐减小，接触电阻越来越大，这样就使接触点的电流密度急剧增加，由此产生的热量促使接触处的金属熔化，形成所谓的金属液体滴。触头继续断开时，将金属液体滴拉长，形成液态金属桥，简称液桥。由于温度沿液桥的长度分布不对称，且其最大值是发生在靠近阳极的地方，因此，使金属熔液由阳极转移到阴极。实践证明，由于液桥的金属转移作用，经过很多次的操作后，触头的阳极因金属损耗而形成凹坑，阴极则因金属增多而形成针刺，凸出于接触表面。在弱电流电器（如继电器）中，液桥对触头的电磨损有着重要的影响。

（2）电弧的烧损。电弧对触头的腐蚀十分严重，电弧磨损要比液桥引起的金属转移高出 5 ~ 10 倍。当负荷电流超过 20 A，甚至达到几百或上千安时，电弧的温度极高，触头间距离又较大，一般都有电动力吹弧，再加上强烈的金属蒸气热浪冲击，往往把液态金属从触头表面吹出，向四周飞溅。这种磨损与小功率电弧的磨损是不同的，金属蒸气再度沉积于触头接触表面上的概率已大大减小，使触头阴、阳极都遭到严重磨损，由于阳极温度高于阴极，所以阳极磨损更为严重。

3）减小电磨损的方法

减小触头的电磨损，提高触头的寿命，一般可从两方面着手，即减小触头在开断过程中的磨损和减小触头在闭合过程中的磨损。

（1）减小触头开断过程中的磨损，即减小触头在开断时的电弧。

（2）减小触头闭合时的磨损。触头闭合时的磨损主要是由于触头在闭合过程中的振动所引起的，因此，为了减小触头的电磨损，必须减小触头的机械振动。

第四节　电弧的燃烧及熄灭

一、气体放电的物理过程

电弧是气体放电的一种形式。气体放电分为自持放电与非自持放电两类，电弧属于气体自持放电中的弧光放电。试验证明，当在大气中开断或闭合电压超过 10 V、电流超过 0.5 A 的电路时，在触头间隙（或称弧隙）中会产生一团温度极高、亮度极强并能导电的气体，称为电弧。由于电弧的高温及强光，它可以广泛应用于焊接、熔炼、化学合成、强光源及空间技术等方面。对于有触点电器而言，由于电弧主要产生于触头断开电路时，高温将烧损触头及绝缘，严重情况下甚至引起相间短路、电器爆炸，酿成火灾，危及人员及设备的安全。所以从电器的角度来研究电弧，目的在于了解它的基本规律，找出相应的办法，让电弧在电器中尽快熄灭。

二、电弧产生与熄灭的物理过程

当触头开断电路，在间隙中产生电弧时，电路仍然是导通的，这说明已分开的触头间的气体由绝缘状态变成了导电状态。但当电弧熄灭之后触头间又恢复了绝缘状态。那么，究竟有哪些物理过程在电弧的产生与熄灭过程中起了作用呢？下面就此进行分析。

1. 电弧产生的物理过程

金属材料表面在某些情况下能发射出自由电子，这种现象叫表面发射。自由电子的产生是由于金属内的电子得到能量，克服内部的吸引力而逸出金属。一个电子逸出金属所需的能量叫逸出功。不同金属材料逸出功的大小不一样。

从物质原子的结构而言，是由原子核与若干电子构成的。如果外界加到电子上的能量足够大，能使电子克服原子核的吸引力作用而成为自由电子，这种现象称为游离。游离所需的能量叫游离能。不同的物质其游离能不同。

触头开断电路时，产生电弧的原因主要有：阴极热发射电子、阴极冷发射电子、碰撞游离和热游离等。

（1）阴极热发射电子。触头开断过程中，触头间的接触面积逐渐减小，接触处的电阻越来越大，电流密度也逐渐增大，触头表面的温度剧增，金属内由于热运动急剧活跃的自由电子就克服内部的吸力而从阴极表面发射出来，这种主要是由于热作用所引起的发射称为热发射。

温度越低、逸出的功越大时，热发射的电流密度越小。

（2）阴极冷发射电子。在触头刚刚分开发生热发射的同时，由于触头之间的距离很小，线路电压在这很小的间隙内形成很高的电场，此电场将电子从阴极表面拉出，形成强电场发射。在强电场发射中，并不需要热功的参与，所以强电场发射也称作冷发射。

当金属的温度越低、阴极表面电场越小时，电子发射的数量就越少。

通常阴极电子的发射，同时包含了热发射和冷发射的过程，只是不同的材料热发射和冷发射的程度各不相同。

（3）碰撞游离。由于以上两种发射的作用，大量电子从阴极表面进入弧隙。它们在电场的作用下，获得动能而加速，随着触头的分开不断地撞击气体的原子或分子（中性粒子），当此粒子具有的动能大于中性粒子的游离能时，该中性粒子则分解为带电荷的自由电子和正离子，这一现象叫作碰撞游离（或称电场游离）。碰撞游离后出现的自由电子在电场作用下又可同其他中性粒子发生新的撞击和游离，使得自由电子和正离子数累积增加。弧隙中的中性气体就变为导电的自由电子与正离子。在电场作用下，它们向阴极、阳极运动，电弧形成，电路并未断开。若电子撞击中性粒子不足以使其立即游离，但经多次撞击，中性粒子所获得能量也使其发生了游离，这种过程称为累积游离。在带电粒子中，由于电子体小质轻，自由行程长，容易加速而获得能量，故其游离作用比正、负离子大得多。

（4）热游离。随着电弧的形成，弧隙中气体温度很高，气体中的中性原子或分子由于热运动而发生互相撞击，其结果也造成游离，这就是热游离。热游离实质上也是碰撞游离，只不过发生碰撞的原因是高温而不是电场。所以温度越低，热游离越弱；温度越高，热游离越强。

中性粒子热游离的程度与温度的高低、气压的大小、物质的游离能大小有关。在高温状况下，金属材料容易发生气化，金属蒸气的游离能比气体的小得多。当气体中混有金属蒸气时，游离程度更加迅速。

由上可见，电弧的产生，第一是由于热的作用，发生热发射和热游离；第二是由于电场的作用，发生冷发射和碰撞游离，在气隙间出现大量电子流，使气体由绝缘体变成导体。应该注意的是，在整个过程中几种物理作用并不是截然分开的，而是交叉进行或同时存在的。电弧燃烧期间，起主要作用的是热游离。因而，使电弧迅速冷却是熄灭电弧的主要方法。

2. 电弧熄灭的物理过程

电弧稳定燃烧时是处在热动平衡状态，此时不可能有电子和离子的积累。这说明电弧中气体游离的同时还存在一个相反的过程，我们称之为消游离。消游离就是正、负带电粒子中和而变成中性粒子的过程。消游离的形式主要有以下两种：

（1）复合。带异性电荷的粒子相遇后相互作用中和而变成中性粒子称为复合。在游离过程中出现的电子和正、负离子，如果它们的运动速度不大，当它们接近时就互相吸引而成中性分子，这种复合称为直接复合。如果电子和正、负离子的运动速度较高时，它们不能直接复合，速度较高的电子撞击中性分子时，除形成撞击游离外，也可能附在中性分子上形成负离子。由于形成负离子后的质量比电子大得多，因而速度就减慢，当与正离子接近时，就互相中和成中性分子，这个过程称为间接复合。

复合的速度受温度的影响很大，因为温度升高，离子运动速度加大，它们复合的概率就减小；反之，温度低时，离子运动速度也低，它们复合的概率增大，因此冷却电弧是加强复合过程的重要因素。此外，加入大量的新鲜气体分子，也可增强复合作用。

（2）扩散。带电粒子从电弧区转移到周围介质中去的现象称为扩散。电弧是一个电子和离子高度密集的空间，同时其中温度很高。它和气体分子一样，有均匀地分布在容积中的倾向，这样电子便从弧隙中向四周扩散，扩散出来的电子（或离子）因冷却互相结合而成为中性分子，这种过程的进行不在电弧的内部，而在电弧的表面空间进行。扩散的方向一般为从高温、高浓度区向低温、低浓度区，扩散出来的带电粒子因冷却很容易相互结合而形成中性粒子。因此，当弧柱表面温度降低时，即电弧内部与电弧表面之间的温差增大时，扩散就会加快。

综上所述，电弧中同时存在着游离和消游离两方面的作用。当游离作用占优势时电弧就会产生和扩大；当消游离作用占优势时，电弧就趋于熄灭；当游离作用和消游离作用处于均衡状态时，则弧隙中保持一定数量的电子流而处于稳定燃烧状态。

游离与消游离作用与许多物理因素有关，如电场强度、温度、浓度、气体压力等。那么，我们可以根据这些物理因素的变化情况，找出一些切实可行的方法，减小游离，增加消游离，使触头断开电路时产生的电弧尽快熄灭。

三、电弧的燃烧与熄灭

电弧发生的过程因电路电源交、直流的差异而不同，因此我们将对直流电弧和交流电弧分别进行讨论。

1. 直流电弧的燃烧与熄灭

对于直流电弧，我们可用它的伏安特性曲线来说明其基本性质及特性。

1）直流电弧的伏安特性

直流电弧是指产生电弧的电路电源为直流。当直流电弧稳定燃烧时，电路仍是导通的，因而电弧中有电弧电流，电弧两端有电弧压降。直流电弧的伏安特性就是指电弧电压与电弧电流之间的关系曲线，它实质上是反映电弧内的物理过程，是电弧的重要特性之一。由于影响直流电弧伏安特性的因素很多，通常只能用实验方法求得。

如图 4.11 所示，在两极之间有一稳定燃烧的电弧，测得电弧长度为 l_{DH}，通过调节可变电阻 R 的值非常缓慢地调节回路电流（$\frac{di}{dt}\to 0$），在这个过程中分别测量电弧电流 I_{DH} 和电弧两端电压 U_{DH}，可绘出其伏安特性，如图 4.11 中曲线 1 所示。此伏安特性称为直流电弧的静伏安特性（简称静特性）。静特性是指在电弧稳定燃烧（$\frac{di}{dt}\to 0$）条件下，电弧不受热惯性影响时，电弧电流与电弧压降的关系。

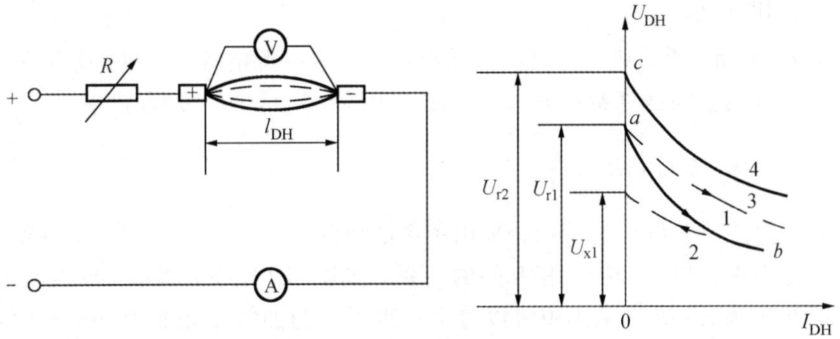

图 4.11 直流电弧及其伏安特性

从曲线 1 可见，触头在开断直流电路时所产生的电弧，相当于在电路中串入一个非线性电阻，当电弧电流 I_{DH} 增加时，电弧电压 U_{DH} 减小。这和我们熟知的普通电路的情况相反。在普通电路中，当电流增加时，电阻上的电压也增加，这是因为电路中的电阻值不变的缘故。但在弧隙中，电弧电阻是随着电弧电流变化的。随着电流的增大，电弧内的游离作用越来越激烈，离子浓度越来越大，导电性越好，其对外所呈现的电阻值越小，从而维持电弧稳定燃烧所需的电压也相应减小；反之，当电弧电流减少时，维持电弧稳定燃烧所需的电压相应增大。

若调节可变电阻 R 来调节回路电流，让回路电流以一定速度减小（$\frac{di}{dt}<0$）或增加（$\frac{di}{dt}>0$），则可得曲线 2 和 3。这时所得的伏安特性称为直流电弧的动伏安特性（简称动特性）。动特性是指在电弧不稳定燃烧条件下，电弧电流变化快，其热惯性对电弧有影响时，电弧电流与电弧压降的关系。根据电流变化速度不一样，动特性曲线有许多条。从图 4.11 中可得出，伏安特性曲线 1、2、3 并不重合，而且电流增加过程的伏安特性 3 位于静伏安特性 1 的上方，电流减小过程的伏安特性 2 位于静伏安特性 1 的下方。其原因是当回路电流以一定速度变化时，电弧内部有保持原来热状态（游离和消游离状态）的热惯性作用，致使电弧内部状态的变化总是滞后于回路电流的变化。当回路电流变化速度越大时，这种热惯性作用就越明显。电弧的电阻也就不同于相应点应有的电阻值，电弧的压降同样就和相应点的压降不同。

在图 4.11 中，静特性曲线 1 与纵轴交点的电压值称为燃弧电压，用 U_{r1} 表示。所谓燃弧电压，就是产生电弧所必需的最低电压，电压低于此值，就不足以点燃电弧。伏安特性曲线 2 与纵轴交点的电压值称为熄弧电压，用 U_{x1} 表示。所谓熄弧电压，就是指熄灭电弧的最高电压，电压高于此值，电弧将不能熄灭。熄弧电压总是小于燃弧电压的，其原因是燃弧前弧隙中介质强度高，即游离程度小，要形成电弧就必须具有较高的电压。燃弧电压应比维持电弧所需的最低电压要高。电弧在燃烧过程中游离程度高，介质强度低，维持其燃烧的最低电压就低，而熄弧电压应比这个电压还要低，所以熄弧电压 U_{x1} 总是小于燃弧电压 U_{r1}。

电弧的静伏安特性与弧长有关。在其他条件相同时，弧长 l_{DH} 越长，静伏安特性越向上移，如图 4.11 中曲线 4 所示。其原因如下：在同一电流情况下，电弧单位长度的电阻值不变，电弧拉长后的总电阻增加，因而电弧的电压就增大了。由于静伏安特性向上平移，燃弧电压和熄弧电压也都要增加。从这个角度来说，拉长电弧，可以加速电弧的熄灭。

2）直流电弧的熄灭

设有如图 4.12（a）所示典型的直流电弧电路，E 为电源电势，L 和 R 分别为电路中和电弧串联的电感和电阻。根据克希荷夫第二定律，可写出电压平衡方程式

$$E = U_{\mathrm{DH}} + iR + L\frac{\mathrm{d}i}{\mathrm{d}t} \tag{4.6}$$

由于电弧的电阻呈非线性的特点，采用图解法更为方便。将式（4.6）中各项的伏安特性表示在同一坐标系中，以便分析其相互间的关系。如图 4.12（b）所示，曲线 2 为电弧的静伏安特性，直线 1 为 $E-iR$。从图中可以得出：直线 1 与曲线 2 相交于 A、B 两点，其对应的电流值为 i_A 与 i_B。

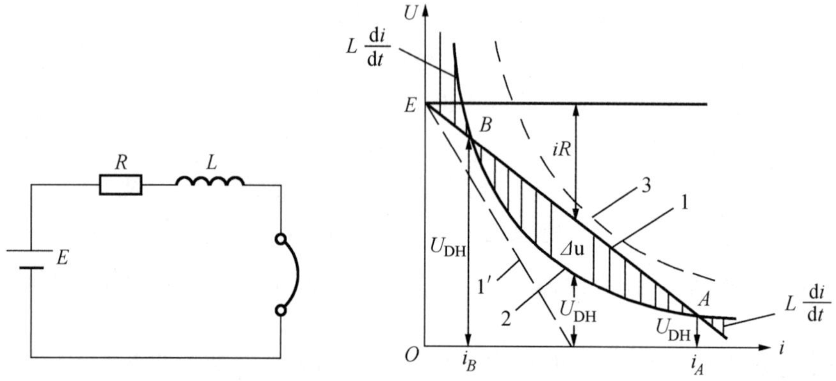

（a）直流电弧　　（b）直流电弧的熄灭

图 4.12　开断电感电路的直流电弧及其熄灭

一个直流电弧能够稳定燃烧的条件是有稳定燃烧点，即 $\frac{\mathrm{d}i}{\mathrm{d}t}=0$。那么，要想使直流电弧熄灭，就应该做到消除稳定燃烧点，且 $\frac{\mathrm{d}i}{\mathrm{d}t}<0$。从图形来看就应该是曲线 2 与直线 1 没有交点且曲线 2 位于直线 1 的上方。要想达到这个目的，图形上的变化可有很多种，但结合实际来考虑，将曲线 2 向上平移至 3 的做法最为可行。从其代表的物理意义上来讲，就是将电弧拉长。所以拉长电弧是熄灭直流电弧最常用的方法。

3）断开感性电路的过电压

为了减小电弧对触头及电器的烧损，通常希望熄弧时间越短越好。但是在断开感性电路时，若熄弧时间过短，电感中将产生很大的自感电势，也就是 $L\frac{\mathrm{d}i}{\mathrm{d}t}$ 的值很大。其数值常比电源电压大好多倍，通常称之为过电压。为了区别于大气过电压，称之为内部过电压（或操作过电压）。过电压产生后，一方面可能将电气设备的绝缘击穿，引起破坏性故障；另一方面，可能击穿弧隙，使电弧重燃。为此必须加以防止和限制。

断开感性电路产生过电压的根本原因，在于贮存在电感中的磁场能量要在非常短暂的时间内释放出来并消耗掉。如果能将磁场能量逐渐地消耗在电阻上就可以控制此时的过电压。以下几种方法均能将电感中的磁场能量逐渐地消耗在电阻上或者延长电路电流变化的

时间，起到抑制过电压的作用。图 4.13（a）中所表示的方法其缺点是在正常工作时，附加电阻有功率损耗。图 4.13（b）中的情况是在正常工作时电容充电达到电源电势，在附加电阻上没有功率消耗。图 4.13（c）中的情况是在正常工作时二极管的反向电流很小，其上的功率损耗亦很小。

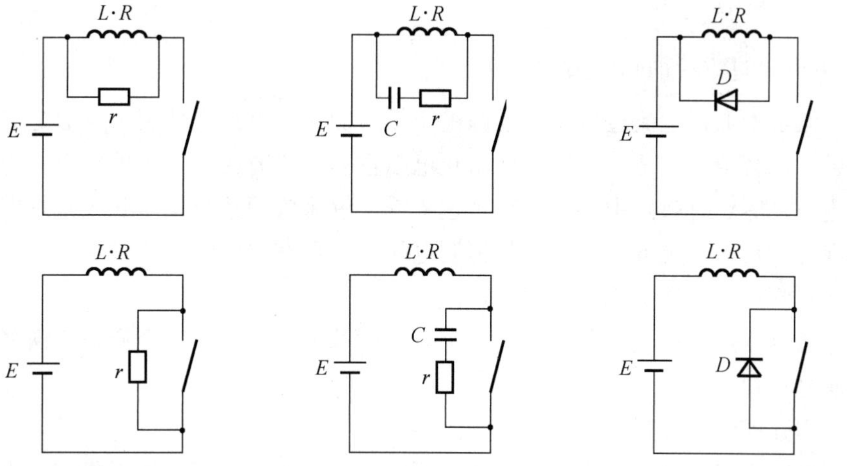

（a）并联电阻法　（b）并联 RC 支路法　（c）并联整流二极管法

图 4.13　减小直流电弧熄灭时过电压的方法

2. 交流电弧的燃烧与熄灭

1）交流电弧的伏安特性

交流电弧与直流电弧有所不同，交流电流的瞬时值随时间变化，每个周期内有两次过零点。电流经过零点时，弧隙的输入能量等于零，电弧温度下降，电弧自然熄灭。而后随着电压和电流的变化，电弧重新燃烧。因此，交流电弧的燃烧，实际上就是电弧的点燃、熄灭周而复始的过程，这个特点反映在它的伏安特性中。

图 4.14 所示为交流电弧在一个周期内的伏安特性，图中箭头方向表示了电流变化的方向。从 *O* 点开始，因电弧还未产生，所以随着电压的增加只有少量的由阴极发射产生的电流。到 *A* 点时电弧点燃，再随着电流的增大，电弧电阻减小，电弧压降也下降，直到 *B* 点，此时电弧电流达到峰值。在 *B* 点后随着电流的减小，弧电阻增加，电弧压降上升。变化到 *C* 点时，电弧电流趋近于零，电压达到熄弧电压，电弧熄灭。当电流过零点后，在第三象限重复上述规律。

显然，由于交流电弧自身所具有的不断变化值，它的伏安特性都是动特性。由于热惯性作用，弧电流绝对值从小到大的特性曲线与电弧电流绝对值从大变小的特性曲线不重合，这种现象称为“弧滞”。

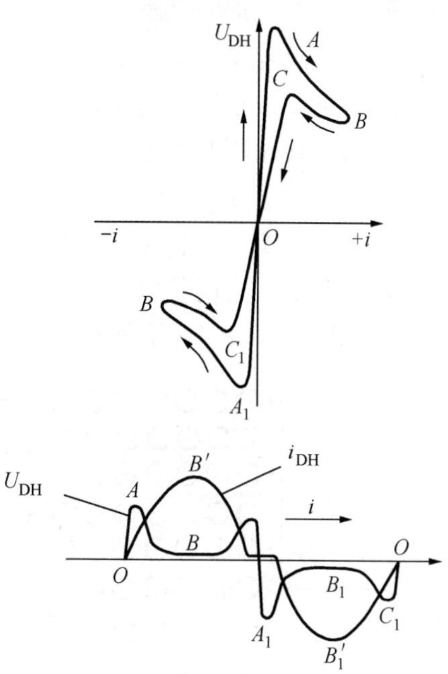

图 4.14　交流电弧的伏安特性

按照交流电弧的上述特性，交流电弧电流通过零点时，由于电源停止供给电弧能量，热游离迅速下降，为电弧的最终熄灭创造了最有利的条件，此时只要采取一定的消游离措施，使少量的剩余离子复合，就能防止电弧在下半周重燃，使电弧最终熄灭。因此，交流电弧比直流电弧容易熄灭。我们通常把利用电弧电流自然过零的特点进行的熄弧称为零点熄弧原理。

2）交流电弧过零后的物理过程

交流电弧由于电弧电流过零时，电源停止供给能量，电弧自然熄灭。但是交流电弧过零自然熄灭后，还会重新燃烧。所以怎样防止电弧重燃是研究交流电弧的重点。为此，我们将研究在电流通过零点时弧隙中存在的物理过程，了解哪些因素能使电弧重新点燃，哪些因素抑制电弧重燃，从这一观点出发，凡是抑制电弧重新点燃的因素，或是加强不利于电弧重新点燃的因素，都可以促使交流电弧熄灭。

交流电弧电流过零期间，同时存在两个对立的基本过程，一是介质强度恢复过程，二是弧隙电压恢复过程。

（1）介质强度恢复过程。

交流电弧过零熄灭后，由于电弧电流值下降至零，弧隙温度迅速下降，促进了消游离作用，使弧隙由原来的导电状态转变为绝缘介质状态，此过程称为介质强度恢复过程。这是促使电弧熄灭的因素。当弧隙的介质强度增高时，相当于弧隙电阻 r_{DH} 增大，使电弧电流很快减小。这个过程的快慢与许多因素有关：

① 与近阴极效应有关。设交流电弧电流过零之前，电弧中的正离子和电子的运动方向如图 4.15（a）所示。当交流电弧电流过零点后，触头极性改变如图 4.15（b）所示，原来的阴极改变为新的阳极，而原来的阳极改变为新的阴极。电场方向的改变，弧隙中剩余电子和离子的运动方向也应随之改变。但是由于电子的质量远比正离子质量小得多，因而电子的运动方向改变要远比正离子灵敏得多，在电流过零后，电子能马上反向朝刚刚得到正极性的新阳极运动，而正离子因能动性差，在此瞬间仍停在原地来不及向新阴极运动，并且刚得到负极性的阴极也还来不及逸出新的电子。因此，在新的阴极附近就存在一层没有电子而只有正离子的空间，如图 4.15（b）所示。因为正离子的导电性差，电弧导电主要靠电子的定向运动，新阴极表面缺少电子就不能导电，相当于形成一薄层绝缘介质。要是电弧重燃，弧隙重新导电，必须外加一定电压使这一薄层击穿才有可能。这一击穿电压的最小值称为起始介质强度 U_{JF0}，如图 4.16 中 OA 段所示。

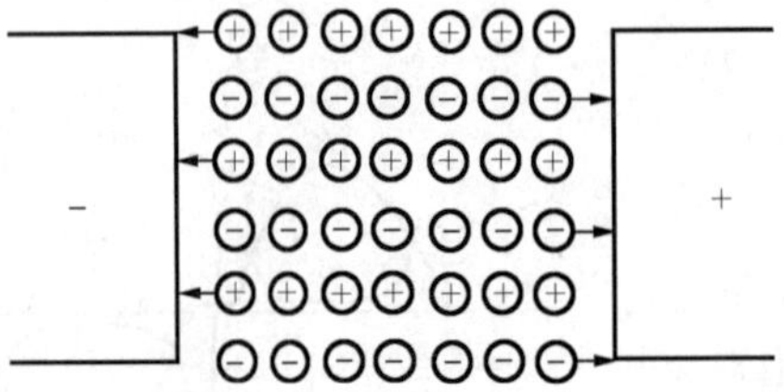

（a）电弧过零前带电粒子状况

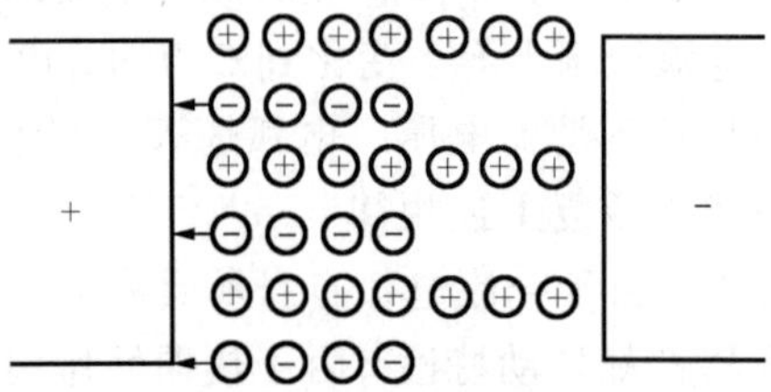

（b）电弧过零后瞬间带电粒子状况

图 4.15 近阴极效应

根据实验结果：对于铜电极，当电流为数百安时起始介质强度为 150 ~ 250 V；当电流为数千安时起始介质强度为 40 ~ 60 V；当电流更大时该强度还要低些。原因是电流很大时，热发射起一定作用，使阴极继续发射电子所需的电压相应降低。起始介质强度在电流过零后 1 μs 内就会出现，这种在交流电弧电流过零后弧隙几乎立即出现一定的介质强度的现象称为交流电弧的近阴极效应。

② 与灭弧方法有关。随着灭弧方法的不同，介质强度继续增长的情况也不一样，只能根据具体的灭弧方法，由实验测出介质强度继续增长的规律。通常把弧隙间介质强度恢复随时间变化的关系称作弧隙介质强度恢复特性，如图 4.16 所示。图中的 *OA* 段与近阴极效应产生的起始介质强度有关，*AB* 段与电弧熄灭的方法和装置有关。灭弧装置效果越好，图中的 α 角就越大，说明介质强度恢复速度越高。

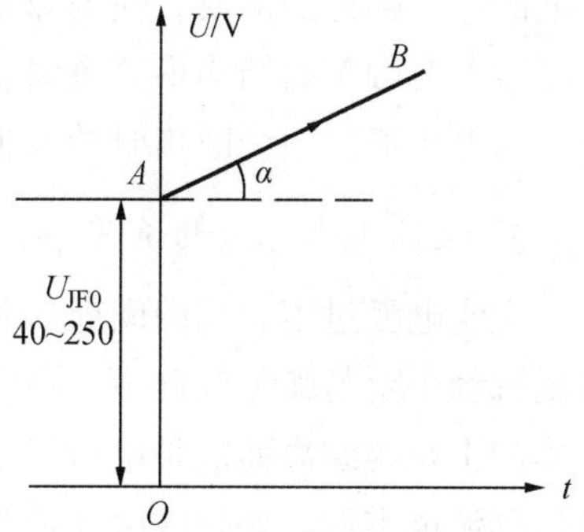

图 4.16 介质强度恢复特性

（2）弧隙电压恢复过程。

所谓电压恢复过程，就是对应于电流过零电弧熄灭瞬间电源电压的瞬时值，也叫作工频恢复电压，如图 4.17（a）所示。设在 *A* 点电弧熄灭，则对应于 *A* 点的电源电压瞬时值 E_0 就称为工频恢复电压。电流过零电弧熄灭后，触头两端电压从熄弧电压 U_{XH} 恢复到工频恢复电压 E_0 的过程称为电压恢复过程。这个过程根据线路参数情况的不同形成较为复杂的情况。因为在实际中，触头两端电压不是从熄弧电压 U_{XH} 立即恢复到工频恢复电压 E_0，而是要经过一段过程，而且这个过程会呈现振荡或非振荡现象。例如图 4.17（a）所示为非振荡恢复过程，而图 4.17（b）所示为振荡恢复过程。发生这种现象的原因是：触头所接的线路中总是存在着电感和电阻。此外，线路中的导线对地之间、发电机的绕组之间都存在着电容。这样，由于电阻、电感和电容的作用，就可能产生振荡现象。

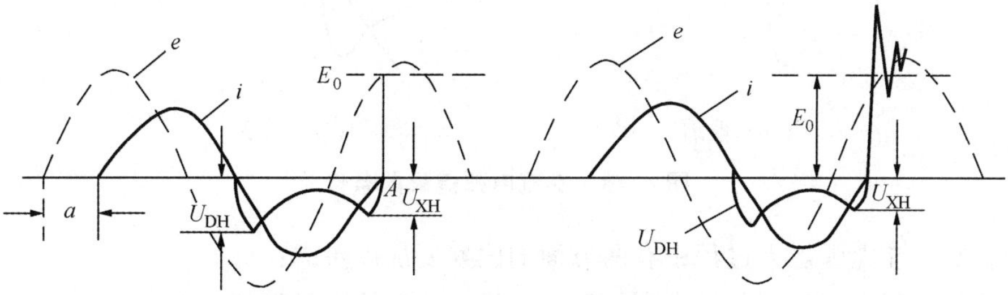

（a）非振荡电压恢复过程　（b）振荡电压恢复过程

图 4.17 电压恢复过程

由于电压恢复过程是使电弧重燃的因素，很显然，周期振荡电压恢复过程中有较高的电压峰值，对电弧不再重燃是十分不利的，所以也是应该尽量避免的。

电压恢复过程与下列因素有关：

（1）与线路功率因数角 α 有关。如果是纯电阻电路开断，此时电弧电流过零时，电源电压为零，加在弧隙上的电压也是零，而后恢复电压按照电源电压正弦规律上升，这种情况下的电弧容易熄灭；如果是纯电感电路开断，$\alpha = 90°$，则 $E_0 = E_m$，因此电弧电流过零时电源电压有幅值，加在弧隙两端就有很大的电压，显然开断电感负载比开断纯电阻负载困难多了。同时说明当α不同时，工频恢复电压E_0不一样，电压恢复过程也就不一样。必须指出，由于线路中总存在有电感、电容和电阻，这些参数在一定的配合下，恢复电压的变化可能是非周期的指数增长过程，也可能是高频振荡周期增长过程，在最严重情况下，恢复电压的峰值可达电源电压幅值的两倍，使熄弧更加困难。

（2）与触头的结构形式有关。由于双断点结构时恢复电压是作用在两个断口上，使每个断口的电压值比一个断口时的要低，所以电弧容易熄灭。

3）交流电弧熄灭的条件

交流电弧过零后弧隙间介质强度的恢复和电压的恢复是两个对立的过程。因为介质强度恢复过程主要是弧隙内部带电粒子不断减少的过程，而电压恢复过程则相反，它使弧隙中的气体产生新的游离而使带电粒子不断增加。那么可以简单地确定交流电弧熄灭条件为：交流电弧电流过零后，如果弧隙介质强度恢复的速度超过了弧隙电压恢复的速度，则电弧熄灭。反之，电弧重燃，如图 4.18 所示。

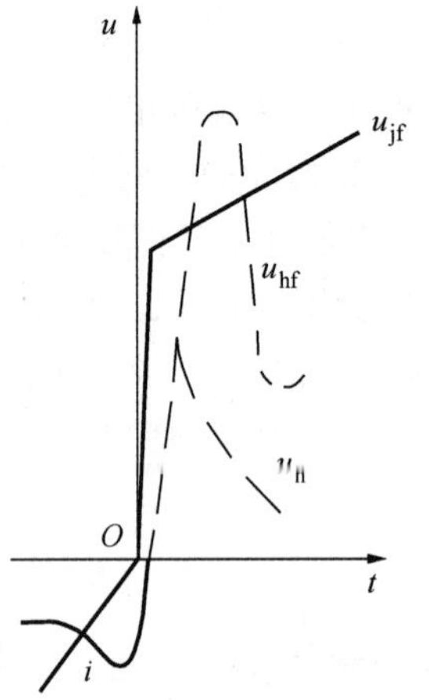

（a）重燃

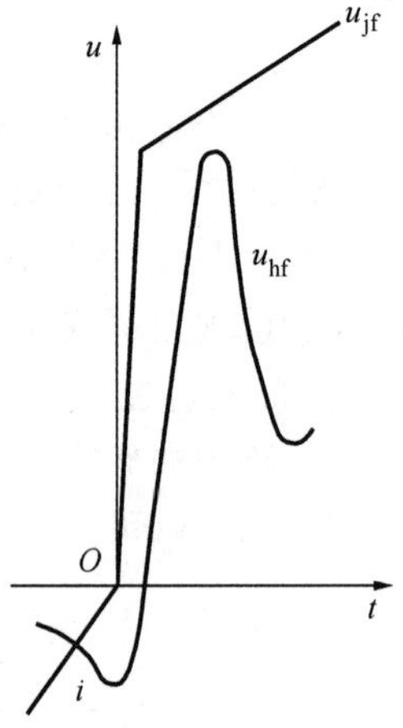

（b）熄灭

图 4.18　交流电弧熄灭的条件

因此，在交流电弧熄灭过程中有两方面的因素要加以考虑：

（1）交流电弧电流过零是最有利的灭弧时机，这时输入弧隙的功率趋近于零，如电弧散失的功率大于此时由电源输入的功率，电弧就会熄灭。如果熄弧措施太强，使电弧电流提前强制过零，这时交流电弧的熄灭与直流电弧相同，会造成熄弧困难。

（2）对交流电弧的电路参数而言，电源电压越高，恢复电压峰值也越高，熄弧困难。电弧熄灭前电路的电流越大，电弧功率越大，熄弧困难。电路中电感比例越大，熄弧越困难。

为了使交流电弧过零点后不再重燃，总的来讲可减小恢复电压增长速度和增加介质强度恢复速度。

增加介质强度恢复速度，在实际运用中效果较显著的方法主要就是通过金属栅片将电弧分割成许多短弧，这样每一个短弧相当于处在一对电极之中，电流过零后，就产生近阴极效应。此时起始介质强度之和比一对电极下产生的扩大了许多倍。当外界加在电弧两端的电压小于此值时，电弧在过零后就不再重燃。

对于减小恢复电压增长速度，抑制电弧重燃，一般采用的方法为在弧隙两端并联一电阻 r_m，如图 4.19 所示。其原理如下：在弧电流经过零点前后几十微秒内，$i_{DH} \approx 0$，所以可近似认为 $R_{DH} \propto \infty$。此时 i 分成向电容 C 充电的电流 i_1 和流经 r_m 的电流 i_2。由于 r_m 分流了 i_2，使电容 C 的充电时间加长，即 a、b 两端电压的增长速度变慢，因此就抑制了燃弧因素。从熄灭电弧的角度出发，分流电阻 r_m 的值越小越好，但 r_m 值过小，在正常情况下损耗过大。所以希望 r_m 在正常工作时其阻值很大，$i_2 \approx 0$；而在触头断开电路时，要求 r_m 值很小。为此，一般用非线性电阻较好。韶山系列电力机车所用的 TDZ_{1A} 型主断路器就是利用这种原理，在其主触头上并联有非线性电阻，来抑制恢复电压的增长速度，促使其电弧熄灭。

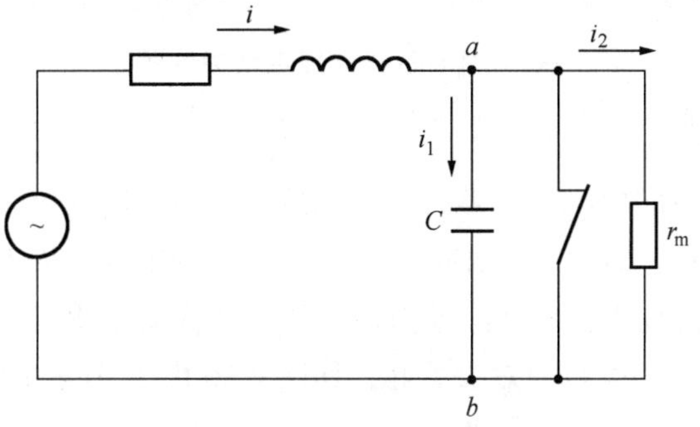

图 4.19　并联电阻灭弧原理

四、熄灭电弧的基本方法

通过理论分析，我们可以找出加速电弧熄灭的多种方法，例如，拉长电弧、降低温度、将长弧变为短弧、将电弧放置于特殊介质中、增大电弧周围气体介质的压力等。为了减少电弧对触头的烧损和限制电弧扩展的空间，通常把这些方法加以应用，为此而采用的装置称为灭弧装置。一个灭弧装置可以采用某一种方法进行熄弧。但在大多数情况下，则是综合采用几种方法，以增强灭弧效果。例如拉长和冷却电弧往往是一起运用的。

1. 拉长电弧

电弧拉长以后，电弧电压增大，改变了电弧的伏安特性。在直流电弧中，其静伏安特性上移，电弧可以熄灭。在交流电弧中，由于燃弧电压的提高，电弧重燃困难。

电弧的拉长可以沿电弧的轴向（纵向）拉长，也可以沿垂直于电弧轴向（横向）拉长，如图 4.20 所示。

（1）机械力拉长。电弧沿轴向拉长的情况是很多的，电器触头分断过程实际上就是将电弧不断地拉长。刀开关中闸刀的拉开拉长电弧，电焊过程中将焊钳提高可使电弧拉长并熄灭。

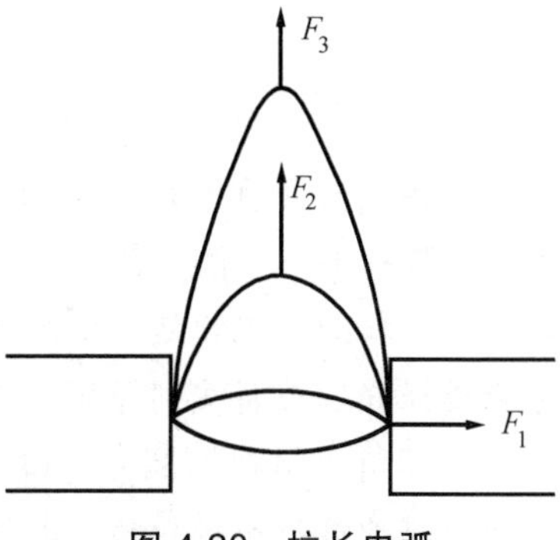

图 4.20　拉长电弧

（2）回路电动力拉长。载流导体之间会产生电动力，如果把电弧看作一根软导体，那么受到电动力它就会发生变形，即拉长。如图 4.21 所示，在一对桥式双断点结构形式的触头断开时，电弧受回路电动力 F 的作用被横向拉长，也就是图 4.20 中受 F_2 作用力的情况。横向拉长时电弧与周围介质发生相对运动而加强了冷却，这样就加速了电弧的熄灭。有时为了使磁场集中，在触头上添加磁性片 6，以增大吹弧力，如图 4.21（b）所示。

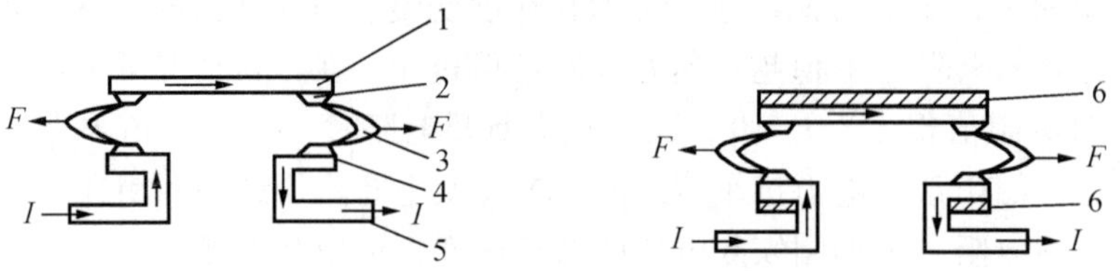

（a）常用触头回路电动力吹弧　（b）增磁型触头回路电动力吹弧

图 4.21　触头回路电动力吹弧

1—触头桥；2—动触头；3—电弧；4—静触头；5—静触头座；6—磁性片

因利用回路本身灭弧的电动力不够大，电弧拉长和运动的速度都较小，所以这种方法一般仅用于小容量的电器中。开断大电流时，为了有较大的电动力而专门设置了一个产生磁场的吹弧线圈，这种利用磁场力使电弧运动而熄灭的方法称为磁吹灭弧，如图 4.22 所示。由于这个磁场力比较大，其拉长电弧的效果更好，如图 4.20 中 F_3 所示的情况。

磁吹线圈 4 是接在引出线和静触头 6 之间，通过绝缘套与磁吹铁心绝缘，导弧角 2 和静触头 6 固装在一起。磁吹线圈 4 中的磁吹铁心 1 两端各装有一片导磁夹板 5，导磁夹板 5 同时夹于灭弧室两侧，用来加强弧区磁场。设在灭弧室中的动静触头就处在磁板之间。

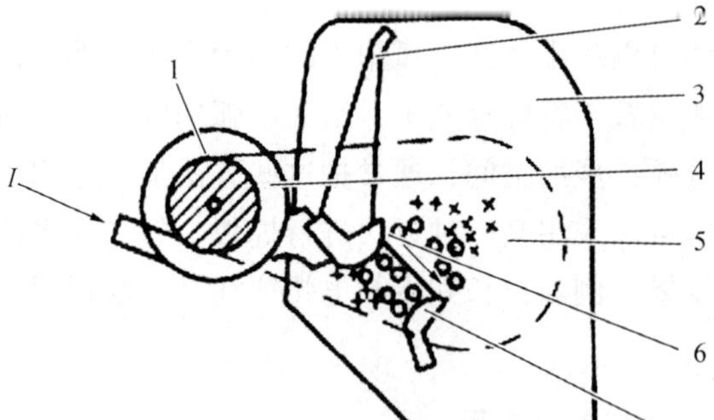

图 4.22　磁吹灭弧装置示意图

1—磁吹铁心；2—导弧角；3—灭弧罩；4—磁吹线圈；5—导磁夹板；6—静触头；7—动触头

当触头分开有电弧燃烧时，磁吹线圈和电弧本身均在电弧周围产生磁场。由图 4.22 可见，在弧柱下方一侧，磁吹线圈的磁通和电弧的磁通是相叠加的，而在弧柱上方一侧，两磁通是相削弱的，因此就产生磁吹力。电弧在磁吹力的作用下发生运动，电弧被拉长，电弧的根部离开静触头而移到导弧角 2 上，进一步拉长电弧，使电弧迅速熄灭。

导弧角 2 是根据回路电动力原理设置的，用来引导电弧很快离开触头且按一定方向运动，以保护触头接触面免受电弧的烧伤。

2. 灭弧罩

灭弧罩是让电弧与固体介质相接触，降低电弧温度，从而加速电弧熄灭的比较常用的装置。其结构形式多种多样，但其基本构成单元为“缝”。我们将灭弧罩壁与壁之间构成的间隙称作“缝”。根据缝的数量可分为单缝和多缝。根据缝的宽度与电弧直径之比可分为窄缝与宽缝。缝的宽度小于电弧直径的称窄缝，反之，大于电弧直径的称宽缝。根据缝的轴线与电弧轴线间的相对位置关系可分为纵缝与横缝。缝的轴线和电弧轴线相平行的称为纵缝，两者相垂直的则称为横缝。

（1）纵缝灭弧罩。图 4.23 所示为一纵向窄缝的灭弧情况，当电弧受力被拉入窄缝后，电弧与缝壁能紧密接触。在继续受力情况下，电弧在移动过程中能不断改变与缝壁接触的部位，因而冷却效果好，对熄弧有利。但是在频繁开断电流时，缝内残余的游离气体不易排出，这对熄弧不利。所以此种形式适用于操作频率不高的场合。

图 4.24 所示为一纵向宽缝的灭弧情况，宽缝灭弧罩的特点与窄缝正好相反，冷却效果差，但排出残余游离气体的性能好。图 4.24 中所示情况是在一宽缝中又设置了若干绝缘隔板，这样就形成了纵向多缝。电弧进入灭弧罩后，被隔板分成两个直径较原来小的电弧，并和缝壁接触而冷却，冷却效果加强，熄弧性能提高。由于缝较宽，熄弧后残存的游离气体容易排出，所以这种结构形式适用于较频繁开断的场合。

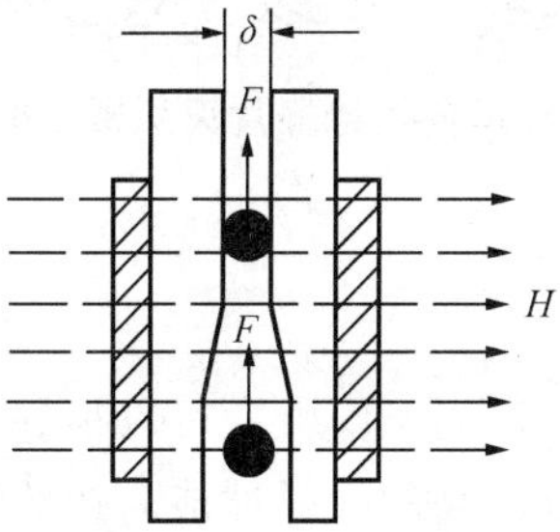

图 4.23　纵向窄缝式灭弧罩

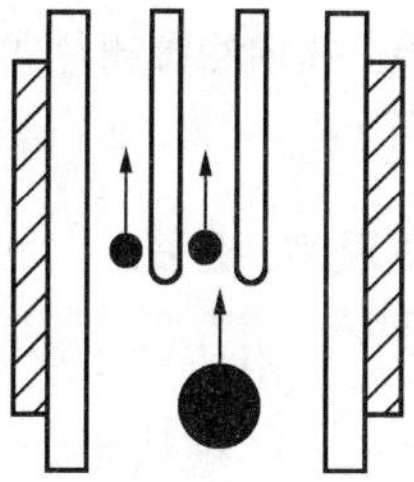

图 4.24　纵向宽缝式灭弧罩

图 4.25 所示为纵向曲缝式灭弧罩的灭弧情况。纵向曲缝式又称迷宫式，它的缝壁制成凹凸相间的齿状，上下齿相互错开。同时，在电弧进入处齿长较短，越往深处，齿长越长。当电弧受到外力作用从下向上进入灭弧罩的过程中，它不仅与缝壁接触面积越来越大，而且长度也越来越长。这就加强了冷却作用，具有很强的灭弧能力。但是，也正因为缝隙越往深处越小，电弧在缝内运动时受到的阻力越来越大。所以，这种结构的灭弧罩，一定要配合以较大的让电弧运动的力，否则，灭弧效果反而不好。

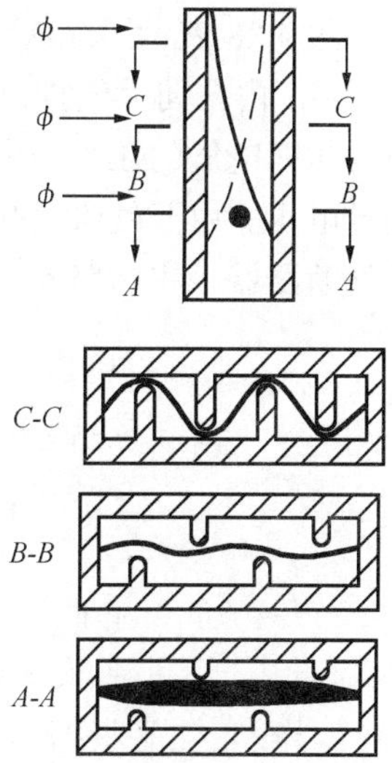

图 4.25　纵向曲缝式灭弧罩

（2）横缝灭弧罩。为了加强冷却效果，横缝灭弧罩往往以多缝的结构形式使用，也就是称为横向绝缘栅片，如图 4.26 所示。当电弧进入灭弧罩后，受到绝缘栅片的阻挡，电弧在外力作用下发生弯曲，从而拉长了电弧，并加强了冷却。为了分析电弧与绝缘栅片接触时的情况，以图 4.27 来放大说明：设磁通方向为垂直向里，电弧 *AB*、*BC* 和 *CD* 段所受的电动力都使电弧压向绝缘栅片顶部，而 *DE* 段所受的电动力使电弧拉长，*CD* 段和 *EF* 段相互作用产生斥力。这样一些力的作用，使电弧拉长并与缝壁接触面增大而且紧密，所以能收到比较好的灭弧效果。

由于灭弧罩要受电弧高温的作用，所以对灭弧罩的材料也有一定的要求，如：受电弧高温作用不会因热变形、绝缘性能不能下降，机械强度好且易加工制造等。灭弧罩材料过去广泛采用石棉水泥和陶土材料，现在逐渐改为采用耐弧陶瓷和耐弧塑料，它们在耐弧性能与机械强度方面都有所提高。

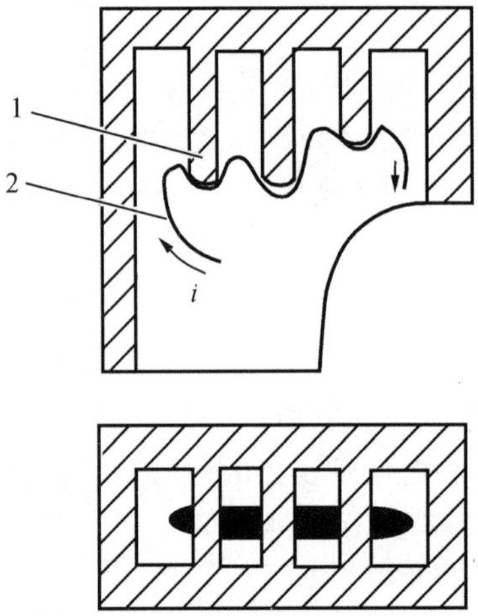

图 4.26 横向绝缘栅片式灭弧罩

1—灭弧罩；2—电弧

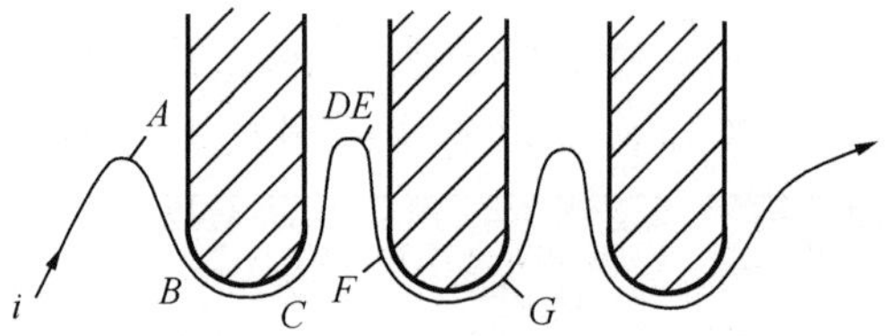

图 4.27 电弧在横向绝缘栅片灭弧罩中的放大图

3. 气吹灭弧装置

气吹灭弧是利用压缩空气来熄灭电弧的。压缩空气作用于电弧，可以很好地冷却电弧、提高电弧区的压力、很快带走残余的游离气体，所以有较高的灭弧性能。按照气流吹弧的方向，它可以分为横吹和纵吹两类。横吹灭弧装置的绝缘件结构复杂，电流小时横吹过强会引起很高的过电压，故已被淘汰。

图 4.28 表示了纵吹（径向吹）的一种形式。压缩空气沿电弧径向吹入，然后通过动触头的喷口、内孔向大气排出，电弧的弧根能很快被吹离触头表面，因而触头接触表面不易烧损。因为压缩空气的压力与电弧本身无关，所以使用气吹灭弧时要注意熄灭小电流电弧时容易引起过电压。由于气吹灭弧的灭弧能力较强，故一般运用在高压电器中，例如韶山系列机车的空气断路器（主断路器）。

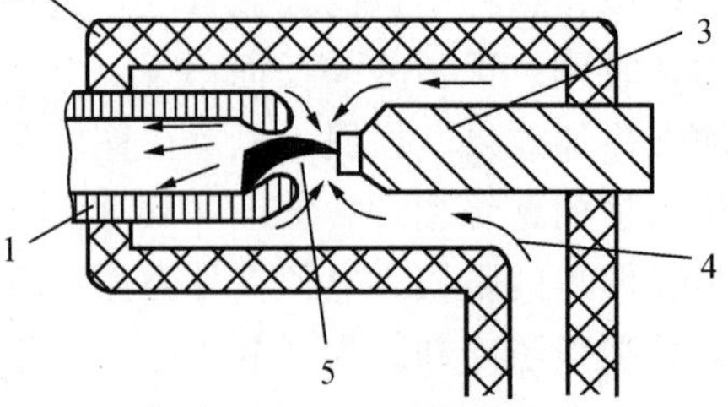

图 4.28 气吹灭弧装置

1—动触头；2—灭弧室瓷罩；3—静触头；4—压缩空气；5—电弧

4. 横向金属栅片灭弧

横向金属栅片又称去离子栅，它利用的是短弧灭弧原理。用磁性材料的金属片置于电弧中，将电弧分成若干短弧，利用交流电弧的近阴极效应和直流电弧的近极压降来达到熄灭电弧的目的。

横向金属栅片灭弧情况如图 4.29 所示。栅片的材料一般采用铁。当电弧靠近铁栅片时，由于铁片为磁性材料，所以栅片本身就具有一个把电弧拉入栅片的磁场力（当电弧移近金属栅的上沿时，铁栅片又具有把电弧拉回的特性，可防止电弧逸出栅外，烧损它物）。当电弧被这个磁场力或外力作用刚进入铁片栅中时，由于磁阻较大，铁片栅对电弧的吸力不大。为了减小电弧刚进入铁栅片时的空气阻力，铁栅片做成楔口并交叉装配，即只让电弧先进入一半铁片栅中以增大最初接触电弧的铁片片距。随着电弧继续进入铁片栅中，磁阻减小，铁片对电弧的拉力增大，足以使电弧进入所有的铁片栅中。电弧进入栅片后分成许多串联短弧，电流回路产生作用于各短弧上的电动力使短弧继续发生运动。此时应注意短弧被拉回向触头方向运动的力，它会使电弧重燃并烧损触头。为了消除这种现象，可以采用凹形栅片和O形栅片。铁栅片在使用时一般外表面要镀上一层铜，以增大传热能力和防止铁片生锈。

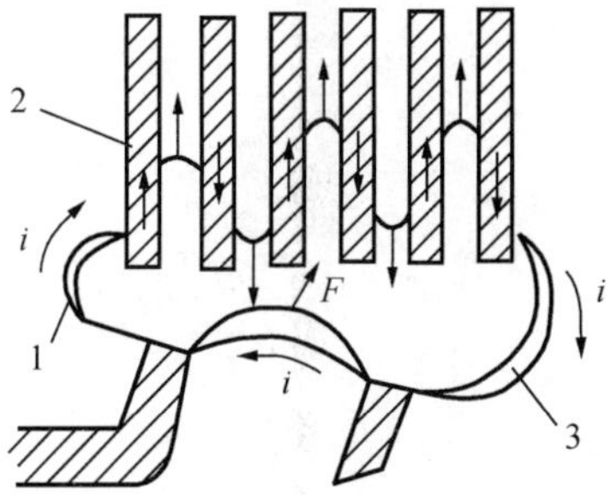

（a）电弧在横向金属栅中的状况

（b）横向金属栅对电弧的作用

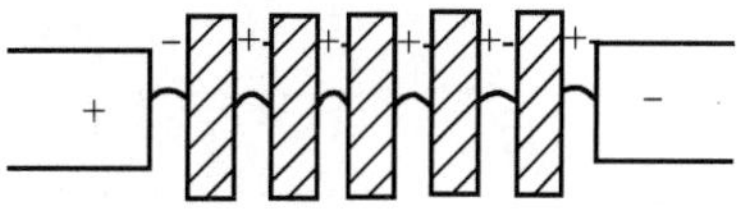

（c）横向金属栅灭弧原理

图 4.29 横向金属栅片灭弧罩结构、原理示意图

1—入栅片前的电弧；2—金属栅；3—入栅片后的电弧

横向金属栅片灭弧装置主要用于交流电器，因为它可将起始介质强度成倍地增大。对于直流电弧而言，因无近阴极效应，只能靠成倍提高极旁压降来进行灭弧。由于极旁压降值较小，要想达到较好的灭弧效果，金属栅片的数量要大，这会造成灭弧装置体积庞大，所以直流电器中很少采用。

5. 真空灭弧装置

真空灭弧是指触头电弧的产生和熄灭在真空中进行，它是依据零点熄弧原理，以真空为熄弧介质工作的。

在真空中气体很稀薄，电子的自由行程远大于触头间的距离。自由电子在弧隙中作定向运动时几乎不会和气体分子或原子相碰撞，不会产生碰撞游离。所以将触头置于真空中断开时产生的电弧则是由于阴极发射电子和产生的金属蒸气被电离而形成的。当电弧电流接近零时，阴极发射的电子和金属蒸气减少，弧隙中残留的金属蒸气和等离子体向周围真空迅速扩散。这样，弧隙可以在数微秒之内由导电状态恢复到真空间隙的绝缘水平。因此，在真空中触头有很高的介质恢复速度、绝缘能力和分断电流的能力。

第五节　电器的传动装置

传动装置是电器的感测部分。传动装置接收外界的信号，并通过转换、放大、判断，做出有规律的反应，使电器的执行部分（触头）动作，输出相应的指令，实现控制的目的。在电力机车电器中，主要采用电磁传动装置和电空传动装置。

一、电磁传动装置

1. 电磁传动装置的基本组成

电磁传动装置实际上就是一个电磁铁，通过电磁铁将电磁能转换为机械能，带动触头使之闭合或断开，它是电磁式电器的重要组成部分之一。电磁传动装置——电磁铁主要由吸引线圈、铁心（静铁心）、衔铁（动铁心）、磁轭和空气隙等组成，如图 4.30 所示。它的形式有很多，如螺管式、直动式、E 形、U 形等，如图 4.31 所示。

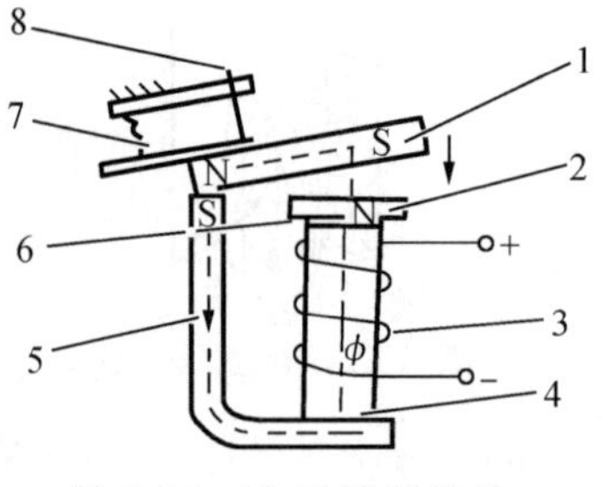

图 4.30　电磁铁的结构

1—衔铁；2—极靴；3—线圈；4—铁心；5—磁轭；6—非磁性垫片；7—反力弹簧；8—调节螺钉

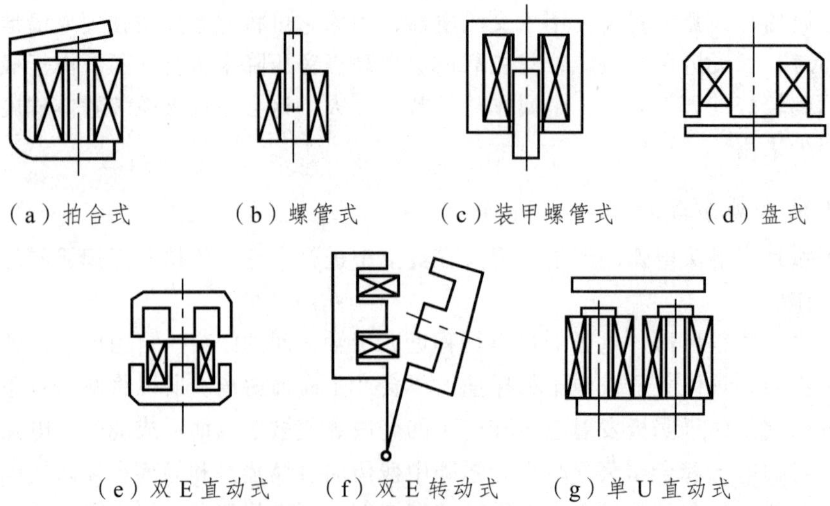

图 4.31　常见电磁铁的结构形式

2. 电磁传动装置的工作原理

以常用的拍合式电磁铁为例分析其工作原理。

在线圈未通电时，衔铁在反力弹簧的作用下，处于打开位置，衔铁与极靴之间保持一个较大的气隙。当线圈接通电源后，在导磁体中产生磁通 Φ，根据磁力线流入端为 S 极，流出端为 N 极的规定，在工作气隙两端的极靴和衔铁相对的端面上产生异性磁极。由于异性磁极相吸，于是在铁心和衔铁间产生电磁吸力。当电磁吸力产生的转矩大于反力弹簧反作用力产生的转矩时，衔铁被吸向铁心，直到与极靴接触为止，这个过程称为衔铁的吸合过程。

当线圈中的电流减小或中断时，铁心中的磁通变小，吸力也随之减小，如果吸力小于反力弹簧的反力（归算后），衔铁在反力弹簧的作用下返回至打开位置，这个过程称为衔铁释放过程。

3. 电磁铁（电磁传动装置）的分类

电磁铁可根据线圈接入电路的方式、线圈电流种类、衔铁运动方式及磁系统形状等的不同分为多种形式和类型。

1）按吸引线圈与电路的连接方式分类

（1）并联电磁铁。并联电磁铁的线圈与电源并联，输入电量是电压，其线圈称并联线圈或电压线圈。其阻抗要求大，电流小，故线圈匝数多且线径细，这种电磁铁应用较为广泛。

（2）串联电磁铁。串联电磁铁的线圈与负载串联，反映的是电流量，其线圈称为串联线圈或电流线圈。其阻抗要求小，故其匝数少且导线粗，应用较少。

2）按吸引线圈通电电流的性质分类

（1）直流电磁铁。直流电磁铁线圈通的是直流电流，当电流达到稳定值后，磁通是恒定的，在铁心中没有涡流和磁滞损耗，铁心可用整块钢或工程纯铁制造。

（2）交流电磁铁。交流电磁铁的吸引线圈通的是交流电流，导磁体中的磁通是交变的，有涡流和磁滞损耗，故其铁心和衔铁一般采用电工钢片制成。

3）按衔铁的运动方式分类

按衔铁的运动方式，可分为直动式和转动式两大类。图 4.31 中（a）、（f）为转动式，其余均为直动式。

4）按磁系统的结构形状分类

按磁系统的结构形状，可分为 U 形、E 形和螺管形。图 4.31 中（a）和（g）为 U 形，（b）和（c）为螺管形，（d）、（e）、（f）均为 E 形。

此外，还可以按电磁铁的动作速度分为快速电磁铁、一般速度和延时动作电磁铁。

二、电空传动装置

由电磁传动装置的吸力特性可知，电磁吸力随气隙的增加而下降，因此在需要长行程，大传动力的场合，用电磁传动装置就不适宜了。而电空传动装置却能将较大的力传递较远，而且电力机车上有现成的压缩空气气源。所以，在电力机车上还采用了许多电空传动的电器设备。

电空传动装置是一种以电磁阀（电空阀）控制的压缩空气作为动力，驱使触头按规定动作的执行机构，主要由电空阀和压缩空气驱动装置组成。

1. 电空阀

电空阀是借电磁吸力来控制压缩空气管路的导通或关断，从而达到远距离控制气动器械的目的。电空阀按工作原理分为开式和闭式两种，但从结构来说都由电磁机构和气阀两部分组成，工作原理也类似。

1）闭式电空阀

闭式电空阀是电力机车上应用较多的一种，原理结构如图 4.32 所示。

工作原理：当线圈有电时，衔铁吸合，阀杆动作，使上阀门关闭，下阀门打开，关断了传动气缸和大气的通路，打开了气源和传动气缸的通路，压缩空气从气源经电空阀进入传动气缸，推动气动器械动作。当线圈失电时，衔铁在反力弹簧作用下打开，带动阀杆上移，使下阀门关闭，上阀门打开，关断了气源和传动气缸的通路，打开了传动气缸与大气的通路，传动气缸的压缩空气经电空阀排向大气，气动器械恢复原状。其实际结构如图 4.33 所示。在电力机车上，闭式电空阀应用较多。

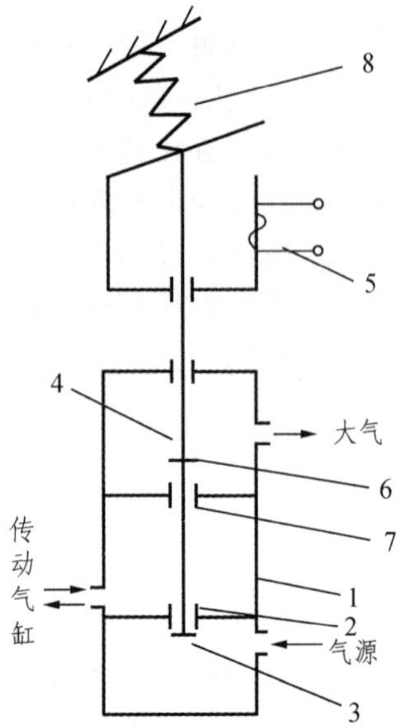

图 4.32 闭式电空阀的原理结构

1—阀体；2—下阀门；3、6—阀块；4—阀杆；5—电磁铁；7—上阀门；8—反力弹簧

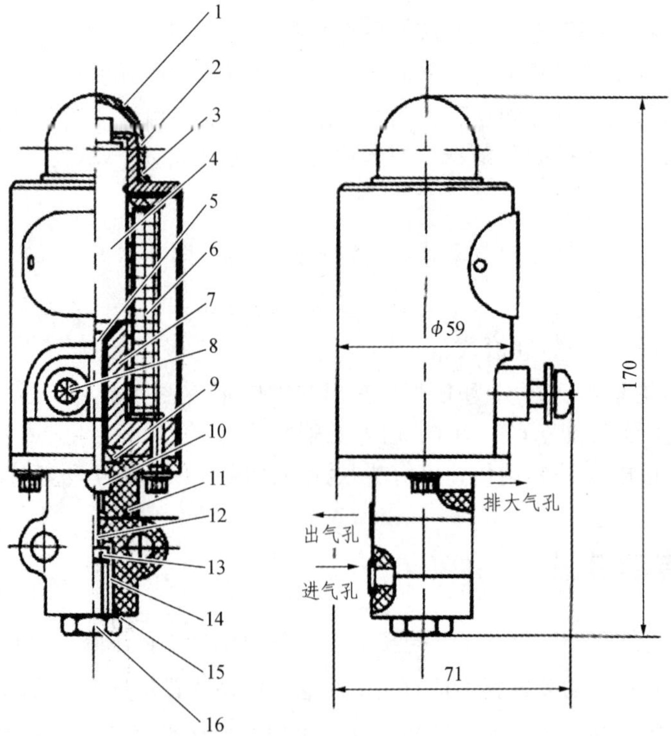

图 4.33 TFK1B 型电空阀结构简图

1—防尘罩；2—磁轭；3—铜套；4—动铁心；5—心杆；6—线圈；7—铁心座；8—接线座；9 滑道；10—上阀门；11—阀座；12—阀杆；13—下阀门；14—弹簧；15—密封垫；16—螺母

2）开式电空阀

开式电空阀是在线圈失电时，使气源和传动气缸接通，大气和传动气缸关闭的阀，其原理结构如图 4.34 所示。

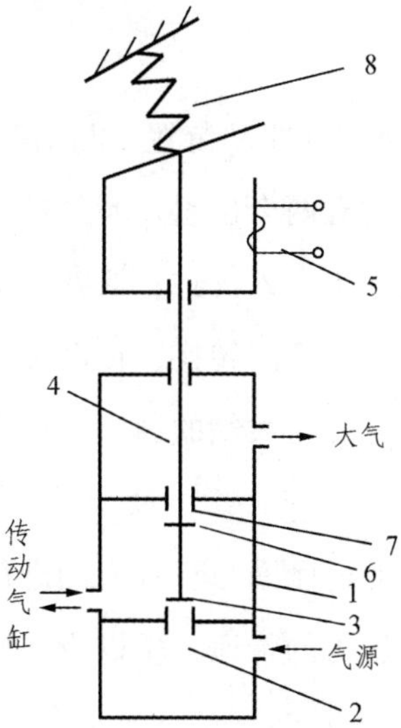

图 4.34　开式电空阀原理结构

1—阀体；2—下阀门；3、6—阀块；4—阀杆；5—电磁铁；7—上阀门；8—反力弹簧

2. 压缩空气驱动装置

压缩空气驱动装置按其结构形式分为气缸式传动装置和薄膜式传动装置。

1）气缸式传动装置

（1）单活塞压缩空气驱动装置。

图 4.35（a）所示为单活塞压缩空气驱动装置，气缸内压缩空气的进入和排出是由电空阀控制的。当电空阀有电时，其控制的压缩空气进入传动气缸，推动活塞，压缩弹簧，使活塞杆右移，带动触头闭合。当电空阀失电时，其控制的气源被关断，在弹簧的作用下，推动活塞，带动活塞杆左移，使触头打开。

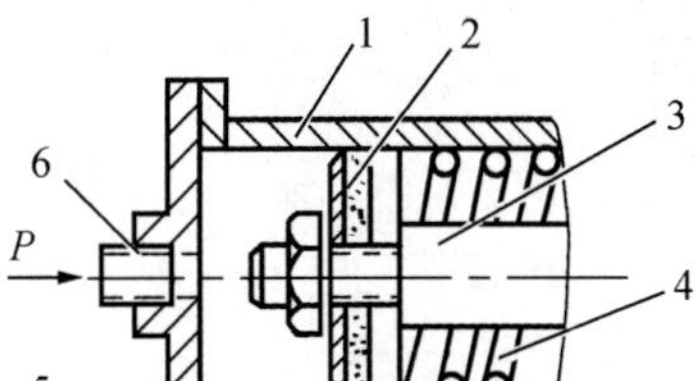

（a）单活塞压缩空气驱动装置

1—气缸；2—活塞；3—活塞杆；4—弹簧；5—气缸盖；6—进气孔

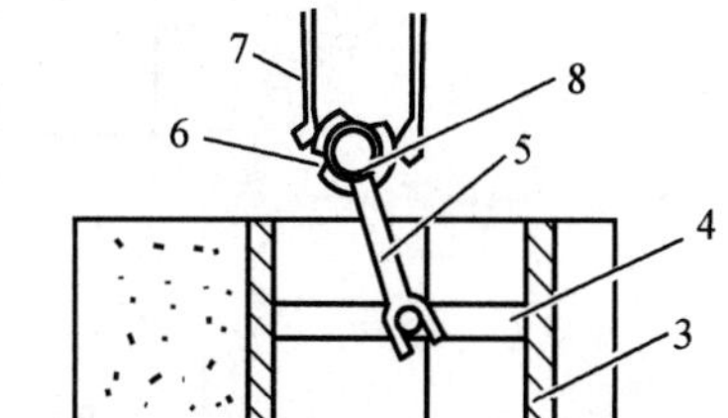

（b）双活塞压缩空气驱动装置

1、2—气口；3—活塞；4—活塞杆；5—曲柄；6—转鼓；7—静触头；8—动触头

图 4.35　气缸式传动装置

通常活塞由皮碗或耐油橡胶制成，活塞上涂有机油，以减少摩擦力并具有良好的密封性能。该传动装置的优点是工作行程可以选择，以满足开距和超程的要求；缺点是摩擦力较大，动作较慢。

（2）双活塞压缩空气驱动装置。

图 4.35（b）所示为双活塞压缩空气驱动装置。与活塞杆 4 相连的两个活塞均由压缩空气驱动，压缩空气由电空阀控制，它有两个位置。当气口 1 开通与气源的通路时，气口 2 则开通与大气的通路，压缩空气从气口 1 进入气缸，活塞被推向右侧，活塞杆 4 带动曲柄 5 使转鼓 6 反方向转过一个角度，带动触头开闭转换，传动装置处在第一个工作位。反之，若气口 2 开通与气源的通路，则气口 1 开通与大气的通路，动作过程相反，传动装置处在第二个工作位置。

该传动装置的特点是：活塞是通过胀圈与气缸内侧进行配合的，所能控制的行程受到一定限制，且对被控制的触头不具有压力的传递，所以应用较少。

2）薄膜式传动装置

薄膜式传动装置结构如图 4.36 所示。当电空阀有电时，压缩空气进入气缸内，作用在弹性薄膜上的压力增大到大于右侧弹簧等反作用力时，鼓动弹性薄膜推动活塞杆右移，驱动电器触头闭合或开断。当电空阀失电时，气缸内的压缩空气排出，在弹簧等反力作用下，使活塞杆复原，驱动电器触头动作。

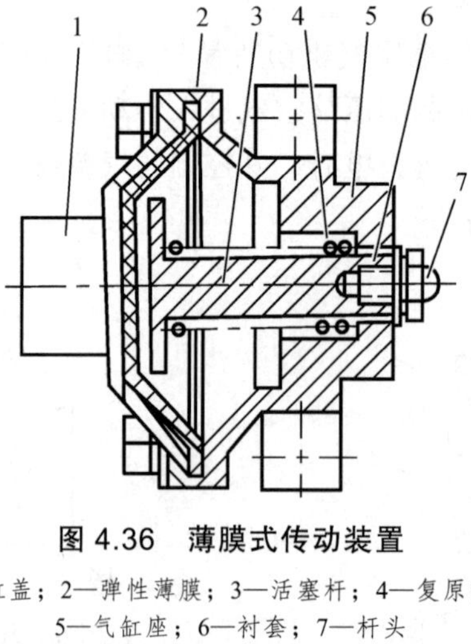

图 4.36 薄膜式传动装置

1—气缸盖；2—弹性薄膜；3—活塞杆；4—复原弹簧；
5—气缸座；6—衬套；7—杆头

该传动装置的优点是动作灵活，摩擦力和磨损较小，加工制作及维修方便；缺点是活塞杆行程小，在低温条件下，薄膜易开裂，需经常更换。

本章小结

电器的发热与散热对保证电器正常可靠的运行及缩小电器体积、节约原材料、降低成本、增长使用寿命等方面具有重要意义。电器发热的原因有电阻损耗、磁滞和涡流损耗、电介质损耗；电器散热的方法有热传导、热对流、热辐射。

载流导体处在磁场中会受到力的作用，载流导体相互间也会受到力的作用，这种力称为电动力。电动力方向的判断在结构及产生磁场因素复杂的情况下用磁通管侧压力原理来判断较为方便。触头作为电器的执行机构，对电器的工作性能、总体结构、尺寸有着决定性的影响。

有触点电器触头在断开时会产生电弧，高温将烧损触头及绝缘，严重情况下将引起相间短路、电器爆炸，酿成火灾，危及人员及设备的安全。电弧产生的原因主要有：阴极热发射电子、阴极冷发射电子、碰撞游离和热游离等；电弧熄灭的过程称为消游离，主要有复合和扩散两种形式。通过本章学习理解交、直流电弧的伏安特性及交流电弧较直流电弧易于熄灭的原因；掌握交、直流电弧常用的熄弧方法；了解常用灭弧装置的结构及作用原理。

传动装置是有触点电器的主要组成部分之一，在电力机车上常用的是电磁传动装置和电空传动装置。电磁传动装置就是通过电磁铁把电磁能转变成机械能来驱动电器动作的机构，主要用于小型电器。电空传动装置是以电磁阀控制的压缩空气作为动力，驱使电器运动部件动作的机构，它广泛用于触头开闭高电压、大电流的场合。

复习思考题

一、填空题

1. 电器温度升高后，其本身温度与周围环境温度之差，称为___________。

2. 电器的温度超过某一极限值后，其中金属材料的机械强度会明显下降，绝缘材料的绝缘强度会受到破坏，这一极限温度称为_____________。

3. 我国国家标准规定最高环境温度为 40 °C（一般为 35 °C），从发热温度极限减去最高环境温度即为_______________。

4. 电器的散热以__________、__________与__________3 种基本方式进行。

5. ___________是固体传热的主要方式。

6. 触头的接触形式有点接触、线接触和________3 种。

7. 增大触头的________可以降低触头闭合过程的弹跳。

8. 触头的发热是由接触电阻引起的，因此应设法减小________。

9. 触头的磨损主要取决于_________。电磨损主要发生在触头的________过程中，在触头闭合电流时产生电磨损，主要是由于________引起振动所产生的，在触头开断电流时所产生的电磨损，是由_________电弧所造成的。

10. 使电弧__________是熄灭电弧的主要方法。

11. 在同一电流下，电弧单位长度的电阻不变，电弧拉长后的总_______就增加，因而电弧电压也就增大了。

12. 灭弧罩壁与壁之间构成的间隙称作“缝”。根据缝的数量可分为单缝和__________。

13. 横向金属栅片又称为__________，它利用的是短弧灭弧原理。

14. 直流电磁铁的线圈中通过直流电流，当电流达到稳定以后，________是恒定的，导磁体中没有涡流和磁滞损耗，故其铁心和衔铁可以采用整块工程软铁制成。

15. 交流电磁铁的线圈中通过交流电流，导磁体中的磁通是_________的，有涡流和磁滞损耗，故其铁心和衔铁一般采用电工钢片制成。

16. 电空传动装置由___________和___________两部分组成。

二、选择题

1. 触头的磨损主要有 3 种形式，即机械磨损、化学磨损和电磨损，主要是（　　）。

A. 电磨损　　B. 化学磨损　　C. 机械磨损

2. 温升就是发热物体的温度与其（　　）之差。

A. 周围介质温度　　B. 周围介质温升　　C. 大气温度

3.（　　）一般运用在高压电器（例如电力机车的主断路器）中。

A. 拉长电弧　　B. 气吹灭弧　　C. 灭弧罩

4. 触头的（　　）是指触头闭合后将静触头拿走，动触头可移动的距离。

A. 研距　　B. 超程　　C. 开距

5. 有触点电器的触头处于工作状态时，有负载电流流过，要解决的核心问题是（　　）。

A. 电弧的熄灭　　B. 机械振动　　C. 触头的发热

6. 高压电器是指电压超过（　　）的电器。

A. 300 V　　B. 500 V　　C. 700 V

7. 有触点电器触头在（　　）时会产生电弧

A. 闭合　　B. 断开　　C. 闭合和断开

8. 电器的执行机构是（　　）。

A. 联锁　　B. 触头　　C. 铁心

三、判断题

1. 热辐射可以穿过任何物体。（　　）

2. 散热功率和温升及有效散热面积成反比。（　　）

3. 载流导体电动力的方向可用左手定则来判断。（　　）

4. 载流导体的电动力和磁感应强度及电流的大小成正比。（　　）

四、简答题

1. 什么是热的传导、对流和辐射？

2. 电器发热的原因是什么？

3. 触头的参数有哪些？

4. 什么是触头的电磨损？

5. 减小接触电阻的方法有哪些？

6. 什么是零点熄弧原理？

7. 常用的灭弧方法和装置有哪些？

8. 简述电磁铁的基本结构及工作原理。

9. 试说明闭式电空阀的工作原理。

第五章　低压电器

低压电器主要是指用于电力机车辅助电路及控制电路的电器，不仅包括一般工业企业的通用电器，也包括专门为电力机车设计的主令电器、蓄电池等。

学习目标与要求：

（1）掌握电力机车上各低压电器的结构。

（2）掌握电力机车上各低压电器的工作原理和工作特点。

（3）熟悉电力机车上各低压电器的功能及作用。

第一节　电磁式接触器

一、概　述

1. 接触器的用途和基本特点

接触器在工业控制中应用非常广泛。在电力机车上主要用于频繁地接通或切断正常工作情况的主电路和辅助电路以及大容量的控制电路。与其他开关电器相比，它的特点为：

（1）动作次数频繁，每小时开闭次数可达 150 ~ 1 500 次。

（2）能通、断较大电流。一般情况只开断正常额定电流，而不能开断短路或故障电流。

（3）可以实现一定距离的控制。

2. 接触器的组成

接触器一般由以下几部分组成：

（1）触头装置。触头装置分为主触头和辅助触头两部分。

主触头由动、静主触头和触头弹簧支持件等组成。它是接触器的执行部分，用于直接实现电路的通、断。主触头额定电流比较大，通常为数安到数百安，甚至可能高达数千安。

辅助触头通常由两对以上常开触头和两对以上常闭触头组成。用于控制其他电器、信号或电气联锁等。它接通和分断的是控制电路，额定电流只有 5 ~ 10 A。

（2）传动装置。传动装置包括驱使触头闭合的装置和开断触头的弹簧机构以及缓冲装置。用来可靠地驱使触头按规定要求动作，完成接触器本身的职能。

（3）灭弧装置。灭弧装置一般与主触头配合使用，主要用于熄灭触头开断电路时产生的电弧，减少电弧对触头的破坏作用，保证触头可靠地工作。根据电流的性质、灭弧方法和原理，可以制成各种灭弧装置。

（4）安装和固定装置。属于非工作部分，用于合理的安装和布置电器各部件，使接触器构成一个整体。支架和固定装置应有足够的机械强度，并能对内部部件起到保护作用，保证接触器达到一定的寿命。

3. 接触器的分类

接触器的用途很广，种类繁多，一般有以下几种分类方法：

（1）按传动方式分类。按传动方式可分为电磁接触器和电空接触器。电磁接触器采用电磁传动装置，电空接触器采用电空传动装置。

（2）按主触头通断电流的性质分类。按主触头通断电流的性质可分为交流接触器和直流接触器。对于某些在触头系统中控制的是交流电路，而线圈接入的是直流电路的接触器，都称之为交流接触器。

（3）按主触头所处的介质分类。按主触头所处的介质可分为空气式接触器和真空式接触器。空气式接触器的主触头敞在大气中，采用的是一般的、常用的灭弧装置。而真空式接触器的主触头却密封在真空装置中，它利用的是真空灭弧原理，具有很高的切换能力。

（4）按主触头数目分类。按主触头数目可分为单极接触器和多极接触器。单极接触器只有一对主触头，多极接触器有两对以上的主触头，它们分别用于控制单相和多相电路。

（5）按线圈所接入的电路方式分类。按线圈所接入的电路方式可分为串联和并联电磁接触器。一般用并联电磁接触器。

4. 接触器的基本要求

根据接触器的用途和工作特点，对接触器有以下几种基本要求：

（1）切换能力。切换能力又称开闭能力、通断能力，是指接触器的主触头在规定条件下能可靠地接通和分断的电流值。在此电流值下接通和分断负载时，不应发生熔焊、飞弧和过分磨损等现象，保证接触器能在较坏的条件下可靠地工作。

（2）动作值和释放值。动作值是指接触器的动作电压（或电流、气压等），释放值是指接触器的释放电压（或电流、气压等）。

（3）操作频率。操作频率是指接触器在每小时内允许操作的次数。接触器的操作频率越高，每小时开闭的次数就越多，触头及灭弧室的工作任务也就越重。对交流接触器来说，线圈受到的冲击电流及衔铁铁心受到的冲击次数也就越多。

操作频率直接影响到接触器的电器寿命和灭弧室的工作条件，目前，常用的接触器操作频率有每小时 150 次、300 次、600 次和 1 200 次等几种规格。

（4）机械寿命和电器寿命。机械寿命指的是接触器在无负载操作下无零部件损坏的极限动作次数。电器寿命指的是接触器在规定的操作条件下（带负载操作），且无零部件损坏的极限动作次数。由于接触器的操作频率较高，为了保证一定的使用年限，应有较长的机械寿命和电器寿命。目前，接触器的机械寿命一般可达数百万次以至一千万次以上，而电器寿命则按不同的使用类别和不同的机械寿命级别有一定的百分比，一般为机械寿命的 5%～20%。

（5）动作时间、释放时间。动作时间（又称闭合时间）是指从电磁铁吸引线圈通电瞬时起到衔铁完全吸合所需要的时间；释放时间（又称开断时间）是指从电磁铁吸引线圈断电瞬时起到衔铁完全打开所需要的时间。为了对有关电路能准确可靠的进行控制，对接触器的动作时间有一定的要求，如：直流接触器的闭合时间一般为 0.04 ~ 0.11 s，开断时间为 0.07 ~ 0.12 s，交流接触器的闭合时间一般为 0.05 ~ 0.1 s，而开断时间为 0.1 ~ 0.4 s。

接触器除应满足以上基本参数的要求外，电磁接触器还应满足在 85%额定控制电压下能保证接触器正常工作。

另外，在选择接触器时还应考虑工作制的要求。

二、交流接触器

1. 6C 系列交流接触器

1）作　用

在 SS_{4G}、SS_7、SS_8 型电力机车的辅助电路中控制辅助电机等设备。

2）型号及含义

6C180 型、6C110 型，其中：6——序号；C——接触器；180、110——主触头额定电流（A）。

3）结构组成

两种型号的结构基本相同，其外形及结构如图 5.1 所示。

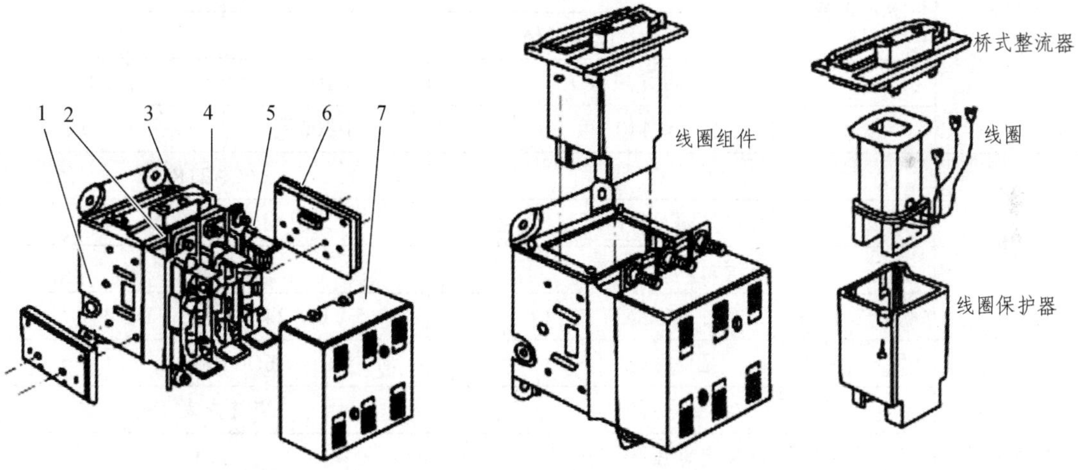

图 5.1　6C 系列三相接触器外形及线圈组件示意图

1—底座；2—静触头；3—桥式整流器；4—接线柱；5—动触头；6—辅助触头；7—灭弧罩

（1）触头装置：主触头采用常开直动式桥式双断点。

（2）传动装置：磁系统为单 E 形直动式，具有较陡的吸力特性，控制线圈由起动线圈和保持线圈并联组成，并串加一个桥式整流器，使控制电源为交、直流两用，整流器输入、输出端都加有压敏电阻进行过电压保护。控制线圈通电后，起动线圈和保持线圈同时工作，在接触器快吸合时，起动线圈断开，只有保持线圈工作。起动线圈的分断由接触器自身一常闭联锁触头完成。

（3）灭弧装置：灭弧罩采用高强度耐弧塑料制成，罩内设有割弧栅片。

6C180 接触器的灭弧室与触头支持件之间设有机械联锁装置，当灭弧罩取下后，其联锁装置会将触头支持件锁住，此时即使有人操作，触头系统也不会动作，保证了维修人员的安全。在控制线圈引线边有一红色指示器，指示接触器的闭合或断开。

4）动作原理

类似电磁铁的工作原理。

5）特　点

6C180 型交流接触器具有操作频率高，主触头压力大，抗熔焊性好，耐电弧等优点，应用较多。在许多电力机车上，原用的 3TB 系列、6C110 型都已改用为 6C180 型。6C 系列接触器结构为模块化设计，配件通用性大，便于维护及更换。

6）技术参数

6C110、6C180 型交流接触器主要技术参数见表 5.1 所示。

表 5.1　6C110、6C180 型交流接触器主要技术参数表

<table>
<tr><td colspan="3">型　号</td><td>6C110</td><td>6C180</td></tr>
<tr><td rowspan="6">主触头</td><td colspan="2">额定绝缘电压/V</td><td>1 000</td><td>1 000</td></tr>
<tr><td colspan="2">运行电流频限/Hz</td><td>25 ~ 400</td><td>25 ~ 400</td></tr>
<tr><td rowspan="2">运行电流</td><td>Jd/A</td><td>160</td><td>260</td></tr>
<tr><td>AC3（415F）/A</td><td>110</td><td>180</td></tr>
<tr><td colspan="2">接通能力（均方根值）</td><td>1 100</td><td>1 800</td></tr>
<tr><td colspan="2">分断能力（≤440 V）</td><td>1 300</td><td>1 800</td></tr>
<tr><td rowspan="4">辅助触头</td><td colspan="2">型　号</td><td colspan="2">6CA21R</td></tr>
<tr><td colspan="2">约定发热电流/A</td><td colspan="2">15</td></tr>
<tr><td colspan="2">额定绝缘电压/V</td><td colspan="2">660</td></tr>
<tr><td colspan="2">运行电流/A</td><td colspan="2">16.5（DV 24 V），15（DC 110 V）</td></tr>
<tr><td rowspan="5">控制线圈</td><td colspan="2">型　号</td><td colspan="2">6CC180/415</td></tr>
<tr><td colspan="2">控制电源</td><td colspan="2">交流或直流</td></tr>
<tr><td colspan="2">额定电压/V</td><td colspan="2">110</td></tr>
<tr><td rowspan="2">电阻</td><td>闭合/Ω</td><td colspan="2">46</td></tr>
<tr><td>吸持/Ω</td><td colspan="2">1 240</td></tr>
<tr><td colspan="3">机械寿命/百万次</td><td>10</td><td>10</td></tr>
<tr><td colspan="3">电器寿命/百万次</td><td>1.2</td><td>1.2</td></tr>
<tr><td colspan="3">最大操作频率/(次/h)</td><td>2 400</td><td>2 400</td></tr>
</table>

2. AF 系列交流接触器

1）作　用

在 HXD3 型电力机车上用于控制辅助电路中各辅助电机的接通与断开。

2）型号及含义

AF400-30-11 型、AF110-30-11 型，其中：AF——交直流线圈；400、110——主触头额定电流（A）；30——主触头：3 常开 0 常闭；11——辅助触头：1 常开 1 常闭。

3）结构组成

两种型号的结构基本相同，其外形及结构如图 5.2、图 5.3 所示。

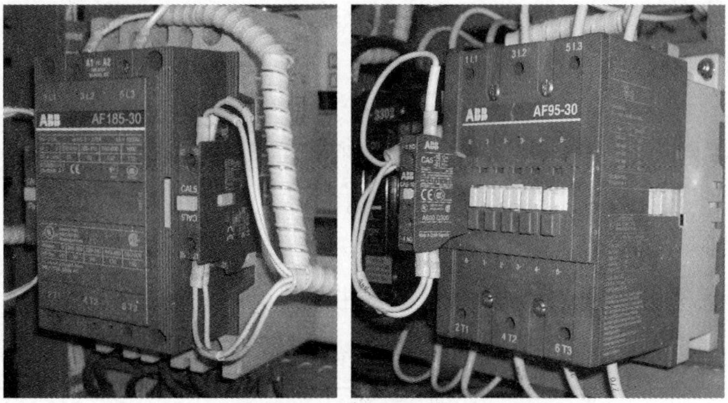

图 5.2　AF 系列交流接触器外形

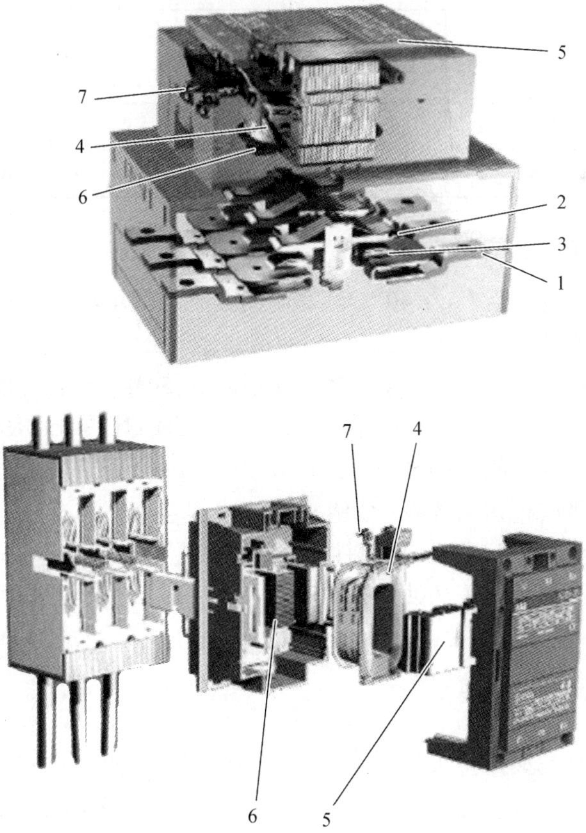

图 5.3　AF 系列交流接触器结构

1—端子排；2—动触头；3—静触头；4—线圈；5—罩盖；6—铁心；7—线圈端子

（1）触头装置：主触头采用正装直动式桥式双断点。触头采用抗熔焊及耐电磨损的银基合金材料制成，导电性能好，寿命长，对环境无污染。

（2）传动装置：铁心采用E形结构，体积小。

（3）灭弧装置：罩盖与躯壳采用耐弧塑料制成，采用自动灭弧，U形的灭弧片置于躯壳中，形成封闭灭弧室灭弧好，飞弧距离为零。

4）动作原理

类似电磁铁的工作原理。

5）特　点

底座用玻璃纤维增强塑料制成，强度高，介电性能好。安装方式可以螺钉安装，也可以用导轨安装，拆装方便迅速。导电部件不外露，安全性能好。

6）技术参数

AF400-30-11、AF110-30-11 型交流接触器主要技术参数如表 5.2 所示。

表 5.2　AF400-30-11、AF110-30-11 型交流接触器主要技术参数表

型　号	AF400-30-11	AF110-30-11
数　量	3个/台	2个/台
额定电压/V	AC400	AC400
线圈额定电压/V	48～130	48～130
线圈消耗	吸合 990 W　保持 4 W	吸合 990 W　保持 2 W
辅助触头	DC 125 V　0.55 A	DC 125 V　0.55 A

7）AF 系列交流接触器使用条件

（1）周围空气温度为：－5～＋40 °C。24 h 内其平均值不超过＋35 °C。

（2）海拔高度：不超过 2 000 m。

（3）大气条件：在＋40 °C 时空气相对湿度不超过 50%，在较低温度下可以有较高的相对湿度，最潮湿月的月平均最低温度不超过＋25 °C，该月的月平均最大相对湿度不超过 90%，并考虑因温度变化发生在产品上的凝露。

（4）安装类别：Ⅲ类；污染等级：3 级。

（5）安装条件：安装面与垂直面倾斜度不大于±5°。

（6）冲击振动：产品应安装和使用在无显著摇动、冲击和振动的地方。

三、真空接触器

真空接触器利用真空灭弧室灭弧，由于其灭弧原理的特点，比较适用于交流电路（若熄灭直流电弧，需采取适当的措施）。它比交流电磁接触器有更多的优点：体积小，质量轻，寿命长，分断能力高，操作时噪声小，真空部件不需要维修等。可在重任务条件下供重要场合使用。

1. 作　用

EVS630/1-110DC 型在 SS_{4G} 型电力机车主电路中用来接通或断开功率因数补偿装置。EVS700/1-110DC 型在 SS_8 型电力机车的列车供电电路中，实现机车向列车供电控制。

2. 型号及含义

EVS630/1-110DC 型、EVS700/1-110DC 型，其中：EVS——真空接触器；700、630——额定工作电流（A）；1——极数；110——控制电源的电压值；DC——控制电源类型。

3. 结　构

如图 5.4 所示，在真空接触器的基座上，驱动机构 7 和装在其旁的辅助开关组件 8 位于真空开关管 2 的上方。真空开关管的动触头经联轴节组件 9 和驱动机构 7 连接，并经软连接 5 和上连接板 6 连接。真空开关管的静触头支杆经连接卡圈 3 和下连接板 4 连接。

在断开状态下，真空开关管的两触头拉开 1.5 mm。由于在真空中断开，这么小的距离已能完全开断电路。触头被拉开的状态是由驱动系统中的压力弹簧实现的。

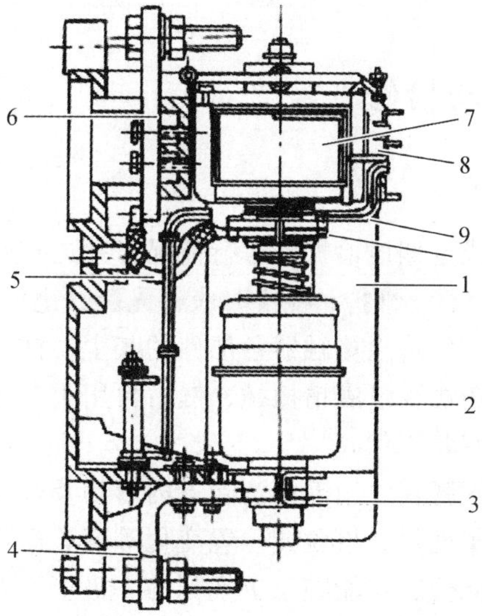

图 5.4　EVS630/1-110DC 型真空接触器剖视图

1—机座；2—真空开关管；3—连接卡圈；4—下连接板；5—软连接；6—上连接板；7—驱动机构；8—辅助开关；9—联轴节

4. 动作原理

真空接触器的电磁铁设计为带节能电阻的直流电磁铁。接通控制电源时，电磁铁对压力弹簧作功，释放动触头支杆，动触头支杆借助外部作用力使动静触头闭合。

5. 特　点

真空接触器具有接通、分断能力大，电器和机械寿命长等特点，可在重任务条件下供重要场合使用。但也易出现电弧电流过零前熄灭，出现截流，从而在电感电路中产生过电压。

6. 技术参数

EVS630 真空接触器主回路技术参数如下：

额定工作电流……630 A

额定工作电压……1 140 V

额定工作频率……50 Hz

额定接通能力……6 300 A

额定分断能力……5 040 A

额定短时耐受电流……8 000 A

额定峰值耐受电流……13 600 A

机械寿命……$\geqslant 5\times10^6$ 次

电寿命……0.6×10^5 次

最大机械操作频率（次/h）……3 000

辅助电路技术参数如下：

额定工作电流……DC 0.4 A

额定工作电压……直流 220 V

四、接触器的维护与检修

1. 接触器的简单维护

接触器在使用时应经常或定期地检查其运行情况，并进行必要的合理维护，以延长其使用寿命，保证其安全可靠地运行。维护、检修时应首先断开电源，再按照如下步骤进行操作：

（1）外观检查。用压缩空气清除接触器各部件的灰尘，铁心极面上的灰尘也可以用毛刷清除。若有油污，可先用棉布蘸少量酒精擦拭，然后再用干布擦净，并仔细观察接触器外观是否完整无损，注意拧紧所有紧固件。

（2）灭弧室维护。取下灭弧罩，用毛刷清除罩内落物及金属颗粒，如发现有破裂或严重烧损及零部件（如灭弧栅片）变形、松脱或位置变化等现象而不易修复时，应及时更换新灭弧室。重新安装时，应装回原位，不能随意更换到另一极上，以免影响其灭弧效力。

（3）触头的维护。定期检查触头的温升是否超过标准（主触头温升 75 °C），银或银基粉末冶金制成的触头表面有烧毛发黑的现象是正常的，不会影响其实际工作能力，一般可不必清理。如触头接触处有金属颗粒或毛刺，可以用细锉轻轻锉平，但不能用砂纸或砂布擦拭。对于具有铜触头的转动式接触器，若长时间没使用或连续工作 8 h 以上，在使用前应先开闭 1～2 次，以便除去触头的氧化膜。触头如有开焊、裂缝或磨损到原厚度 1/3 的情况时，则应更换新触头。

（4）吸引线圈的维护。观察线圈外表层有无过热变色，定期检查线圈温升是否超过所规定的值（一般规定，当环境温度为 40 °C，A 级绝缘的线圈用温度计测得的表面温升不得超过 60 °C），引线与导线是否有松动，开焊或将断的情况，线圈骨架有无碎裂、磨损或固定不正常现象。此外，还应注意缓冲件是否完整。

（5）铁心的维护。观察铁心极端面有无变形、松开现象。可用棉纱蘸少量汽油擦拭极面上的污垢。注意交流电磁铁的分磁环有无断裂，中柱气隙是否保持在 0.1 ~ 0.3 mm（如发现过小可略锉去一些）；观察直流电磁铁铁心的非磁性垫片是否磨损或脱落，缓冲件是否完整，位置是否正确。

（6）接触器转轴的维护。经常注意接触器的转轴转动是否灵活，在转轴与轴承处可注入少量润滑油，以保持转动灵活。

2. AF 系列电磁接触器的检修

接触器在闭合过程、闭合状态或断开过程中，都不可避免地会产生机械磨损或疲劳裂损，触头系统产生电磨损，线圈及绝缘件出现过热、老化现象。如不及时检查修理，就会影响其工作的可靠性。因此，对接触器进行预防性的检查、修理，及时更换超过限度的零部件，是十分必要的。

（1）AF 系列电磁接触器检修范围见表 5.3 所示。

表 5.3 AF 系列接触器检修范围

序号	检修项目	检修内容及要求	检修范围		
			辅修	小修	中修
1	外观检查	1. 外观清洁，不许有破损，接线端、安装螺栓紧固齐全，接触器吸合时动作灵活，不许有异声	√	√	√
		2. 清理接触器外部，保持清洁，线号清晰	√	√	√
		3. 清扫擦拭动、静触头，清除烧痕，保持接触面洁净	√	√	√
		4. 动、静触头位置正常，不许有松动、移位现象	√	√	√
2	试验	在额定控制电压 DC 88 V 下检查吸合、释放状态，三相动作一致，保持可靠灵活			√

（2）机械磨损。机械操作的次数增加对接触器触头的机械和电器寿命的影响比较小，主要有以下几种机械磨损。

① 交流噪声。如果在铁心表面有垃圾，接触器吸合时，接触器会有轻微的声音。可以用一块干的软布来清洁。交流噪声也有可能由铁心表面变形造成。如果铁心上的短路环损坏，交流噪声会较大，因为磁场会使接触器产生抖动。如果这样的话，接触器就需更换。

产生交流噪声的另外一个原因，可能是在超出接触器技术规范上允许的环境下使用，而产生了腐蚀。接触器应该在无凝露的环境下使用，这样可以避免铁心表面受腐蚀。

② 触头抖动。接触器的线圈工作电压范围应在额定电压的 85% ~ 110%之间。电压波动范围在 ± 5%范围内时，触头的磨损最小。电压过高会导致铁心吸合的速度加快，低电压则会降低吸合速度。以上因素都会在吸合时导致较高的触头抖动。高电压及吸合时的速度会导致吸合时声音增加。

（3）主触头的维护。如果仅是触头表面粗糙及变色，此时触头并未破坏或完全磨损。在图 5.5、图 5.6 中，触头看上去比较差，但经验告诉我们，这样的触头比一套新的还要好。这是因为触头已经“电气对位”，整个触头表面已完全接触。根据这一点，如果仅根据触头表面外观来判断是否需更换触头，可能是完全错误的。

图 5.5 在 AC-3 应用中，接触器动作次数很少的情况下，触头外观

图 5.6 在 AC-3 应用中，触头达到“良好磨合”程度的外观

随着触头材料的发展及接触器性能的提高，锉、打磨或其他尝试修复触头或触头表面的方法都是不需要的。根据以往的经验，这样做会增加产生其他问题的风险。例如砂纸的残留物会增加触头的阻抗等。

同样在试图修复触头过程中，未进行清洁工作也会影响接触器的性能。

触头维护应仅限于检查触头的磨损程度。这样是为了保证到下一次维护这段时间中，接触器可以无故障运行。

检查触头，也可以判断接触器在应用中正常运行，及触头是否有异常的磨损或损坏现象。

无论是从功能还是经济的观点来看，确定触头的磨损程度是必要的。太早地维护接触器会增加总的费用，在适当的时候维护接触器避免设备中断或事故是比较经济的。

不同的应用类别，不同的负荷触头的磨损率是不同的。对于电机控制还与电机的起动方式有关。

（4）更换触头。在已安装的接触器上更换触头。

3. 接触器的常见故障及处理

接触器在使用过程中的常见故障主要发生在电磁接触器上，现将其故障现象、可能原因及处理方法列于表 5.4 中，以供参考。

表 5.4 接触器常见故障的产生原因和处理方法

序号	故障现象	产生原因	处理方法
1	接触器开合不灵	（1）机械可动部分被卡住	排除相应障碍即可
		（2）摩擦力过大	
		（3）气隙中有阻塞	
		（4）磁极表面积尘太厚	
		（5）电空接触器漏风或风压不足	

续表

序号	故障现象	产生原因	处理方法
2	通电后不能完全闭合	（1）电源电压低于线圈额定电压	调整电源电压或更换线圈
		（2）触头弹簧与反力弹簧压力过大	调整或更换弹簧
		（3）触头超程过大	调整触头超程
3	接触器关合过猛或线圈过热冒烟	电源电压过高	调整电源电压或更换线圈
4	断电后不释放	（1）反作用力太小	调节或更换反力弹簧
		（2）剩磁过大	对直流接触器应加厚或更换新非磁性垫片，对交流接触器应将去磁气隙处的极面锉去一部分或更换新磁系统
		（3）触头熔焊	撬开已熔焊的触头，或酌情更换新触头
		（4）铁心极面有油污或尘埃	清理磁极表面
5	铁心噪声过大或发生振动	（1）电源电压过低	调节电源电压
		（2）铁心极面有脏物或锈层，或因过度磨损而不平	清理极面，必要时可刮削修整或更换铁心
		（3）分磁环断裂	焊接或更换分磁环
		（4）磁系统歪斜或机械上卡住而使铁心吸不平	排除机械卡住故障 更正工作位置
		（5）反作用力过大	调节或更换弹簧
6	线圈过热或烧损	（1）电源电压过高或过低	调整电源电压或更换线圈
		（2）线圈的通电持续率与实际情况不符	更换通电持续率相符的线圈
		（3）交流线圈操作频率过高	降低操作频率或更换线圈
		（4）交流电磁铁可动部分卡住，铁心极面不平或去磁气隙过大	排除卡住现象， 清理极面或调整铁心
		（5）线圈匝间短路	更换线圈
		（6）空气潮湿，含有腐蚀性气体或环境温度过高	用特殊设计的线圈
		（7）交流电磁铁采用直流双线圈控制时，因常闭联锁触头熔焊而使起动线圈长期通电	更换联锁触头，排除致使该触头熔焊的故障
7	接触器不闭合或正常情况下突然断开	（1）线圈引出线断裂	焊好后可靠绝缘
		（2）线圈内部断线	更换线圈

续表

序号	故障现象	产生原因	处理方法
8	触头严重发热或熔焊	（1）操作频率过高或负载电流过大	更换接触器
		（2）触头表面高低不平，生锈，积有尘埃或铜触头严重氧化	清理接触面
		（3）超程过小或行程过大	调整参数或更换触头
		（4）接触压力不足	调整或更换弹簧
		（5）闭合过程中振动过于剧烈	调整触头参数或更换接触器
		（6）触头分断能力不足	调换合适的接触器
		（7）触头表面有金属颗粒凸起或异物	清理触头表面
		（8）电源电压过低或机械上卡住而使触头停滞不前或反复跳动	调高电源电压，排除机械卡住故障，保证接触器可靠吸合

第二节　继电器

一、概　述

1. 继电器的定义及作用

继电器是一种根据某一输入量来控制执行机构的电器，用于控制电路。继电器也可认为是传递信号的电器。在电力机车控制电路中，继电器具有控制、保护或转换信号的作用。

2. 继电器的组成

（1）结构组成。对于有触点的继电器，从其结构组成方面可认为是由触头装置和传动装置（一般没有灭弧装置）组成。

（2）原理组成。继电器是根据外界输入的一定信号来控制电路中电流的“通”与“断”的，为了完成它的特定使命，一般由测量机构、比较机构和执行机构等部分组成，其原理组成方框图如图 5.7 所示。

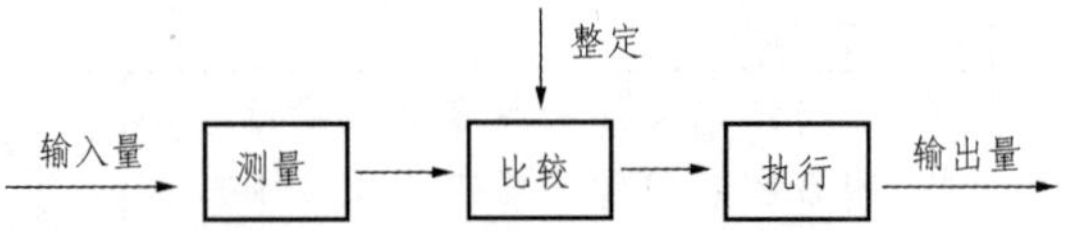

图 5.7　继电器原理组成方框图

对于大部分继电器来说，输入量可以是电量，如电压、电流、阻抗、功率等，也可以是非电量，如压力、速度、温度等。输入量可以是一个量，也可以是两个或多个量。

测量机构是反映继电器输入量的装置，用于接收输入量，并将其转换成继电器工作所必需的物理量。比如电磁型继电器，测量机构是线圈和铁心构成的磁系统，用来测量输入电量的大小，并在衔铁上将电量的大小转换成相应的电磁吸力。

比较机构是将输入量（或转换量）与其预设的整定值进行比较，根据比较结果决定执行机构是否动作。如电磁继电器的反力弹簧等。当电磁力大于反力时，衔铁吸合，执行机构动作；当电磁力小于反力时，衔铁不吸合，执行机构不动作，没有输出。一般可以在比较环节上调整（整定）继电器的动作值。

执行机构是反映继电器输出的装置，它作用于被继电器控制的相关电路中，以得到必须的输出量。执行机构根据比较的结果决定是否动作：有触点电器中触点的分、合动作，无触点电器中晶体管的饱和、截止两种状态，都能实现对电路的“通”“断”控制。

输出量是根据比较结果来决定有无的。不管输入是何种形式的物理量，输出量往往是电量。

3. 继电器的特点

在电力机车上，继电器一般不直接控制主电路或辅助电路，而是通过接触器或主、辅电路中的其他电器对主电路及辅助电路进行控制的。同接触器相比较，继电器具有以下特点：

（1）继电器触头容量小，采用点接触形式，没有灭弧装置，体积和质量也比较小。

（2）继电器的灵敏度要求极高，输入、输出量易于调节。

（3）继电器能反映多种信号（如各种电量、速度、压力等），其用途很广，外形多样化。

（4）继电器不能用来开断主电路及大容量的控制电路。

4. 继电器的动作原理和继电器特性

以电磁式继电器为例分析其工作原理：它的测量机构是电磁机构，执行机构是触头，通过接收输入量（电压或电流信号），并将其转变为继电器工作所必需的物理量（电磁吸力），通过比较机构进行比较，当达到其动作参数或释放参数（电磁吸力大于或小于反力）时，促使执行机构（触头的闭合或开断）。

继电器的输入量与输出量之间有一特定的关系，这就是继电器最基本的输入－输出特性，亦称继电特性。图 5.8 所示为具有常开接点继电器的继电特性，输入量用 X 来表示，输出量用 Y 表示。由上述工作原理分析可见，继电器的继电特性是由连续输入、跃变输出的折现组成，只要某装置有该输入-输出特性就能称为继电特性。图中 X_{dz} 称为继电器的动作值，X_{fh} 称为继电器的返回值。

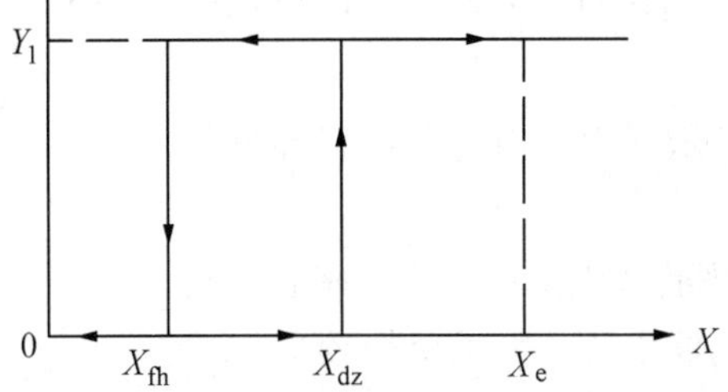

图 5.8　具有常开接点继电器的继电特性

5. 继电器的基本参数

（1）额定参数。额定参数是指输入量的额定值及触点的额定电压、额定电流等。

（2）动作值。动作值是指使继电器吸合动作所需要的最小物理量的数值，如电流继电器的动作电流，电压继电器的动作电压，风压继电器的动作风压等，有时也称为整定值。

（3）返回值。返回值是指使接点打开所需要的最大物理量的数值。

需要注意的是衔铁的释放值不一定是继电器的返回值。

（4）返回系数。返回系数是指继电器输入量的返回值 X_{fh} 与动作值 X_{dz} 之比，用 K_{fh} 表示，即

$$K_{fh}=\frac{X_{fh}}{X_{dz}}$$

返回系数是继电器的重要参数之一，对继电器来说一般 $K_{fh}<1$。K_{fh} 越接近于 1，继电器动作越灵敏，但抗干扰能力较差，所以返回系数也不完全是越高越好，对控制继电器来说，返回系数要求不高，对保护继电器要求有较高的返回系数。

（5）动作值的调整。继电器的动作值（或返回值）的调整，也称继电器参数的整定。对电磁继电器的整定，可通过改变反力弹簧和工作气隙来实现。对电子继电器来说，可改变比较环节的电位器的阻值等来实现。

二、电磁式继电器

电磁式继电器的测量机构是电磁铁，执行机构是触头。它具有工作可靠，结构简单，易于制造等优点，所以在电力机车上得到了广泛的应用。

1. 直流继电器

1）JZl5-44Z 型中间继电器

（1）作用。

在韶山（SS）型电力机车上装有 JZl5-44Z 型中间继电器。该型继电器用在直流控制电路中，用来控制各种控制电器的电磁线圈，以使信号放大或用一个信号控制几个电路中的电器。

（2）型号及含义。

JZ15-44Z 型，其中：J——电器；Z——中间；15——设计序号；44——4 常开、4 常闭接点数；Z——直流控制。

（3）结构组成。

JZ15 继电器如图 5.9 所示，主要由传动装置和触头（接点）装置组成。

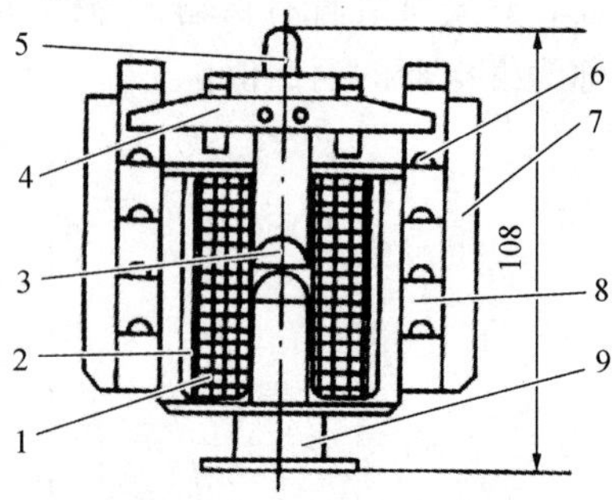

图 5.9 JZ15 继电器结构

1—线圈；2—磁轭；3—铁心；4—衔铁；5—按钮；6—触头组；7—防尘罩；8—反力弹簧；9—支座

① 传动装置。由直流螺管式电磁铁构成（螺管直动式），铁心和线圈布置在继电器中央。为了获得较平坦的吸力特性和足够的开距，铁心采用锥形止铁。衔铁上还

装有一个手动按钮，以供检查及故障操作使用。

② 触头装置。为 8 对双断点桥式触头，分别布置在磁轭两侧。可根据需要任意组合成 2 开 6 闭，4 开 4 闭，6 开 2 闭的方式，但必须注意两个触头盒中的常开常闭接点数应对称布置。为了防尘和便于观察接点，继电器带有透明的防尘罩。

（4）工作原理。

类似电磁铁工作原理。

（5）特点。

该型继电器的接点容量为 10 A，为了实现体积小，结构紧凑，又保证大电流分断能力，触头系统采用永磁钢吹弧以提高触头直流分断能力。小型化的永磁钢嵌在静触头的下部，采用无极性布置法，可以将直流电弧拉长，实现吹弧的目的。

（6）检修时注意事项。

① 永磁钢极性不能任意改变，应保证两个静触头下的永磁钢极性相反，若装成同极性，则可能在某一电流方向发生两弧隙电弧拉向内侧，造成静触头间飞弧的事故。

② 若永磁钢丢失，则分断能力要降低一半，触头必须降容量使用。

2）JT3-21/5 型时间继电器

（1）作用。

该型继电器作为控制电路中的时间控制环节元件，作衔铁延时释放用。有 3 个时间等级：1 s（0.3 ~ 1 s），3 s（0.8 ~ 3 s），5 s（2.5 ~ 5 s）。

（2）型号及含义。

JT3-21/5 型，其中：J——继电器；T——通用；3——设计序号；2、1——2 开 1 闭接点数目；5——表示动作值（s）（延时时间）。

（3）结构组成。

JT3 系列时间继电器结构如图 5.10 所示，该型继电器的铁心和磁轭采用圆柱整体电工钢，使铁心与磁轭成为一体，再用铝基座浇铸而成，从而减小了装配气隙，降低磁阻，有利于提高继电器的灵敏度。衔铁制成板状，装在磁轭端部，可绕棱形支点转动，形成拍合式动作。铁心端部套有圆环状的极靴。在衔铁内侧与铁心相接触处，装有一磷铜皮制成的非磁性垫片，此垫片使衔铁闭合时与铁心间保持一定的距离，即衔铁与铁心间有一定数值的磁阻，以防止衔铁在闭合状态下，当吸引线圈断电时，剩磁将衔铁“黏住”，引起继电器不能正常释放而造成事故。时间继电器的延时作用是依靠套装在磁轭上的阻尼套筒来保证的。继电器断电时，可借助于反力弹簧的作用使衔铁打开。

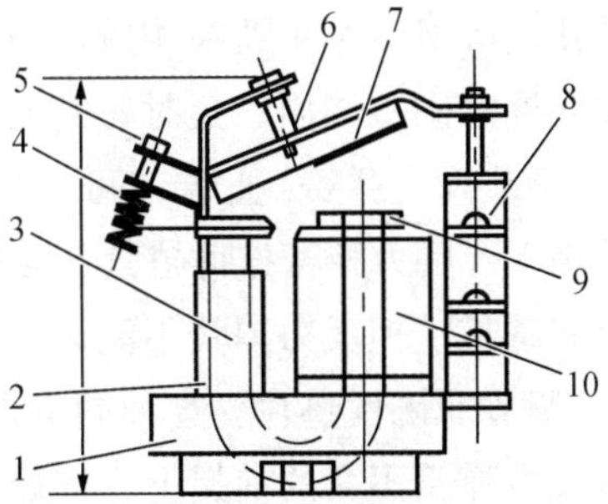

图 5.10　JT3 系列时间继电器结构简图

1—底座；2—阻尼套筒；3—铁心；4—反力弹簧；5—反力调节螺母；6—衔铁；7—非磁性垫片；8—触头组；9—极靴；10—线圈

继电器的联锁触头采用标准组件，更换方便，且常开和常闭联锁触头的数量可按需要组合。它装在继电器的前侧。

（4）动作原理（延时原理）。

当继电器的线圈通电时，在磁路中产生磁通。当磁通增加到能使衔铁吸动的数值时，衔铁开始动作，随着衔铁与铁心之间气隙的减小，磁通也增加。当衔铁与铁心吸合以后，磁通最大（此时的磁通大于将衔铁吸住时所需的磁通）。在线圈通电时，因为磁通的增长和衔铁的动作时间很短，所以联锁触头的动作几乎是瞬时的。当线圈断电时，电流将瞬时下降为零，相应于电流的主磁通亦迅速减小，但因其变化率很大，根据楞次定律，在阻尼铜套（或阻尼铝套）内部将产生感应电势，并流过感应电流，此电流产生与原主磁通相同方向的磁通以阻止主磁通下降，这样就使磁路中的主磁通缓慢地衰减，直到磁通衰减到不能吸住衔铁时，衔铁才释放，接点才相应地打开（或闭合），这样就得到了所需的延时。

为保证继电器延时的准确性，在使用时间继电器时必须保证有足够的充电时间（即线圈通电时间），使衔铁和铁心中的磁通完全达到稳定值。若充电不足，没有建立起稳定的磁通，延时作用将大大削弱。JT3 系列时间继电器的充电时间不能小于 0.8 s，故继电器通电时间必须大于 1 s。

（5）延时时间的调节。

时间继电器的延时整定必须符合所选继电器相对应的时间等级范围，否则将不能保证延时精度。

时间继电器不同延时时间等级之间的调节（又称大范围调节）可以用更换阻尼套的办法来实现。时间继电器的延时等级取决于阻尼套的材质及参数。因为阻尼套中电流的衰减过程取决于阻尼套的时间常数 T，R 越小，T 就越大，电流衰减也就越慢，延时时间也就越长。因此，5 s 级的时间继电器一般采用大截面铜套以降低电阻值，3 s 级的时间继电器则用铝套或小截面铜套以增加电阻值。

时间继电器相对应的阻尼套都是专用的，由制造厂配给，不能随意拆换。若确需改变继电器的使用等级，则可调换相应等级的阻尼套，以确保整定延时的足够精度。

在允许时间范围内，延时时间的调节方法有两种：

① 调节反力弹簧。此调节可以是连续而细微的，称为细调。在保持非磁性垫片的厚度不变的前提下，反力弹簧拧得越紧，反作用力就越大，延时时间就越短；反之则反作用力越小，延时时间越长。但反力弹簧不能调得太松，否则有被剩磁黏住不释放的危险。

② 调节非磁性垫片。这种调节是阶梯形的，既不连续，也不能作微量调整，称为粗调。在保持反力弹簧不变的前提下，非磁性垫片越厚，磁路的气隙和磁阻就越大，相同磁势下产生的电磁吸力就越小，衔铁就越容易释放，故延时时间相应缩短；反之则延时时间相应延长。但非磁性垫片不能太薄或取消，太薄容易损坏而成无垫片，无垫片将会发生继电器衔铁不能释放的现象。

3）TJJ2-18/21 型接地继电器

（1）作用。

该继电器用作主电路接地保护。机车上共装有两个该型继电器，分别装在 1、2 号高压柜内，对 1、2 架主电路进行接地保护。

（2）型号及含义。

TJJ2-18/21 型，其中：T——铁路；JJ——接地继电器；2——设计序号；18——动作整定电压值（18 V）；2——主触头数；1——联锁触头数。

（3）结构组成。

TJJ2 系列继电器的结构如图 5.11 所示，主要由传动装置、触头装置、指示装置和机械联锁等组成，组装在由酚醛玻璃纤维压制成的底板上，外面装有防尘的有机玻璃透明外罩。

① 传动装置：由拍合式电磁铁构成，带有吸引线圈。

② 触头装置：有两对主触头和一对联锁触头，均为桥式双断点，主触头由衔铁控制，联锁触头由指示杆带动。

③ 指示装置：带有恢复线圈，螺管式电磁铁和指示杆。

④ 机械联锁：由钩子和扭簧组成。

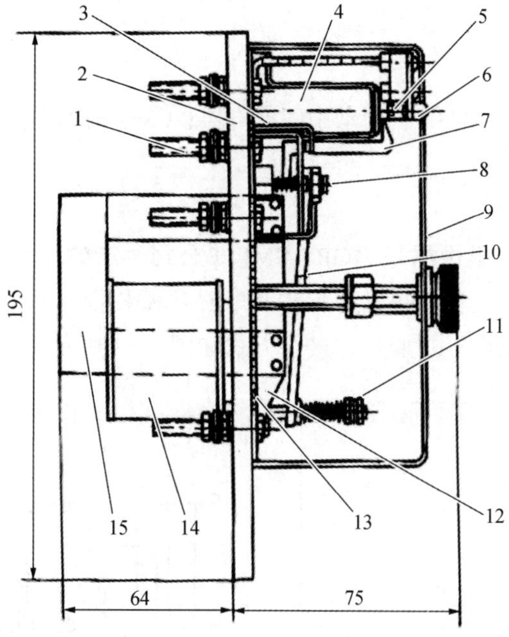

图 5.11　TJJ2 系列接地继电器结构简图

1—接线端子；2—底板；3—主触头；4—恢复线圈；5—联锁触头；6—指示器；7—钩子；8—扭簧；9—外罩；10—衔铁；11—反力弹簧；12—支座；13—非磁性垫片；14—吸引线圈；15—铁心

（4）工作原理。

正常工作状态，红色指示杆埋在罩内，继电器处于无电释放状态，指示杆被钩子勾住，接地继电器的联锁触头处于常开位置。当机车主电路发生接地故障时，在电磁力的作用下，衔铁被吸合，主触头进行分合转换，开闭有关控制电路，使主断路器分断切断机车总电源，从而达到保护目的。与此同时，衔铁压下钩子的尾部，迫使钩子克服扭簧的作用力转开，不再勾住指示杆，使红色指示杆脱扣并在弹簧作用下跳出外罩，显示机械式动作信号，同时联锁触头相应闭合，在司机台显示故障信号。

当故障消除后，衔铁在反力弹簧作用下返回原位。但此时红色指示杆不能恢复原位（即不能回复至罩内），机械信号仍保持；司机台上信号也不能立即消除。只有通过按主断路器“合”按钮，使恢复线圈短时得电，才能使指示杆吸合进入罩内，指示杆重新被钩子勾住，联锁触头也随之断开，于是接地继电器发出的机械信号和电信号一起消失，恢复至正常状态。

（5）注意事项。

TJJ2 型电磁继电器在使用过程中必须注意两点：一是该型继电器的指示杆正常时应能被钩子可靠勾住，以防信号错乱；二是该继电器的恢复线圈只能短时通电，其持续时间不得超过 1 min，以免过热而烧损。

4）D-U305-Y 型中间继电器

（1）作用。

该型继电器用在 HXD3 型电力机车控制电路中，以使信号放大或用一个信号控制几个电路中的电器。

（2）型号及含义。

D-U305-Y 型，其中：D-U3——瞬动中间继电器；05——额定电压 DC 110 V；Y——双断/双闭。

（3）结构组成。

D-U305-Y 型瞬动中间继电器是 MORS-SMITT 公司生产的小型插入式铁路专用瞬动中间继电器，带有四转换接点，装有反电动势保护和电磁吹弧装置，可插入标准的 V22BR、V23BR 型继电器底座。其外形如图 5.12 所示，接线方式如图 5.13 所示。

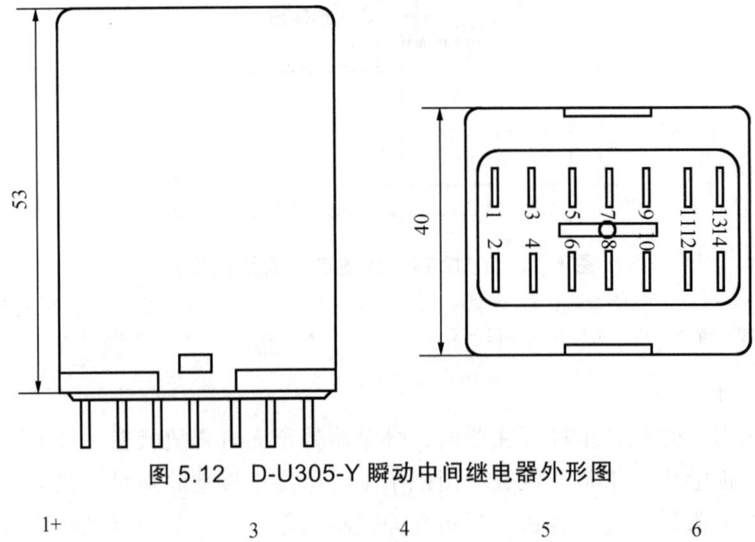

图 5.12 D-U305-Y 瞬动中间继电器外形图

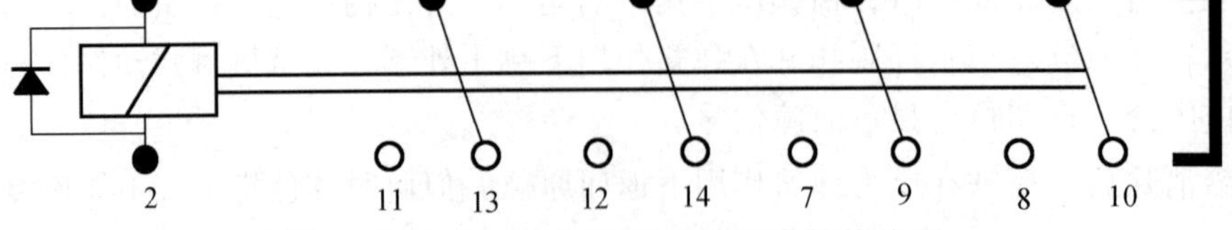

图 5.13 D-U305-Y 瞬动中间继电器接线图

（4）技术参数。

D-U305-Y 型中间继电器的主要技术参数如表 5.5 所示。

表 5.5　线圈数据（直流）

型　号	额定电压	频　率	最小电压	最大电压	保持电压
D-U305	DC 110 V	50 Hz	82.5 V	137.5 V	70 V
额定功耗			3 V·A		
额定电压下的感应系数 L/R			8 ms　加电 6 ms　放电		
吸合时间			10 ms		
释放时间			5 ms		
常开触点弹跳时间			4 ms		
关闭触点弹跳时间			8 ms		

2. 交流继电器

1）JL14-20J 交流继电器

（1）作用。

该型号交流继电器是作为韶山型电力机车主电路原边过流保护和辅助电路过流保护之用。主电路原边过流保护采用 JL14-20J/5 型交流继电器，辅助电路过流保护采用 JL14-20J/1200 型交流继电器。

（2）型号及含义。

JLl4-20J 型，其中：J—继电器；L——电流；14——设计序号；2——常开触头数；0——常闭触头数；J——交流控制。

（3）结构组成及工作原理。

① 原边过流继电器。原边过流继电器采用 JL14-20J/5 型交流电流继电器，它接在高压交流电流互感器的副边，作牵引变压器原边过电流保护。其额定电流为 5 A，动作电流整定值为 10 × (1 ± 10%) A。

JL14 系列继电器的结构如图 5.14 所示。它的电磁系统是由磁轭、铁心、吸引线圈、衔铁等组成。

改变非磁性垫片的厚度，可调节继电器的释放电流值；改变反力弹簧的压力，可调节继电器动作电流的整定值。

② 辅助过流继电器。辅助过电流继电器选用的是额定电流为 1 200 A 的 JL14-20J/1200 型交流电流继电器，它直接接在辅助电路中（即电磁系统的吸引线圈就是辅助电路的母线），作辅助电路过电流保护，其动作电流的整定值为 2 800 (1 ± 10%) A。

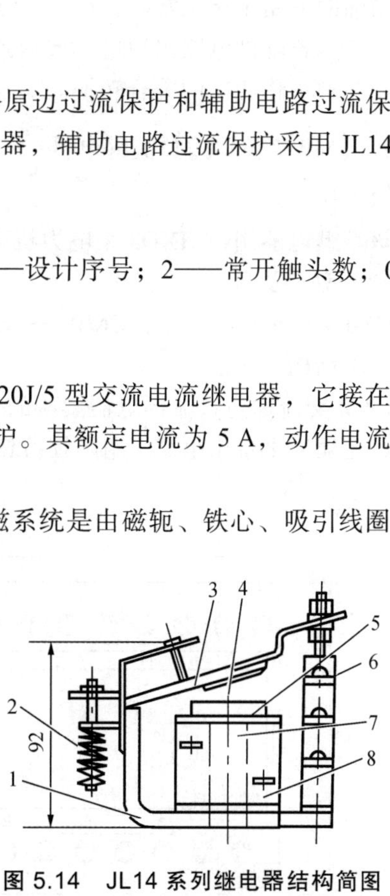

图 5.14　JL14 系列继电器结构简图

1—磁轭；2—反力弹簧；3—衔铁；4—非磁性垫片；5—极靴；6—触头组；7—铁心；8—线圈

该型继电器与原边过电流继电器结构基本相同，如图 5.15 所示。根据励磁的需要，它的电磁系统由磁轭和分磁板组成矩形框架，吸引线圈就是穿过矩形方框的方形铜排，即母线，由它取代了铁心骨架。分磁板的作用是将短路或过载电流产生的磁通分为相位不同的两部分，以保证铁心对衔铁的合成吸力消除过零点，并保持在一定的范围内，从而减小了交流电磁铁处于闭合状态的振动和噪声。

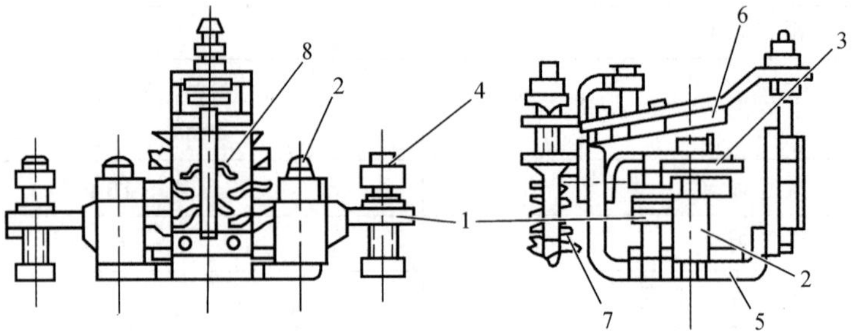

图 5.15 JL14-20J/1200 型交流电流继电器结构简图

1—母线；2—支架；3—分磁板；4—螺栓；5—磁轭；
6—衔铁；7—反力弹簧；8—触头组

当辅助电路工作正常时，母线中通过的电流小于动作值，衔铁在反力弹簧的作用下处于打开状态。若辅助电路出现过载或短路故障，衔铁即在电磁吸力的作用下吸合，带动触头组中的联锁触头作相应的分合转换。

2）CMP 交流原边过流继电器

（1）作用。

该型继电器用在 HXD3 型电力机车控制电路中，作为主电路原边过流保护之用。

（2）型号及含义。

CMP4-12A 型，其中：CMP——交流原边过流继电器；4-12A——电流范围（4 ~ 12 A）。

（3）结构组成。

CMP 交流原边过流继电器紧凑的外形节省了安装空间，频率范围在 16 ~ 60 Hz，耐冲击振动，无须提供备用电源，用闭锁按钮可调节动作电流范围。其外形如图 5.16 所示，接线方式如图 5.17 所示。

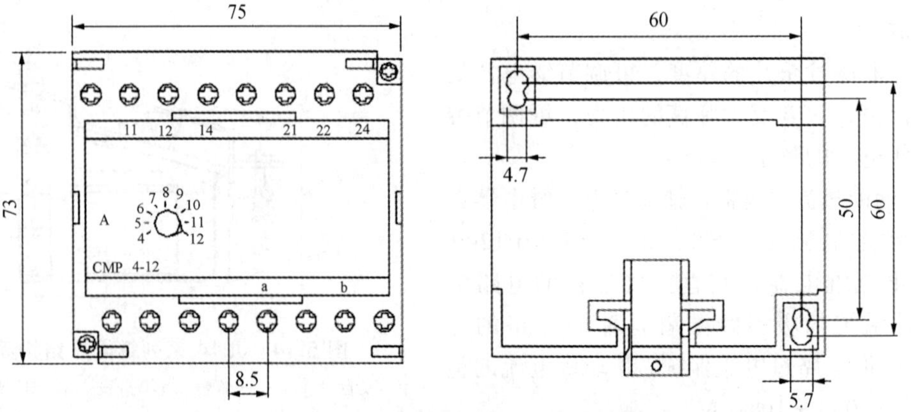

图 5.16 CMP 交流原边过流继电器外形及安装图

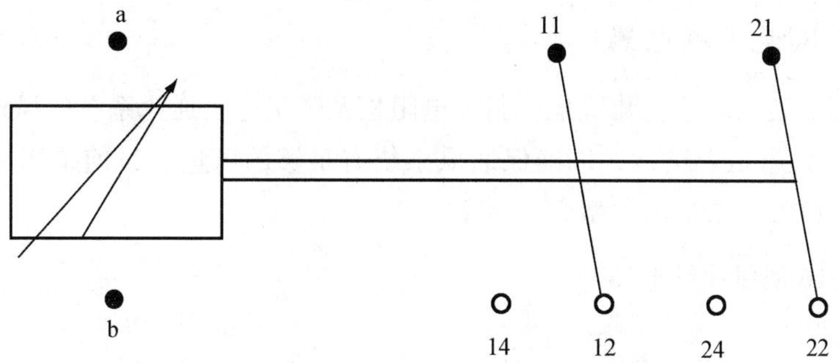

图 5.17　CMP 交流原边过流继电器接线图

（4）主要技术参数。

CMP 交流原边过流继电器主要技术参数如表 5.6 ~ 表 5.7 所示。

表 5.6　线圈数据（直流）

型　号	CMP
输入电流范围	4 ~ 12 A
频率范围	16 ~ 60 Hz
最大电流	120% 连续，200% 最大 2 min
精　度	设置：±2.5%，稳定性：±2%，温度影响：1%/10 K 频率影响：I 最大时为 1%/10 Hz，I 最小时为 0.5%/10 Hz
电源功耗	约 5 V · A
设置点范围	33% ~ 100%

表 5.7　接点数据

额定电流	6A AC 电阻性，根据 IEC947（AC1）
最大开断电压	DC 300 V，300 mA AC 250 V，2.6 A
最小开断电压	4 V/2 mA/0.1 W（VA）
最大接触电阻	5 mΩ
触点数量	2 个
触点材料	银质带 0.2 μm 的金
额定的分断容量及寿命	DC 110 V 时 0.1A L/P = 15 ms 电器寿命：10 万次

三、机械式继电器

在韶山系列电力机车上使用的机械式继电器有风道（风速）继电器、风压继电器、油流继电器等，以下分别加以介绍。

1. 风道（风速）继电器

风道继电器安装在硅整流装置柜、制动电阻柜及牵引电机通风系统的风道里，用来反映通风系统的工作状态是否正常，以确保通风系统有足够的风量。目前采用风道继电器的有TJV1-7/10型和TJY5（TJY5A）型。

1）TJV1-7/10型风速继电器

（1）作用。

该型继电器装在各通风系统的风道里，用来反映通风系统的工作状态是否正常，以确保通风系统有一定的风量，保护发热设备。

（2）型号及含义。

TJV1-7/10型，其中：T——铁路机车用；J——继电器；V——速度；1——设计序号；7——动作值（m/s）；1、0——常开常闭联锁触头数。

（3）结构组成。

TJV1-7/10型风速继电器如图5.18所示。

测量环节由风叶组成，用以感测风速。比较环节由扭簧和反力弹簧等组成，以决定继电器是否有输出（动作）。执行环节由LW-11型微动开关来担任。

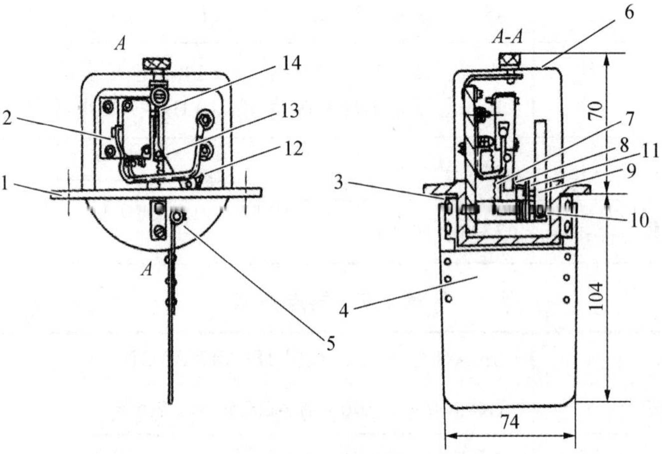

图5.18 TJV1-7/10型风速继电器结构简图

1—底座；2—微动开关；3—挡块；4—风叶；5—转轴；6—盖；7—反力弹簧；8—传动板；9—传动块；10—扭簧；11—拨杆；12—滚轮；13—弹性传动件；14—微动开关按钮

（4）动作原理。

当通风系统的工作正常时，风量足够，风叶在风压力作用下转动，传动块随着转动，并通过扭簧拨动传动板，使其克服反力弹簧的作用而向下运动，滚轮受压后带动弹性传动件移动，触动微动开关按钮，使其常开联锁触头速动闭合，接通相应的控制电路正常工作。

当通风系统发生故障时，风量很小或为零，风叶在扭簧和反力弹簧的作用下恢复到原位，使继电器返回，微动开关释放，其常开触头打开，从而切断相应的控制电路。

继电器的动作整定风速值靠调节反力弹簧来整定。反力弹簧的反力通过改变弹簧挂钩的上下位置来调节，其返回值约为6 m/s。

（5）技术参数。

TJV1-7/10 型风速继电器主要技术参数如下：

触头额定电压……DC 110 V

触头额定电流……3 A

触头对数……1 常开

风速整定值……7 × (1 ± 10%) m/s

2）风道继电器

（1）作用，

在 SS_{4G} 型电力机车上，安装在牵引电机，硅整流装置柜和制动电阻柜的通风系统风道中，用来反映通风系统的工作状态，保护发热设备。

（2）型号及含义。

TJY5 型、TJY5A 型，其中：T——铁路机车用；J——继电器；Y——压力型；5、5A——设计序号。

（3）结构组成。

新型风道继电器外形为圆丘形。可分为触头装置和传动装置。亦可分为测量环节、比较环节、执行环节。铸铝合金壳体，电器各部件封闭其内，如图 5.19 所示。其测量机构是膜片；比较机构为反力弹簧；执行机构是一对常开联锁触头。无风压时，膜片在反力弹簧的作用下处于平直状态，其常开触头断开。。

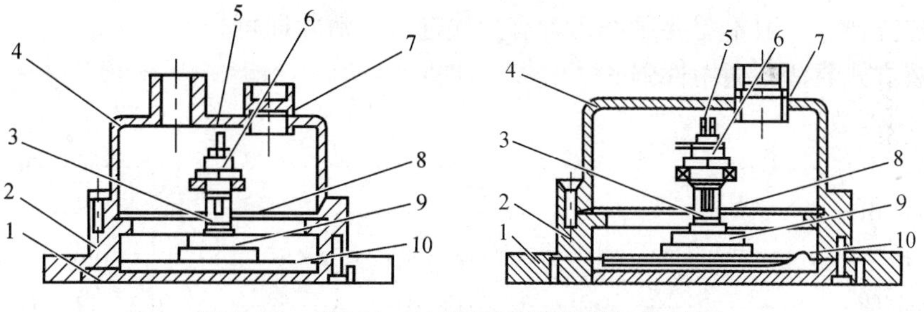

图 5.19 TJY5、5A 型风道继电器结构简图

1—盖板；2—壳体；3—常开动触头；4—盖；5—常开静触头；6—塑料体；7—出线环；8—反力弹簧；9—塑料座；10—膜式铝片

风道继电器应垂直安装，即膜片处于垂直状态，安装位置可以比较灵活，它与 TJV1 风速继电器不同，可以不安装在风道上。

（4）动作原理。

① TJY5A 型风道继电器。用于监视牵引电机和制动电阻通风设备的工作情况。

牵引电动机和制动电阻柜是依靠牵引风机和制动风机吹入的压缩空气将热量带走而进行冷却的。TJY5A 型风道继电器的风压取自牵引、制动风机风道，为正压力。吹进牵引电动机或制动电阻柜的压缩空气从盖板的小孔经管道进入膜片下方的空腔内，当风机正常工作时，风道某处的压力达到继电器的动作值时，膜片下方与上方的压力差足以克服反力弹簧的反力，推动膜片向上移动，带动常开动触头与静触头闭合并保持一定的接触压力，接通相应的控制电路正常工作；当通风系统发生故障时，风量很小或为零，膜片下方与上方的风压差很小或为零，膜片在反力弹簧的作用下复位，使常开联锁触头断开，从而切断相应的控制电路。

② TJY5 型风道继电器。用于监视硅整流装置通风系统的工作。

硅整流装置柜与牵引电动机和制动电阻柜不同，它是依靠硅风机吸出压缩空气来进行冷却的。装在硅整流装置柜风道内的 TJY5 型风道继电器和 TJY5A 型风道继电器的结构相似，只是在它的盖上有一管道，使膜片上方的空腔通过这一管道与硅整流装置柜相连，膜片下方的空腔则通过继电器盖板上的小孔与大气相通。由于硅风机正常工作时将硅整流装置柜内的空气吸向了大气，故硅整流装置柜风道内的压力（膜片上方）低于大气压力（膜片下方），当风机正常工作，风道内的风压达到其动作值时，压力继电器产生一负压力，即吸力，使膜片在该吸力的作用下由下向上移动，推动塑料座克服反力弹簧的作用力运动，带动常开联锁触头闭合并保持一定的接触压力，接通相应的控制电路正常工作；当通风系统发生故障时，风力不足或为零，膜片在反力弹簧的作用下复位，常开联锁触头断开，切断相应的控制电路。

可见，TJY5A 型风道继电器是由压缩空气将膜片向大气侧推动，是借助于正压力来工作的；而 TJY5 型风道继电器则是由大气将膜片推向低于大气压力侧，是借助于负压力来工作的。

（5）特点。

该继电器与 TJV1 型风速继电器相比有以下优点：

① TJY5 型风道继电器取的控制量为压力，且在风道内的采样范围小，因而可以将风道内的涡流及外界变化对继电器的影响减小到很小程度。

② 动作可靠，不会发生像 TJV1 型风速继电器那样的抖动现象。

③ 维护方便，一般不需要维修，若有尘埃进入，清除即可。

④ 安装方式灵活，通用性强。

（6）技术参数。

触头额定电压……………………………………………………………DC 110 V

触头额定电流……………………………………………………………3 A

触头数量…………………………………………………………………1 常开

风压整定值………………………………………………………$0.3\times(1\pm10\%)$ kPa

质量………………………………………………………………………0.75 kg

2. 风压继电器

1）作　用

TJY3-1.5/11 型是作为电力机车电阻制动和空气制动间的安全联锁，在电阻制动时，电制动力并非恒定，需加一点空气制动来限速。但空气制动力不能太强，以免车轮被抱死，造成滑行而擦伤车轮。

TJY3A-4.5/11 型是作为主断路器的欠气压保护，避免在低气压下动作主断路器。

2）型号及含义

TJY3-1.5/11 型、TJY3A-4.5/11 型，其中：T——铁路机车用；J——继电器；Y——压力型；3（3A）——设计序号；1.5（4.5）——动作整定风压值（kPa）；11——常开常闭联锁触头数。

3）结构组成

两种型号的继电器结构基本相同，主要由传动装置和联锁触头组成（当然亦可分为测量、比较和执行 3 部分）。TJY3 型压力继电器结构如图 5.20 所示。

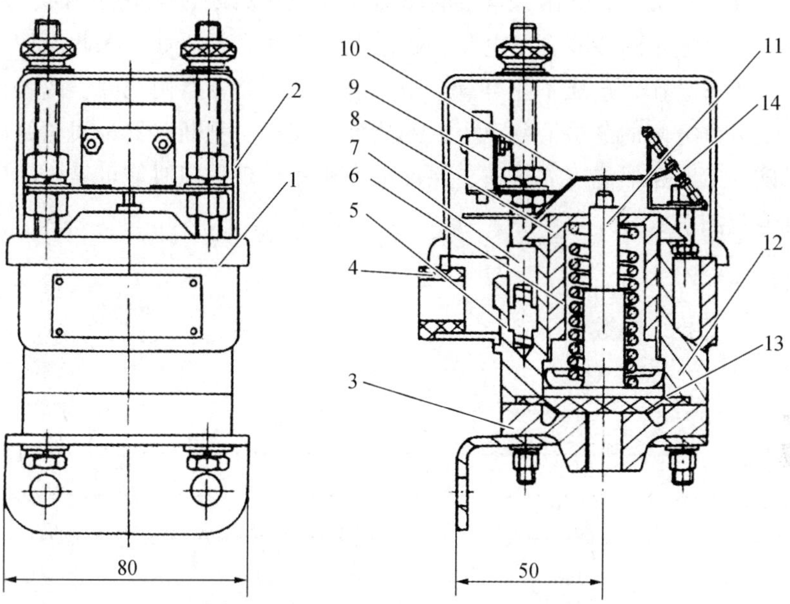

图 5.20　TJY3 型压力继电器结构简图

1—壳体；2—上盖；3—下盖；4—橡皮环；5—弹簧；6—反力弹簧；7—止销；8—调节螺母；9—行程开关；10—支架组装；11—活塞；12—阀体；13—橡胶薄膜；14—拉力弹簧

如图 5.20 所示，空气传动装置由橡胶薄膜、活塞、反力弹簧、调节螺母及拉力弹簧等组成。反力弹簧套装在铜质活塞上，其一端压装在基座上；另一端与调节螺母相接。可旋转调节螺母来调整反力弹簧对活塞的作用力，从而达到对该继电器的整定值的调整。调整完毕，止销弹出，防止调节螺母的误动作，影响该继电器的整定值。联锁触头采用 LX19K 行程开关。

TJY3A-4.5 型的结构与 TJY3-1.5 型相似，只是行程开关换成微动开关，安装支架、反力弹簧和阀体也略有不同。

4）动作原理

当气压达到动作值时，空气压力大于反力弹簧的反力，推动橡胶薄膜及活塞上行，通过传动件使接点动作。

（1）TJY3-1.5 型风压继电器。当电力机车制动缸压力低于 150 kPa 时，在反力弹簧的作用下，空气压力不足以推动橡胶薄膜及活塞向上移动，行程开关的常闭联锁触头处于闭合状态，该继电器接通有关电阻制动电路。此时，电力机车使用的是电、空联合制动来限制运行速度。

当司机操作空气制动，补充电力机车制动缸压力达到 150 kPa 及以上时，被视为补充制动力过大。此时橡胶薄膜在空气压力的作用下，克服反力弹簧的作用力推动活塞上移，并通过支架组装带动行程开关动作，其常闭触头切断电阻制动中的励磁电路，电阻制动自动解除。

当制动缸压力下降到释放值 100 kPa 时，橡胶薄膜在反力弹簧的作用下复位，行程开关的常闭联锁触头恢复闭合状态，电阻制动电路重新接好，可再次施行电阻制动。

（2）TJY3A-4.5 型风压继电器。当主断路器储风缸压力超过 450 kPa 时，该压力继电器动作，触头闭合，接通主断路器合闸电路，主断路器方能合闸。如果无此保护，主断路器就有可能在过低气压下动作，造成不能可靠合闸，烧坏主断路器合闸线圈，或者在过低气压下合闸后不能保证可靠分闸的危险，甚至更大的故障。现在，主断路器分闸电路也受此风压继电器控制，以确保主断路器能可靠动作，保证电力机车出现故障时能可靠分闸，切断机车总电源，防止故障范围扩大。

5）主要技术参数

风压继电器主要技术参数如下：

触头形式……………………………………………………………………桥式双断点

触头数量……………………………………………………………………1 常开 1 常闭

触头额定电压………………………………………………………………DC 110 V

触头额定电流………………………………………………………………5 A

额定气压……………………………………………………………………900 kPa

TJY3 型

触头接通风压………………………………………………………………150 kPa

触头断开风压………………………………………………………………(100 ± 10) kPa

TJY3A 型

触头接通风压………………………………………………………………450 ~ 465 kPa

触头断开风压………………………………………………………………400 ~ 425 kPa

3. 油流继电器

1）作　用

TJV2-1/11 型油流继电器是电力机车牵引变压器的附件，用来监视变压器循环系统的工作情况，当油流停止或不正常时，给司机发出警告信号。

2）型号及含义

TJV2-1/11 型，其中：T——铁路机车用；J——继电器；V——速度；2——设计序号。

3）结构组成

在 SS_{4G} 型电力机车牵引主变压器两端的循环油管内，各设置有一个 TJV2-1/11 型油流继电器。如图 5.21 所示，由叶片、扭簧和接线柱组成。

在 HXD3 型电力机车牵引主变压器两端的循环油管内，各设置有一个 YJ-100 型油流继电器。其结构与 TJV2-1/11 型油流继电器基本相同。

其测量机构由绕球轴承转动的叶片和扭簧组成，执行机构为由叶片和接线柱 9 组成的常闭联锁触头承担。

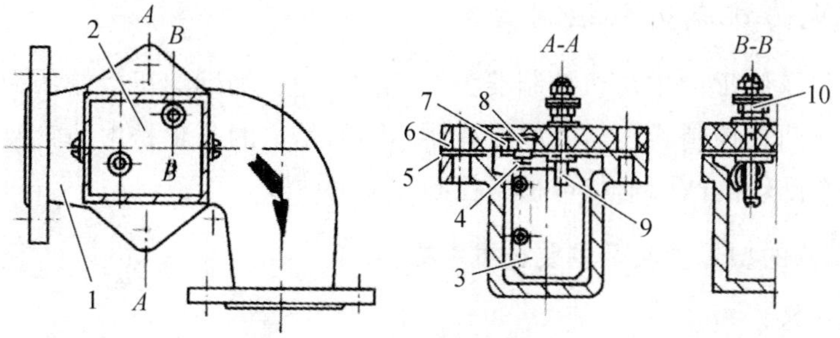

图 5.21　TJV2 型油流继电器

1—连管；2—外罩；3—叶片；4—扭簧；5—橡胶垫；6—底板；
7—球轴承；8—转轴；9、10—接线柱

4）动作原理

当油流正常循环时，油流推动叶片克服扭簧的扭力而转动，使常闭联锁触头（叶片 3 和接线柱 9）断开，司机台上无电信号显示；当油流停滞时，叶片在扭簧作用下返回，同接线柱 9 接触，电信号电路经接线柱 9、叶片、扭簧和接线柱 10 而接通，司机台上显示相应的电信号，表示油流不正常。

该型油流继电器管体上标有油流方向箭头，分左、右两方向，不能装错。

第三节　其他低压电器

电力机车接受的电源是 25 kV 的工频交流电，虽然主变压器进行了降压，但电力机车的主电路仍然属于高压电路。操作人员严禁直接接触电力机车的主电路设备。为了让机车能够按照操作人员的操作执行相关的运行工作，需要扳键开关、司机控制器等主令电器来发布控制指令。

一、司机控制器

1. 概　述

电力机车两端各有一个司机室，为便于双端操作，在机车的Ⅰ、Ⅱ端司机室各装有一台结构完全相同的主司机控制器；同时，为了便于调车作业，在Ⅰ、Ⅱ端司机室靠近正司机座位侧窗下各装有一台结构完全相同的辅助司机控制器，又名调车控制器（近年来，在标准化司机室内，逐渐取消了辅助司机控制器）。

SS_{4G} 型电力机车采用的是 TKS14A 型主司机控制器和 TKS15A 型辅助司机控制器；HXD3 型电力机车两端司机室操纵台上各装有一台 S640U-B 型司机控制器，该型司机控制器主手柄上设置有警惕按钮。

2. SS_{4G}型电力机车司机控制器

SS_{4G}型电力机车装配的主司机控制器为 TKS14A 型，辅助司机控制器为 TKS15A 型，这两种控制器都属于凸轮控制器，与鼓型控制器不同的是它的凸轮是由凸轮架和凸轮块拼装而成，因而，每一个凸轮的凸凹形状可根据控制需要而改变。

1）司机控制器的型号含义及主要技术参数

（1）型号及含义：

TKS14A 型、TKS15A 型，其中：T——铁路机车用；K——控制器；S——司机；14、15——设计系列号；A——设计序号。

（2）主要技术参数：

额定电压……………………………………………………………………DC 110 V
额定电流……………………………………………………………………5 A
触头开距…………………………………………………………两断点之和≥4 mm
触头超程……………………………………………………………………0.5 ~ 1 mm
触头终压力…………………………………………………………………2 × 1.0 N
手柄操作力……………………………………………………………不大于 50 N

2）TKS14A 型主司机控制器

（1）结构。

TKS14A 型司机控制器（见图 5.22）由上、中上、中下、下 4 层构成，各层之间由钢板隔开，并由六方支柱支撑；上层（面板上）主要有手轮 1、手柄 2；中上层主要为机械联锁装置，包括作为联锁用的凸轮组 3、4 及定位用的凸轮组 5；中下层包括作为控制用以实现电逻辑要求的凸轮架 6 和安装在其上的凸轮块 7 以及辅助触头盒 8；下层主要有电位器 9 及接线插座 10。该控制器左右两侧装有主轴 11 和转换轴 12，其中主轴用于调节机车的速度，换向轴用于控制机车的运行状态及方向。电位器 9 固定在主轴上，它为塑料导电膜电位器。辅助触头盒 8 的接触元件为双断点桥式常闭型结构，具有自润滑功能。它由两根挡棍固定。在该型控制器的面板上还安装有一警惕按钮 13。

根据触头闭合表的需要，主轴自“0”位开始可顺时针方向或逆时针方向各转动 150°。顺时针方向 0° ~ 15° 区域为“0”位区，司机控制器无输出（即电位器 1、2 端电压约为 0 V），15° ~ 150° 区域为“牵引”区域。逆时针方向 0° ~ 15° 区域也为 0 位区，在此区域内，司机控制器无输出，15° ~ 150° 区域为“制动”区域。手轮可在“牵引”区域或“制动”区域内操纵主轴转动，由此改变电位器上“1”“2”端输出电压的大小，该电压又作为机车电路的指令来决定电机的转速，最终达到调节机车速度的目的。换向轴共有“后”“0”“制”“前”“Ⅰ”“Ⅱ”“Ⅲ”7 个位置。这 7 个位置由机械联锁装置中定位凸轮来定位。主轴上装有 10 层凸轮架，其中有 5 层为备用层，另 5 层凸轮架上根据闭合表的要求装有相应的凸轮块。凸轮架上有凸轮的地方则形成凸缘，无凸轮块的地方形成凹槽。而辅助触头盒的安装能满足如下要求：当主轴转动到凸缘与辅助触头盒的杠杆同一位置时，该辅助触头盒的触点断开，而当主轴转动到凹槽对准辅助触头盒的杠杆时，辅助触头盒的触点闭合（不动作）。转换轴上情况类似，不同的是其备用层只有 3 层，凸轮块的位置应符合转换轴闭合表要求。

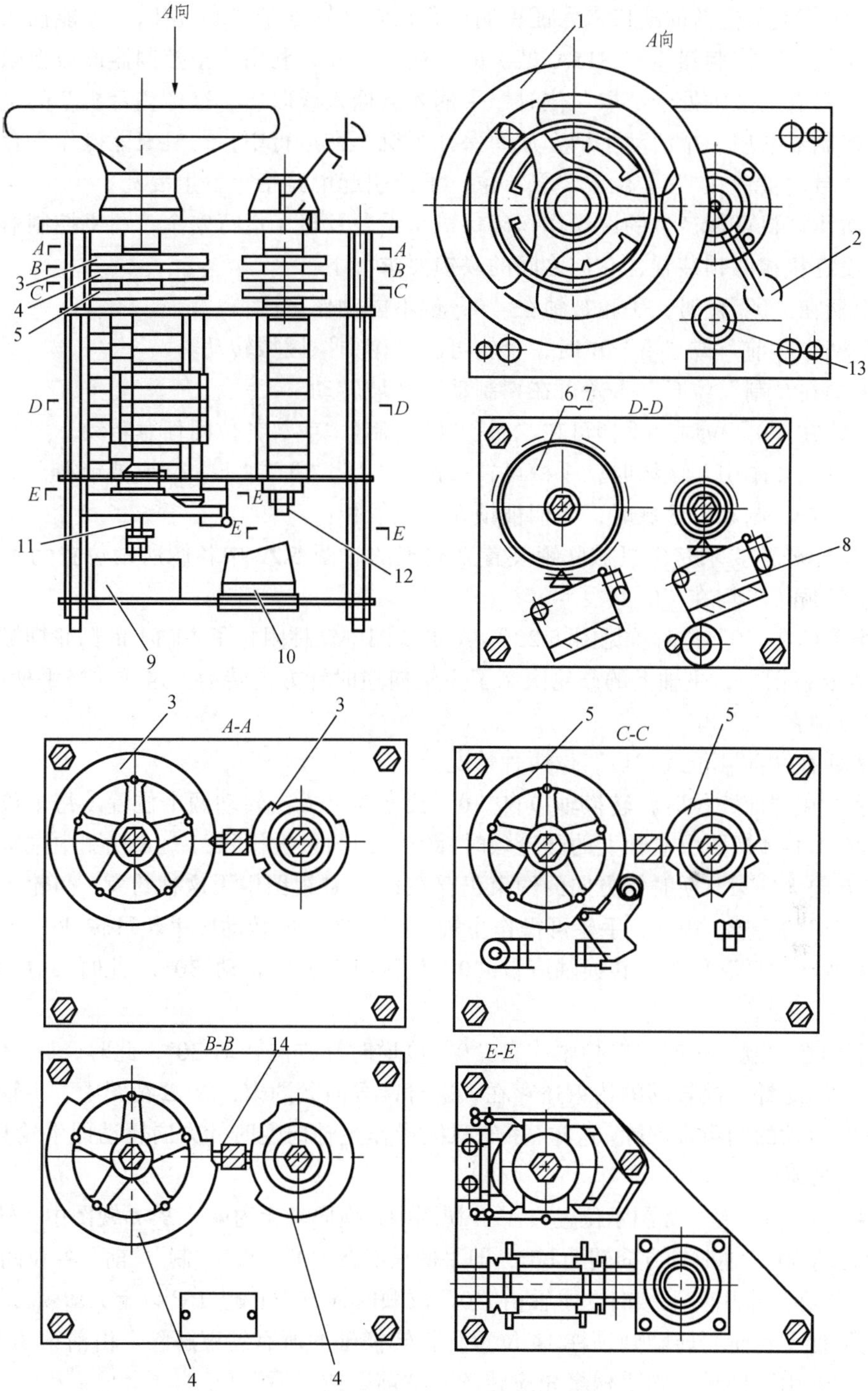

图 5.22　TKS14A 型主司机控制器

1—手轮；2—手柄；3、4—凸轮；5—定位凸轮；6—凸轮架；7—凸轮块；8—辅助触头盒；9—电位器；10—插座；11—主轴；12—转换轴；13—警惕按钮；14—锁柱座

（2）机械联锁关系。

司机是借助手轮及手柄来实现对控制器的操作。手轮是固定的，而手柄为可取式（钥匙

式），利用面板上限位器的缺口来保证手柄只有在转换轴处于“0”位时，才能插入或取出。手柄同时又是调车控制器（TKS15A 型）的手柄。同样，利用调车控制器面板上限位器的缺口来保证：只有当主轴处于“取”位时，手柄才能插入或取出。这样整台机车的主司机控制器和调车控制器共用一个活动手柄，从而保证了机车在运行中，司机只能操作一台司机控制器，其余 3 台均被锁在“0”位或“取”位，不致引起电路指令发生混乱。

为了防止司机可能产生的误操作，确保机车设备及机车运行安全，司机控制器的手轮与手柄之间设有机械联锁装置，它们之间的联锁要求如下：

① 手柄在“0”位时，手轮被锁在“0”位不能动作。

② 手柄在“前”或“后”位时，手轮可在“牵引”区域转动。

③ 手柄在“制”位时，手轮可在“制动”区域转动。

④ 手轮在“0”位时，手柄可在“后”“0”“制”“前”各位间任意转动。

⑤ 手轮在“牵引”区域时，手柄可在“前”“Ⅰ”“Ⅱ”“Ⅲ”位或被锁在“后”位。

⑥ 手轮在“制动”区域时，手柄被锁在“制”位。

上述机械联锁要求是由机械联锁装置来实现的。图 5.22 中各图所示位置为手轮、手柄（或主轴、转换轴）均在“0”位：

① 当手柄在“0”位时（见图 5.22），*A-A* 视图中锁柱阻止了主轴上的凸轮向顺时针方向的转动。*B-B* 视图中，主轴上的凸轮限制了主轴向逆时针方向转动。这样，当手柄在“0”位时，手轮被锁在“0”位。

② 手柄在“前”位或“后”位两种情况：

- 手柄在“前”位时，转换轴应自“0”位逆时针方向转动两个位置（每个位置之间为 30°），此时，*A-A* 视图中主轴上的凸轮顺时针方向的约束被排除；*B-B* 视图中主轴上的凸轮在顺时针方向无约束，逆时针方向的约束仍存在；*C-C* 视图中无这种约束，凸轮上的凸凹只是给司机相应的手感。因此，手轮可操作主轴向顺时针方向转动即手轮可转到“牵引”区域。
- 手柄在“后”位时，转换轴应自“0”位顺时针方向转动 30°，此时，*A-A*、*B-B* 视图情况同上。

③ 手柄在“制”位时，转换轴应自“0”位逆时针方向转动 30°，此时，*A-A* 视图中主轴上的凸轮顺时针方向转动的约束还存在，逆时针方向无约束；*B-B* 视图中，主轴上的凸轮逆时针方向转动的约束被解除。这样，手轮只能操作主轴向逆时针方向转动即手轮只能在“制动”区域内转动。

④ 手轮在“0”位，如图示位置，*A-A* 视图中，换向轴无约束，*B-B* 视图中，转换轴可顺时针方向转动 30°，逆时针方向转动 60°，即手柄只能在“0”“后”“制”“前”各位间转换。

⑤ 手轮在“牵引”区域时，主轴由“0”位顺时针方向转过 15° 以上，*B-B* 视图中主轴上的凸轮最低“台阶”转动到锁柱 14 位置，将转换轴的所有约束解除。由前第（2）项知，手轮若在“牵引”区域，则手柄事先应转动到“前”或“后”位：

- 假设手柄原来在“前”位，*A-A* 视图中，转换轴可逆时针转动 90°，即手柄可在“前”“Ⅰ”“Ⅱ”“Ⅲ”各位转动；
- 假设手柄原处在“后”位，*A-A* 视图中，锁柱 14 正好被卡入换向轴上“后”位的缺口中，换向轴在顺时针和逆时针方向都无法转动，因而手柄被锁在“后”位。

⑥ 手轮在“制动”区域时，即主轴由“0”位逆时针方向转动 15° 以上，*A-A* 视图中，

换向轴无约束。而由前述第（3）项知，手轮若要到“制动”区域，手柄必须先转动到“制”位。*B*-*B* 视图中，当主轴逆时针转动 15° 以上时，换向轴由图示位置逆时针转动 30°，手柄正好处于“制”位，这样，锁柱正好被卡入换向轴上凸轮的缺口，换向轴在顺时针、逆时针方向都不能动作，即手柄被锁在“制”位。

（3）触头闭合表要求的实现。

电逻辑即闭合表的要求是由主轴、转换轴、辅助触头盒及电连接来实现的，它们的结构分别如图 5.23 ~ 图 5.25 所示。

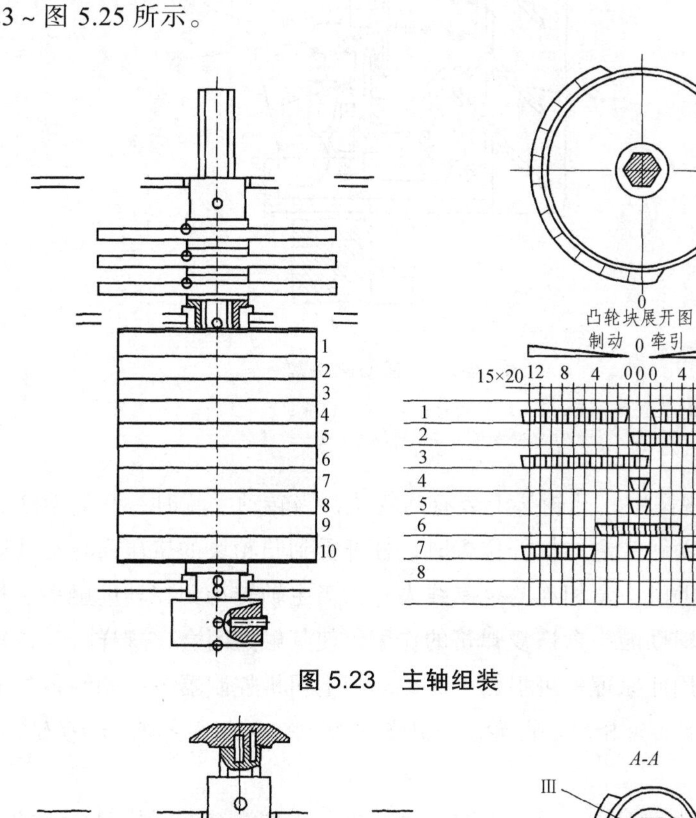

图 5.23 主轴组装

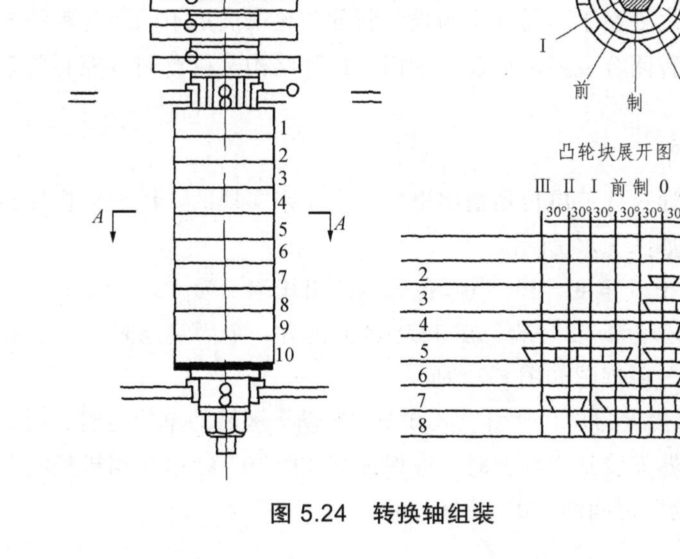

图 5.24 转换轴组装

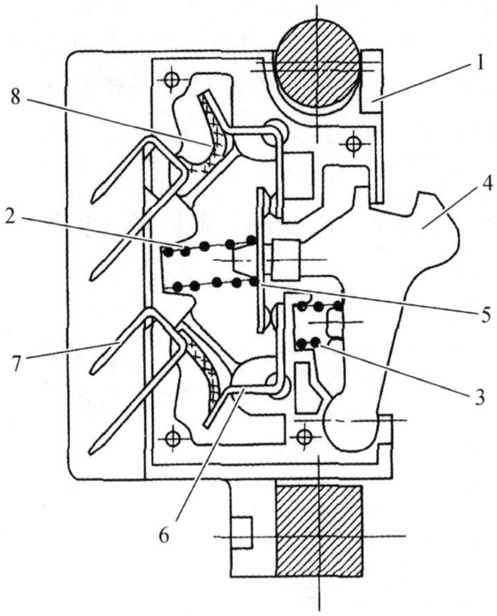

图 5.25 辅助触头盒

1—触头盒体和盖；2—触点弹簧；3—恢复弹簧；4—杠杆；5—动触头；
6—静触头；7—接线片；8—软连线

图 5.22 的 *D-D* 视图中，凸轮架上装有凸轮块，当转动手轮时，凸轮架随之转动，当凸轮块的位置转动到辅助触头盒的杠杆位置时，杠杆受到凸轮块的挤压而将与其连动的动触头顶开，此时，与该辅助触头盒相连的控制线失电；当主轴转动到在辅助触头盒杠杆处凸轮架上无凸轮块时，由于辅助触头盒恢复弹簧的作用，使其触点闭合，这样，与该辅助触头盒相连的控制线得电。利用此原理，可根据电路原理图上司机控制器各控制线得失电情况，在主轴、转换轴的凸轮架上布置相应的凸轮块（见图 5.23、图 5.24 中主轴、转换轴凸轮块展开图）以满足要求。

这种结构非常灵活、方便。对于不同型号的机车，可能有不同的闭合要求，使用这些系列司机控制器的方便之处在于不需要重新设计新的凸轮来满足不同闭合表的要求，只需要将凸轮块的位置按照各种闭合表要求拼装。因而，这种结构是机车司机控制器系列化、统一化的较理想的结构。

（4）电位器的调节。

手轮调速主要是通过调节电位器输出电阻的大小来实现的。该型司机控制器采用的是塑料导电膜，电阻分配如图 5.26 所示。

135° 区域为有效电气角度，30° “0” 位区域的出线端子为 “3” 端，60° “0” 位区域出线端为 “1” 端，135° 区域为 “2” 端。在 135° 区域内有一个固定电阻与一个均匀分布的同样大小的可调电阻，电气原理图如图 5.27 所示。

图 5.27 中的电阻代表的是 “牵引” 区域或 “制动” 区域的单边电阻，两边的结构以 “0” 位为中心对称。电位器安装到主轴上时，应保证其 30° “0” 位区与司机控制器面板上标牌所标明的 “牵引” “制动” 之间的 “0” 位区一致。

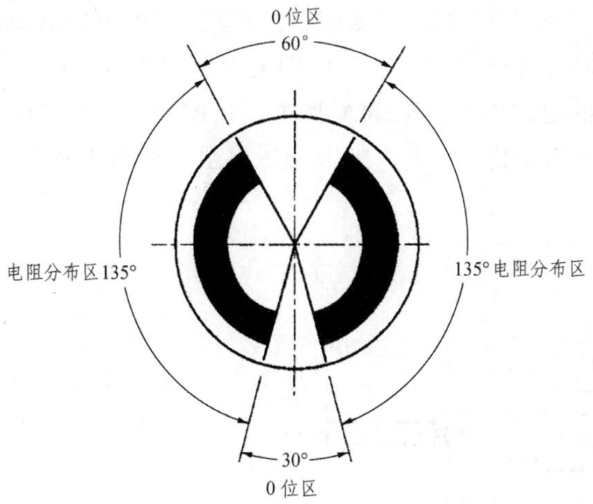

图 5.26　电位器电阻分布示意图

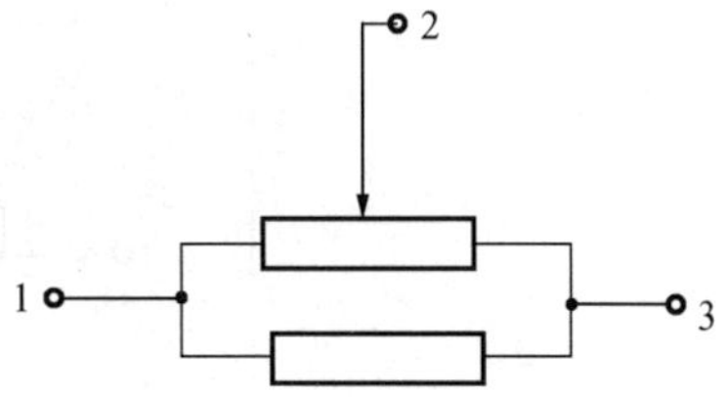

图 5.27　电位器原理图

调节步骤如下：

① 电位器“3”端接地，1 端加 15 V 直流电压，然后测量“2”“3”端电压。

② 调整电位器轴，使“2”“3”端电压在手轮处于“牵引”“0”位和“制动“0”位时，均不超过 0.1 V。

③ 拧紧紧定螺钉，并涂上红油漆防止松动。

3）TKS15A 型辅助司机控制器

TKS15A 型辅助司机控制器结构如图 5.28 所示。TKS15A 型辅助司机控制器在结构及原

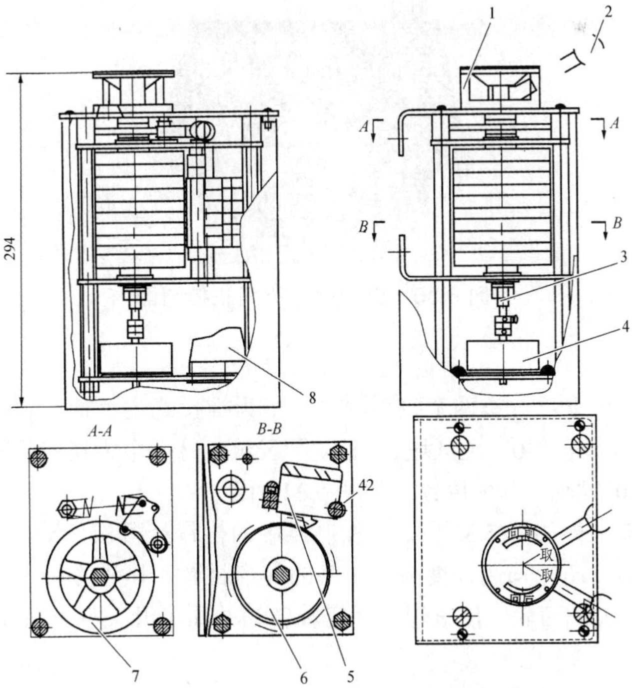

图 5.28　辅助司机控制器结构示意图

1—限位器；2—手柄；3—主轴；4—电位器；5—辅助触头盒；6—凸轮架；7—定位凸轮；8—插座

理上与 TKS14A 型主司机控制器基本相似，所不同的是，TKS15A 型辅助司机控制器只有一根轴，手柄共有“取”“向后”“取”“向前”4 个位置，“取”位即为辅助控制器的机械“0”位。手柄只能从“取”位插入或取出。它的电位器同 TKSl4A 型主司机控制器。但其限位器限制了手柄在“向前”或“向后”转动的最大范围为 75°，加上分压电阻（见图 5.29），司机操作该控制器最大只能到 4 级。

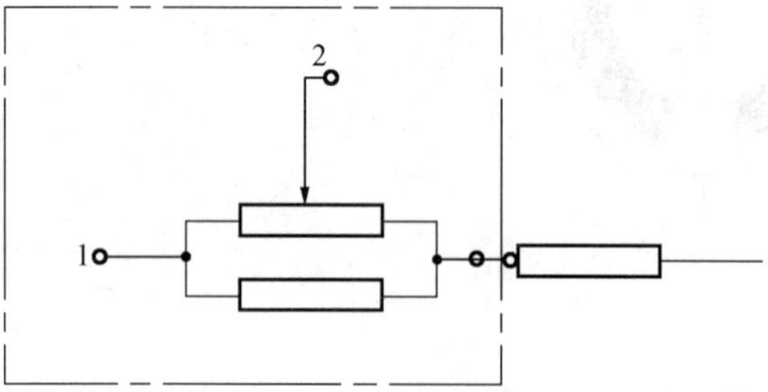

图 5.29　电位器与分压电阻连接原理图

1—电位器；2—分压电阻

3. HXD3 型电力机车司机控制器

HXD3 型电力机车两端司机室操纵台上各装一台 S640U-B 型司机控制器，如图 5.30 所示，该型司机控制器的特点：结构紧凑、体积小、质量轻、高可靠、长寿命、少维修或免维修。触头采用德国沙尔特宝公司先进的触头模块，为速动自净型、密封结构。司机控制器主手柄上设置有警惕按钮，而且该司机控制器还具有夜间挡位显示功能。

图 5.30　S640V-B 型司机控制器

1）结　构

从司机控制器面板上看：有两个控制器，一个为推拉式主手柄，它是机车调速用控制推杆，它分为“牵引”区域、“0”位区域、“制动”区域。另一个为换向手柄，它是用于机车换向操纵，有“后”“0”“前”3 个位置，如图 5.31 所示。

司机控制器内部结构如图 5.32 所示，控制器中的推杆经机械传动与六方轴连接，方轴转动带动每层凸轮转动。凸轮选用硬度高、耐磨的陶瓷材料，压入方轴上，各层凸轮根据闭合表要求，顶压速动开关的滚轮，使滚轮绕固定轴转动并压下开关使触头闭合（断开），完成机车操纵程序。

S640U-B 型司机控制器采用 S8472W2B 触头，具有以下特点：接点为速动型；封式结构；接点具有自净功能，可提高用作计算机信号时的可靠性。其结构外形如图 5.33 所示。

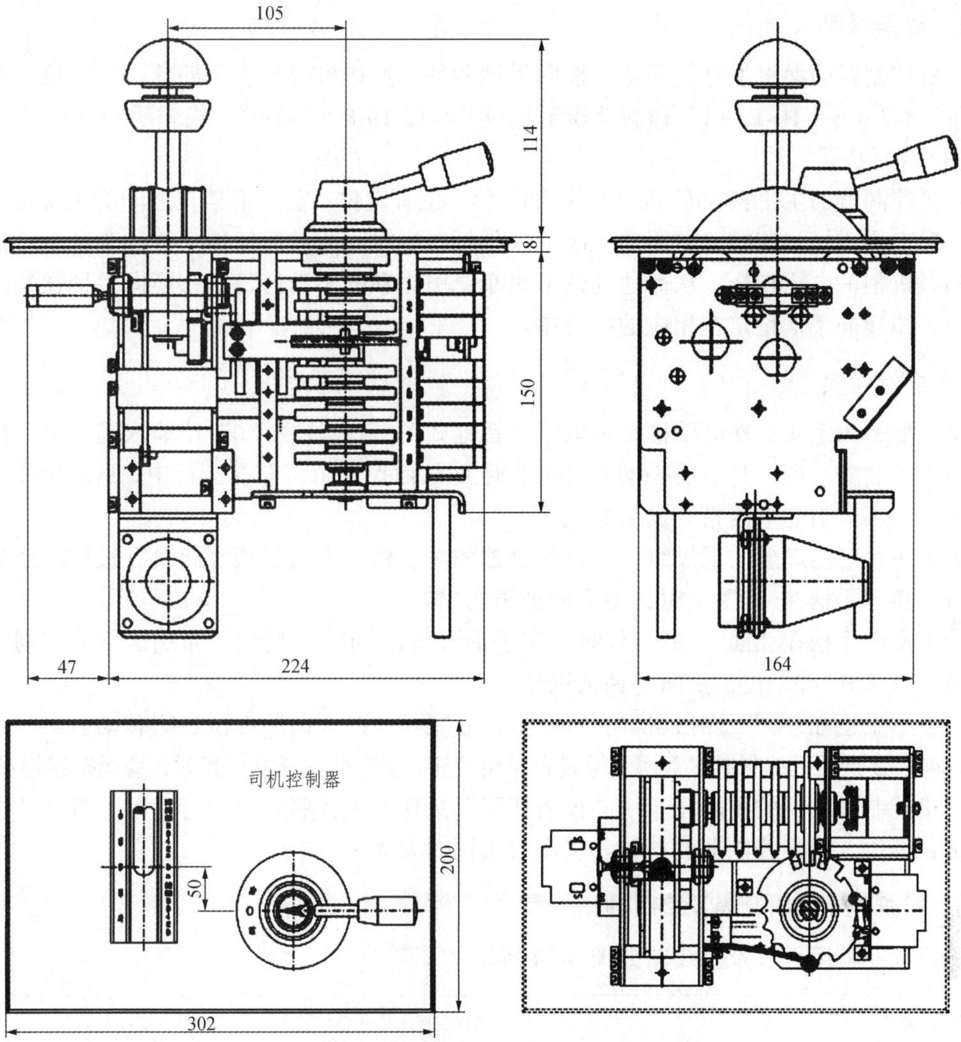

图 5.31　S640U-B 型司机控制器外形示意图

图 5.32　S640U-B 型司机控制器内部结构示意图

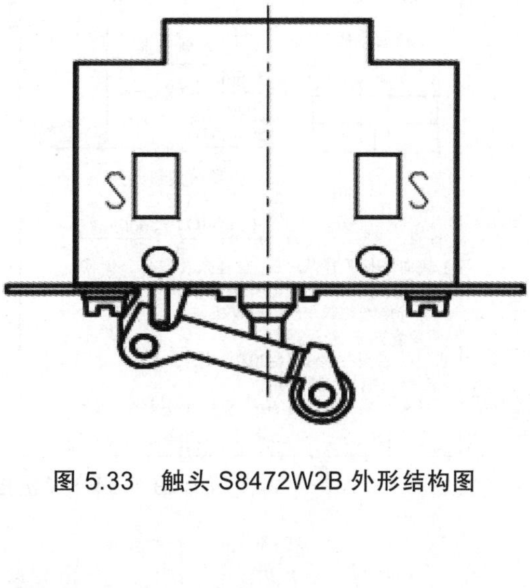

图 5.33　触头 S8472W2B 外形结构图

2）动作原理

司机控制器的面板上有主手柄、换向手柄两种可操作机构。主手柄有：“0”位、牵引指示挡位“*-2-4-6-8-10-12-13”和制动指示挡位“*-12-10-8-6-4-2-0”；换向手柄有：“后”“0”“前”3个挡位。

司机控制器的主手柄在牵引指示的“0”“*”位有定位；在其他挡位之间为无级调节；在牵引工况下主手柄向前推，在制动工况下主手柄向后拉，通过齿轮传动带动驱动电位器调节输入到微机柜的电压指令，从而达到调节机车牵引力和电制动的目的；换向手柄在每个挡位均定位，使换向手柄稳定在相应的挡位中。

3）机械联锁

主手柄是固定式；换向手柄是可取式（钥匙式），且只能在“0”位插入或取出。整台机车的司机控制器合用一只活动手柄（钥匙手柄），从而保证了机车在运行中，只能操作一台司机控制器，不致引起电路指令发生混乱。

为了防止可能产生的误操纵，司机控制器的主手柄与换向手柄之间设有机械联锁装置：

（1）换向手柄在“0”位时，主手柄被锁在“0”位。

（2）换向手柄在“前”“后”位时，主手柄可离开“0”位转向“牵引区”或“制动区”，主手柄一旦离开“0”位，换向手柄被锁住。

（3）主手柄在“0”位时，换向手柄可以在“后”“0”“前”各位之间转动。

S640U-B型司机控制器主手柄上设置有警惕按钮。主手柄在任意位置时，警惕按钮均可按下。

司机控制器挡位的夜间显示用“仪表照明”扳钮开关控制。夜间行车时，打开“仪表照明”扳钮开关，司机控制器的挡位和机车仪表同时发光。

4）司机控制器闭合表及接线图

司机控制器闭合表及接线图如图5.34所示。

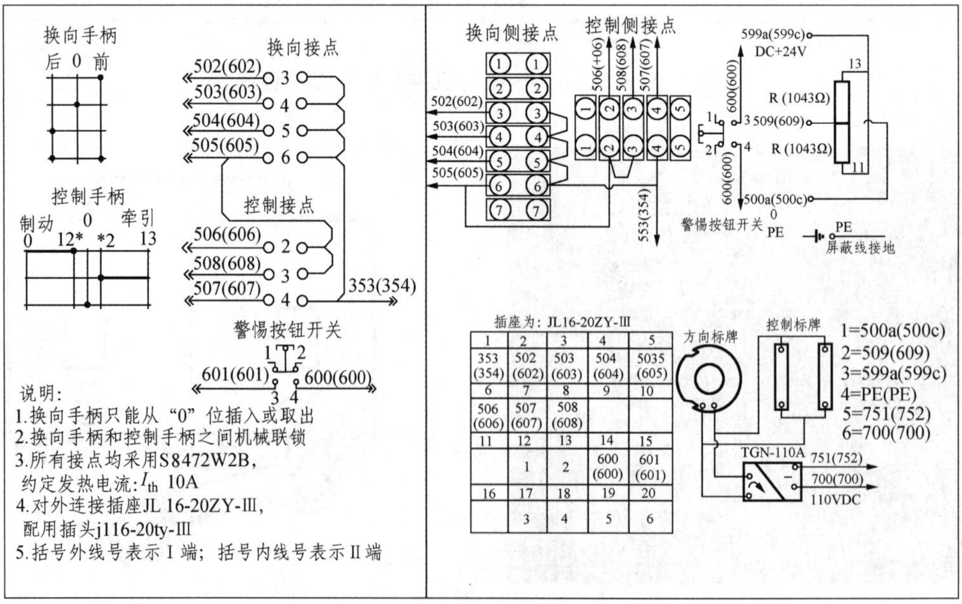

图5.34 司机控制器闭合表及接线图

5）主要技术参数

（1）触头 S8472W2B 参数：

额定电压（U_e）……………………………………DC 110 V

约定发热电流（I_{th}）……………………………………DC 10 A

额定电流（I_e）……………………………………DC 1.0 A

（2）电位器参数：

输出电位器采用德国 FSG 公司原装进口电位器 PW70：

电阻值……………………………………$R = 2 \times 1\ 043\ \Omega$

线性度……………………………………1%

功率……………………………………4 W（20 °C）

使用环境温度……………………………………－50～＋80 °C

绝缘电压……………………………………550 V AC　50 Hz

机械寿命……………………………………1×10^9 次

（3）手柄参数：

主手柄操作力……………………………………不大于 20 N

换向手柄操作力……………………………………不大于 20 N

（4）防护等级（污染等级 3）：

整机……………………………………IP00

触头 S8472W2B……………………………………IP00（接线部分）

IP60（触点部分）

（5）逆变器输入电压：……………………………………110VDC

（6）寿命：

机械寿命……………………………………$> 1 \times 10^6$ 次

电器寿命……………………………………$> 1 \times 10^5$ 次

（7）质量……………………………………约 10 kg

（8）接线方式：

① 触头（司控器内部）……………………………………M3 螺钉

② 司控器对外连接

司控器内部（20 芯插座）……………………………………JL16-20ZY-III

操纵台（20 芯插头）……………………………………JL16-20ZY-III

二、扳键开关

扳键开关是司机操纵、控制机车的重要部件。按照机车的控制需要，由若干个扳钮开关组成扳钮开关组，安装在操纵台上。

1. SS_{4G}型电力机车扳键开关

为符合标准化司机室的要求，在国产电力机车中开始采用扳键开关来代替传统的琴键开关。在机车每端司机室的操作台上安装两组扳键开关组，分别为位于主司机前方的扳键开关组 1 和位于主司机右前方的扳键开关组 2。

1）结　构

（1）扳键开关组 1。

扳键开关组 1 由 12 个单体扳键开关组组成，包括的开关组有起动类和照明类（见图 5.35），其中起动类由 7 种开关组组成，分别是：主断、受电弓、劈相机、压缩机、通风机、制动风机和备用压缩机开关；另外还有一个司机钥匙开关，该开关是司机选择操纵端的依据，同时为起动类控制线路提供电源的总开关，司机钥匙与起动类开关还具有机械联锁的功能，能将开关组中的起动类开关的操作手柄锁住，这样，在没有操纵权时，这些开关就不能任意地进行开关动作，能有效地防止因误操作带来的安全隐患。

扳键开关组 1 对外的电气接口是通过两个 20 芯的插头插座来实现对外的电气连接，该接口插件位于扳键开关组下方。

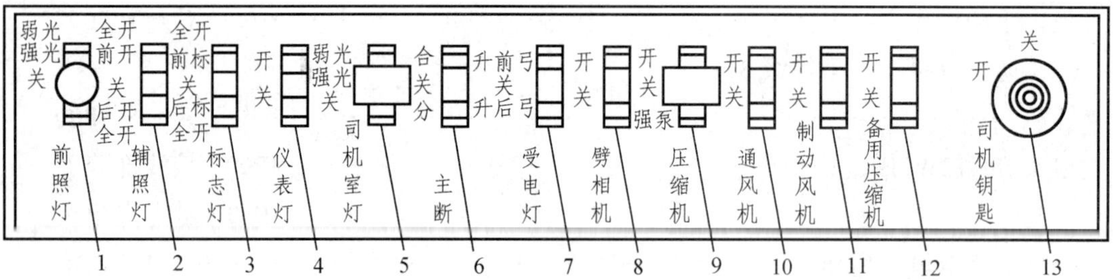

图 5.35　扳键开关组 1

1—前照灯开关；2—辅照灯开关；3—标志灯开关；4—仪表灯开关；5—司机室灯开关；6—主断开关；7—受电弓开关；8—劈相机开关；9—压缩机开关；10—通风机开关；11—制动风机开关；12—备用压缩机开关；13—司机钥匙开关

（2）扳键开关组 2。

扳键开关组 2 由 3 个照明类单体扳键开关组组成（见图 5.36），分别是：各室灯开关、走廊灯开关和备用开关。该 3 种开关均为两位置的，且均为自锁式的。

扳键开关组 2 的电气接口通过一个 10 芯接插件完成对外电气连接。

（3）单体扳键开关。

组成扳键开关组的各单体扳键开关的结构如图 5.37 所示，其位数设置有 3 种，分别是两位、三位和五位。其中两位置的在扳键开关组 1 中有仪表灯、劈相机、通风机、制动风机和备用压缩机开关，在扳键开关组 2 中有备用、各室灯和走廊灯开关；三位置的在扳键开关组 1 中有前照灯、司机室灯、主断、受电弓和压缩机开关；五位置的在扳键开关组 1 中有辅照灯和标志灯开关。

各单体扳键开关的形式分为自复式和自锁式两种，其中自复式的有扳键开关组 1 中的主断开关和压缩机强泵风开关；扳键开关组 1 中的其余各单体开关和扳键开关组 2 中的所有开关均为自锁式的。

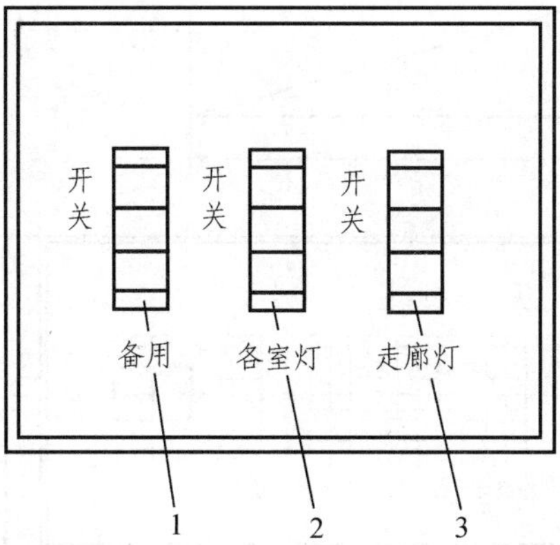

图 5.36　扳键开关组 2

1—备用开关；2—各室开关；3—走廊灯开关

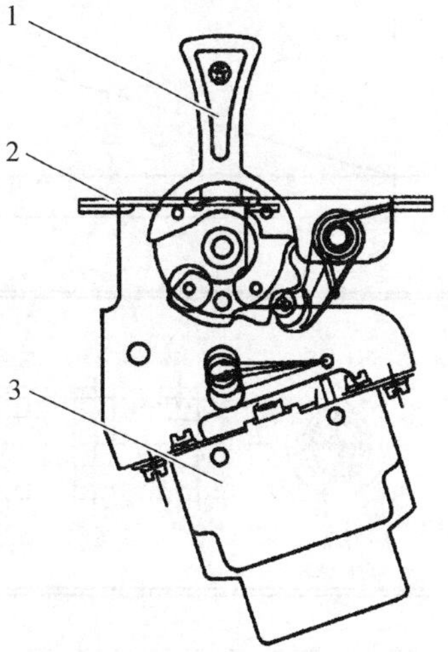

图 5.37　单体扳键开关构成

1—手柄；2—安装骨架；3—微动开关

单体扳键开关分别由手柄、安装骨架和微动开关组成。其中手柄共有 4 种，分别是 T 形手柄、球手柄、直手柄和标准手柄。其中前照灯开关的手柄为球手柄；司机室灯开关和压缩机开关的手柄为 T 形手柄；标志灯开关、辅照灯开关和仪表灯开关的手柄为直手柄；其余的单体开关手柄均为标准手柄。

2）主要技术参数

触点额定工作电压……DC 110 V
触点额定工作电流：
大容量触头扳钮开关……25 A（40 A）
小容量触点扳钮开关……1 A（2 A）
约定发热电流……10 A（20 A）
最大可靠分断电流……2 A（4 A）
最小可靠接通负载……12VDC、5 mA
（适合于接通及分断小电流信号）
机械寿命……不低于 20 万次

2. HXD3 型电力机车扳键开关

HXD3 型电力机车操纵台上安装有 S460W-B 型扳键开关组。

1）结　构

S460W-B 型扳键开关组外形结构如图 5.38 所示，开关组闭合表如图 5.39 所示。

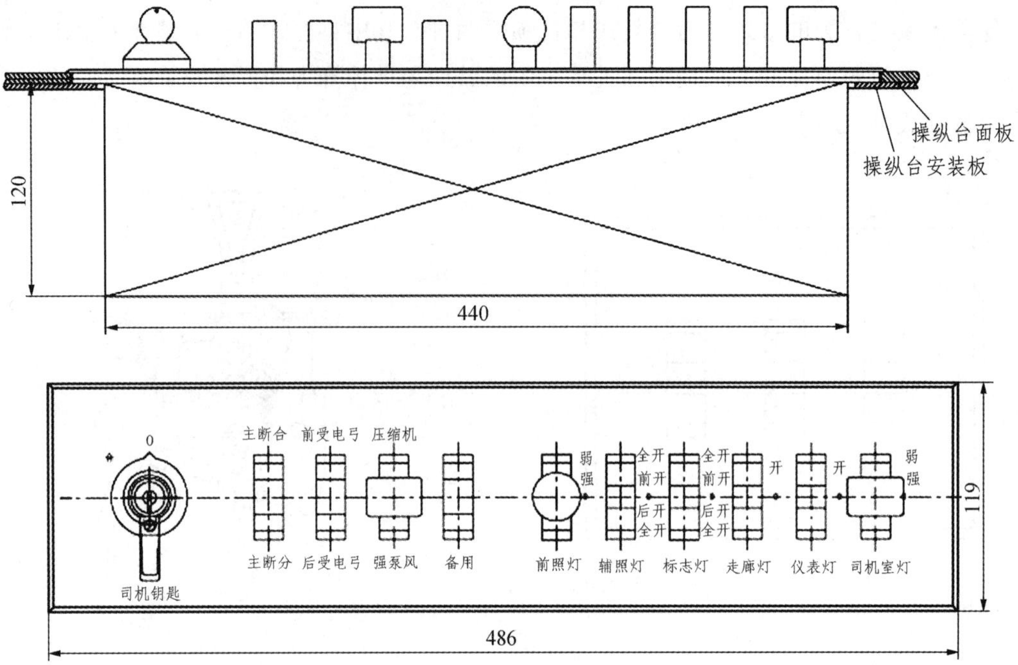

图 5.38　S460W-B 型扳键开关组外形和结构图

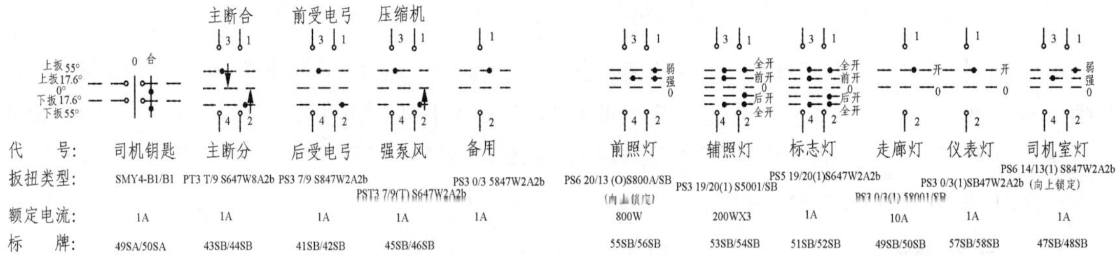

图 5.39　S460W-B 型扳键开关组闭合表

为了防止可能产生的误操作，S460W-B 型扳键开关组设置有机械联锁装置，具体联锁如下：

（1）当钥匙转换开关处于“0”位时，扳键开关均被锁定，不能进行操作。

（2）当钥匙转换开关处于“合”位时，扳键开关能够正常操作。

（3）当操作完毕后必须将扳键开关打至中立位，方能将钥匙转换开关“司机钥匙”锁闭。

触头 S847W2A2b、S800A/SB 外形图如图 5.40 所示。

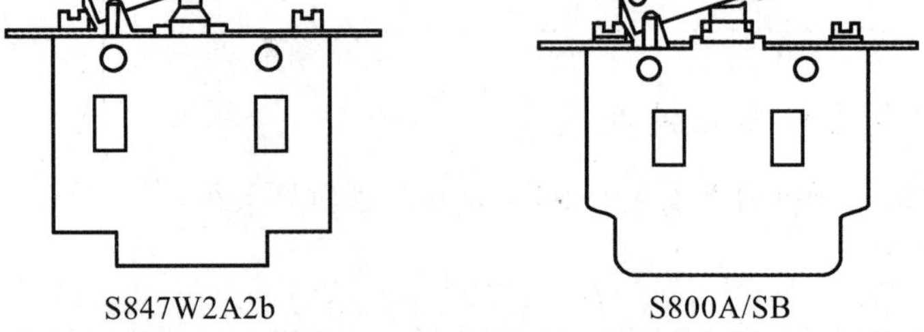

图 5.40　触头 S847W2A2b、S800A/SB 外形图

2）技术参数

（1）触头 S847W2A2b 参数：

额定电压……………………………………………………………DC 110 V

约定发热电流（I_{th}）……………………………………………DC 10 A

额定电流（I_e）……………………………………………………DC 1 A

（2）触头 S800A/SB 参数：

额定电压……………………………………………………………DC 110V

约定发热电流（I_{th}）……………………………………………DC 20A

额定电流（I_e）……………………………………………………DC 10A

（3）防护等级（污染等级 3）（整机）：

速动开关 S847W2A2b（接线部分）……………………………IP00

速动开关 S847W2A2b（触点部分）……………………………IP60

速动开关 S800A/SB（接线部分）………………………………IP00

速动开关 S800A/SB（触点部分）………………………………IP40

（4）寿命：

机械寿命……………………………………………………$>1\times10^6$ 次

电器寿命……………………………………………………$>1\times10^5$ 次

三、蓄电池

1. 概　述

蓄电池是化学能与电能互相转换的装置，它能把电能转变为化学能储存起来，使用时再把化学能转变为电能，而且变换的过程是可逆的。以上两个过程前者叫作充电，后者叫作放电。

根据极板所用材料和电解液性质的不同，蓄电池一般可分为酸性（铅）蓄电池和碱性蓄电池两大类。碱性蓄电池按其极板活性物质的不同，又可分为铁镍蓄电池和镉镍蓄电池等系列。

韶山系列电力机车均采用 GN-100 型镉镍碱性蓄电池组，它由 74 个蓄电池串联而成，每个蓄电池的标称电压为 1.25 V，容量为 100 A · h，蓄电池组的标称电压为 92.5 V；HXD3 型电力机车电源柜装有 49 块 DM-170 型阀控式密封铅酸蓄电池，单体额定电压为 2 V，容量为 170 A · h。

2. 镉镍碱性蓄电池组

1）作　用

韶山型电力机车的蓄电池组是机车上直流电源的辅助电源，并兼做可控硅稳压电源的滤波元件。在升弓前及可控硅稳压电源发生故障时，由蓄电池组向机车控制电路供电。

2）型号及含义

GN-100 型：其中 G——镉（负极板材料）；N——镍（正极板材料）；100——蓄电池容量（A · h）。DM-170 型：D——电力机车用；M——密封式；170——10 h 率额定容量（A · h）。

3）结构组成

蓄电池主要由两种不同金属组成的正、负极板和电解液和容纳极板及电解液的电槽组成，如图 5.41 所示。

蓄电池的正、负极板用穿孔钢带制成的匣子分别装入正、负活性物质（氧化镍、镉铁合金等）构成，带上的小孔用于排出充电时所形成的气体，便于电解液的流通。正、负极板分别焊在各自带有接线柱的汇流排上，组成极板组。安装时将正、负极板交错排列并采用硬橡胶棍隔离，再通过各自的引线端柱紧固于槽盖上。正极板与电槽直接相连，负极板与电槽绝缘，故负极板比正极板略窄，以防负极板与电槽相连，形成正、负极板间短路。由于正极板活性物质单位质量的电容量少于负极板的活性物质，故在镉镍蓄电池中，正极板比负极板多一片，即 6 片正极板，5 片负极板。

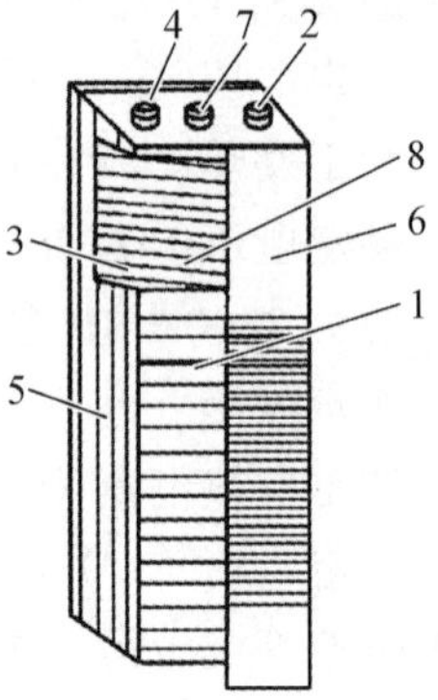

图 5.41 GN-100 型镉镍碱性蓄电池结构

1—正极板；2—正极板引线端；3—负极板；4—负极板引线端；5—硬橡胶辊；6—电槽；7—带有开关作用的螺丝塞；8—电解液

电槽用镀镍钢板制成，由于碱性电池的电槽本身也是一个电极，所以必须注意各电池之间及电池与地之间的绝缘，以防短路。槽盖上有 3 个小孔，左、右两孔用于引出正负极柱，并在正极柱旁注明有“+”号标志；中间一个为注液孔，孔内装有带开关作用的气塞。气塞有 3 个作用：一是可防止外部空气中二氧化碳侵入后产生碳酸盐，降低电池容量；二是可防止蓄电池短时翻转时电解液外流；三是能使电池内部的气体增加到一定量时通过气塞排出，以免电池中气压过高。

电解液是根据使用蓄电池的环境温度配置的，使用合理，可以延长蓄电池的寿命，保证其额定容量。

4）充电制

机车在运行一段时间以后，当蓄电池电压低于终止电压（一般规定终止电压为 1.1 V）时，蓄电池不适宜继续放电，应及时充电，并需补充蒸馏水或电解液。蓄电池以恒定的电流充电时，其充电制有初充电制、标准充电制和快速充电制 3 种。

对 GN-100 型镉镍碱性蓄电池，不同充电制时的充电电流和充电时间如下：

（1）初充电制：25 A 充 6 h，再用 12.5 A 充 6 h（放电时用 12.5 A 放 4 h）。

（2）标准充电制：25 A 充 7 h。

（3）快速充电制：50 A 充 2.5 h，再用 25 A 充 2 h。快速充电方法仅在特殊情况下使用，不能作为经常的充电制度。

（4）过充电制：25 A 充 9 h。

若充电电流及时间不定则称浮充电。可控硅稳压电源正常工作时蓄电池处于浮充电的工作状态。

5）注意事项

（1）在乘务员回段交车时，应先检查监控屏上辅助电源状态，如发现红色警告灯亮，应立刻通知维修人员检查维修。此点很重要，因为现在机车上的程序设置使得一旦切除蓄电池，微机重新起动，显示屏上的警告灯就会消除，造成故障警报不易被发现。目前已出现的故障就有多次是由于单个单元故障没有及时发现解决，而在备用单元也出现故障时，造成充电装置的瘫痪。所以乘务员交车及接车时应检查辅助电源，保证机车运用前 PSU 两组均工作正常。

（2）行车过程中，定期观察机车显示屏上显示的蓄电池电压，发现其电压值长时间（半小时）低于 108 V 时，应引起注意，查看 TCMS 显示屏上辅助电源状态是否指示充电装置故障，及时采取应急措施。

（3）在没有起动充电器充电的情况下长时间使用蓄电池工作，造成电池亏电。

① 站内检修及扣车时，长时间使用直流用电设备，如照明（包括头灯等），风扇，微机设备等时，直接使用车载蓄电池供电，而不是使用外接直流电源。

② 不必要的情况下启用直流加热设备。

③ 电池出现过放电的情况后，没有进行均衡充电，将造成电池的蓄电量下降，输出电压降低，内阻增大，热损耗增加。

在无弓网供电的情况下长时间使用蓄电池照明的时间总计不应超过 3 h，在有可能对机车进行长时间检修的情况下应外接库用电。

四、自动开关

1. 概　述

自动开关又称自动空气断路器，是一种结构较为复杂、动作性能较为完善的配电保护电器。它能自动切断短路、严重过载、电压过低等故障电路，有效地保护接在它后面的电器设备；同时亦可用它来手动非频繁地接通和分断正常电路。

与其他开关电器相比较，自动开关具有以下特点：

（1）能开断较大的短路电流，分断能力较强。

（2）具有对电路过载、短路的双重保护功能。

（3）允许操作频率低。

（4）动作值可调，动作后一般不需要更换零部件。

2. 自动开关的基本结构

根据各类自动开关的共同功能，它们在结构上必然具备以下几个基本部分：

1）触头系统

触头系统是自动开关的重要部件，主要承担电路的接通、分断任务。

对触头系统的一般要求是：能可靠地接通和分断一定次数的极限短路电流及额定电流以下的任何电流；具有一定的电寿命，不需要经常更换触头；有足够的热稳定性和电动稳定性，不会因长期使用后触头接触不良导致温升过高或不能经受极限短路电流的冲击而自动弹开。

因此，自动开关比接触器的触头结构和触头材料要求都要高得多。

2）灭弧系统

灭弧系统主要有纵窄缝灭弧装置和去离子栅灭弧装置两种。

各类灭弧装置的灭弧方法可概括为长弧熄弧法（将电弧冷却、拉长）和短弧熄弧法（将电弧分割成串联短弧，利用直流电弧的极旁压降或交流电弧的近阴极效应来熄弧）。

对灭弧系统而言，一般应具备下列功能：短时间内应可靠熄弧，并保持良好的绝缘性能；喷出的电弧火花距离小，以免造成相间飞弧；有足够的热容量，使之在电弧高温作用下不致产生变形、碎裂或灭弧室及栅片严重烧伤；有足够的机械强度，保证在受高温、合闸或冲击振动及运输情况下不会碎裂、缺损。

3）传动机构

传动机构用于操纵触头的闭合和断开。传动机构有手操纵直接传动式、手操纵弹簧传动式、电磁铁传动、电动机传动、压缩空气传动等几种。

4）自由脱扣机构

它是与触头系统和保护装置相联系的，通过自由脱扣机构的作用可使触头自动断开。“自由脱扣”是指人为操纵手柄处于闭合位置，当手还未离开手柄就发生短路、过载和欠电压等故障时，保护装置作用于自由脱扣机构，自动开关也能自动断开，起保护作用。

5）脱扣器

脱扣器用于检测故障并作用于操作机构，使其脱扣，带动自动开关的触头断开。

自动开关通常采用电磁脱扣器和热脱扣器两种。

电磁脱扣器分为过电流脱扣器和欠电压脱扣器，它们实际上是一个小型电磁机构，现以过电流脱扣器为例说明其动作原理。当被保护电路发生过载或短路故障，电流增加并达到整定值时，衔铁吸合，使脱扣杆钩子与主杠杆脱扣，自动开关断开，切除过载或短路故障，保护电气设备不受损坏。电磁脱扣器的动作电流值可根据需要调整反力弹簧来整定，它具有动作电流大，调节范围宽，动作时间短（一般为 10 ~ 40 ms）等特点，可用作短路保护。

热脱扣器是由热元件和双金属片等组成。电流通过热元件产生电阻损耗而发热，其温度升高，加热双金属片。双金属片是一个将热能转换为机械能的组件，如图 5.42 所示。它由两种不同膨胀系数的金属片焊接而成，其中，膨胀系数较大的金属片贴近热元件。双金属片一端固定，另一端处于自由状态。当热组件由于间接加热或直接通电流加热时，即将热能传递给双金属片，双金属片受热后温度升高。由于两种金属片膨胀系数不同，结合面的伸长要相同，迫使双金属片向着膨胀系数较小的一侧弯曲。双金属片弯曲时产生作用力作用于脱扣杆的钩子上，使之脱扣，自动开关断开，即可保护电气设备不因过载而损坏。由于双金属片是因受热而弯曲，所以双金属片弯曲时作用于脱扣机构的动作时间与过载电流大小有关。电流大动作时间短，电流小动作时间长，即动作时间与电流大小近似成反比。

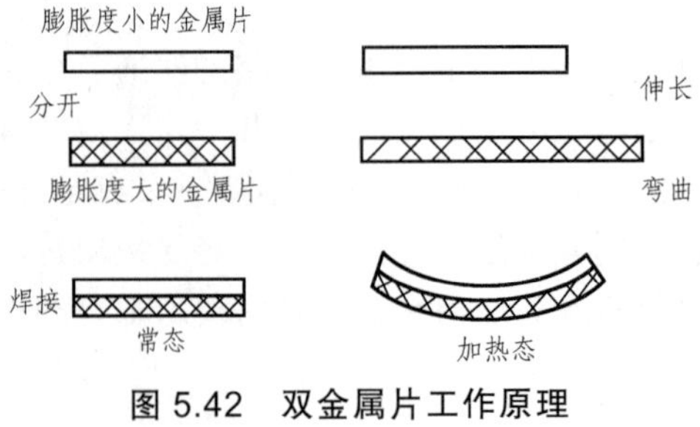

图 5.42 双金属片工作原理

3. 自动开关的工作原理

自动开关的主触头靠操作机构（手动或电动）合闸，自由脱扣机构是一套连杆机构，当主触头闭合以后，将主触头锁在合闸位置，其工作原理如图 5.43 所示。

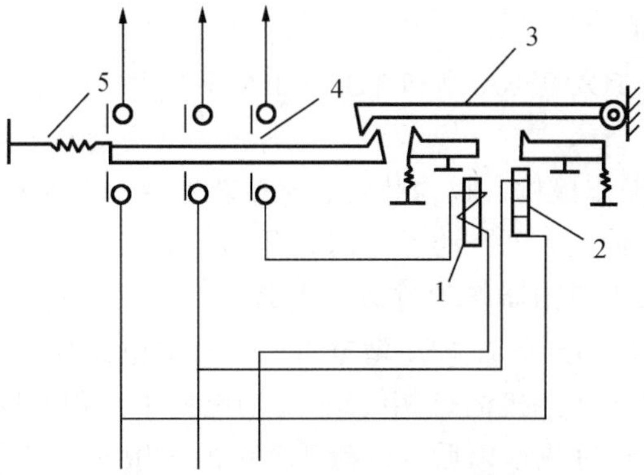

图 5.43 自动开关工作原理图

1—过电流脱扣器；2—失压脱扣器；3—自由脱扣机构的锁钩；4—主触头；5—开断弹簧

在正常工作情况下，自由脱扣机构的锁钩 3 扣住触头杆，使主触头 4 保持在合闸位置。

过电流脱扣器 1 的电磁线圈与被保护电路串联，在正常电流下，脱扣器的弹簧力使衔铁释放；当过载或短路时，强大的电磁吸力使衔铁吸合，带动衔铁另一端的顶杆向上运动，顶开自由脱扣机构中的锁钩 3，在开断弹簧 5 的作用下，主触头 4 迅速开断，将故障电路分断。

失压脱扣器 2 的电磁线圈与被保护电路并联。在正常电压下，衔铁吸合，锁钩 3 不脱扣；当失压时，电磁吸力很小，在失压脱扣器弹簧力的作用下，衔铁释放，其顶杆顶开锁钩 3，主触头 4 在开断弹簧 5 的作用下迅速开断，切断电路。

4. 自动开关在电力机车上的作用及应用

在电力机车上，为便于维修和检查故障，自动开关用于手动非频繁地切换正常电路，同时也对辅助电路和控制电路进行过载、短路保护。这里以 SS_{4G} 型电力机车和 HXD3 型电力机车为代表，分别介绍两种车型上自动开关的使用情况。

1）SS_{4G} 型电力机车的自动开关

（1）TH-5SB 型自动开关。

SS_{4G} 型电力机车采用 TH-5SB 型自动开关作为辅助电路单相负载的过载和短路保护。

TH-5SB 型塑壳式单极自动开关由手柄、操作机构、脱扣装置、灭弧装置及触头系统等组成。全部结构除接线处外均装于塑料外壳内，外壳上仅露出作为“分”“合”闸的操作手柄。接触系统采用银镉触头，装有带灭弧铁栅片的灭弧室。操作机构采用四连杆机构，正常分闸和脱扣器跳闸时，其反作用力不作用在同一零件上，故能提高开关寿命。自动开关采用热双金属片式脱扣器，作为过载和短路保护执行机构。

TH-5SB 型单极自动开关主要技术参数如下：

额定电压……………………………………DC 110 V/AC 380 V

脱扣器类别……………………………………热双金属片式

脱扣器额定电流……………………………10，15，20，30，40，50A

短路通断电流………………………………DC 125 V，1 000 A

AC 240 V，3 000 A

（2）TO 系列自动开关。

SS_{4G} 型电力机车采用 TO-100BA 型和 TO-225BA 型自动开关作为各辅助电路单相、堵转、短路等故障保护。

TO 系列自动开关由操作机构、脱扣装置、灭弧装置及触头系统等组成。3 个动触头通过支架固装于同一个绝缘方轴上，3 个动触头同时开断。每相都有一独立灭弧室，灭弧罩采用铁栅片式。采用热动电磁式脱扣器作为过载和短路保护的执行机构。

例如，TO-100BA 型自动开关在 SS_4 型电力机车辅助电路作辅助机组过电流保护时，自动开关的三相触头依次串接在电机的三相绕组中，当电机中出现相间短路或绕组匝间短路时，故障引起电机电流上升，延时数秒以后，自动开关中的热敏元件动作，使热动-电磁式脱扣器脱扣，其触头切断电机电源，达到保护电机、防止故障恶化的目的。

2）HXD3 型电力机车的自动开关

HXD3 型电力机车采用西门子 5SJ52 型自动开关作为配电线路、负载、照明等电器设备的过载及短路保护。

5SJ52 型自动开关外形如图 5.44 所示，其外壳采用热固性材料制成，具有很高的耐热性和抗冲击强度，绝缘强度高，体积小，质量轻。安装部件采用金属片和弹簧，可以安全牢固地卡装在标准导轨上。5SJ52 型自动开关由操作机构、脱扣装置、灭弧装置及触头系统等组成，内部结构如图 5.45 所示。其中，触头系统为银合金材料（银锡或银石墨），真正做到了无熔焊；动触头通过支架固装在绝缘方轴上，3 个动触头同时开断。采用热动电磁式脱扣器作为过载和短路保护的执行机构；灭弧装置由动触头锁定片、引弧导板、磁吹金属片和金属灭弧栅片等部件构成，灭弧室中有多达 13 片的金属栅片，可迅速将电弧熄灭，平均短路分断时间仅为 3.7 ms。

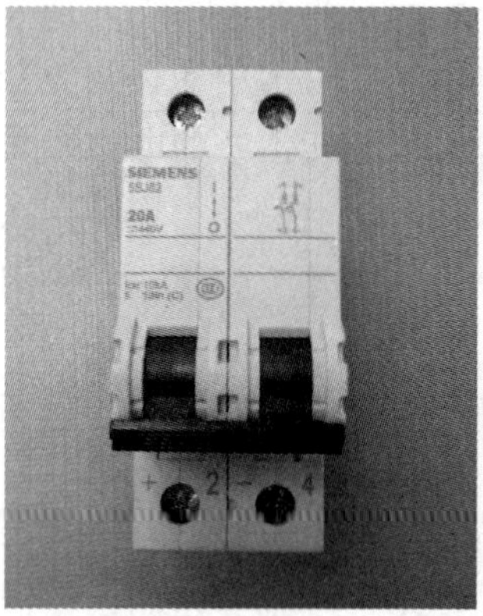

图 5.44　5SJ52 型自动开关外形图

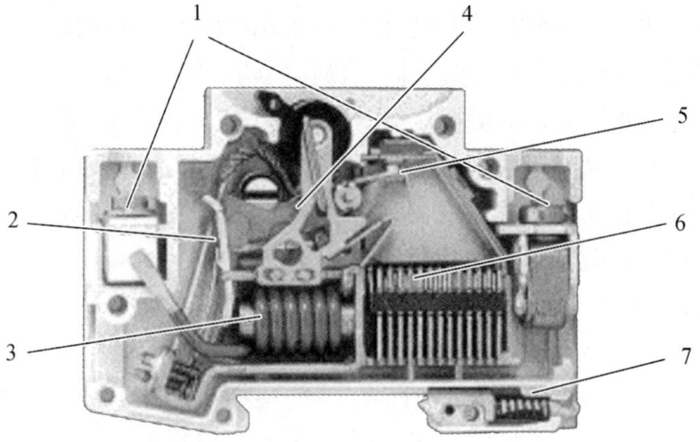

图 5.45　5SJ52 型自动开关结构图

1—组合型接线端子；2—用于过载保护的热双金属片；3—用于短路保护的电磁脱扣器；4—机械锁定和手柄装置；5—触头系统；6—快速灭弧系统；7—外壳和卡轨部件

5SJ52 型双极自动开关主要技术参数如下：

额定绝缘电压……………………………………………………………690 V

脱扣器类别……………………………………………………………热双金属片式

脱扣器额定电流…………………………………………………………63 A

本章小结

接触器的用途很广，种类也很多，是自动控制中不可缺少的组件。在电力机车上采用了大量的交流接触器及真空接触器。对于交流接触器，因为机车本身有直流电源，所以采用了直流控制的方法。对于电力机车用接触器，应掌握其型号、作用及结构上的特点，理解其工作原理，以作为机车运用及检修的基础。

继电器在电力机车上应用的种类比较多，作用也很重要，是电力机车控制系统中不可缺少的器件。继电器由于其本身特点不同于接触器，要准确理解继电器的基本参数中有关动作值、释放值、整定值及返回系数的定义。电力机车上所用的继电器有电磁式和机械式两种，要求对各继电器的型号、作用、结构特点及整定值调整方法重点掌握及理解。

电力机车上所用到的一些低压电器，主要用于机车电路的控制、检测与保护。司机控制器是对电力机车发出指令的电器；扳键开关是司机操纵、控制机车的重要部件；蓄电池是化学能与电能互相转换的装置；自动开关是电力机车上常用的保护装置。

复习思考题

一、填空题

1. 接触器主要由____________、___________、__________组成。

2. 接触器按线圈接入电路的方式分为_______________、_________________。

3. 接触器按通断电流的性质可分为_______________和_________________。

4. 交流电磁接触器的主触头多采用___________________的形式。

5. SS_{4G} 型电力机车中使用真空接触器的目的是_________________。

6. 从继电器的工作原理考虑，继电器一般由_______、_______、_______等部分组成。

7. 继电器常用于电力机车的______电路中。

8. JT3 系列时间继电器有___________、__________、__________等 3 种延时时间。

9. TJJ2-18/21 型继电器有两个线圈，分别称为___________和_____________。

10. 电磁式继电器的测量机构是_________，执行机构是_________，它在电力机车上得到广泛的应用。

11. 在 SS_{4G} 型电力机车上共装有______个 TJJ2-18/21 型接地继电器，对主电路进行接地保护。

12. 司机用来操纵机车运行的主令电器是______________。

13. TKS14A 型司机控制器的换向手有____、____、____、____、____、____、____7 个工作位置，调速手轮有_______、_________以及________3 个工作位置。

14. TKS14A 型司机控制器换向手柄只能在________位时，才能插入和取出。

15. TKS14A 型司机控制器的换向手柄在___________位时，调速手轮可在“制动”区域转动。

16. TKS14A 型司机控制器的调速手轮在______位时，换向手柄可在“0”“前”“后”“制”各位间任意转动。

17. TKS14A 型司机控制器的手轮调速主要是通过调节_______来实现的。

18. SS_{4G} 型电力机车的主司机控制器和辅助司机控制器在结构上都属于___________控制器。

19. TKS14A 型主司机控制器主轴用于__________。

20. 自动开关的过流保护方式有两种：一是电磁脱扣；二是__________。

21. 自动开关对电路_____________、短路具有双重保护。

二、选择题

1. （　　）一般由动、静主触头等组成，用于直接控制相应电路的通断。

   A. 联锁触头　　B. 辅助触头　　C. 主触头

2. （　　）是接触器在无负载操作下无零部件损坏的极限动作次数。

   A. 电器寿命　　B. 机械寿命　　C. 操作频率

3. EVS630/1-110DC 的控制电源的电压为（　　）。

   A. DC110 V　　B. DC630 V　　C. DC700 V

4. 触头如有开焊、裂缝或磨损到原厚度（　　）的情况时，则应更换触头。

   A. 2/3　　B. 1/3　　C. 1/2

5. 接触器组装后，应测量触头开距，超程及压力，电压为（　　）时，接触器动作应灵活可靠，传动机构及触头系统的工作正常。

   A. 110 V　　B. 100 V　　C. 88 V

6. 下列关于接触器的说法正确的是（　　）。

   A. 可进行远距离控制　　B. 不能断开过载电流

   C. 不能频繁动作

7. 对于大部分继电器来说，输入量可以是（　　）。

   A. 电量　　B. 非电量　　C. 都可以

8. 继电器一般采用（　　）接触形式，体积和质量也比较小。

   A. 点　　B. 线　　C. 面

9. JT3-21/5 型时间继电器延时时间的细调可通过（　　）实现。

   A. 更换阻尼套　　B. 调节反力弹簧

   C. 调节非磁性垫片　　D. 以上 3 种方式

10. TJJ2-18/21 型接地继电器用作电力机车的（　　）保护。
A. 主电路接地　　B. 辅助电路接地
C. 控制电路接地

11. JL14-20J/1200 型交流继电器在电力机车上可起（　　）作用。
A. 主电路原边过流保护　　B. 主电路副边过流保护
C. 辅助电路过流保护

12. TJV1-7/10 型风速继电器风叶相当于继电器的（　　）。
A. 测量环节　　B. 比较环节　　C. 执行环节

13. TJY5-0.3/10 型风道继电器采用（　　）传动形式。
A. 气缸传动　　B. 薄膜传动　　C. 电磁传动

14. TJJ2-18/21 型接地继电器的恢复线圈所起的作用是（　　）。
A. 通电产生电磁吸力，使衔铁吸合
B. 断电后电磁吸力消失，使衔铁释放
C. 短时间通电使连锁触头复位，指示杆恢复进入罩内

15. SS 系列电力机车蓄电池组由 74 节蓄电池串联组成，总电压为（　　）。
A. 96 V　　B. 92.5 V　　C. 94 V

16. 标准化司机室内的按键开关为自锁开关采用（　　）的单体开关
A. 琴键式　　B. 板键式　　C. 按钮式

17. SS_{4G} 电力机车的蓄电池组总电压不得低于（　　）。
A. 60 V　　B. 70 V　　C. 80 V

18. TO 系列自动开关的过流保护是通过（　　）的方式执行的。
A. 电磁脱扣　　B. 热脱扣　　C. 热动电磁脱扣

三、判断题

1. 机械寿命比电器寿命长。（　　）

2. EVS630/1-110DC 型在 SS_{4G} 型电力机车主电路中用来接通或断开功率因数补偿装置。（　　）

3. 真空接触器具有耐压强度高，介质恢复速度快，接通、分断能力大，电器和机械寿命长等特点。（　　）

4. 灭弧室重新安装时，应该装回原位，不能随意更换到另一极上。（　　）

5. 触头如有开焊、裂缝或磨损到原厚度 2/3 的情况时，则应更换触头。（　　）

6. 接触器具有可进行远距离控制，能开断过载电流的特点。（　　）

7. 接触器维护、检修时不用断开电源。（　　）

8. 机车蓄电池通常是处于一种浮充电状态。（　　）

9. 扳键开关组中压缩机的强泵位开关为自锁式开关。（　　）

10. GN-100 型蓄电池在日常使用及维护保养中，应注意蓄电池组总电压不低于 96 V。（　　）

11. 司机室主台按键开关组中的主断开关为非自复式开关。（　　）

12. 自动开关的特点是能开断较大的短路电流；具有对电路过载、短路的双重保护；允许操作频率低。（　　）

四、简答题

1. 简述接触器的组成。
2. 简述真空接触器的特点。
3. 分析接触器开合不灵产生的原因。
4. 继电器有哪些特点?
5. 简述 TJJ2-18/21 型继电器的工作原理。
6. 简述 JT3 系列时间继电器的延时原理。
7. 简述 HXD3 型电力机车司机控制器的机械联锁关系。
8. 简述 TKS14A 型司机控制器的手轮与手柄之间的机械联锁关系。
9. 电力机车中蓄电池有何作用?
10. 自动开关由哪些部分组成?

第六章　高压电器

机车高压电器是专门为电力机车设计、制造的结构复杂、作用重要的专用电器，主要包括受电弓、主断路器、高压隔离开关、高压接地开关、电空接触器、两位置转换开关以及其他高压电器等。

学习目标与要求：

（1）熟悉各高压电器的功能作用。

（2）掌握各高压电器的结构及工作原理。

（3）了解各高压电器的技术参数。

（4）熟悉各高压电器的维护方法以及检修工艺。

第一节　受电弓

一、概　述

1. 受电弓的作用

电力机车、电动车辆从接触网导线或导电轨受取电流的装置统称为受流器。它是电力机车或电动车辆与固定供电装置之间的连接环节，受流器性能的优劣直接影响所取电流的可靠性，也直接影响电力机车或电动车辆的工作状态。随着机车运行速度的不断提高，对受流器性能的要求也越高。

受电弓是受流器中的一种，属于上部受流，与其他受流器相比，具有较好的受流质量。受电弓是通过与固定导线的滑动接触而受流的，滑板的质量是影响受电弓受流质量的关键因素之一，优质滑板应满足以下要求：

（1）摩擦系数低，对接触导线及滑板自身的磨耗小。

（2）电阻率低，耐弧性强。

（3）力学性能好，能承受一定的冲击载荷。

（4）质量轻。

2. 受电弓的基本要求

（1）滑板与接触导线接触可靠，其间应有一定的接触压力。

（2）升、降弓时不产生过分冲击，为此要求升降弓过程具有先快后慢的特点。即升弓时滑板离开底架要快，贴近接触导线要慢，以防弹跳（弹跳会产生弓网间的拉弧，从而造成弓网的烧损）；降弓时滑板脱离接触导线要快（以防拉弧造成烧损），落在底架上要慢（防止对底架有过分的机械冲击）。

（3）运行中受电弓动作轻巧、平稳、动态稳定性好。

3. 受电弓的分类

电力机车上安装有两台受电弓，正常运行时一般只升后弓，前弓备用。按结构形式受电弓分为：双臂受电弓和单臂受电弓。

（1）双臂受电弓：双臂受电弓结构对称，侧向稳定性好，但结构复杂，调整困难。

（2）单臂受电弓：单臂受电弓结构简单，尺寸小，质量轻，调整容易，具有良好的动特性，高速时动态跟随性及受流特性较好，故而被现代电力机车广泛采用。

目前，电力机车上采用有各种型号的单臂受电弓，一类属于弹簧式，如 SS_{4G} 型电力机车采用的 TSG1-630/25 型，SS_8 型电力机车上采用的 TSG3-630/25 型等；另一类属于气囊式，如 SS_9 型、HXD3 型电力机车采用的 DSA200 型等。各类型号之间的受电弓局部部件虽略有不同，但其基本结构有许多相似之处。

二、TSG1-630/25 型单臂受电弓

1. TSG1 型单臂受电弓的基本结构

TSG1-630/25 型单臂受电弓主要由弓头部分、框架结构、传动机构和控制机构 4 部分组成，其基本结构如图 6.1 所示。

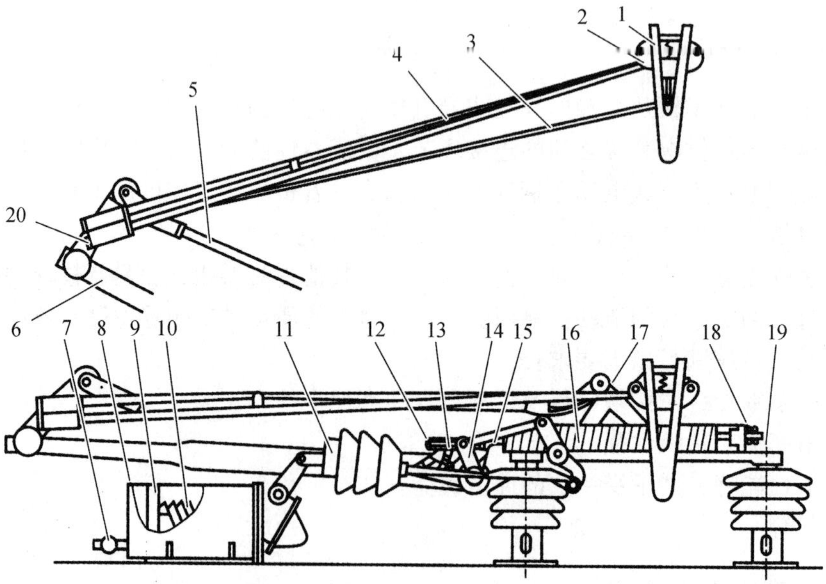

图 6.1 TSG1 型单臂受电弓结构图

1—滑板弓头；2—弓头支撑装置；3—平衡杆；4—上部框架；5—推杆；6—下臂杆；7—缓冲阀；8—传动气缸；9—活塞；10—降弓弹簧；11—拉杆绝缘子；12—滑环；13—扇形板；14—拐臂；15—转轴；16—升弓弹簧；17—底架；18—升弓弹簧调整螺母；19—支持绝缘子；20—铰链座

1）弓头部分

弓头部分由滑板和弓头支撑装置两部分组成。

（1）滑板。滑板是直接与接触导线接触受流的部件，也是受电弓故障率较高的部件之一，最常见的故障是磨耗到限和拉槽。目前采用的滑板主要有碳滑板、钢滑板、铝包碳滑板、粉末冶金滑板等。其中，碳滑板较软，自身磨耗较大，需经常更换，适用于铜接触导线；钢滑板较硬，对接触网磨耗较大，适用于钢铝接触导线；粉末冶金滑板的主要成分是铁、铜和润滑油，它有较好的自润滑性和一定的机械强度，电阻率也较小，与接触网导线接触受流性能良好，既能同时适用于铜接触导线和钢铝接触导线，又有助于减少因滑板损坏而造成的刮弓事故，是目前较为理想的滑板材料。

滑板的主体由铝板压制而成，在一定的强度下用铝可减轻整体质量，上面有两排宽 20 mm 接触板，用压板固定，如图 6.2 所示。滑板的直线长度为 1 200 mm 且两端处制成弯角形，这是为了防止在接触网分叉处接触网导线进入滑板底而造成刮弓事故。为了使接触板磨耗均匀，接触网导线与轨距中心线呈“之”字形布置。

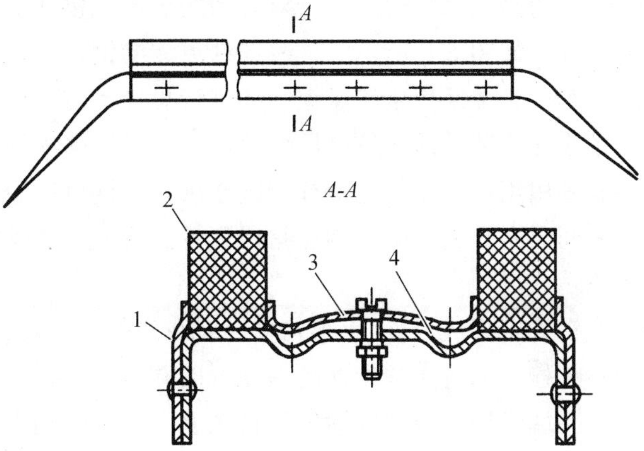

图 6.2　滑板

1—压板；2—接触板；3—铝滑板

（2）弓头支撑装置。弓头支撑装置是受电弓与接触网导线间的第一系弹性系统，其好坏直接影响到受电弓的受流质量，结构如图 6.3 所示。弓头支撑装置由薄钢板支撑，内装有小型圆柱螺旋弹簧，使整个滑板在机车运行时能够根据接触网导线弛度的变化而作前后、上下的摆动，以改善受流状况。滑板通过弓头支撑装置装在上部框架上，弓头支撑装置与上框架转轴的连接用低强度的铝保险座，目的是在刮弓事故发生时使其先断，避免事故扩大。

2）框架结构

整个框架由上部框架、下臂杆、平衡杆、推杆和底架组成，其结构如图 6.1 所示。

（1）底架部分。底架部分是整个受电弓的基座部分，通过 3 个绝缘子固定在机车顶盖上，受电弓的受流运动部件都装在底架上，因此整个受电弓应具有耐受一定电压的电气性能。为了使受电弓不发生变形而影响其性能，要求刚性底架有一定的机械强度。

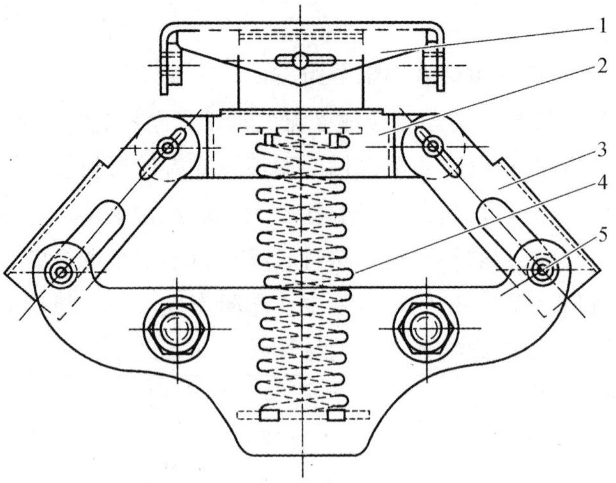

图 6.3　弓头支撑装置

1—托架；2—横架；3—拉杆；4—弹簧；5—基架

（2）铰链机构。铰链机构是用来实现弓头升降运动的机构，包括下臂杆、上部框架、推杆、平衡杆、中间铰链座等，如图 6.1 所示。这些部件由无缝钢管组焊而成，通过铰链座铰链，各铰链处都装有滚动轴承，并采用金属软编织线进行短接，防止电流对轴承的电腐蚀。

上部框架其一端与弓头支撑装置的上铰链用螺栓连接，另一端借助于压板用螺栓装在中间铰链座上。推杆两端分别用正反扣螺扣与推杆铰链连接，这样可以便于调整落弓位和最大升弓高度。推杆与弓头之间装有平衡杆，其功能是保证弓头滑板面在受电弓整个工作高度范围内，始终保持水平状态。

下臂杆的转轴用无缝钢管组焊成“T”字形构件，装在底架上。转轴上焊着两块扇形板，扇形板上各装有 4 个调整螺栓，通过调整螺栓的高度可以调整滑板在不同高度时的静态接触压力。升弓弹簧有两个，一端经扇形板螺栓固定于转轴上，另一端用螺杆固定于底架上。调整螺杆的长度，可以改变升弓弹簧张力的作用。下臂杆通过中间铰链座与上臂杆和推杆相连，中间铰链座为铸铁件。

3）传动机构

传动机构是用来传递力矩，实现对受电弓升、降运动的控制，实现与受电弓之间的电绝缘。传动机构由传动气缸、拉杆绝缘子、滑环、拐臂等部件组成，如图 6.1 所示。

传动气缸是受电弓的动力装置，安装在机车顶盖上，其缸体与水平面成 15° 仰角，通过拉杆绝缘子和滑环与下臂杆的转轴进行力的传递，进气时升弓，排气时降弓。

4）控制机构

控制机构实现对受电弓升、降弓过程的控制。TSG1-630/25 型受电弓的控制机构由缓冲阀和升弓电空阀组成，安装在机车内部，以便在机车内部调整升、降弓时间。

缓冲阀是控制受电弓升弓、降弓速度的部件，连接在气源和传动气缸之间。它借助改变流通管路的截面大小来调节进入传动气缸的气流量，以满足受电弓升弓、降弓过程先快后慢的要求。

缓冲阀结构如图 6.4 所示。阀体与两个阀座配合形成中心通道，在两个阀座上各开有一个槽口，通道中间有一钢球。当由电空阀控制的压缩空气开始经缓冲阀中心通道进入传动气缸时，进入传动气缸的风量既大且快，在此气流推动下当钢球与对应阀座接触后，中心通道被堵塞，压缩空气只能经阀座的槽口进入传动气缸，受到了限制。排风时，由于钢球的运动，传动风缸内的压缩空气开始经中心通道大量排出，当钢球与对应的阀座接触后，又只能经槽口缓慢排出。改变进气阀座和排气阀座的豁口尺寸，即可调整升弓和降弓的时间。

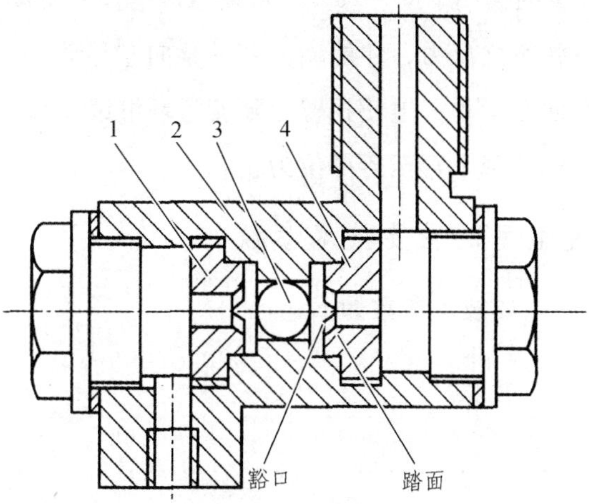

图 6.4　缓冲阀

1—排气阀座；2—阀体；3—钢球；4—进气阀座

2. TSG1 型单臂受电弓的动作原理

单臂受电弓的连杆机构是由两个四连杆机构组成，如图 6.5 所示。上部四连杆机构由固定在铰链座上的上部框架 4、推杆铰接的平衡杆 3 和支架 2 组成，其作用是使滑板在整个运动高度保持水平状态；下部四连杆机构由下臂杆 6、铰链座 5、推杆 7 及底架 8 组成，其作用是当 φ 角度变化时，使滑板上升和下降并保持其运动轨迹基本为一铅垂线。

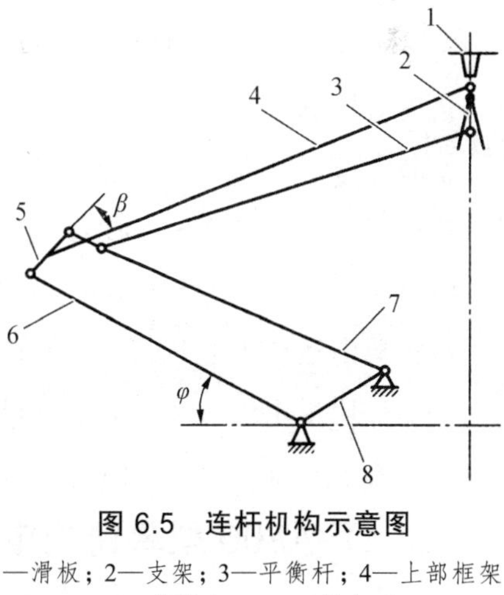

图 6.5　连杆机构示意图

1—滑板；2—支架；3—平衡杆；4—上部框架；5—铰链座；6—下臂杆；7—推杆；8—底架

1）升弓过程

升弓时，司机操纵受电弓按键开关，控制受电弓的电空阀使气路导通。压缩空气经缓冲阀进入传动气缸，活塞克服降弓弹簧的压力向右移动，通过传动气缸盖上的杠杆支点，使拉杆绝缘子向左移动，同时通过杠杆支点的作用，使滑环右移，此时拐臂不受滑环的约束，下臂杆便在升弓弹簧的作用下，作顺时针转动。此时中间铰链座在推杆的推动下作逆时针转动，也即上框架作逆时针转动，整个受电弓弓头随即升起。

当传动气缸充气后，活塞处于右侧极限位置时，对应的滑环也处于右侧极限位置，这时传动气缸对受电弓没有力的作用。弓头滑板对接触网导线的压力完全取决于升弓弹簧的力的大小，而与传动气缸无关。

2）降弓过程

降弓时，司机操纵受电弓按键开关，电空阀失电，传动气缸内的压缩空气经缓冲阀排向大气，此时活塞在降弓弹簧的作用下向左移动，带动滑环也向左移动。当滑环与拐臂接触后，则降弓弹簧必须克服升弓弹簧之反力，才能使活塞继续向左移动。

由于活塞和滑环继续向左运动，迫使拐臂跟随着滑环继续左移，强制转轴和下臂杆也沿逆时针方向转动，直至上框架降下直至落弓位为止。

3. TSG1 型单臂受电弓的主要技术参数

TSG1 型单臂受电弓的主要技术参数如下：

名称……………………………………………………………单臂受电弓
额定工作电压……………………………………………………25 kV
额定工作电流……………………………………………………630 A
静态接触压力……………………………………………（70 ± 10）N
额定工作气压…………………………………………………500 kPa
最小工作气压…………………………………………………300 kPa
最大工作高度………………………………………………1 900 mm
最小工作高度…………………………………………………400 mm
最大升弓高度……………………………………………≥2 400 mm
折叠高度…………………………………………………………411 mm
升弓时间（气压为 500 kPa，落弓位至最大工作高度）………………≤8 s
降弓时间（气压为 500 kPa，最大工作高度至落弓位）………………≤7 s
滑板单向运动（上升或下降）时，不同高度处静态接触压力差……………≤15 N
受电弓质量（包括支持绝缘子和传动气缸）……………………≈256 kg

三、DSA200 型单臂受电弓

1. DSA200 型单臂受电弓的基本结构

DSA200 型单臂受电弓主要由弓头部分、底架、升弓装置、铰链机构、阻尼装置、驱动装置和自动降弓装置等组成，基本结构如图 6.6 所示。

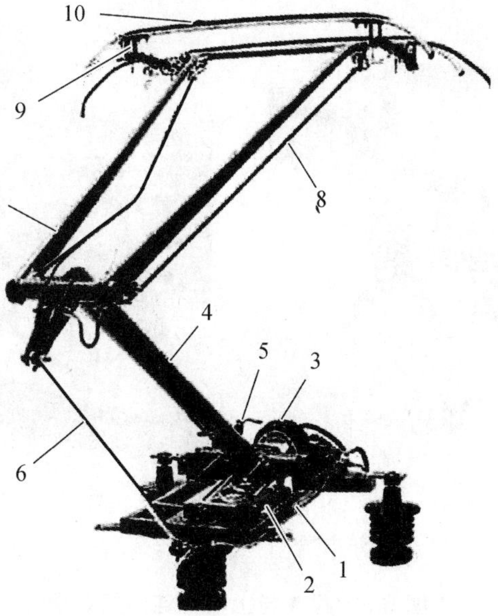

图 6.6　DSA200 型单臂受电弓结构图

1—底板；2—阻尼器；3—升弓装置；4—下臂杆；5—弓装配；6—下导杆；7—上臂杆；8—上导杆；9—集电头支撑；10—滑板

1）弓头部分

弓头安装在受电弓框架的顶端，直接与接触网接触，汇集导通电流。它主要由滑板座、滑板、4 个拉伸弹簧、2 个横向弹簧及其附属装置组成，结构如图 6.7 所示，弓头与上臂杆连接组装如图 6.8 所示。

弓头借助框架的伸缩可以实现上下移动。两个滑板座与两个滑板相连，组成相对坚固的弓头支架。弓头支架垂悬在 4 个拉簧下方，2 个横向弹簧安装在弓头和上臂杆间，滑板安装在弓头支架上。这种结构能够使滑板在机车运行方向上灵活的移动，而且能缓冲来自各方向的冲击力，达到保护滑板的目的。

DSA200 型单臂受电弓的滑板采用整体碳滑板，碳条高度为 22 mm，极限尺寸为 5 mm。滑板中有气腔，通有压缩空气，当滑板出现磨损到限或断裂情况时，自动降弓装置将发生作用，使受电弓迅速地自动降下，达到保护受电弓，避免刮弓等弓网事故发生的目的。更换滑板后，必须重新启动自动降弓装置。

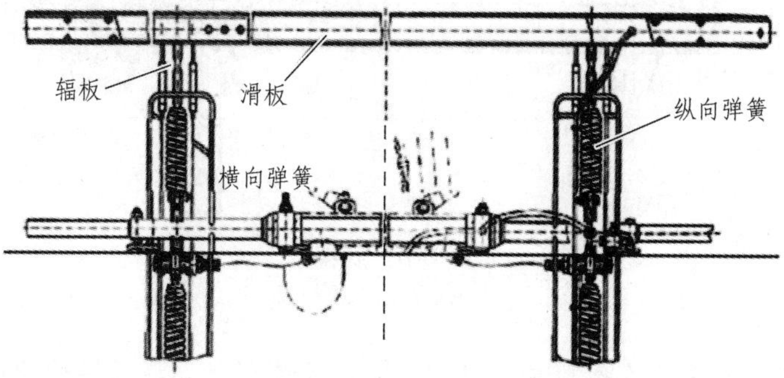

图 6.7　弓头部分结构图

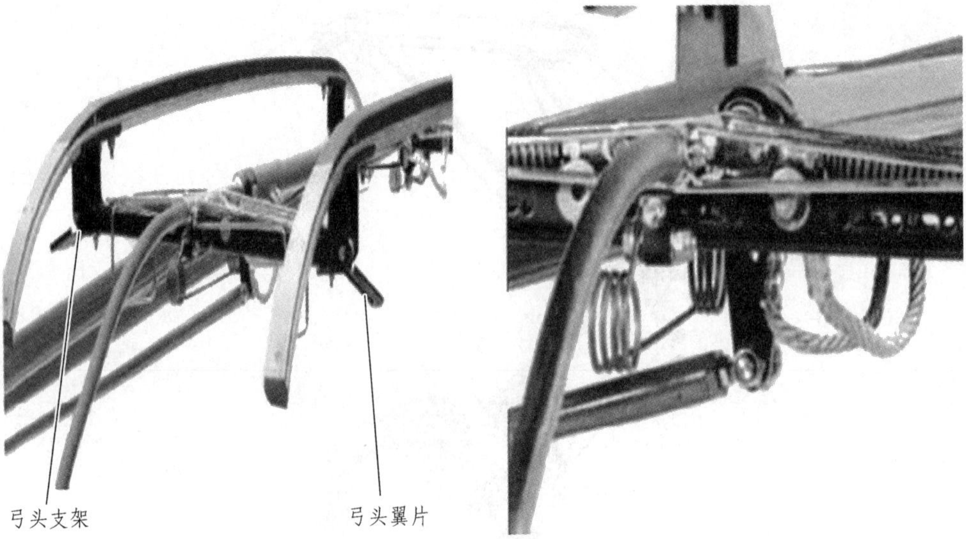

图 6.8　弓头与上臂杆连接组装图

弓头翼片用来调节不同速度等级机车的动态接触压力，其确切安装位置和尺寸由空气动力学试验结果决定。

弓头部分大量采用铝合金结构，大大降低了弓头的归算质量，保证了良好的弓网动力学性能。

2）底　架

底架通过支持绝缘子和 3 个安装座将受电弓安装到车顶上，如图 6.9 所示。

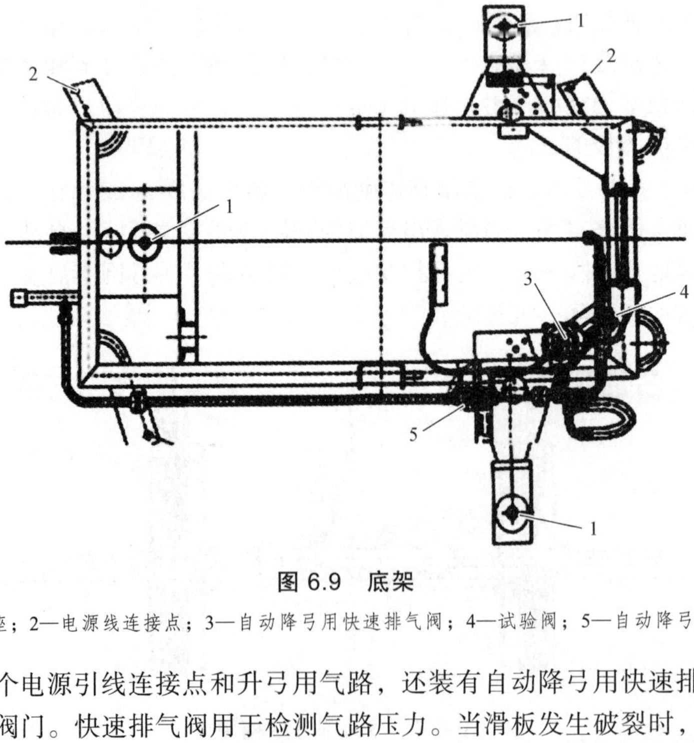

图 6.9　底架

1—安装座；2—电源线连接点；3—自动降弓用快速排气阀；4—试验阀；5—自动降弓用关闭阀

底架上有 3 个电源引线连接点和升弓用气路，还装有自动降弓用快速排气阀、试验阀和自动降弓用关闭阀门。快速排气阀用于检测气路压力。当滑板发生破裂时，快速排气阀将排出受电弓升弓装置中的空气，实现自动降弓。试验阀可以人为检测自动降弓装置是否有效。当自动降弓装置自身发生故障时，可以通过自动降弓关闭阀停止该装置的运行。

3）升弓装置

升弓装置是受电弓的动力装置，安装在底架上，由气囊式气缸和桁架组成，其桁架通过钢索连接在下臂杆钢索轨道上，结构如图 6.10 所示。进气时气囊胀大，推动桁架向其前方运动，桁架和轨道间拉紧的钢索带动下臂杆绕转轴向上部方向转动，使受电弓升起。排气时气囊式气缸回缩，使受电弓降弓。

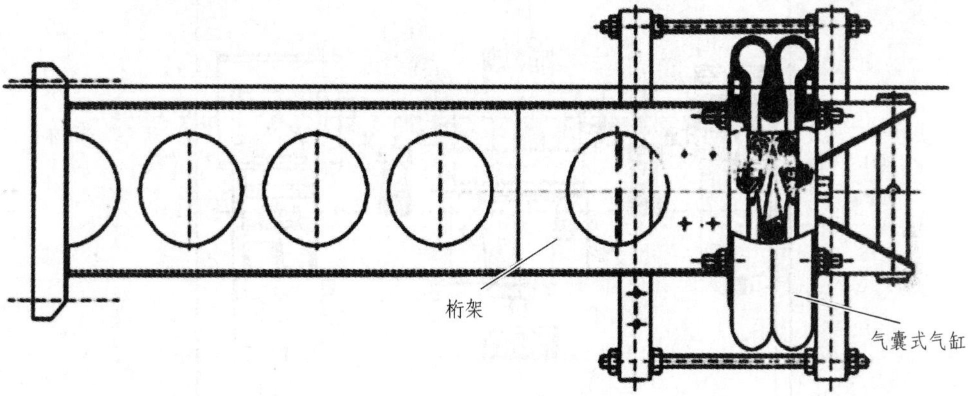

图 6.10　升弓装置

4）铰链机构

铰链机构由两个四连杆机构组成。下部四连杆机构由下臂杆、上臂的 T 形部分、下导杆和底架组成，其作用是当下臂转动角 φ 变化时，使弓头上升或下降并保持其运动轨迹基本上为一铅垂线。上部四连杆机构由上臂框架部分、弓头导杆及弓头支架组成，其作用是使滑板在整个运动高度范围内均能保持水平状态。

下臂杆为钢管，支撑受电弓重量，传递升降弓力矩，其长度决定了受电弓的工作高度。其一端固定在底架上，另一端通过铰链和上臂相连。其上设有钢索导轨，通过钢索和升弓装置相连。升弓装置带动下臂杆绕轴转动，其内有空气管路，通过管接头和软管连接，作为自动降弓装置的气路。

下导杆分别接在上臂杆一端和底架上，用于调整最大升弓高度和滑板运动轨迹。上臂杆为铝合金框架，用于支承弓头重量，传递向上压力，保证受电弓工作高度。导杆一端接在下臂杆上，另一端接在弓头支架的幅板下方，其作用是调整滑板在各运动高度均处于水平位置。

5）阻尼装置和减振器

阻尼装置主要由阻尼器、防尘盖、保护套等组成，如图 6.11 所示。阻尼器装在底架和下臂杆之间，主要用于有效地吸收机车高速运行时产生的冲击和振动，保证滑板和接触导线接触可靠。安装时通过锁紧螺母可以调节并锁定阻尼器的长度。

图 6.11　阻尼装置

在落弓位置，受电弓放在 3 个橡胶减振器上。3 个橡胶减振器承载着受电弓上臂、下臂和弓头，且在落弓时有弓装配来防护弓头。

6）驱动装置

驱动装置主要由空气过滤器、单向节流阀（升弓）、精密调压阀、压力表、单向节流阀（降弓）、安全阀等组成，如图 6.12 所示，用于调节受电弓升降弓时间，保证升降弓动作过程先快后慢。

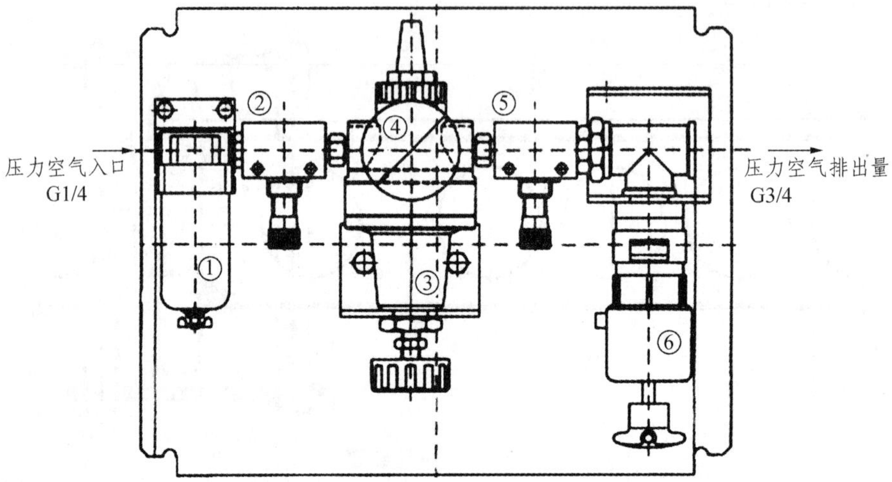

图 6.12　升弓气源控制阀组

1—空气过滤器；2—单向节流阀（升弓）；3—调压阀；4—压力表；
5—单向节流阀（降弓）；6—安全阀

空气过滤器使进入气囊的压缩空气是清洁的。

单向节流阀是一个流量控制阀，它借助改变流通管路的截面大小来调节气流量。调整调节手轮，可以改变节流口的过流面积，从而对流经该阀的流量进行控制。升弓单向节流阀和降弓单向节流阀的结构是相同的，装配时分正反。

精密调压阀为受电弓提供压力恒定的压缩空气，其精度偏差为 ± 0.002 MPa。精密调压阀用于调节接触压力，气压每变化 0.01 MPa，使接触压力变化 10 N。

压力表显示的数值仅起参考作用，应以实测接触压力为准。

如果精密调压阀出现故障，安全阀会起到保护气路的作用。

7）自动降弓装置（ADD 气路保护装置）

自动降弓装置（ADD）如图 6.13 所示，主要由快速排气阀、自动降弓关闭阀、试验阀及相应气路组成。自动降弓装置的作用是为保证当滑板断裂或磨损到限时，与接触网接触的受电弓能自动下落，从而避免接触网和受电弓的损坏。

快速降弓（ADD）阀体内部分为两个腔体：一个腔体连接气囊，另一个腔体连接碳滑板。在正常的升弓、降弓操作工况下，ADD 阀不工作。其中与碳滑板连接的腔体内部气压保持与碳滑板内部毛细气管一致。正常状态下，ADD 内部通过一个节流阀控制不断给碳滑板内部毛细气管供气，保证其气压平衡，并防止小泄漏事故引起降弓动作的发生。

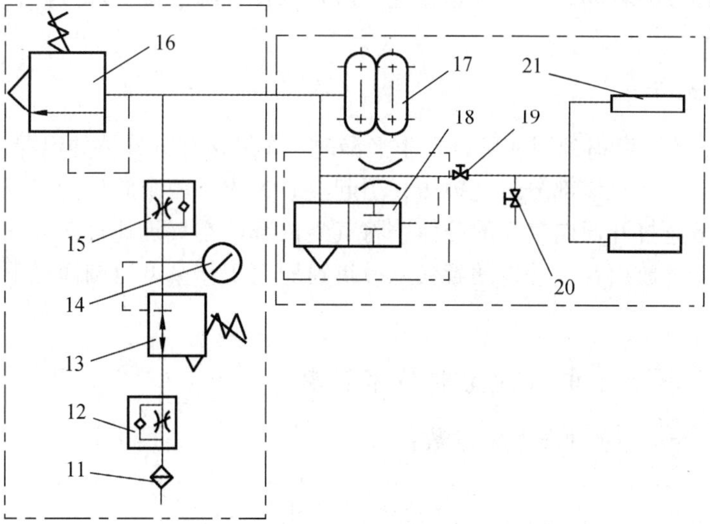

图 6.13　DSA200 受电弓气路装置原理图

11—空气过滤器；12—单向调速阀（升弓）；13—调压阀；14—气压表；15—单向调速阀（降弓）；
16—稳压阀；17—气囊；18—气控快排阀；19—截止阀；
20—试验阀；21—碳滑板（2 件）

ADD 试验阀在正常情况下处于闭合状态。该阀体的主要功能是在现场组装以及检修中，模拟碳滑板的泄漏情况，用来检查 ADD 阀是否工作正常和气管内部是否有堵塞现象发生。如果 ADD 系统工作正常，则一旦打开试验阀，将会引起受电弓迅速降弓。因此应特别建立安全的保护措施，用以保护检修人员的安全。

ADD 关闭阀在正常情况下处于打开状态。该阀体的主要功能是用于切断受电弓的 ADD 保护功能。在现场运用中，经常有可能因非弓网事故引起受电弓 ADD 功能起动，受电弓升不上去，使得出车受到很大影响。例如 ADD 气路传输中毛细气管发生泄漏，ADD 阀体工作不正常或仍然可以继续使用的碳滑板受到磨损或崩裂发生泄漏等情况，此时可通过该阀体关闭 ADD 功能，保证正常出车。

2. DSA200 型单臂受电弓的动作原理

1）升弓过程

升弓时电空阀得电，气路打开，压缩空气通过空气过滤器、单向节流阀（升弓）、精密调压阀、气压表、单向节流阀（降弓）、安全阀，进入气囊，气囊扩张使桁架向左移动，通过钢丝绳带动下臂绕轴顺时针方向旋转，此时上臂杆在推杆的作用下逆时针转动，使受电弓弓头升起，同时压缩空气通过管路经快速降弓阀向具有气腔的受电弓碳滑板供气。

通过调节节流阀可以调整升弓时间；通过调节调压阀可以调整滑板对接触网的压力。

2）降弓过程

当受电弓正常降弓时，压缩空气从气囊经安全阀、单向节流阀（降弓）、气压表、精密调压阀、单向节流阀（升弓）、空气过滤器和电空阀排出，气囊收缩使桁架向右移动，通过钢丝绳带动下臂作逆时针方向转动，受电弓靠自重下落并维持在降弓位。降弓时，在降弓位允许弹跳，以作缓冲。

3）自动降弓过程

当受电弓滑板破裂、磨损到限或管路发生泄漏时，如果该部分气体的泄漏量远大于 ADD 阀体内部的补给量，会导致该部分迅速掉压，引起 ADD 内部两个腔体的气压不平衡，其结果就是 ADD 阀体迅速打开通向气囊的腔体，将气囊内部的空气迅速排向大气。该过程将会发出非常刺耳的气体排放声音，并伴随着受电弓迅速脱离工作高度范围而砸下来，整个过程在 2 s 左右完成。

3. DSA200 型单臂受电弓的主要技术参数

DSA200 型单臂受电弓的主要技术参数：

额定运行速度…………200 km/h
最大运行速度…………220 km/h
额定工作电压…………25 kV
额定工作电流…………1 000 A
静态接触压力（不带阻尼器）…………（70 ± 10）N（可调）
落弓位保持力…………≥120 N
输入空气压力…………0.4 ~ 1 MPa
额定工作气压…………≈0.36 MPa
升高到 2 m 的升弓时间（自绝缘子底面）…………≤5.4 s（可调）
从 2 m 高度落下的降弓时间（至绝缘子底面）…………≤4 s（可调）
升弓驱动方式…………气囊装置
最低工作高度（包括绝缘子）…………880 mm
最高工作高度（包括绝缘子）…………2 800 mm
最大升弓高度（包括绝缘子）…………3 000 mm
折叠高度（包括绝缘子）…………588 mm
弓头总长度…………1 950 mm
弓头宽度…………580 mm
滑板总长度…………1 576 mm
滑板工作部分长度…………1 250 mm
接触压力为 70 N 时空气压力…………0.36 ~ 0.38 MPa

四、受电弓的检查与维护

1. 受电弓的特性

1）静态接触压力与静特性

在静止状态下，受电弓滑板在工作高度范围内对接触网导线的压力称为受电弓的静态接触压力，该值的大小直接影响受电弓受流的质量。静态接触压力偏小，则接触电阻增大，功率损耗增加，机车运行时易产生离线和电弧，从而导致接触导线和滑板的电磨损增加；压力偏大，则机械磨损增加，甚至造成滑板局部拉槽，进而造成接触导线弹跳拉弧，以致刮弓。因此，要求受电弓在其工作高度范围内有一个较为合适的、基本不变的接触压力，这个接触压力由受电弓机械结构和各部分参数决定。适当的静态接触压力可以使受电弓与接触网导线正常接触，减少离线，克服风和高速气流及轮轨传来的机械振动的影响，保证良好的受流特性。

受电弓的静态接触压力与工作高度之间的关系称为受电弓的静特性，它可以用受电弓的静态特性曲线来表示，如图 6.14 所示。试验证明：静态接触压力值 70 N 是最佳值，并规定了压力值的允许偏差为 ± 10 N。

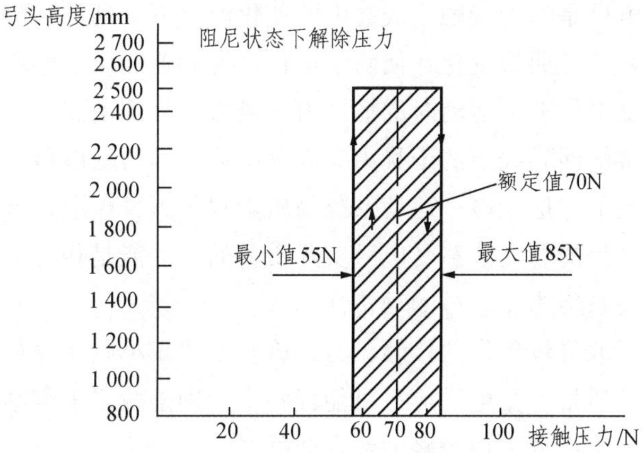

图 6.14　受电弓的静态特性曲线

由图 6.14 可以看出以下 3 点：

（1）在工作高度范围内，受电弓的静态接触压力变化不大。这是因为产生接触压力的升弓弹簧在升弓高度变化时变形不大和弧形调整板的作用所致。

（2）受电弓上升过程与下降过程的静态特性曲线不重合，其原因是受电弓活动关节存在着摩擦力。由于该摩擦力始终与运动方向相反，因此，升、降弓过程的静态特性曲线之间的接触压力相差约为两倍的摩擦力。当接触网导线向下倾斜而要求弓头滑板跟随下降时，该摩擦力使接触压力增加；同理，当接触网导线向上倾斜而要求弓头滑板跟随上升时，该摩擦力使接触压力减小。所以，为了减小摩擦力，在受电弓的各铰接部分均装有滚动轴承。

（3）调整弧形调整板的倾角，可以改变受电弓静态接触压力的大小。倾角减小，静态特性曲线的下端左移，反之则右移。

2）工作高度

工作高度是指在此高度范围内，弓头滑板对接触网导线的静态接触压力为额定值，也即在此高度范围内，可以保证正常受流。该值的确定主要取决于接触网导线的机车的高度。根据 GB/T 3317—2006 规定受电弓工作高度应在距轨面高度 5 200 ~ 6 500 mm 之间。这个高度减去机车落弓位时的高度，便是受电弓实际工作高度区域，同时应考虑到机车高度值的偏差和受电弓工作区的裕度。因此 DSA200 型受电弓工作高度为 880 ~ 2 800 mm。

3）弓头运动轨迹

弓头在工作高度范围内应该始终处于机车转向架的回转中心上，这样当机车在弯道运行时，弓头相对于轨道中心的偏移量最小，以避免弓头滑板偏离接触网，造成失流或刮弓等不良后果。因此要求弓头垂直运动轨迹在工作高度范围内是一直线。对于单臂受电弓，由于结构因素，规定了允许偏差值，在设计时已考虑了受电弓上升过程与下降过程的静特性存在着差异。当受电弓下降时此摩擦力使接触压力增加，而当受电弓上升时此摩擦力使接触压力减小。为使同高压力差尽可能小，就必须设法减小摩擦力。

4）动特性

机车运行时，受电弓是随着接触导线高度的变化而上下运动的。当运动速度不大时，接触压力可视为基本按静特性曲线变化，但随着运行速度的提高，接触压力不仅与受电弓的静特性有关，而且还与受电弓上下运动时的惯性力、风力、气体动态分力、列车运动产生的干扰力及受电弓运行于接触网导线下的干扰力等因素有关，即与受电弓的运动特性有关。

在动能相等的情况下，把受电弓运动系统的质量归化到滑板上，该质量称为归化质量。也就是说归化质量所求得的总动能和受电弓实际质量的总动能是相等的。受电弓的归化质量与受电弓提升高度的关系称为受电弓的动特性。

为了在动态情况下取得较稳定的接触压力，就要设法减小归化质量。要想减小归化质量可减轻受电弓各部分的质量，受电弓应尽可能轻些，特别是减轻上部结构质量，如 DSA200 型受电弓的上框架和弓头部分采用较轻的铝合金材料。

2. 受电弓的维护与调整

1）注意事项

在任何情况下，必须采取必要的安全和防护措施：

（1）车顶工作时，必须切断接触网线供电电源。

（2）受电弓升弓时，应确保压缩空气供应无意外故障发生。因为一旦压缩空气供应发生故障，受电弓就会下降，可能造成站在受电弓臂下检查人员的人身伤害。

（3）维修时，需用约 0.9 m 长的木棒支撑在底架和上交叉管间。

注意：不能把木棒放在气囊或升弓装置的某些部件上。

（4）当调节受电弓的接触压力时，为防止受电弓意外下降（如自动降弓装置出现故障时），应使自动降弓装置关闭阀处于关闭状态。

（5）当受电弓的空气管路出现故障后，在重新运行前应清理干净渗入其中的水或杂质。

（6）发生过自动降弓的受电弓须经全面调试，才能重新使用。

2）受电弓的维护

（1）日常维护检查。在降弓位置检查钢丝绳的松紧程度，两边的张紧程度应一致。清理阀板上的过滤器，拧开过滤器的外罩，清理尘和水。

目测整个受电弓。若存在损坏的绝缘子，破损的软连接线，损坏的滑动轴承和变形的部件都应更换。若磨损部件超过其磨损极限，也应当更换。

清洁车顶与受电弓之间的绝缘子，用干棉纱擦拭 ，可用中性清洁剂，不得使用带油棉纱，防止灰尘吸附，导致一次短路。

目测软连接线，用卡尺测量滑板厚度，若磨损到限则应更换。

检查螺栓，尤其是整个弓头弹性系统的零部件。如果需要拧紧螺母，应注意保证相应的扭矩。M8 螺栓扭矩为（12 ± 2）N · m。

润滑轴承，滑动轴承可自润滑，对于下导杆两端的关节轴承以及升弓装置销轴处的润滑，可用注油枪向润滑油杯内注 SHELL ALVANIA R3 型润滑脂。注完后用油杯帽密封。下臂上的 6 个滚动轴承的润滑，需拆下下臂，从有弹性挡圈一端将轴拆下，衬套内注 SHELL ALVANIA R3 型润滑脂后，装上下臂。

（2）更换滑板。出现下列情况时，必须更换滑板：

① 碳条磨耗后高度小于 5 mm 或滑板总高度≤22 mm。

② 由于产生电弧，发生变形或缺陷。

如果仅需更换一个滑板，新滑板与另一个旧滑板的高度差应不超过 3 mm，且应注意滑板 ADD 接口安装的正确位置。

（3）调试更换阻尼器。阻尼器在安装受电弓前必须经过调试。如果受电弓实际动作特性与额定值之间有较大差别，有必要检查阻尼器的安装情况。磨损、动作不灵活、漏油时，须更换阻尼器。具体操作如下：

先把阻尼器拉伸、压缩 5 次，如图 6.15 所示，长度 $l = 54$ mm，落弓位置的安装长度 $L =$（480 ± 1.5）mm。

（4）检查升弓装置。建议每 4 ~ 6 周在落弓位置检查一次钢丝绳的松紧。如需要，则把钢丝绳拉紧，但两螺母拧紧量要相同，避免升弓装置松弛（落弓位置）。

（5）检查自动降弓装置。

注意：在操纵台上转动旋钮开关至升弓位后，降弓范围内不许有人。

根据调试结果，自动降弓装置应有如下性能：

① 如果自动降弓装置关闭阀在“开”的位置，试验阀在“工作状态”位置，网线与滑板接触力良好，则气囊工作正常。

② 如试验阀处于“试验状态”位置，快速降弓阀排气，则受电弓快速下降。

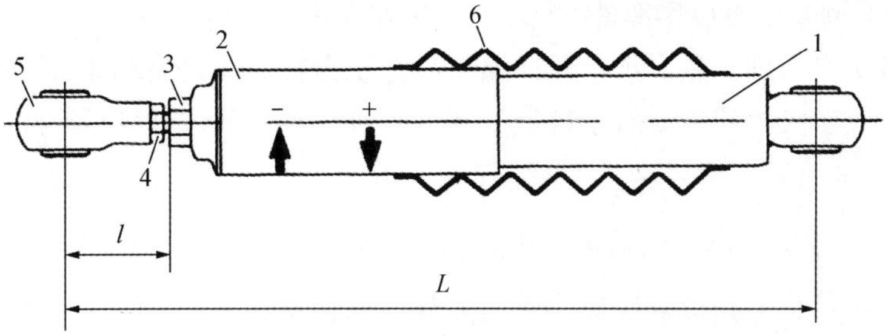

图 6.15　阻尼器调试说明图

1—阻尼器；2—防尘盖；3—锁紧螺母（气缸）；4—锁紧螺母（接头）；5—接头；6—保护套；$l = 54$ mm；$L = (480 \pm 1.5)$ mm

检查自动降弓装置后重新起动受电弓。如果受电弓运行中由于滑板磨损或断裂而导致自动降弓装置作用，受电弓在重新使用前应由专门技术人员检查，要检查静态接触压力和升弓、降弓时间。降弓时，在离落弓位置 1 m 高处要注意降低下降速度。发生过自动降弓的受电弓须经全面调试，才能重新使用。

3）DSA200 型单臂受电弓的调整

（1）静态接触压力的调整。

一般调整静态接触压力的方法为：在车内使电空阀得电，升起受电弓；把弹簧秤和受电弓的上交叉管相连，如果需要的话，在上交叉管上套上绳子。调整精密调压阀使受电弓慢慢上升，在高出车顶 1.6 m 处用弹簧秤均匀阻止受电弓的上升。弹簧秤显示为 70 N 时调节好精密调压阀。拧紧精密调压阀手轮的防松螺母，固定调整的最终压力。

精确调整静态接触压力的方法：先通过弹簧秤使受电弓以 0.05 m/s 的速度匀速朝下运动，然后再使受电弓以相同速度匀速向上运动（上升和下降运动均是在大约 1.6 m 的高度上进行，并且每次向上或向下移动的距离为 0.5 m），从弹簧秤上读出所测得的力，相加并平均，最终结果即平均接触压力［其值一般应为（70 ± 10）N］。

（2）升、降弓时间的调整。

静态接触压力调好后，通过单向节流阀（升弓）和单向节流阀（降弓）调整受电弓从降弓位到工作位置（即从降弓位升高到约 2 m）的升弓和降弓时间。

升降弓时间是指静态接触压力及气囊压缩空气均为正常时，滑板自落弓位上升至 2 000 mm 高度（自绝缘子下平面）或自 2 000 mm 高度（自绝缘子下平面）降至落弓位所需时间。升弓时从弓头动作开始计时，升至 2 000 mm 停止计时。降弓时从弓头动作开始计时，降至落弓位停止计时。

升、降弓时间应满足以下要求：升弓时间不大于 5.4 s，降弓时间不大于 4 s。

调整过程中升弓时不允许受电弓有任何回调，降弓时不允许跌落到橡胶止挡上。如果实际操作值与规定值有偏差，那么首先应该重新调试节流阀。

3. DSA200 型单臂受电弓的检修

当发生弓网故障，造成受电弓滑板、弓头、上臂等零部件变形或损坏，应将受电弓从车顶拆下，进行全面调修或更换零部件，检修完成后在专用试验台上对受电弓进行例行试验（包括动作试验、弓头自由度测量、气密性试验、静态压力特性试验、ADD 性能试验等），试验合格后方可重新装车投入使用。对于较轻的刮弓，可在车顶调试升降弓时间、静态压力特性试验、ADD 性能试验等。

1）DSA200 型单臂受电弓的检修

（1）解体受电弓，清扫检查底架，活动关节，风管及接头。

（2）各软连接编织导线状态良好，断股应更换。擦拭检查绝缘子。表面光洁，安装牢固，不允许有裂纹，如表面缺损面积大于 3 cm^2 时需经 75 kV 耐压试验，缺损面积大于 30 cm^2 时应更换。

（3）调整阻尼器，当受电弓实际运行值与额定值间有差别，应检查调整阻尼器。

具体操作如下：卸下保护套；松开调整螺栓的锁紧螺母；将防尘盖拧到上接头；标好位置，向左拧紧，旋转的圈数与调整的圈数相对应；向右旋转所需的圈数，同时数好该圈数。将缓冲器拉长 10 mm，将防尘盖拧到原先的位置，固定好，装上防尘套，注意保护套的排水口须在底部。

缓冲器磨损、运行不佳、漏油时，必须更换缓冲器。更换缓冲器操作步骤如下：将新缓冲器固定在垂直位置；拉出缓冲器，压 5 次；使长度 $l = 54$ mm，落弓位置的安装长度 $L = (480 \pm 1.5)$ mm；如受电弓上的实际长度大于 481.5mm，可在下臂和螺栓之间装入 $\phi 8.4$ 垫圈，或最多拉出接头 5 mm，并用螺母固定。如在受电弓上的实际长度小于 478.5 mm，可将上接头最多拧入 3 mm，并用螺母固定。

（4）解体清洗阀板上的过滤器，拧开外罩，清理灰尘、水。

（5）更换升高装置：卸下主通气管，然后提取出气囊装置；卸开固定钢丝绳的螺栓，拆下钢丝绳；卸下开口销、销轴，提出升高装置；更新升弓装置后，在受电弓垂直运动几次后，重新绷紧钢丝绳，把气囊装置的可动部分固定在钢丝绳中间。

（6）更新滑板条，更新牵引钢丝绳。

（7）对整台受电弓外露铁质零件除锈、涂漆。

2）DSA200 型单臂受电弓的组装

（1）下导杆（左旋螺纹端）安装在底架上。在关节轴承处使用油杯润滑，油杯帽要安装可靠，防止灰尘和水的进入，在油杯内润滑脂进行润滑。

（2）组装下臂和底架。在底架下臂支撑放置垫圈；软连接线两边的连接突出大约 30° 角；在软连接线和底架之间不须放置垫圈。由于接触不充分（如螺栓未拧紧）而引起电弧时则必须重新安装。必要的话，应使用备用连接点或连接线进行连接。

（3）下臂和升弓装置的组装。用木棒支撑下臂，安装升弓装置上的钢丝绳，把升弓装置安装在底架上，插上销轴和开口销，轻轻放下下臂，确保钢丝绳的两端张紧程度一样。在下限位置，升弓装置的桁架装配不能从底架底部突出超过 20 mm，钢丝绳不得绷紧，待组装完后应重新调节它的张紧状态，同时进行润滑。

（4）阻尼器在装配前，在竖直方向上完整的拉伸和压缩阻尼器 5 次，无卡死现象；在落弓位置按尺寸 $l = 54$ mm，尺寸 $L = 480$ mm 进行安装，如图 6.15 所示。

（5）在落弓位置组装上臂、安装下导杆（右旋螺纹端），安装过程中下导杆两端关节轴承应在同一面上；用紧固件安装下臂和上臂之间的软连接线。

（6）带有弓头翼片的弓头组装。把管轴插入上臂、柱头、传力柱头中，把左支撑装配和右支撑装配伸入轴里并用 M8 × 60 螺丝钉固定拧紧；把弓角插入支架并用 M6 × 35 螺栓固定；装配拉簧和其他部件；调整上导杆，使弓头在运行时处于水平位置（在升弓约 1.6 m 高处调节）。

（7）自动降弓装置的组装。安装关闭阀、快速降弓阀和 ADD 试验阀；调整受电弓的总高度 3 000 mm（包括绝缘子）。

（8）受电弓装配检查项目。

① 各轴的机械连接：调整上导杆的长度，使弓头在 1.6 m 高处保持水平。

② 空气管路：ADD 管路、快速降弓阀、断主断系统，各管路密封，无泄漏。

③ 升弓装置：钢丝绳张紧适中，落弓位置无凹陷无扭曲。

④ 上臂：张紧绳应绷紧。

⑤ 弓头和软连接线：软连接线组装时不应扭曲，任何位置下软连接线不应突出滑板，在最终位置上无死弯，所有的接线端子应紧固。

⑥ 检查自动降弓装置。

3）DSA200 型单臂受电弓检修后的调整试验

（1）受电弓调整试验应在受电弓安装后进行。并在调试工作前，做几次（至少 2～3 次）升弓和降弓试验。

（2）静态压力特性调整：接入压缩空气管并打开精密调压阀，首先初调受电弓静态接触压力，将精密调压阀完全转到“－”位置，打开升弓电空阀。在受电弓顶管上挂弹簧秤，再调精密调压阀，直到受电弓慢慢上升为止。然后，在弓头升高 1.6 m 时，人力阻止受电弓上升，使弓头能在这一高度处停留，弹簧秤应显示为 70 N。

再精调静态接触压力：用弹簧秤使受电弓缓慢地朝下运动，而后，再向上缓慢运动。（上升和下降运动均是在大约 1.6 m 的高度上进行，且每次上、下移动距离为 0.5 m），取平均值为 70 N。受电弓向下运动时，力的最大值不超过（80 ± 5）N，向上运动时，力的最小值不小于（60 ± 5）N。在同一高度两个值之差都不应大于 20 N。由于滑板的磨损（重量的损耗），接触压力最大可以增加 10 N。此时不必调节压力，因为一旦安装上新的滑板时，又恢复到以前接触压力值。调压阀上的压力表只能做粗略检查，不能做校正依据。拧紧精密调压阀手轮防松螺母，固定调压阀的最终调整压力。

（3）调整试验要求。

① 额定静态接触压力：在静止状态下，弓头滑板在工作高度范围内对网线的压力。要求压力值（70 ± 10）N。

② 同高压力差：受电弓在同一高度下，上升和下降静态接触压力差。要求不大于 20 N。

③ 同向压力差：工作高度范围内，受电弓上升或下降时的最大静态接触压力差，要求不大于 10 N。

（4）升降弓时间调整。调整要求：调整过程应在 0.36～0.38 MPa 额定气压下进行。通过阀板上的两个节流阀调整。静态接触压力调整好后，从受电弓的落弓位置到工作位置，即受电弓从落弓位置上升 2 m 高（包括绝缘子）的升弓时间和降弓时间。升弓时间：$t \leqslant 5.4$ s，降弓时间：$t \leqslant 4$ s。

升弓时，受电弓不允许有任何回跳。降弓时，受电弓必须有缓冲，并落在两个橡胶减振器上，允许降弓时在降弓位弹跳。调整方法：调整节流阀控制受电弓的运动速度，使其满足升、降弓时间的要求。

（5）橡胶减振器位置检测。受电弓在落弓位，受电弓应放在 3 个橡胶减振器上。3 个橡胶减振器承载着受电弓的上、下臂和弓头，且由弓架防护弓头。受电弓安装后应检查受电弓是否由橡胶减振器支撑着，并通过调整橡胶减振器的高度来保证。通过调整弓架使弓架与弓头间留有 8～10 mm 间隙。要确保上臂组装的上交叉管由两个橡胶减振器均匀支撑。支撑下臂的橡胶减振器位置应稍低于落弓位置。

（6）自动降弓装置 ADD 的调试。

① 自动降弓装置试验。试验前“自动降弓装置”必须进行一次全面的检查，确认无误后方可通电、通气试验。试验可在库内或库外有电区进行，首先关闭“自动降弓装置”，反复升降弓 3 次，确认受电弓升降弓正常后，开启“自动降弓装置”反复升降弓 3 次，确认受电弓升降弓正常后，再进行模拟“自动降弓”试验。试验步骤如下：

• 合主断路器。

• 在车内持续按住电气控制箱的“试验按钮”。此时“自动降弓装置”将迅速反应：主断路器断开、快速自动降弓、电气控制箱报警灯亮、内置报警器发出声响。如果装置与机车语音箱连接，将会同时发出语音提示：“I 位端自动降弓动作”或“II 位端自动降弓动作”。

• 模拟降弓试验完成后，松开“试验按钮”。受电弓恢复正常。

② 试验阀、关闭阀调试。

• 将自动降弓装置的关闭阀在“开 ON”位置、试验阀在“关闭 OFF”位。气囊工作正常。受电弓升起。

• 将试验阀在“工作 OPERATION”位。快速降弓阀排气，受电弓快速下降。

• 关闭阀放在“关闭 NO”位，可重新起动受电弓。

• 试验后打开关闭阀、关闭试验阀，恢复受电弓正常工作状态。

第二节 主断路器

一、概 述

1. 主断路器的作用

主断路器是电力机车的一个重要组成部件，连接在受电弓与主变压器原边绕组之间，安装在机车车顶中部，是电力机车电源的总开关和机车的总保护。当主断路器闭合时，机车通过受电弓从接触网导线上获得电源，投入工作；若机车主电路和辅助电路发生短路、超载、接地等故障时，故障信号通过相关控制电路使主断路器自动开断，切断机车总电源，防止故障范围扩大。

2. 主断路器的分类

主断路器是高压断路器的一种，按其灭弧介质不同可分为油断路器、空气断路器、六氟化硫断路器和真空断路器等。空气断路器在电力机车上已经得到了普遍的应用。由于电力机车的特殊使用环境和一些恶劣工作条件的限制，真空断路器于 20 世纪 80 年代开始运用到电力机车上。近年来，随着科学技术的进步，真空断路器在电力机车上已普遍采用。

目前，在 SS_4 型、SS_{4G}、SS_{7C} 型、SS_{7D} 型、SS_8 型等电力机车上采用的是 TDZ1A-10/25 型空气断路器［T——铁路机车用；D——断路器；Z——主；1A——设计序号；10——额定分断电流（kA）；25——额定电压（kV）］；在 HXD3 型电力机车上采用的是 BVAC.N99 型真空断路器。

二、TDZIA-10/25 型空气断路器

与其他类型的断路器相比，空气断路器具有下列优点：

（1）压缩空气具有可压缩性，对灭弧室各零部件所产生的机械应力较小。

（2）开断能力大，燃弧时间短，动作快。

（3）防爆，使用安全可靠。

（4）适用于温度变化较大的工作环境。

它的不足之处主要是：

（1）操作时噪声较大。

（2）分断能力受电压恢复速度的影响较大。

（3）在气压和分断能力一定的情况下，在分断小电感电流时，常因灭弧能力过大而产生截流过电压。

（4）结构复杂，制造工艺要求较高。

1. TDZ1A-10/25 型空气断路器的基本结构

TDZlA-10/25 型空气断路器结构如图 6.16 所示，它以安装在机车车顶盖上铸铝制成的底板为界，分上、下两大部分。露在车顶上的为高压部分，主要有灭弧室、非线性电阻瓷瓶、支持瓷瓶、隔离开关和转动瓷瓶等部件。装在底板下部的为低压部分，主要有储风缸、主阀、延时阀、传动气缸、起动阀、辅助开关等部件。

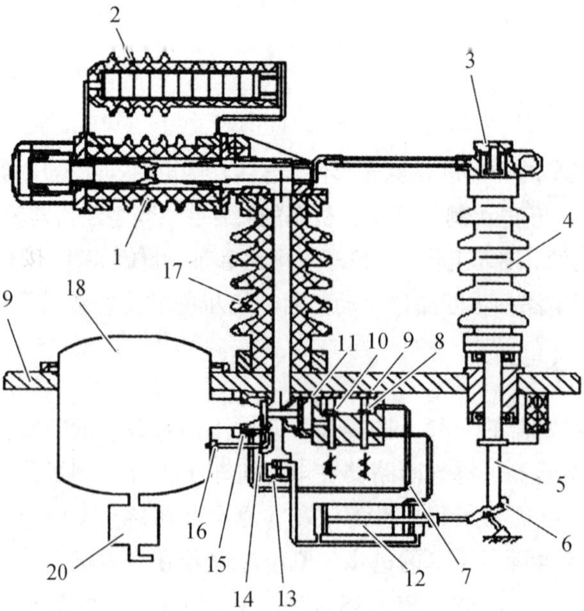

图 6.16 TDZ1A-10/25 型空气断路器

1—灭弧室；2—非线性电阻；3—隔离开关；4—转动瓷瓶；5—控制轴；6—传动杠杆；7—气管；8—合闸阀杆；9—起动阀；10—分闸阀杆；11—活塞；12—传动气缸；13—延时阀；14—主阀阀门；15—主阀；16—通风塞门；17—支持瓷瓶；18—储风缸；19—底板；20—辅风缸

1）高压部分

（1）灭弧室。

灭弧室的结构如图 6.17 所示，它是主断路器安装主触头、熄灭电弧的重要部件。其主体为空心瓷瓶，一端装风道接头，通过支持瓷瓶的中心空腔与主阀的气路相连；另一端装法兰盘，由此将高压电引入主断路器。

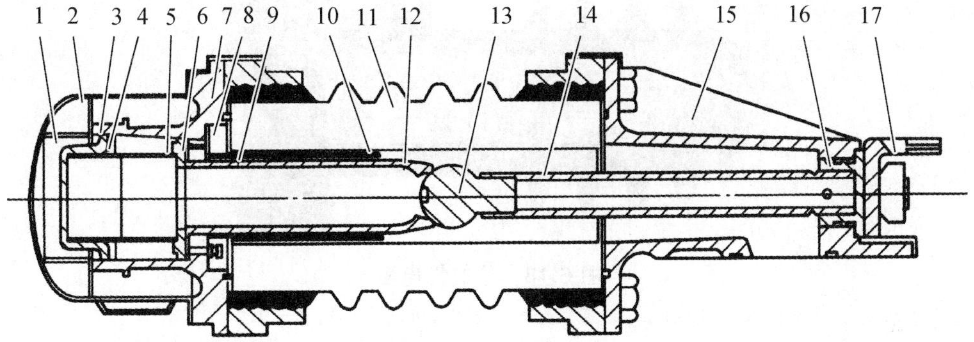

图 6.17　灭弧室

1—网罩；2—外罩；3—挡圈；4—缓冲垫；5—触头弹簧；6—弹簧座；7—法兰盘；8—固定圈；9—导电管；10—弹簧；11—灭弧室瓷瓶；12—动触头；13—静触头；14—静触头杆；15—风道接头；16—套筒；17—隔离开关静触头

主触头装于灭弧瓷瓶内，静触头的头部为球状，端部镶着耐电弧的钼块，以提高耐弧性能。它固定在风道接头上，通过套筒与隔离开关的静触头相连。动触头呈管状，其一端为工作端，工作端的管内壁作成弧形，成一“喷口”，以利于与静主触头球面有良好接触及产生良好的吹弧作用；另一端与一圆环形弹簧座相贴，弹簧座接有张力较大的触头弹簧。弹簧座后顺次接有触头弹簧、缓冲垫、挡圈、网罩和外罩。

动主触头的外面装有与它既有相对滑动也有良好电接触的导电管。导电管由铜管铣成多瓣形，通过弹簧弹性地套装在动主触头上，其尾端固定在法兰盘上。因此，从法兰盘引入的高压电源通过导电管传至动主触头。

触头弹簧的张力较大，它一方面使动、静主触头间具有一定的接触压力，另一方面使动、静主触头开断后能自行恢复闭合状态。缓冲垫用来缓和动主触头开断时触头弹簧对挡圈的撞击。网罩在动主触头开断过程中起消音作用。外罩用于防止外界脏物沾污主触头，其下部有排气孔。

当主断路器处于闭合状态时，主动触头在触头弹簧的作用下与静触头闭合。当分闸阀得电时，压缩空气进入灭弧室，推动主动触头克服触头弹簧的压力向左移动，动、静触头间产生的电弧进入主动触头“喷口”，拉长、冷却，进而强迫熄灭。废气通过网罩由外罩下方排气孔排入大气。主断路器分闸完成，压缩空气停止进入灭弧室，动主触头在触头弹簧的作用下与静主触头重新闭合。

（2）非线性电阻。

非线性电阻的结构如图 6.18 所示。在非线性电阻瓷瓶内，装了 10 个串联的非线性电阻片和干燥剂等主要部件，并联在动、静主触头两端，用以防止主断路器分闸时的过电压。非线性电阻片采用碳化硅和结合剂烧结而成，其电阻值随外加电压的升高而下降，置于空心瓷瓶内。内部还装有干燥剂，用以防潮。为了保证非线性电阻片之间及与外部连接之间的接触压力，减小接触电阻，在其一端装设了弹簧。

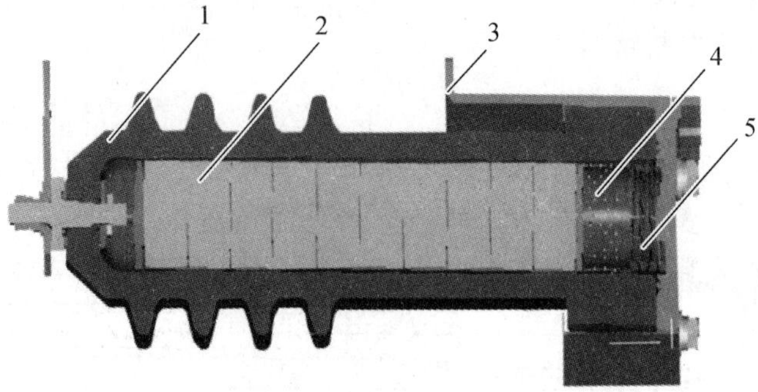

图 6.18 非线性电阻

1—瓷瓶；2—电阻片；3—连接板；4—干燥器；5—弹簧

主断路器分闸时，动、静主触头间产生电弧，在熄弧过程中，触头间的电压将急剧增加。当电压增加到一定值时，非线性电阻值迅速下降，主触头上的电流迅速转移到非线性电阻上，既可限制过电压，减小电压恢复速度，又有利于主触头上电弧的熄灭，减少触头电磨损。随着非线性电阻两端电压的降低，其阻值又迅速增大，以减小残余电流，保证隔离开关几乎在无电流下断开，提高断路器的分断可靠性。

（3）隔离开关。

隔离开关结构如图 6.19 所示。它由静触头（见图 6.17 中的 17）、动触指、弹簧装置、隔离开关闸刀（动触杆）、法兰盘（下转动座）、铜滚珠、连接件（上转动座）及弹簧装置等组成。

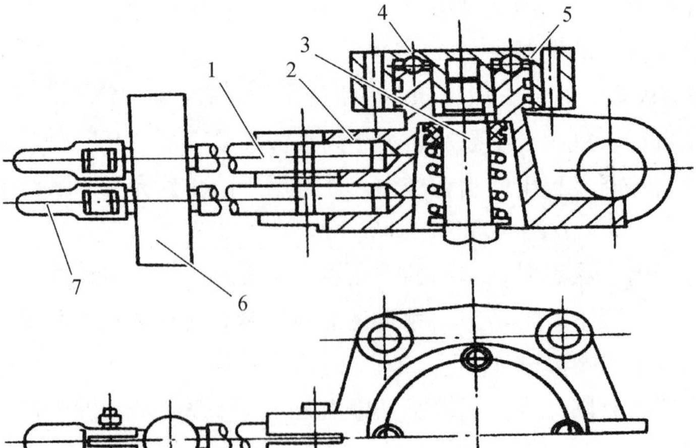

图 6.19 隔离开关

1—隔离开关闸刀；2—法兰盘；3—弹簧装置；4—铜滚珠；
5—连接件；6—弹簧装置；7—动触指

隔离开关静触头固定在弯接头上，它与灭弧室内的静主触头相连。其接触面有沟槽，以便与动触指有良好的接触。动触杆紧固在下转动座上。动触指套装在动触杆上，并用螺钉紧固，便于在动触指磨耗到限时拆下更换，或反过面来继续使用。弹簧装置设在动触杆上，用来保证动触指能夹紧隔离开关静触头，并保持一定的接触压力。下转动座、转动瓷瓶与操纵轴用螺钉固为一体。上转动座通过铜滚珠、轴承及弹簧固定在下转动座上。上、下转动座之间的铜滚珠用来减小摩擦，同时又用作上、下转动座之间的电连接。在主断路器动作过程中，连接件不转动，与变压器原边绕组相连接。

隔离开关自身不带灭弧装置，不具有分断大电流的能力，它与主触头协调动作，完成主断路器的分、合闸动作。主断路器分闸时的动作顺序是：灭弧室主触头先分断电路并在灭弧室内熄灭主动、静触头之间的电弧，隔离开关稍后延时打开隔离闸刀，之后灭弧室主触头重新闭合。此时，隔离开关保持在打开位置，从而保持主断路器处于分闸状态。即主断路器分闸时，隔离开关比主触头延时动作，待主触头断开并熄弧后再无电断开，主断路器合闸时，主触头不再动作，仅需操纵隔离开关闸刀闭合即可。

2）低压部分

（1）起动阀。

起动阀由左边的分闸阀和右边的合闸阀两部分组成，呈对称分布，如图 6.20 所示。两阀有各自的阀杆 3、弹簧 5 和密封垫 4，由各自的电磁铁控制，共用阀体 2、密封垫 1 和盖板 6。D、E、F 3 个空腔分别与储风缸、主阀 C 腔、传动风缸相通。

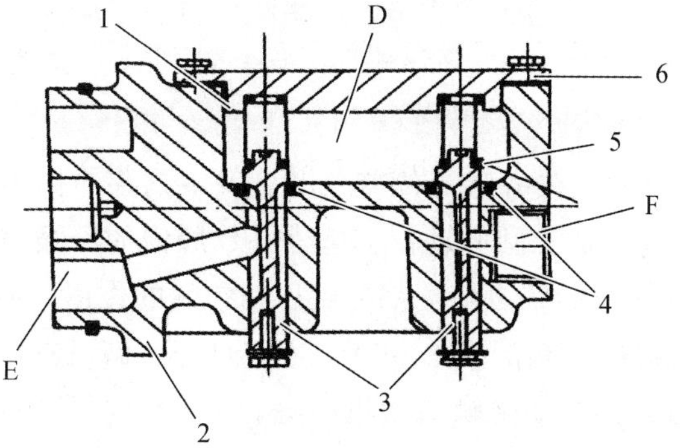

图 6.20　起动阀

1—密封垫；2—阀体；3—阀杆；4—密封垫；5—弹簧；6—盖板

当分、合闸线圈失电时，D 腔充满了来自储风缸（由塞门 19 通入）的压缩空气，分闸阀和合闸阀在弹簧 5 和 D 腔压缩空气的共同作用下处于关闭状态。

当合闸电磁铁线圈得电时，合闸电磁铁撞块撞击合闸阀阀杆，使阀杆克服弹簧 5 的作用向上移动，阀门打开，D 腔内的压缩空气由阀门经 F 腔进入传动气缸，带动主断路器闭合。F 腔内有直径为 2 mm 的排气孔，进入 D 腔的压缩空气管径为 8 mm，所以，F 腔仍能保持相当高的气压使传动气缸装置动作。

当分闸电磁铁线圈得电时，分闸电磁铁撞块撞击分闸阀阀杆，使阀杆克服弹簧 5 的作用向上移动，阀门打开，D 腔内的压缩空气由阀门经 E 腔送往主阀的 C 腔，主阀动作，带动主断路器分闸。

（2）主阀。

主阀采用气动差动式结构，如图 6.21 所示。它由阀体 1、活塞 2、阀杆 3、阀盘 5、弹簧 6 等部件组成。主阀共有 5 条气路：A 腔与储风缸相连，B 腔经支持瓷瓶通向灭弧室，C 腔与起动阀的 E 腔相连，下方与延时阀进气孔相通，另有一条小气路将储风缸内少量的压缩空气由通风塞门（见图 6.16 中的 16）经主阀送入支持瓷瓶和灭弧室，保证灭弧室内始终有一个对外的正压力，防止外界潮湿空气进入灭弧室。

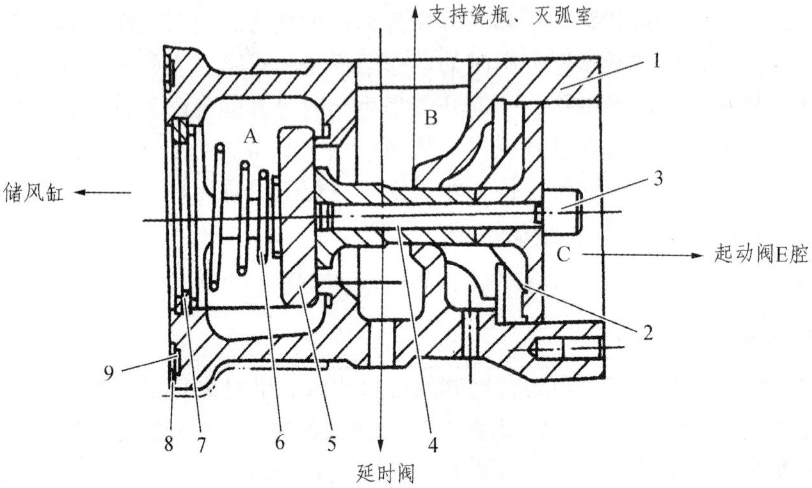

图 6.21 主阀

1—阀体；2—活塞；3—阀杆；4—滑块；5—阀盘；6—弹簧；7—垫圈；8—挡圈；9—密封圈

当分闸电磁铁线圈失电时，在 A 腔压缩空气和弹簧 6 的共同作用下，主阀处于关闭状态。

当分闸电磁铁线圈得电时，分闸阀动作，起动阀 D 腔内的压缩空气由阀门经 E 腔送往主阀的 C 腔，虽然主阀阀盘 5 和活塞 2 两端都受到压缩空气的作用，但活塞 2 的直径大于阀盘 5 的直径，使阀杆 3 带动阀盘 5 和活塞 2 左移，主阀打开，储风缸内大量的压缩空气向上经主阀、支持瓷瓶进入灭弧室，带动主触头动作；向下送入延时阀的进气孔。

（3）延时阀。

延时阀的作用是使传动风缸较灭弧室滞后一定时间得到储风缸的压缩空气，确保隔离开关比主触头延时动作，无电弧开断。

延时阀的结构如图 6.22 所示。它由阀座 1、膜片 3、阀杆 4、阀体 5、阀门 6、弹簧 7、阀盖 8、调节螺钉 9 等部件组成。调节螺钉 9 用于调整进入膜片 3 下部空腔的气路大小，改变延时时间。

当延时阀进气孔无压缩空气送入时，延时阀阀门 6 在弹簧 7 的作用下处于关闭状态。

当主阀打开时，压缩空气经延时阀进气孔、阀盖 8 上的进气管路、阀体 5 上的通道、调节螺钉 9 与阀座 1 之间的间隙，进入膜片 3 下部的空腔。因为管路截面小，膜片 3 的面积大于阀门 6 的面积，膜片下部的气压经过一定时间延时达到一定压力后，足以克服弹簧 7 的作用，推动阀杆 4 向上移动，阀门 6 打开，大量的压缩空气进入传动气缸的进气孔。

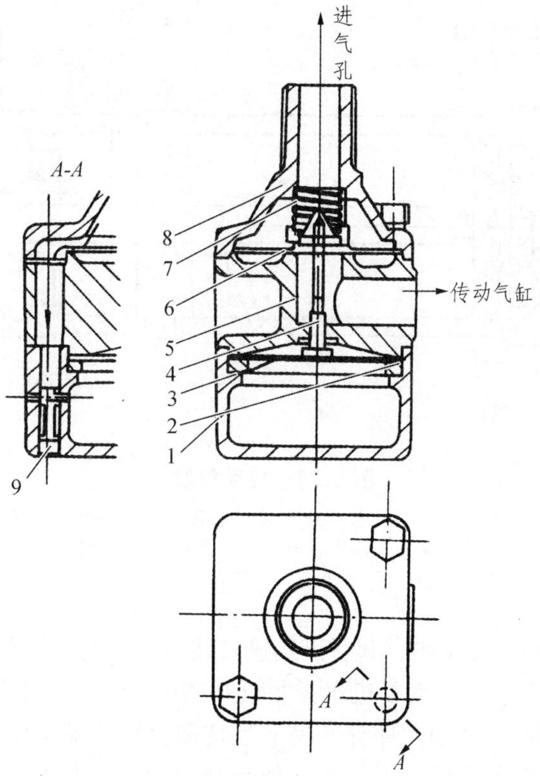

图 6.22　延时阀

1—阀座；2—密封环；3—膜片；4—阀杆；5—阀体；
6—阀门；7—弹簧；8—阀盖；9—调节螺钉

（4）传动气缸。

传动气缸以隔板 5 为界，分为左边的工作腔和右边的缓冲腔两大部分，如图 6.23 所示，活塞杆 3 上装有工作活塞 2、缓冲活塞 7 和套筒 1、8，连杆销 9 与图 8.18 中的传动杠杆 6、控制轴 5 相连。

由于隔离开关和转动瓷瓶均具有一定的质量。在隔离开关动作过程中，要使其瞬间制停到位，必然会产生很大的惯性冲击，容易发生控制轴、隔离开关刀杆或转动瓷瓶断裂。为此，在传动风缸的隔板 5 上设有一排气孔，隔板 5 和缓冲气缸体 6 上各设有一个逆止阀。

在分闸过程中，经主阀、延时阀的压缩空气一路从传动风缸进气孔 1 进入工作活塞左侧，推动工作活塞右移，带动控制轴使转动瓷瓶转动，隔离开关分闸。与此同时，另一路压缩空气从传动风缸进气孔 2 进入缓冲活塞右侧，当工作活塞向右运动，碰到套筒 1 时，迫使套筒 1、缓冲活塞 7 也随之右移，而缓冲活塞右侧的压缩空气将阻碍它们的运动，这就保证了主断路器在分闸过程中先快后慢的动作要求，起到了缓冲的作用。

在合闸过程中，起动阀 D 腔的压缩空气经 F 腔、传动风缸进气孔 3，分别进入工作活塞的右侧和缓冲活塞的左侧。一方面，工作活塞左移，带动隔离开关合闸；另一方面，当工作活塞左移，带动连杆销 9 碰到套筒 8 时，会迫使缓冲活塞左移，同理，缓冲活塞左侧的压缩空气将阻碍工作活塞、套筒和缓冲活塞的运动，保证主断路器在合闸过程中也具有先快后慢的特点。

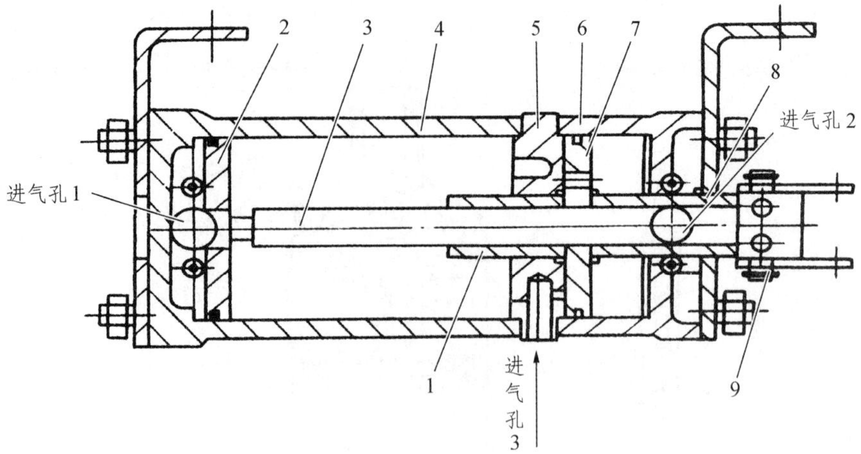

图 6.23 传动气缸

1、8—套筒；2—工作活塞；3—活塞杆；4—工作气缸体；5—隔板；
6—缓冲气缸体；7—缓冲活塞；9—连杆销

（5）辅助开关。

辅助开关由万能转换开关承担，其引出线通过插销或插座同机车有关电路相连。

辅助开关的作用如下：一是接受机车控制电路的电信号，控制分、合闸电磁铁的动作；二是作分、合闸之间的电气联锁，即分闸完成后切断分闸线圈电路，接通合闸线圈电路，为下一步合闸动作做好准备，保证下一步只能是合闸动作而非分闸动作，反之亦然；三是与信号控制电路相连，显示主断路器所处的状态，分闸状态时信号灯亮，合闸状态时信号灯灭。

2. TDZ1A-10/25 型空气断路器动作原理

1）准备工作

储风缸充满足够的压缩空气；起动阀的 D 腔充满压缩空气；另有少量的压缩空气经通风塞门、主阀、支持瓷瓶进入灭弧室，使灭弧室内保持一定的正压力，防止外部潮湿空气的侵入。

2）分闸过程

司机按下主断路器分闸按键开关，分闸线圈得电，分闸阀阀杆上移，起动阀 D 腔的压缩空气经起动阀 E 腔进入主阀的 C 腔，主阀左移，储风缸内大量的压缩空气经支持瓷瓶进入灭弧室，推动主动触头左移，电弧被吹入空心的动触头，冷却、拉长、进而熄灭。

进入延时阀的压缩空气经一定时间延时后，推动延时阀阀杆上移，压缩空气进入传动风缸工作活塞的左侧，推动工作活塞右移，驱动传动杠杆带动控制轴、转动瓷瓶转动，隔离开关分闸。

与控制轴同步动作的辅助开关同时完成如下 3 项工作：一是切断分闸线圈电路，分闸线圈失电，分闸阀关闭，D 腔的压缩空气不再进入 E 腔和 C 腔，主阀关闭，压缩空气停止进入灭弧室，主触头在反力弹簧的作用下重新闭合，分闸过程完成；二是接通信号控制电路，使主断路器信号灯亮，显示主断路器处于断开状态；三是接通合闸线圈电路，为下一次合闸做好准备。

3）合闸过程

司机按下主断路器合闸按键开关，合闸线圈得电，合闸阀阀杆上移，起动阀 D 腔的压缩空气经起动阀 F 腔进入传动风缸工作活塞的右侧，推动工作活塞左移，驱动传动杠杆带动控制轴、转动瓷瓶转动，隔离开关合闸。

同理，与控制轴同步动作的辅助开关：一是切断合闸线圈电路，合闸线圈失电，合闸阀关闭，压缩空气停止进入传动风缸，合闸过程完成；二是切断信号控制电路，使主断路器信号灯灭，显示主断路器处于闭合状态；三是接通分闸线圈电路，为下一次分闸做好准备。

3. TDZ1A-10/25 型空气断路器主要技术参数

TDZlA-10/25 型空气断路器主要技术参数如下：

额定电压……25 kV

额定电流……400 A

额定频率……50 Hz

额定分断电流……10 kA

额定分断容量……250 MV · A

额定工作气压……700 ~ 900 kPa

固有分闸时间……≤30 ms

延时时间……35 ~ 55 ms

合闸时间……≤0.1 s

额定控制电压……DC 110 V

总质量……150 kg

三、BVAC N99 型真空主断路器

HXD3 型电力机车采用 BVAC N99 真空主断路器，该电器设备是单断点交流断路器，采用真空管及电空控制，具有如下特点：

（1）绝缘性高。

（2）采用真空灭弧，环境稳定性好。

（3）结构简单。

（4）开断容量大。

（5）机械寿命长。

（6）维护保养简单。

（7）与空气断路器有互换性。

1. BVAC N99 型真空主断路器的基本结构

BVAC N99 交流真空主断路器的结构如图 6.24 所示，有 3 个主要的组成部分：上面是高压部分；中间是与地隔离的绝缘部分；下面是电空机械装置和低压部分。

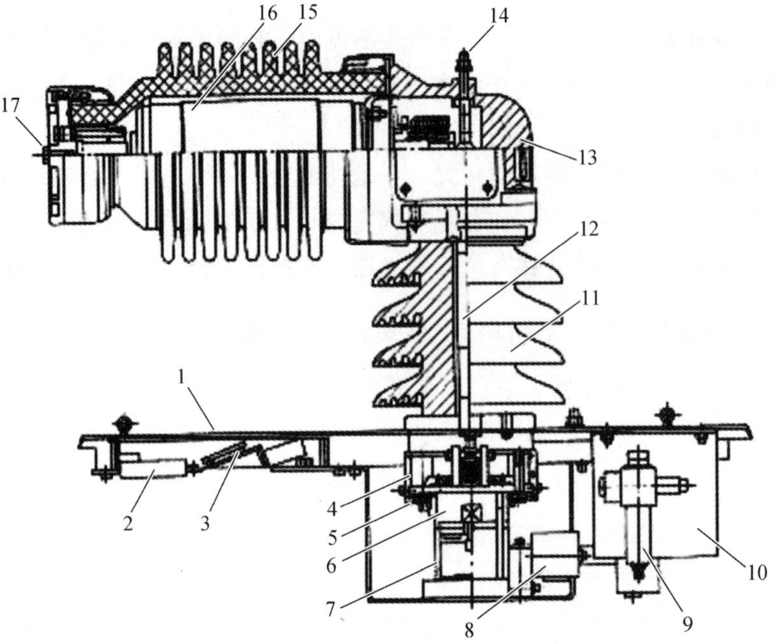

图 6.24 BVAC N99 交流真空主断路器

1—底板；2—插座连接器；3—110 V 控制单元；4—辅助触头；5—肘节机构；6—保持线圈；7—压力风缸；8—电磁阀；9—调压阀；10—储风缸；11—垂直绝缘子；12—绝缘操纵杆；13—传动头组装；14—高压连接端（HV1）；15—水平绝缘子；16—真空开关管组装；17—高压连接端（HV2）

1）高压部分

高压部分结构如图 6.25 所示，包括水平绝缘子、真空包组装和传动轴头组装等。由图可以看出，真空包组装安装于水平绝缘子内部，构成机车顶上的高压回路。真空包通过密封与大气隔离，真空包的结构如图 6.26 所示，包括动触头、静触头和瓷质外罩等。金属波纹管的设置既可保持密封，又可使动触头在一定范围内移动，保证动、静触头在一定的真空度下断开。真空度是真空包最重要的参数之一，和真空包的开断能力成一定关系。

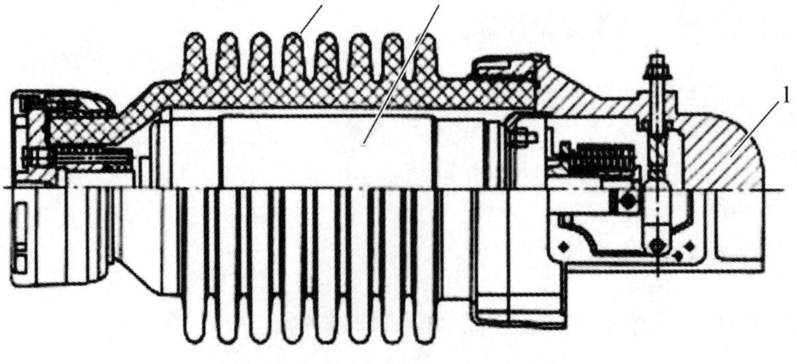

图 6.25 高压部分

1—传动轴头组装；2—真空包组装；3—水平绝缘子

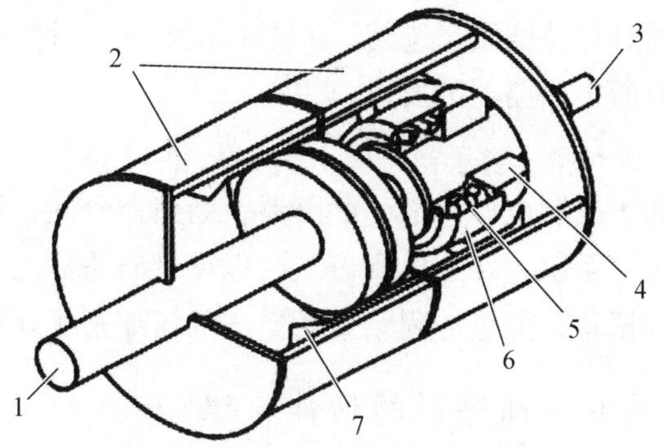

图 6.26　真空包结构示意图

1—静触头；2—瓷质外罩；3—动触头；4—导套；
5—金属波纹管；6—波纹管罩；7—金属罩

真空包的分、合闸操作体现了整个主断路器的分合闸状况，具体表现为对动触头的操作。动触头的操作是由电空机械装置和合闸过程中的装置同时来完成的，这样就可以保证动触头的轴向运动。

2）中间绝缘部分

中间绝缘部分包括如图6.24所示垂直绝缘子和底板以及安装于车顶与断路器之间的O形密封圈。

垂直绝缘子安装在底板上用以提供 30 kV 的绝缘电压的要求，同时绝缘操纵杆通过垂直绝缘子的轴向中心孔，连接电空机械装置和真空包的动触头。底板安装于车顶，O 形密封圈用以保证断路器与车顶之间的密封。

3）电空机械装置

电空机械装置安装在机车内部的底板上，用于操作动触头。该装置包括储风缸、调压阀、压力开关、电磁阀、压力气缸、保持线圈、肘节机构、110 V 控制单元等操纵控制部件，结构如图 6.24 所示。

（1）合闸装置。

电空机械装置带有空气管路，在动触头快速合闸过程中提供必需的压力。储风缸是实现断路器气动控制的气压源，其要求能够满足在机车对断路器不供气的状态下，其残存压缩空气至少能使断路器完成一次动作；调压阀安装在断路器进气口与储风缸之间，通过对其气压值进行整定，用以保证进入储风缸内的气压值；同时调压阀上安装有一空气过滤阀，以保证进入储风缸气体的清洁与干燥；压力开关（图中 6.24 中未表示出来）安装于储风缸上与调压阀相对一侧，其与储风缸内气体相连，用以监控断路器合闸的最小气压值，当储风缸内气压低于其整定值时，就会自动断开，并通过低压控制线路将信息反馈给 110 V 控制单元，以使断路器拒绝进行操作；电磁阀控制储风缸内的气流的通断；传动气缸把空气压力转化为机械作用力；保持线圈安装于气缸上部，通过对气缸活塞的吸合，实现对断路器合闸状态的保持；肘节机构用以实现真空断路器分闸时的快速脱扣，保证断路器快速地分断；110 V 控制单元安装在真空断路器底板下部，通过其对断路器的动作进行整体控制。

主断路器合闸状态通过保持线圈来维持，在这种情况下，允许高压气体由传动风缸泄放。该系统满足快速脱扣和分断主断路器的要求。

（2）分闸装置。

当保持线圈电流切断（控制电源失电）断路器，断路器分闸，快速脱扣通过恢复弹簧接触压力弹簧来实现。通过此系统，在失电和停气时保证主断路器的开断。

为了限制脱扣装置的振动，通过冲程结束时空气的压缩来实现缓冲。

2. BVAC N99 型真空主断路器的动作原理

BVAC N99 型交流真空主断路器操作包括分闸与合闸操作，过程如图 6.27 所示。

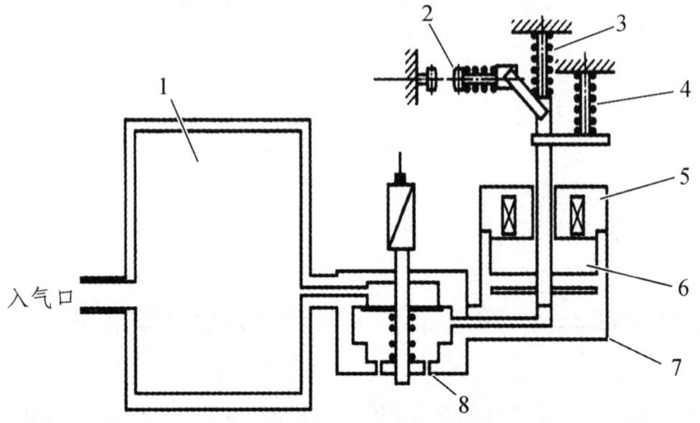

图 6.27　BVAC N99 型交流真空主断路器分合闸示意简图

1—储风缸；2—高压主触头；3—恢复弹簧；4—肘节机构；5—保持线圈；6—活塞；7—压力气缸；8—电磁阀

1）准备工作

只有满足如下条件，断路器才能闭合：

（1）主断路器必须是断开的。

（2）必须有充足的气压。

2）合闸操作

（1）按“开/关”键。

（2）电磁阀得电，气路打开。

（3）压缩空气由储风缸通过电磁阀流入压力气缸，推动活塞向上运动。

（4）主动触头随着活塞的移动而运动。

（5）恢复弹簧压缩。

（6）主触头闭合。

（7）触头压力弹簧压缩。

（8）活塞到达行程末端。

（9）保持线圈在保持位置得电。

（10）电磁阀失电。

（11）压力气缸内的空气排出。

3）分闸操作

（1）按“开/关键”。

（2）保持线圈失电。

（3）活塞在弹簧力作用下（恢复弹簧、肘节机构等）移动。

（4）主触头打开，真空开关管灭弧。

（5）行程结束，活塞缓冲。

3. BVAC N99 型真空主断路器的主要技术参数

BVAC N99 型真空主断路器主要技术参数如下：

额定电压……30 kV

额定电流……750 A

额定频率……50 ~ 60 Hz

额定分断容量……600 MV · A

额定分断电流……20 kA

固有分闸时间……25 ~ 60 ms

合闸时间……≤60 ms

额定工作气压……450 ~ 1 000 kPa

额定控制电压……DC 110 V

机械寿命……250 000 次

四、主断路器的维护与检修

1. 真空主断路器的维护与检修

主断路器上所有检查和维修的执行必须断开电源，降弓和断路器接地的情况下操作。定期检查与维修如表 6.1 所示。

表 6.1 定期检查和维修计划表

序号	检查和维修	间隔时间
1	外观检查、清扫和润滑：绝缘子和密封件的外观；整体外观；BTE 高压接地开关的外观	3 个月
2	检查扭紧力矩：高压连接器；接地连接；BVAC 固定螺栓	3 个月
3	气路检查：调压阀；排空 BVAC 储风缸；检查是否漏气。每年冬季前必须检查	3 个月
4	小修：检查真空管的真空度	一年或在特殊情况下（例如，不明电流短路，不正常机械振动，无浪涌避雷器下雷击等）
5	中修：真空开关的主触头磨损的检查	5 年

1）外观检查

如图 6.28 所示，进行断路器的外观检查和绝缘子检查（A）（裂纹或瓷釉损害），进行 BTE 接地开关连接装置的检查（B）。用软制品或布把空气断路器外部清理干净，绝缘子的外部可以用硅树脂油脂进行清洗。裂纹或绝缘子的瓷釉和密封件的损坏、接地绝缘子的连接件的损坏需更换。

用力矩扳手检查高压连接部分、接地连接部分、断路器固定螺栓的扭紧力矩。

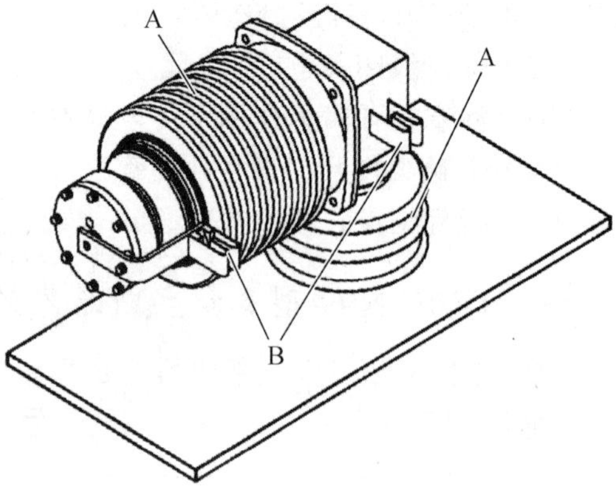

图 6.28　BVAC 断路器的视图

2）气路检查

为了保证气路元件的正常工作，必须对机车管路中容易积水的器件定期排水。容易积水的部位一般为调节阀内、BVAC 储气缸的底部。

（1）压力调节阀的排水。在有气压的空气管路，拧开翼形螺钉（PA）充分排放积水；当气流停止，重新拧紧翼形螺钉（PA）并检查是否漏气。

（2）BVAC 储气缸排水（RE）。

① 装有排水阀的储气缸：当储气缸处于有压力时打开排水阀，排光积水（注意泄漏）；储气缸排水完毕关掉排水阀；检查是否漏气，如有必要，清理排放管路。

② 没有排水阀的储气缸：关闭隔离阀，慢慢拧开位于储气缸下面的塞门（PB）和释放压缩空气；一旦压力完全下降，须完全打开塞门；关断主气路的隔离阀；拧紧塞门；检查是否泄漏。

注意：应在冬季之前排放气路，以免积水冻结造成气动元件误动作。

3）真空管真空度的检查

检查必须在库内进行但是不需要拆开断路器。在检查前必须擦干断路器上的污渍。在降弓和机车接地后，检查真空开关管。

利用真空试验器进行耐压试验以证实真空泡里的真空状态，如图 6.29 所示。在进行试验的时候拆开机车的高压连接端，把真空试验器接在真空主断路器两端，重复施加峰值电压 40 kV 的电压。具体步骤如下：

拆开机车高压连接端，用鳄鱼夹把高压连接端和真空主断路器终端连接起来（HV1 & HV2）。把真空主断路器接地装置接地。检查并确定真空主断路器是处于开断状态（主触头处于开断），保证主开关（11）在设备上打在“0”位置，然后连接各主要电缆。把试验设备的主开关（11）打到“1”位置，绿色指示灯亮。

用选择器选择试验电压，参考电压 40 kV。在 10 s 内通过旋转钮进行耐压试验。此时红灯闪烁，黄灯灭。如果黄色指示灯（3）亮，那么必须重新试验。因为达不到试验设备的额定试验电压。如果绿色的指示字样 Acceptable 在整个试验过程中一直保持发亮，那么试验结果是正确的，真空泡中的真空度是合格的。如果红色的指示字样 Defective（10）是亮的，那么表明了真空泡里的真空度过低，真空泡应该更换。

当试验完成的时候，实验设备上的主开关要打到“off”的位置，为了取下连接到断路器终端的鳄鱼夹，需要等 30 s。考虑到安全因素，取下的鳄鱼夹必须连接在一起，以释放分布电容的电荷，把连接线放入试验箱。

如果真空管里的真空度是合格的，但是电气寿命和机械寿命已经超出，那也应该更换真空管或更换整个真空断路器。

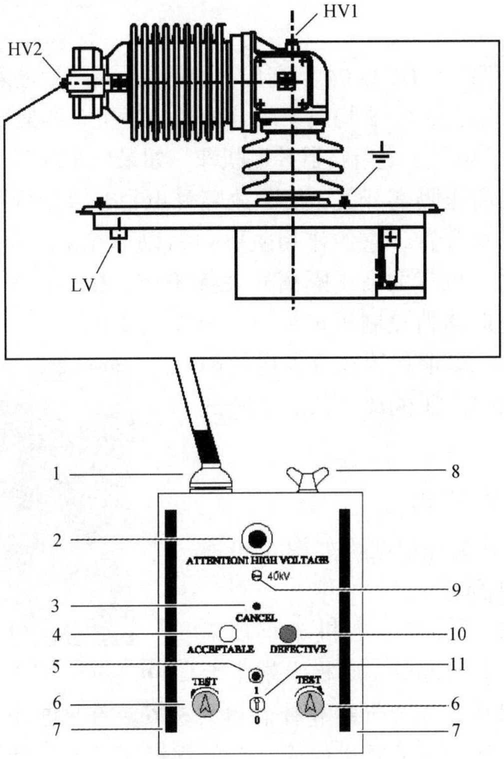

图 6.29　真空管的绝缘检测

1—输出电缆；2—高压警示灯；3—取消指示灯；4—合格指示灯；5—开关指示灯；6—旋转测试钮；7—检测器外壳；8—接地端子；9—电压选择器；10—不合格指示灯；11—主开关

2. 主断路器维修安全警告

（1）高压能造成电弧燃烧和人身事故。必须在断开电源后才能允许维护。真空主断路器是用于高压电路开关。在检查和维护时，为避免电危害，连接断路器的所有电、气源必须隔离。在某种情况下，即使电源断开也会有危险电压存在。为避免人员伤亡，在接触断路器时应该切断电源，进行接地，而且断开外部电源。

（2）主断路器上所有检查和维修的执行必须断开电源，降弓和在主断路器接地的情况下操作。不能进行断路器内部维护，除非有专业技术人员在场。

（3）操作人员禁止拆开防护罩。部件的更换和内部调整必须由专业技术人员进行操作。

（4）禁止替换主断路器的部件或改进主断路器，否则有可能增加更大的危害。禁止安装替换部件或执行任何对本装置无授权的改动。

（5）主断路器出现损坏和故障，必须由经过培训的专业技术人员维修，否则主断路器不能操作和保证安全。

第三节　高压隔离开关及高压接地开关

一、高压隔离开关

1. 概　述

HXD3 型电力机车采用两台 BT25.04 型高压隔离开关，该开关是采用电空控制方式进行转换的。机车运行时，高压隔离开关 1、2 均属于闭合位，接通机车两架受电弓的车顶高压线路，从而可用机车上的任意一架受电弓、主断路器控制机车。如果机车的某一架受电弓发生故障，可以通过转换开关断开相应的高压隔离开关，切除故障受电弓，减少机破，提高机车运用可靠性。

高压隔离开关属于保护装置，它的作用主要包括以下几个方面：

（1）机车重联运行时，机车的高压隔离开关都闭合，接通机车的车顶高压线路，从而可用机车一端的受电弓、主断路器控制机车或重联机车的受流。

（2）如果某一端机车的车顶高压部分发生故障时，可以通过断开故障侧的高压隔离开关，切断故障机车，维持运行。

2. 高压隔离开关的结构

BT25.04 型高压隔离开关外形结构如图 6.30 所示，结构示意图如图 6.31 所示。

图 6.30　BT25.04 型高压隔离开关外形图

BT25.04 型高压隔离开关安装在机车车顶盖上，以底板为界，分为上下两部分。底板上端主要有绝缘子、接触闸刀和簧片，压力气缸和控制单元板安装在底板下面。控制单元板用于电磁阀和连接凸轮开关电源的输入，底板上一个 M8 的螺钉用于连接到机车的接地系统。

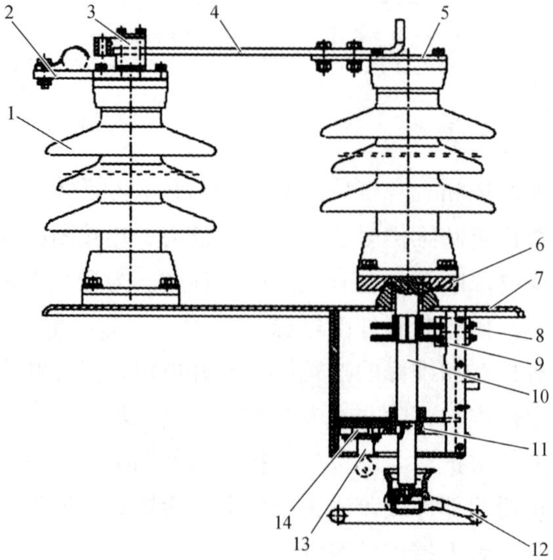

图 6.31　高压隔离开关结构图

1—瓷瓶；2、5—连接板；3—刀夹；4—闸刀；6—轴套；7—底板；8—联锁触头；9—凸轮；10—轴；11—固位盘；12—手轮；13—锁；14—锁块

3. 高压隔离开关的控制方法

1）工作条件

（1）高压隔离开关的动作频率要尽可能少。

（2）不需要和主断控制器联动。

（3）受电弓发生故障时，司机控制打开对应高压隔离开关，从而断开故障的受电弓。

（4）必须在真空断路器断开的时候，才能开闭高压隔离开关。

（5）在没有电源和气源的情况下，高压隔离开关维持原状态（原来开则保持开的状态，原来闭则保持闭的状态）。

2）控制电路

（1）机械室电器柜内设置 1 个控制高压隔离开关的转换开关 SA96，如图 6.32 所示。

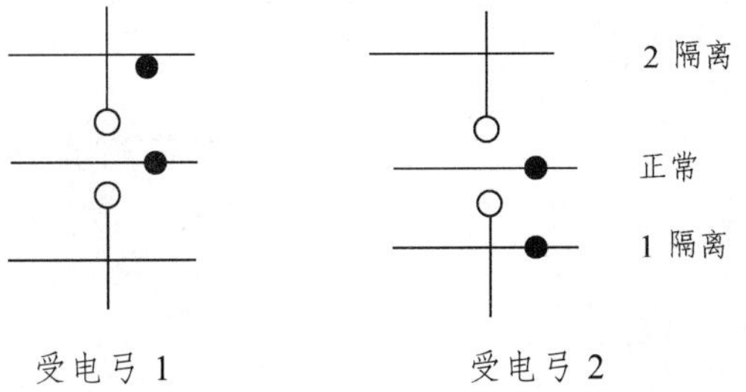

图 6.32 控制高压隔离开关的转换开关 SA96 示意图

（2）受电弓均正常时，转换开关 SA96 置于正常位置。

（3）若想切断高压隔离开关，除了将 SA96 转至对应的隔离位置，送出相应的控制信号，还需提供响应的气源。

（4）受电弓 1 异常时，转换开关 SA96 置于“1 隔离”位置，同时对应高压隔离开关的断开电磁阀得电，高压隔离开关打开后，该电磁阀失电。

（5）受电弓 1 复位时，转换开关 SA96 返回到“正常”位。同时对应高压隔离开关的闭合电磁阀得电，高压隔离开关闭合后，该电磁阀失电。

（6）受电弓 2 异常时，转换开关 SA96 置于“2 隔离”位置，同时对应高压隔离开关的断开电磁阀得电，高压隔离开关打开后，该电磁阀失电。

（7）受电弓 2 复位时，转换开关 SA96 返回到“正常”位。同时对应高压隔离开关的闭合电磁阀得电，高压隔离开关闭合后，该电磁阀失电。

（8）无论哪种情况，闭合或断开高压隔离开关时，真空断路器均会自动打开，需要通过手动操作再接通。因为高压隔离开关不带灭弧装置，不具有开断电流的能力，因此，它的所有动作都必须在主断路器处于分断状态时进行。

4. 高压隔离开关的主要技术参数

BT25.04 高压隔离开关的主要技术参考如下：

型号……BT25.04
结构……单极隔离开关
安装位置……车顶
动作方式……空气操作式（机车内设置 4 个电磁阀）
标称电压……25 kV
额定电压……210 kV
额定电流……400 A
标称电流……400 A
额定频率……50 Hz
冲击电压……170（1.2/50 μs）kV
控制电压……DC 110 V
最小动作电压……DC 77V
额定工作气压……400 ~ 1 000 kPa
最小动作气压……350 kPa
耐受电流试验……20 kA/8 kA（1 s）
工频耐压……75 kV
机械寿命……20 000 次
硅橡胶外表面爬距……≥1 000 mm

5. 高压隔离开关的维护保养

1）维修注意事项

（1）下降的受电弓也可能被加载了高压，所以高空作业时要注意，特别要注意在车顶上的人是否危险。

（2）长时间不动作的机构，可能有不能转动的情况发生，需要定期地让它们动作。

2）维护保养

（1）小修。

每个月进行一次小修。检查隔离开关闸刀与刀夹的接触性能是否良好。将隔离闸刀打开，检测刀夹在自由状态下两弹簧片间的距离≤7.5 mm，闸刀接触部分厚度≥9 mm；绝缘子应保持整洁干净，表面无裂纹或碰痕；检查各风管接头是否漏水；润滑各滑动配合面积连杆销。

（2）中修。

每 6 个月要进行一次中修。用酒精清洗各联锁触头的触点，检查各联锁触头接触状况是否良好，接触不良者必须更换；同时检查隔离闸刀和接触簧片的状况是否良好，旋转结构能否灵活转动；传动气缸和电磁阀是否正常动作，有损坏零部件必须更换。

（3）大修。

每 3 年要进行 1 次大修。主要检查的部件为接触闸刀和簧片，并检查所有部件能否正常动作。更换损坏零部件和报废部件。需要清洗和润滑的部件必须进行单独的维护，特别是要对辅助开关触头和凸轮进行润滑。

① 簧片的检查。如图 6.33 所示为簧片示意图。其接触压力为 50 ~ 70 N；接触间距为 10 mm。

② 辅助联锁的检查。如图 6.34 所示为凸轮与辅助联锁示意图。其接触压力为 3 N；接触宽度为 3.2 mm。

如果触头磨损至 1.5 mm 或更少，必须更换开关。在辊子接顶部位置（需要最小 0.25 mm 的间隙）上的凸轮的地方，无论如何不允许出现触头的磨损，触头必须安装防尘罩。

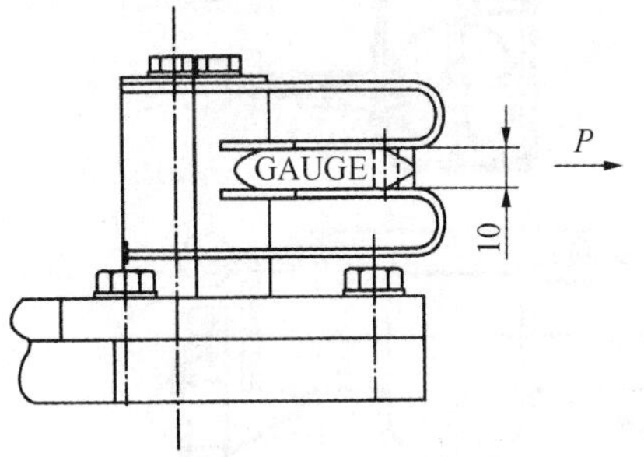

图 6.33　簧片示意图

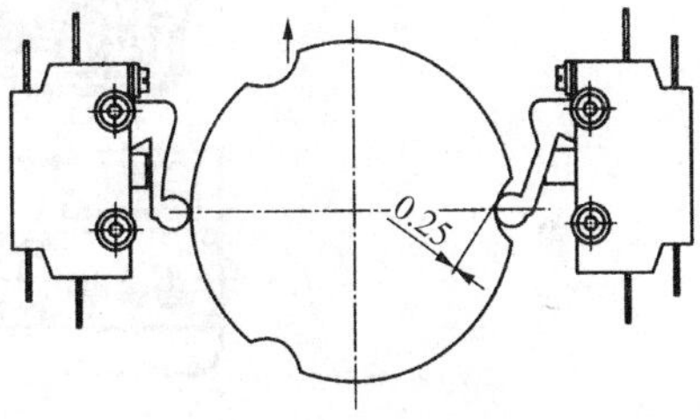

图 6.34　凸轮与辅助联锁示意图

③ 润滑。在大修期间，要清洁接触闸刀和隔离开关的连接处并紧固，同时要涂一些油膜。这些操作应在机车与电网断开并且整个回路接地的安全前提下进行。

用硅脂来润滑滑动套筒，用润滑油来润滑簧片。

所有检修完成后必须进行性能测试，各技术参数及动作性能都必须满足试验大纲的要求。

二、高压接地开关

1. 概　述

高压接地开关的主要功能是在受电弓降下、主断路器断开状态下，将主断路器两侧的车顶高压设备回路和主变压器原边接地，与主断路器配套使用。接地开关保证了机车的安全操作，当工作人员进行机车检查或维护时，消除故障或进行修理时，保证工作人员的人身安全。

2. 高压接地开关的结构

HXD3 型电力机车采用 1 台 BTE25040L1A2B02 型高压接地开关，其结构如图 6.35 所示。

高压接地开关主要分车外部分和车内部分。车外部分主要包括：上罩、闸刀、触头弹簧片，以及在上罩内的轴等传动机构；车内部分主要包括：下罩、操纵杆组装、锁组装，以及在下罩内的传动机构。

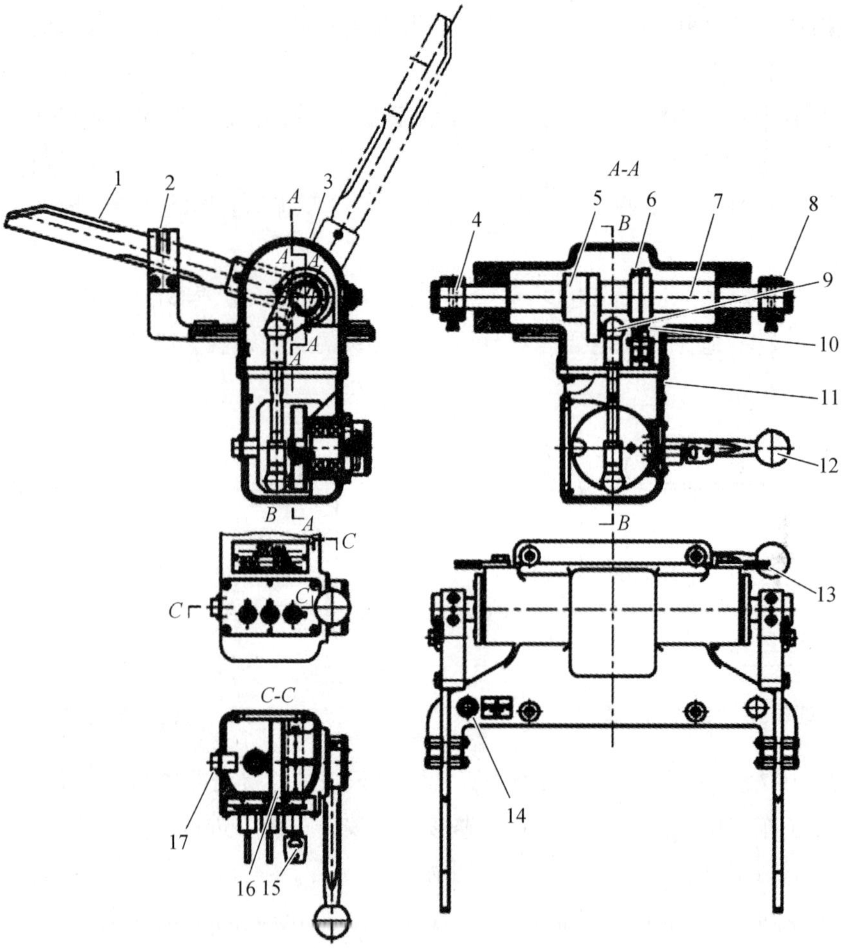

图 6.35 高压接地开关结构图

1—闸刀；2—触头弹簧片；3—上罩；4—左支架；5—曲柄组装；6—凸轮块；7—轴；8—右支架；9—连杆件组装；10—辅助联锁；11—下罩；12—操纵杆组装；13—软连线；14—接地螺栓；15—锁组装（1A + 2B）；16—转盘组装；17—插座

3. 高压接地开关的动作原理

闸刀通过支架安装在轴上，而轴、曲柄组装、连接杆组装以及操纵杆组装则组成一个传动机构。转动操纵杆，使整个传动机构进行传动，进而使得轴带动闸刀旋转一定角度：在操纵杆从一端旋转 180° 到另一端时，闸刀也相应从“工作位”旋转 102° 到“接地位”或者从“接地位”旋转 102° 到“工作位”。

锁组装控制传动机构能否转动，共设 3 个锁，其中一个供蓝色钥匙使用，两个供黄色钥匙使用。仅在蓝色锁被蓝色钥匙打开后，操纵杆才能从“操作”位置旋转到“接地”位置。一旦旋转到“接地”位置，联锁机构就被带有黄色钥匙的锁锁定在此位置，然后可把黄色钥匙从锁中拔下。

4. 高压接地开关的主要技术参数

BTE25040L1A2B02 型高压接地开关的主要技术参数：

标称电压……25 kV
额定电压……30 kV
额定电流……400 A
峰值耐受电流……20 kA
短时耐受电流……8 kA（1 s）
闸刀转换角度……$102^{\circ +0}_{\ -2^{\circ}}$
触头弹簧片距离……6 ~ 7 mm，偏差 1 ~ 1.5 mm
闸刀与触头弹簧片接触长度……≥20 mm
操纵力……≤105 N
机械寿命……20 000 次
质量……22 kg

5. 高压接地开关的检修与维护

1）高压接地开关的操作

接地开关有 3 个锁，其中的两个用于黄色钥匙，一个用于蓝色钥匙。

（1）接地。

① 旋转用于受电弓锁闭的蓝色钥匙至“受电弓降下”位，拔出钥匙并插入接地开关的蓝色锁内。

② 旋转蓝色钥匙，拉出操纵杆并旋转至“接地”位。

③ 旋转并拔出黄色钥匙，可以打开高压室的门锁或车顶天窗。

（2）操作。

① 旋转拔出“黄色”钥匙（在已使用的地方），并插入接地开关的黄色锁内。

② 旋转黄色钥匙，拉出接地开关操纵杆并旋转置“操作”位。

③ 旋转并拔出蓝色钥匙，插入受电弓开关锁内，并旋转到“受电弓上升”位置。

2）高压接地开关的检修

（1）小修。直接在机车上进行，每 3 个月 1 次。检查闸刀和触头弹簧片的外观、磨损程度和清洁度。若发现闸刀和触头弹簧片之间有污物，必须彻底清理并涂润滑脂。

（2）中修。直接在机车上进行，每年 1 次。检查闸刀和触头弹簧片的磨损和清洁状况，以及传动机构的动作情况；检查闸刀能否准确滑入主断路器的触头弹簧片内；检查锁组装的联锁情况。若发现闸刀和触头弹簧片之间有污物，必须彻底清理并涂润滑脂。

（3）大修。应在接触网可以断电并且整个系统能可靠接地的机务段内进行，每 3 年 1 次。检查之前，应彻底清洗整个接地开关。进行中修所有检查操作，并检查零部件的机械状况和功能。更换受损或磨损的部件。对闸刀和触头弹簧片加润滑脂。

3）高压接地开关的维护

维护应在接触网可以断电并且整个系统能可靠接地的机务段内进行。定期内（取决于牵引机车的运行小时数）对闸刀和触头弹簧片进行彻底清理，并涂少许润滑脂，维护所用润滑脂为美孚 SHC100。

第四节　电空接触器及两位置转换开关

一、电空接触器

1. 概　述

电空接触器因其只有较大的开断能力，用在直流传动电力机车上的电路中。

图 6.36 为电空接触器的工作原理示意图。电空接触器一般由触头装置、灭弧装置、传动装置组成。当电空阀线圈得电时，其控制的压缩空气进入传动气缸，推动活塞，压缩开断弹簧而向上运动，使动静触头闭合。当电空阀线圈失电时，其控制的压缩空气排向大气，在开断弹簧的作用下，推动活塞带动活塞杆和动触头下移，动静触头打开，同时灭弧。在主触头动作的同时，联锁触头也相应动作。

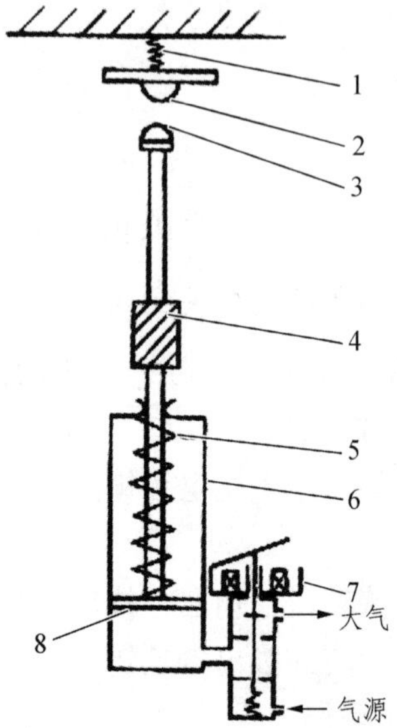

图 6.36　电空接触器工作原理示意图

1—缓冲弹簧；2—静主触头；3—动主触头；4—绝缘块及活塞杆；5—开断弹簧；6—缸体；7—电空阀；8—活塞

2. TCK1-400/1500 型电空接触器

1）型号及含义

TCK1-400/1500 型，其中，T——铁路用；C——接触器；K——压缩空气控制；1——设计序号；400——主触头额定电流（A）；1500——开断电压（V）。

2）作　用

在 SS_4 型和 SS_{4G} 型电力机车上，用于接通或分断与牵引电动机励磁绕组并联的磁场削弱电阻电路。

3）结　构

TCK1-400/1500 型电空接触器结构如图 6.37 所示。由于磁场削弱电阻上的电压降很低，且又是电阻性负载，主触头在分合过程中不产生电弧，故不带灭弧装置，主要由触头装置和传动装置组成。

（1）触头装置。主触头为直动桥式双断点，触头表面成 120° 夹角，其材质为紫铜，其上焊有银片，且动静触头之间为面接触，有较好的导电性能。触头的分合属上下直动式，结构比较简单，维修也比较方便。联锁触头采用通用件，为一行程开关。

（2）传动装置。采用的是薄膜传动装置，它主要由气缸、活塞、皮碗和复原弹簧等组成，本身不带电空阀。

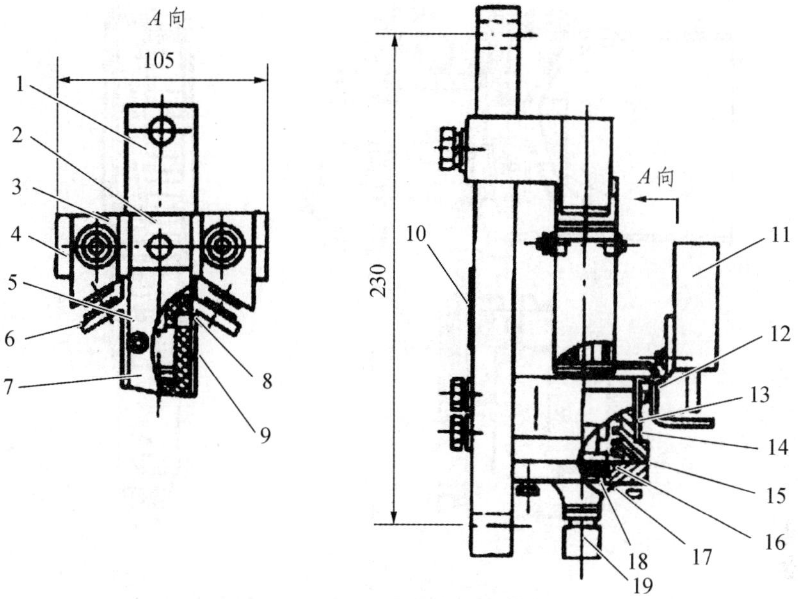

图 6.37　TCK1-400/1500 型电空接触器

1—支柱；2—静触头座；3—静主触头；4—连接片；5—绝缘块；6—动主触头；7—绝缘杆；8—动主触头桥；9—弹簧；10—铭牌；11—联锁触头；12—联锁板；13—气缸座；14—铜套；15—反力弹簧；16—活塞；17—皮碗；18—气缸盖；19—管接头

4）动作原理

其动作原理如图 6.36 所示。。

3. TCK7-600/1500 型电空接触器

1）型号及含义

TCK7-600/1500 型，其中各字母和数字含义同 TCKl 型电空接触器。

2）作　用

该型接触器主要控制机车主电路的有关励磁电流回路和牵引电机回路。

3）结　构

TCK7-600/1500 型电空接触器结构如图 6.38 所示，主要由触头装置、灭弧装置和传动装置等组成。

（1）触头装置。主要由主触头和联锁触头组成，主触头为 L 形，采用线接触形式。它以紫铜触头为基座，表面镶有银-碳化钨粉末冶金触片，保证触头具有较好的抗熔焊、耐电弧、耐机械磨损和电磨损性能，很好的导电、导热性能以及较高的负载能力。联锁触头为 KY1 型盒式桥式双断点触头，材质为银，二常开、二常闭。

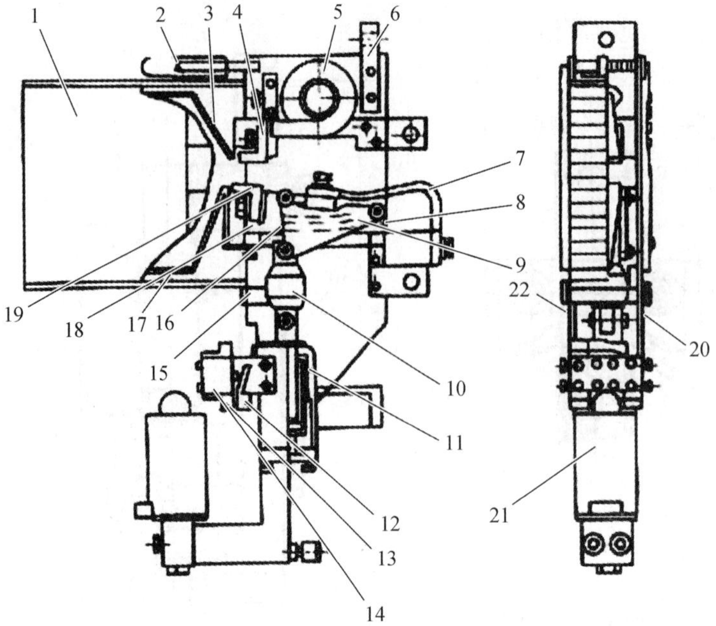

图 6.38 TCK7-600/1500 型电空接触器结构

1—灭弧罩；2—挂钩；3—静触头弧角；4—静触头；5—磁吹线圈；6—安装杆；7—软连接；8—杠杆出线座；9—杠杆支架；10—绝缘杆；11—传动气缸；12—联锁板；13—联锁触头；14—联锁支架；15—灭弧室支板；16—动触头弹簧；17—动触头弧角；18—动触头座；19—动触头；20—右侧板；21—电空阀；22—左侧板

（2）灭弧装置。主要由灭弧罩（短弧灭弧和长弧灭弧原理）、灭弧角（由 2 mm 厚黄铜板压制成）、灭弧线圈及铁心（磁吹装置）等组成。灭弧罩由 13 块 Π 形石棉水泥制成的灭弧板和两块同样材料制成的盖板叠装而成，通过卜固定板和挂钩将火弧罩与接触器本体连接在一起。在每块 Π 形灭弧板上，间隔装有 H 形和 U 形的分弧角。

（3）传动装置。由电空阀、传动气缸、绝缘杆等组成。电空阀采用电力机车上通用的 TFKlB-110 型闭式电空阀。传动气缸竖放，缸内有活塞及连杆等，绝缘杆保证动触头与传动气缸间的绝缘。

4）动作原理

其动作原理如图 6.36 所示。

TCK7 的派生产品很多，结构基本相同，如 TCK7B 没有灭弧装置，TCK7C 仅多了两对常闭联锁触头，TCK7D 取消了灭弧线圈中的铁心。

二、两位置转换开关

1. 概　述

在韶山系列电力机车上，SS_{4G} 型电力机车采用的是 TKH4-840/1000 型转换开关，SS_8 型电力机车采用的是 TKH4A-970/1000 型转换开关，SS_9 型电力机车采用的是 TKH10-840/1020 型转换开关。

各型转换开关的工作原理都是相同的，即用来转换接通主电路：一是改变牵引电动机励磁绕组中电流的方向，也即改变机车的运行方向；二是实现机车牵引工况和电阻制动工况之间的转换。每台转换开关控制两台（或 3 台）牵引电机，它们都是由两个转鼓组成，即反向鼓和牵引制动鼓。每个转鼓各有两个工作位置，“向前”和“向后”位，“牵引”和“制动”位，故亦称该开关为两位置转换开关。

2. TKH4-840/1000 型转换开关的结构

TKH4 型转换开关安装于机车高压电器柜的下部，由骨架、转鼓、触指杆、传动气缸、联锁触头等组成，外形结构如图 6.39 所示。

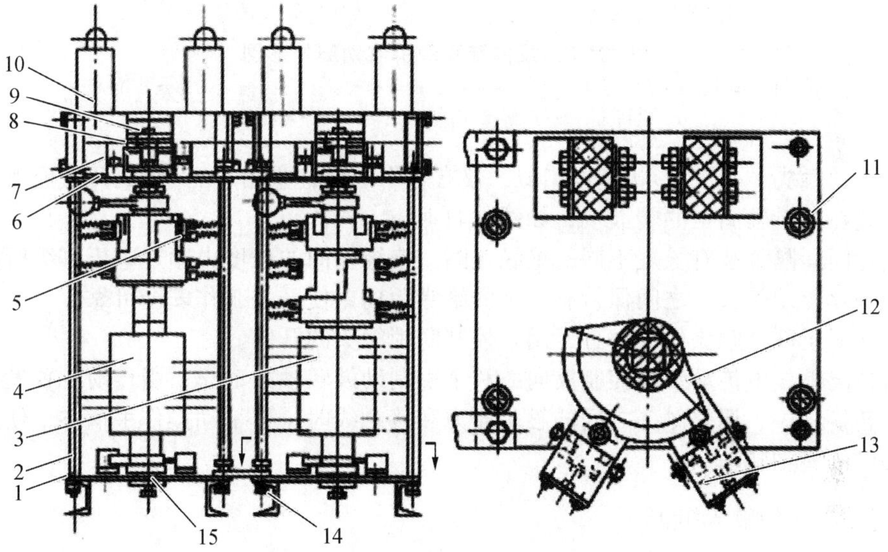

图 6.39　TKH4 型转换开关外形结构

1—底板；2—支柱；3—牵引制动鼓；4—反向鼓；5—触指杆；6—面板；7—传动气缸；8—拨叉；9—销；10—电空阀；11—环氧玻璃布管；12—凸轮；13—联锁触头；14—槽钢；15—尼龙轴套

1）骨　架

骨架由底板、面板、支柱及套在支柱上的环氧玻璃布管等组成。底板和面板上都焊有角钢，用来安装触指杆（静触头组），尼龙轴套用来安装反向鼓及牵引制动鼓。反向鼓及牵引制动鼓用连接板组合在一起。

2）转　鼓

转鼓又称作转换开关的动触头组，分为反向鼓和牵引制动鼓，它们的结构形式基本相同，仅组装在转轴上触片的安装排列位置及绝缘垫圈长度不同，如图 6.40 所示。它由转轴、绝缘垫圈、触片、手柄、凸轮等组成。转轴由方钢制成，在其下端有一挡圈，通过定位销固定在转轴上。动触片、绝缘垫圈、凸轮与转轴的动作同步。

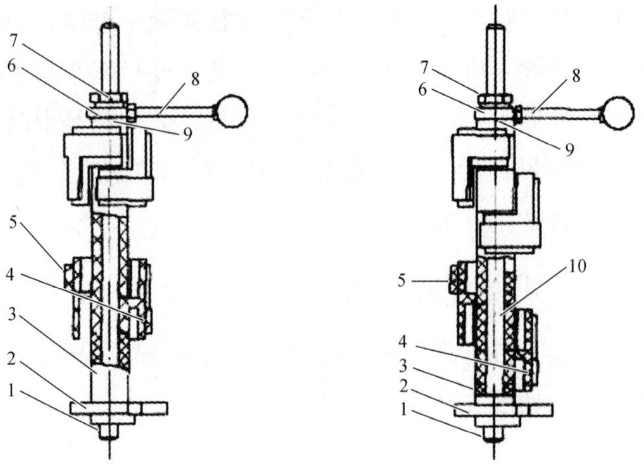

（a）反向鼓　　　　（b）牵引制动鼓

图 6.40　反向鼓和牵引制动鼓外形图

1—转轴；2—凸轮；3、9—长短不同的绝缘垫圈；4、5—触片（动触头）；
6—手柄座；7—压紧螺母；8—手柄；10—转动鼓绝缘

触片（动触头）4、5 形状基本相似，仅有左右之分，它由“T”形铜片做成弧形，用沉头螺钉安装在与转轴固定的转鼓上，如图 6.41 所示。

动触片间间隔套装有长短不同的绝缘垫圈。绝缘垫圈的长度由额定电压等级所决定，其作用是使触片（动触头）之间保持有一定的绝缘距离，使开关工作安全可靠。

凸轮 2 属于联锁触头的一部分，用于控制联锁触头的开闭。

正常情况下，由传动装置控制反向鼓和牵引制动鼓转轴的动作；当传动装置发生故障、手动检查转换开关、调整触头之间的触头压力和接触线时，可手动操作手柄 8，使反向鼓和牵引制动鼓的转轴转动。

3）触指杆（静触头组）

触指杆即转换开关的静触头组，由一块环氧玻璃布板和若干组触指杆装配而成，如图 6.42 所示。

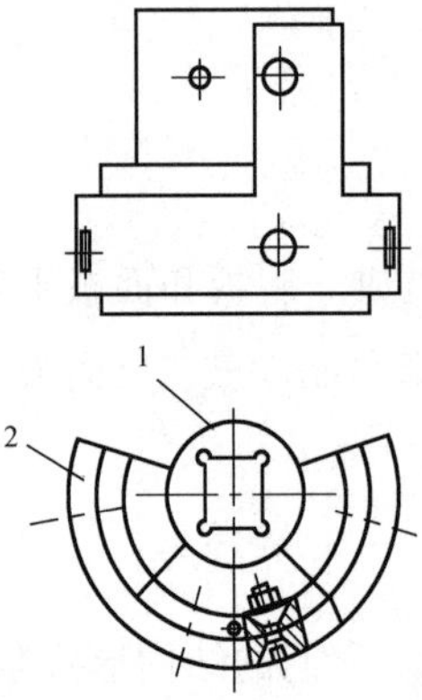

图 6.41　触头（动触头）组装

1—胶木座；2—触片

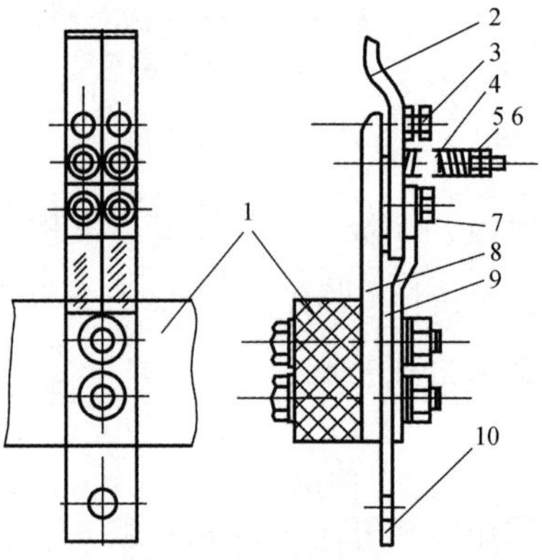

图 6.42　触指杆

1—环氧玻璃布板；2—触指；3—调整螺栓；4—弹簧；
5、6—螺杆、螺母；7—螺栓；8—触指座；
9—软连接；10—接线板

触指杆（静触头组）有左右之分，安装于骨架的面板和底板的角钢上。每组静触头由两个触指并联工作，其上装有触指弹簧，借以获得一定的触头超程和终压力，保证与动触片间有良好的电接触。螺母用于调节转换开关的静触指与转鼓上动触片之间的接触压力，压力调整好后，用双螺母锁紧，使压力保持不变。调整螺栓用来调节触指的超程。接线板用于对外与主电路相连接。

4）传动装置

两位置转换开关采用双活塞气缸传动装置传动，它由电空阀、传动气缸、转轴、转鼓等组成。传动气缸结构如图 6.43 所示。

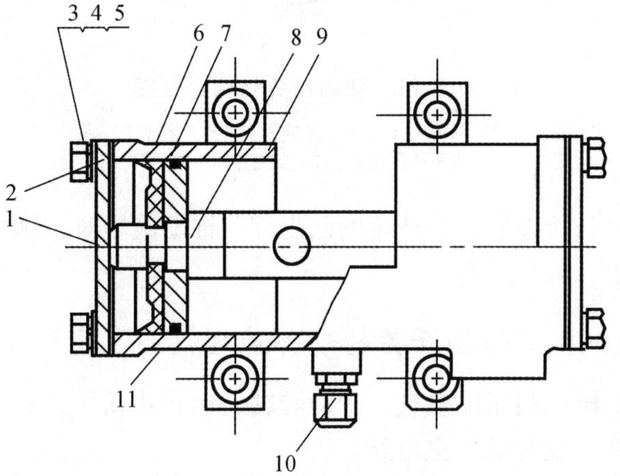

图 6.43　传动气缸

1—气缸盖；2—密封垫；3、4、5—螺栓、螺母及垫圈；6—皮碗；7—活塞；
8—活塞杆；9—气缸体；10—管接头；11—毛毡

两位置转换开关传动原理用图 6.39 说明。由 TFK1B 型电空阀控制的压缩空气推动气缸内活塞左右移动，通过在活塞杆上开有的槽和孔，使销 9 插入活塞杆孔内，装于转轴上端的拨叉 8 卡住销 9，这样气缸中活塞杆的左右运动就转变为转轴、转鼓的转动，并带动动触片动作，使反向鼓得到“向前”和“向后”，牵引制动鼓得到“牵引”和“制动”两个工作位置。在开关完成转换工作的同时，装于转轴上的凸轮及装于底板上的联锁触头 13 也进行着转换，开断和闭合控制电路中相应的联锁触点，使转换开关不会自动转换为非工作状态。

双活塞气缸传动装置转轴的转角大小决定于传动气缸的活塞行程。这一系统必须进行气缸的气密性能试验，试验合格后才能安装到转换开关上去。

5）联锁触头

联锁触头用于控制有关联锁电路，安装在转换开关的底板上（见图 6.39 右图）。TKH4A-970/1000 型转换开关采用 TKY1 型盒式联锁触头，如图 6.44 所示。它为单件滚轮推杆双断点桥式结构，由有机玻璃外壳、推杆 4、滚轮 7、反力弹簧 3 及封闭在外壳内的桥式触头组成，具有联锁灵活，防污性好，接触可靠等优点。通过透明的有机玻璃外壳，可以方便地观察触头的开闭情况。

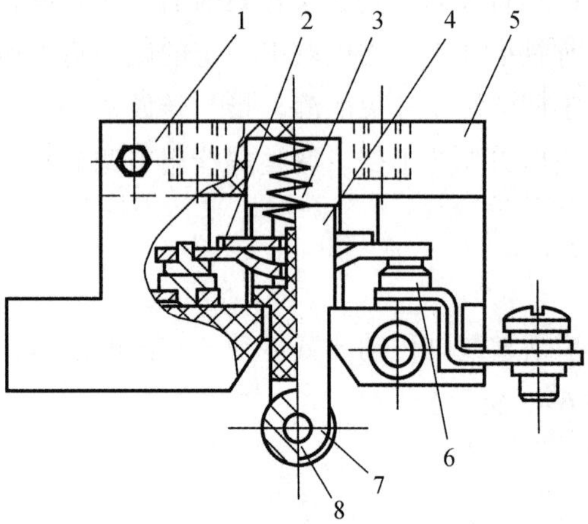

图 6.44　联锁触头结构示意图

1—盖板；2—动触桥；3—反力弹簧；4—推杆；5—触头座；
6—静触头；7—滚轮；8—轴

联锁触头的开闭由凸轮控制。当凸轮的凸出部分推动滚轮时，推杆压缩反力弹簧，使触桥与静触头断开；反之，触头闭合。

3. TKH4-840/1000 型转换开关的动作原理

转换开关借助电空阀控制压缩空气，带动转轴、动触片动作，利用动触片在不同的位置与静触指构成不同电路，改变机车主电路。

1）换向原理

机车的正反向运行是通过改变牵引电动机励磁绕组中的电流方向来达到的，如图 6.45 所示。在向前位时，图（b）中的静触指 1 与 2、3 与 4 分别在动触片 A、B 上，即 1 与 2、3 与

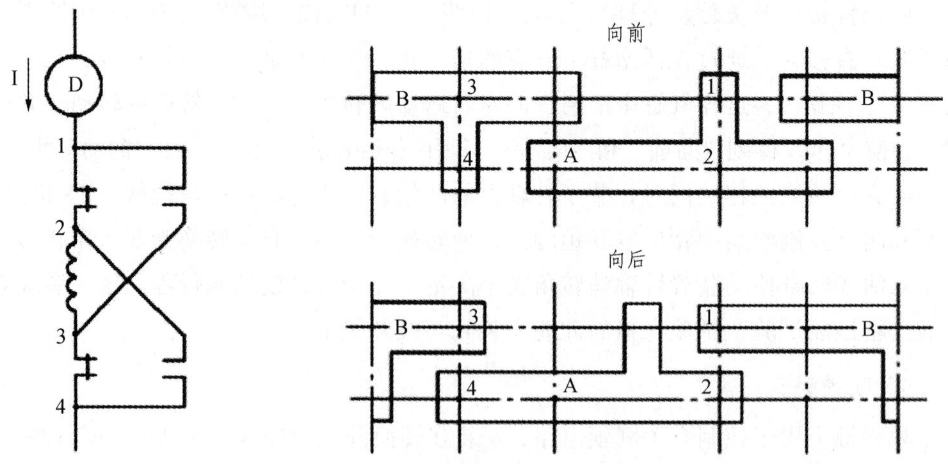

（a）牵引电动机接线原理图　　　（b）动主触片展开图

图 6.45　换向原理示意图

1、2、3、4—静主触头；A、B—动主触片

4 分别沿触片 A、B 的垂直方向接通，图（a）中的常闭触头闭合，此时，牵引电动机电枢绕组与励磁绕组电流同向，机车向前运行。转轴带动动触片转动到向后位时，图（b）中的静触指 2 与 4、1 与 3 分别在动触片 A、B 上，即 2 与 4、1 与 3 分别沿动触片 A、B 的水平方向接通，图（a）中的常开触头闭合，常闭触头断开，这就在牵引电动机电枢绕组电流方向不变的情况下改变了牵引电动机励磁绕组中的电流方向，牵引电动机反转，机车向后运行。

2）牵引制动转换原理

机车的牵引制动工况转换是通过改变牵引电动机励磁绕组接线方式来实现的，如图 6.46 所示。

机车在牵引状态时，图（b）中的静触指 6 与 1、5 与 4 分别在动触片 C、D 上，即 6 与 1、5 与 4 分别沿动触片 C、D 的垂直方向接通，图（a）中的常闭触头闭合，此时，牵引电动机电枢绕组与励磁绕组串联，作电动机（串励）运行。转轴带动动触片转动到制动位时，图（b）中的静触指 6 与 7、8 与 4 分别在动触片 C、D 上，即 6 与 7、8 与 4 分别沿动触片 C、D 的水平方向接通，图（a）中的常开触头闭合，常闭触头断开，此时，牵引电动机电枢绕组与制动电阻串联，励磁绕组与其他牵引电动机的励磁绕组串联，构成独立的励磁回路，牵引电动机作发电机（他励）运行，机车由牵引工况转换为电阻制动工况。

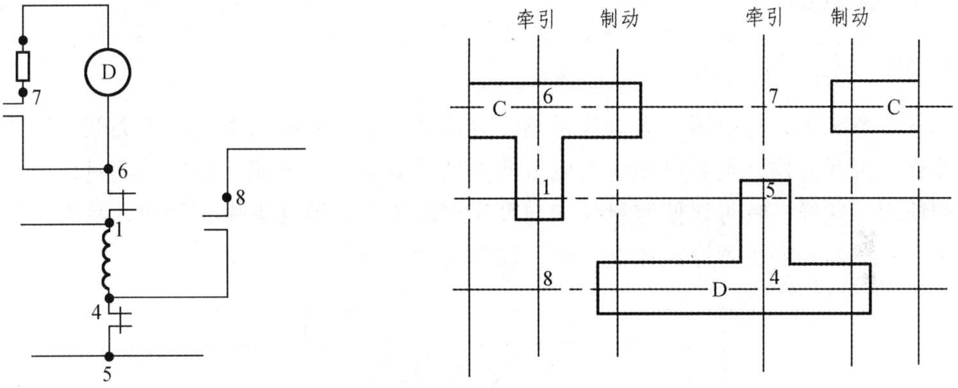

（a）牵引电动机接线原理图　　（b）动主触片展开图

图 6.46 牵引制动转换原理示意图

1、4、5、6、7、8—静主触头；C、D—动主触片

4. TKH4-840/1000 型转换开关的主要技术参数

TKH4-840/1000 型转换开关主要技术参数：

额定电压 ······ DC 1 000 V

额定电流 ······ DC 840 A

主触指单个终压力 ······ 39 ~ 49 N

主触指接触线长度 ······ ≥14 mm

主触指超程 ······ 2 ~ 3 mm

联锁触头额定电压 ······ DC 110 V

联锁触头额定电流 ………………………………………… DC 10 A
传动气缸额定风压 ………………………………………… 490 kPa
传动气缸工作风压 ………………………………………… 375 ~ 650 kPa
气缸活塞行程 ………………………………………… （44 ± 1）mm

5. TKH4-840/1000 型转换开关的使用

TKH4 型转换开关接在主电路中，自身不带灭弧装置，所以只能在机车无电状态下进行转换，否则会造成转换开关的严重烧损、牵引电机环火，严重时还会烧损牵引电动机，擦伤机车轮缘。

因此，换向操作时，应先将调速手柄拉回零位，待机车停稳后，再操作换向手柄，进行“前”“后”转换；牵引制动转换时，应先将调速手柄拉回零位，其次操作换向手柄进行“牵引”“制动”转换，然后再操作调速手柄进行速度的调节。

第五节 其他高压电器

一、互感器

1. 概 述

在电力系统中，高电压和大电流是不能直接测量的，一般只能借助于类似变压器的电压互感器或电流互感器，把高电压、大电流变换成低电压、小电流，再供给测量仪表及继电器的线圈使用。这样，就可以使测量仪表与高压电路绝缘，保证工作人员的人身安全，扩大仪表量程。互感器和变压器原理完全一样，如图 6.47 所示。

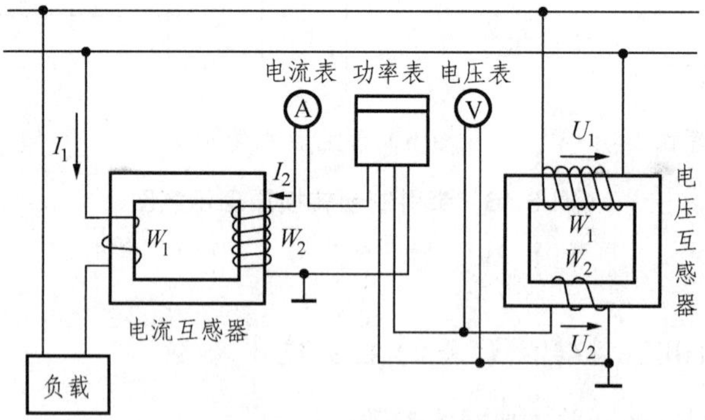

图 6.47 互感器作用原理示意图

互感器虽与变压器相似，但从两者的用途来看，变压器除了用来变压和有时变相外，主要用于传输电能，而互感器则是把原边电路的电压、电流准确地反映给副边电路。所以，电力机车上的互感器在结构和要求上都与电力变压器有所区别。其主要特点如下：

（1）电流互感器的原边绕组同主电路串联，通过原边的电流就是主电路的负载电流 I_1，与副边电流 I_2 无关；而电力变压器的原边电流却是随副边电流的改变而改变的。

（2）由于串接在电流互感器副边的测量仪表或继电器电流线圈的阻抗都很小，所以，电流互感器的正常工作状态接近于短路状态，这也与电力变压器不同。

2. SS_{4G} 型电力机车用互感器

1）TBL1-25 型高压电流互感器

（1）作用。

TBL1-25 型高压电流互感器与 JL14-20J 型交流电流继电器配合，用作机车主电路原边短路保护。它是一种穿墙式电流互感器，位于机车车顶，处于主变压器原边绕组的进线端。其原绕组（一次线圈）与主变压器原边绕组 A 端串联，将车外高压电引入车内，副绕组（二次线圈）接 JL14-20J 型交流继电器线圈。TBL1-25 型高压电流互感器属保护级电流互感器，要求它具有良好的过电流工作特性和较大的饱和倍数。

（2）型号及含义。

TBL1-25 型高压电流互感器型号含义为：T——铁路机车用；B——“变”压器类；L——电“流”互感器；1——设计序号；25——原边绕组额定电压（单位：kV）。

（3）结构。

TBL1-25 型高压电流互感器的结构如图 6.48 所示。它的一次线圈就是穿过瓷套管 1 的导电杆 7（单匝），用 ϕ16 mm 铜棒制成；杆 7 的两端有螺纹，可装螺母，用来连接载流导线；其户外端为 L_1，接主断路器，户内端为 L_2，接主变压器原边绕组的 A 端，将高压电从车顶外引入车内。二次线圈有 40 匝，用 ϕ2.1 mm 双玻璃丝包圆铜线均匀地绕在环形铁心 5 的圆周上，其抽头标记为 K_1、K_2。铁心 5 用 0.35 mm 厚的 QD151-35 冷轧钢片卷绕而成。二次线圈和铁心同装在由两个铝制半法兰 3 拼成的法兰盘中。两个半法兰是接地的，它们用螺栓连成一体，下部再用薄钢板制成的护罩 6 盖紧，使二次线圈在高电场下得到屏蔽。二次线圈与法兰盘、护罩间用绝缘纸圈来绝缘。在法兰盘内径与穿墙套管 1 的中部浇注了环氧树脂 2，使成一体，然后再在瓷套浇注部位的外侧用铜丝加绕了一个短路匝，短路匝的两端固定在半法兰上，用以保证瓷瓶的浇注部分接地良好。最后，整个互感器通过法兰盘固定在主变压器上方的机车顶盖上。

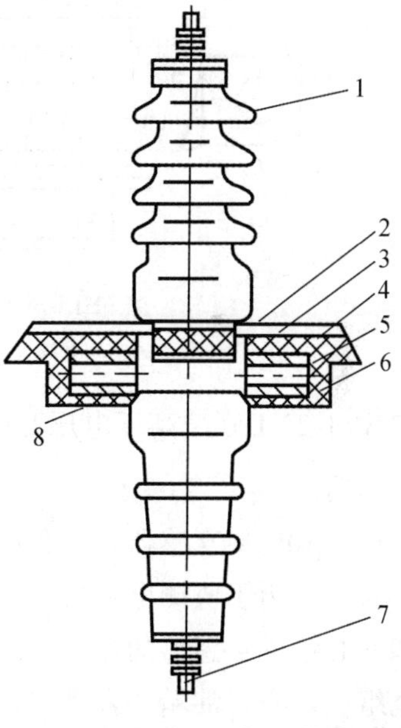

图 6.48 TBL1-25 型高压电流互感器

1—瓷套；2—环氧树脂；3—半法兰；4—二次线圈；5—环形铁心；6—护罩；7—导电杆（一次线圈，单匝）；8—接线座

2）LQG-0.5 型低压电流互感器

（1）作用。

LQG-0.5 型低压电流互感器与电度表配合，用于测量机车所消耗的电量。它的一次线圈

与主变压器原边绕组的接地端 X 端子串联后接地，即该互感器一次侧流过的电流为网侧绕组的电流；副边绕组接电度表。

（2）型号及含义。

LQG-0.5 是测量级电流互感器，其型号含义为：L——电流互感器；Q——线圈式；G——改进设计；0.5——准确度级。

（3）结构。

LQG-0.5 型低压电流互感器的结构如图 6.49 所示。铁心 4 由条形硅钢片叠成。二次线圈 2 分别套在两个铁心柱上，其线头接于胶木接线座上，出线端标记为 K_1、K_2。一次线圈 1 由铜带绕成，外部用纱带扎紧后作浸漆处理，它布置在一个心柱的二次线圈以外，在其外侧有几片硅钢片并接在铁心上作为磁分路 6，用以防止磁路饱和，补偿误差，其首末端标号为 L_1、L_2。铁心下夹件 5 用钢板冲成，并作为安装底座，其上备有安装孔。上夹件中有一根稍长，在其凸出的一端装有接地螺栓 3，另一夹件上装有接线座。

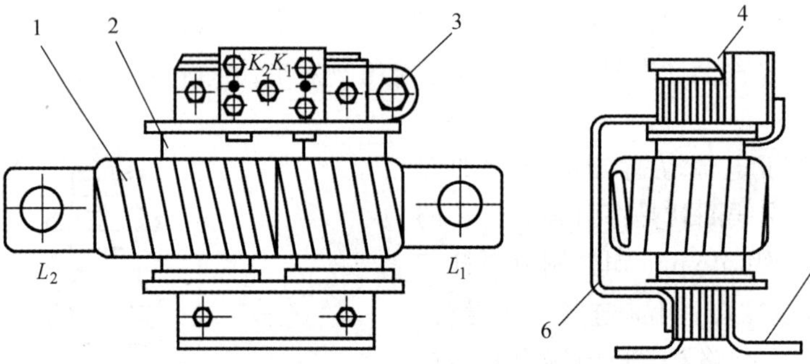

图 6.49　LQG-0.5 型低压电流互感器

1—一次线圈；2—二次线圈；3—接地螺栓；4—铁心；5—铁心下夹件；6—磁分路

3）TBY1-25/100 型高压电压互感器

（1）作用。

TBY1-25/100 型互感器是一种电力机车专用的高压电压互感器，在第三代以后的韶山系列机车上安装，用于监测电力机车行驶过程中接触网电压，安装于车顶部，为户外式产品。由线圈和铁心组成互感器的器身，线圈和铁心套装后经干燥处理，吊入油箱内，其主要部件包括：绕组、铁心、油箱、瓷套、出线装置等，在设计上充分考虑了耐振性，保养、检修简单，能够常年发挥稳定的性能。

（2）型号及含义。

TBY1-25/100 型高压电压互感器型号含义：T——铁路机车用；B——“变”压器类；Y——电“压”互感器；1——设计序号；25——原边绕组额定电压（单位：kV）；100——输出电压。

（3）结构。

TBY1-25/100 型互感器的整体结构如图 6.50 所示。其一次绕组连接在车顶 25 kV 高压线路上，X 端子接地（轨道电路），二次绕组外部接有测量仪表、保护继电器等设备，为低压部分。电压互感器的一、二次绕组之间有足够的绝缘，从而保证所有低压回路与车顶高压线路的高电压相隔离。

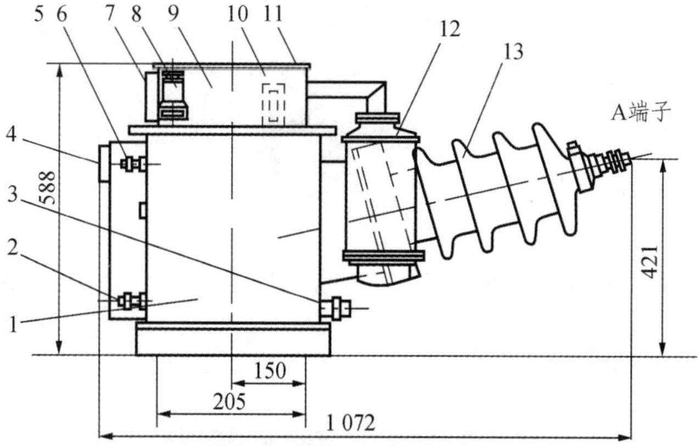

图 6.50　TBY1-25/100 型高压电压互感器结构图

1—油箱；2—接地螺栓；3—油样活门；4—观察窗；5—二次侧套管；6—一次侧电压端套管；7—铭牌；8—压力释放阀；9—箱盖；10—油位表；11—吊钩；12—呼吸管；13—25 kV 套管

3. HXD3 型电力机车用互感器

HXD3 型电力机车上使用的互感器主要有 JDZXW2-25A 型电压互感器和 LMZBK-25 型电流互感器。

1）JDZXW2-25A 型电压互感器

（1）作用。

JDZXW2-25A 型互感器为全封闭式电压互感器，适用于户外交流 50～60 Hz，额定电压为 25 kV 的电力机车电网中，连接在高压隔离开关及主断路器之间，作电压测量和继电保护使用。其外形如图 6.51 所示。

图 6.51　JDZXW2-25A 型电压互感器外形图

（2）结构。

该型互感器采用环氧树脂与硅橡胶复合绝缘支柱式结构，外部护套和伞裙采用高温硅橡胶材料，具有良好的憎水性，大大地提高了污闪电压，能有效地防止污闪故障的发生；具有抗老化和耐漏电起痕性能，电蚀损性能高，可以连续承受污闪电压；具有耐机械冲击能力强、质量轻、便于安装、不易损坏、维护周期长的特点。

（3）主要技术参数。

JDZXW2-25A 型电压互感器主要技术参数如下：

额定电压……25 kV
额定电压比……25 000/100 V
相数……单相
额定频率……50 Hz
准确级次……1 级
额定输出（$\cos\varphi = 0.8$ 滞后）……30 V・A
极限输出……400 V・A
额定电压因数……1.5（30 s）

功率因数 …… $\cos\varphi = 0.8$（滞后）
爬距 …… 1 100 mm
质量 …… 59 kg

2）LMZBK-25 型电流互感器

（1）作用及结构。

LMZBK-25 型互感器为电力机车电网专用电流互感器，采用复合绝缘穿心对接式结构，适用于交流 50 Hz 或 60 Hz，额定电压为 25 kV 的电力机车内作计量或继电保护使用。其外形如图 6.52 所示。

图 6.52 LMZBK-25 型电流互感器

（2）主要技术参数。

LMZBK-25 型电流互感器主要技术参数如下：

型号 …… LMZBK-25
额定电压 …… 25 kV
额定二次电流 …… 5 A
相数 …… 单相
额定频率 …… 50 Hz
准确级次 …… 3 级
额定输出（$\cos\varphi = 0.8$ 滞后） …… 25 V · A
功率因数 …… $\cos\varphi = 0.8$（滞后）
质量 …… 35 kg

二、高压连接器

1. 概 述

高压连接器的主要功能是在两节机车进行连挂时，自动连接两节机车车顶的 25 kV 高压电路。它安装在每节车尾部的车顶上，依靠机车连挂车钩的力量，与车钩同时对接，分离时也随机车的车钩脱开而自动分离。SS_{4G} 型机车采用的是 TLG1-400/25 型高压连接器。

2. 基本结构

单台 TLG1-400/25 型高压连接器的结构如图 6.53 所示，主要由机械传动机构和电气连接机构两部分组成。

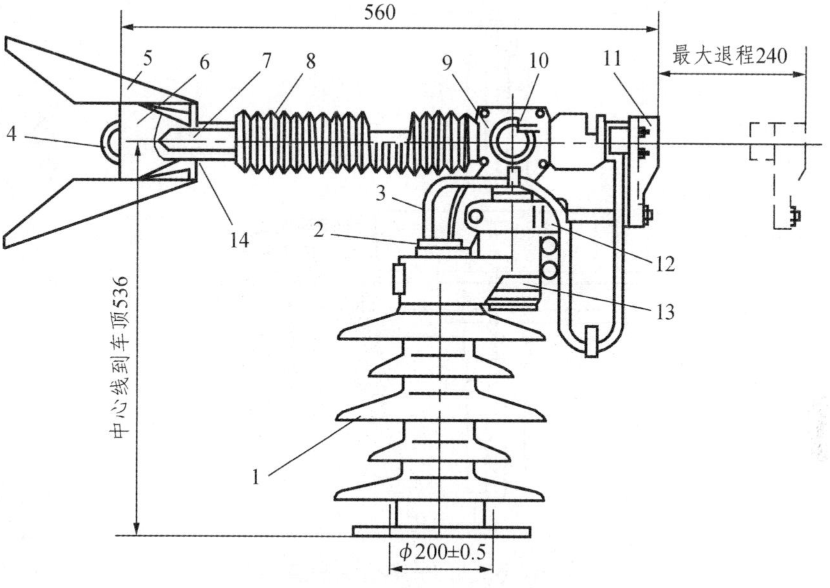

图 6.53　TLG1-400/25 型高压连接器结构图

1—支持绝缘子；2—导电极；3—软连接线；4—半环；5—导向羊角件；6—喇叭形头部；7—导电杆；8—橡胶波纹管；9—挡板；10—十字轴支承；11—止动器；12—球面止挡；13—支承缸体；14—伸张弹簧

1）机械传动机构

高压连接器的机械传动机构由伸张弹簧、橡胶波纹管、十字轴支承装置、止动器、球面止挡、支承缸体及支持绝缘子等组成。支持绝缘子将连接器的主体固定在车顶，并与车顶电气隔离。支承缸体安装在支持绝缘子上，由缸体定位销定位。

伸张弹簧安装在橡胶波纹管内。当连接器头部不受压缩力时，连接器处于最大伸张状态，为对接做好准备；对接时，两台连接器相互压缩，当压缩到一定量时，连接器头部的半环与叉形连接机构动作，相互扣紧，连接过程完成。当两台连接器之间的距离随机车变化时，两台连接器的伸张弹簧保证其头部的电气连接机构一直处于扣紧状态，导电半环与叉形件的接触压力保持不变，因而具有优良的导电性能。TLG1 型高压连接器允许的运动距离是 160 mm。

十字轴支承体包括十字接头安装和十字轴支承装置。十字接头安装由十字接头和轴套组成，如图 6.54 所示。十字接头通过 3 个沉头螺钉与轴套固定连接。轴套由黄铜管加工而成，开有一长方形键槽孔。

十字轴支承装置如图 6.55 所示。在单节机车运行时，单台连接器处于自由状态，其连接电杆伸出机车端墙，处于悬臂状。为了保证在此状态下运行的稳定性，设有十字轴支承装置和止动杆。十字轴支承装置用于使处于自由状态的单台连接器处于平衡状态，止动器用于保证伸张弹簧有一定的初始压力。止动器下部的止动杆与球面止挡形成一对自复位机构，当连接器头部作上下左右摆动时，自复位机构能使连接器回到中心位置，保持在车顶的稳定位置。

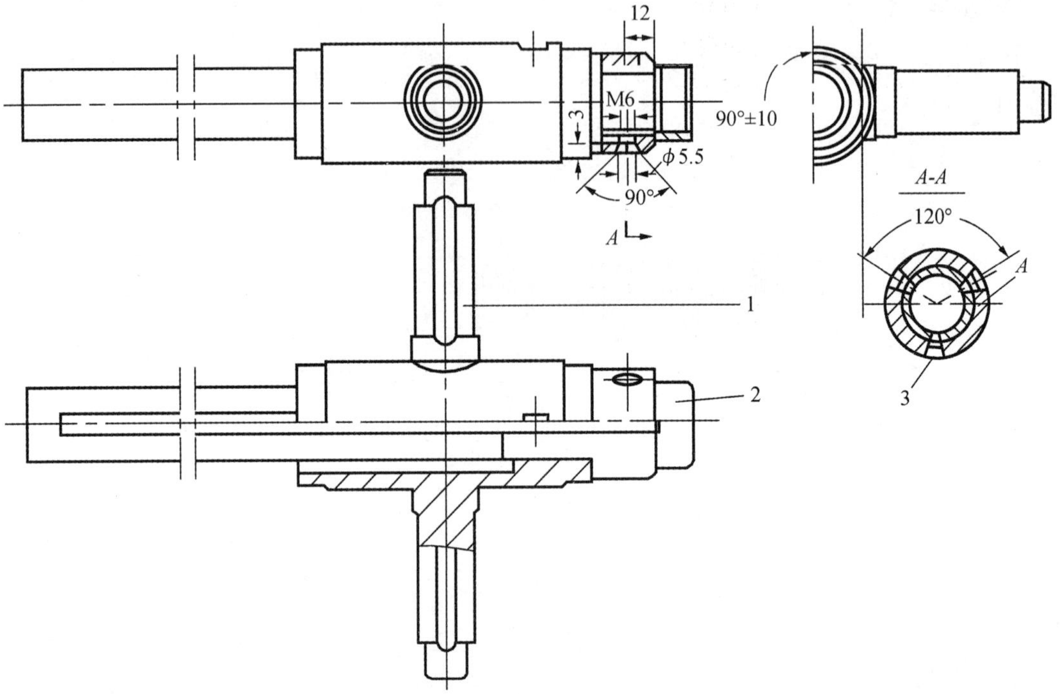

图 6.54　十字接头安装

1—十字接头；2—轴套；3—沉头螺钉

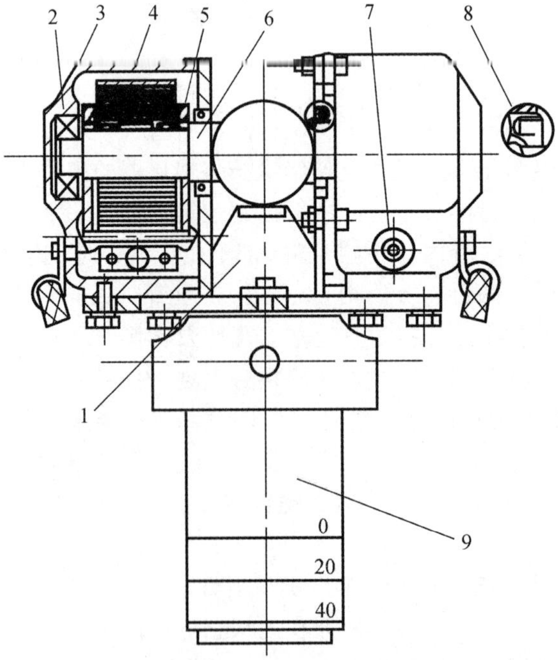

图 6.55　十字轴支承装置

1—板簧；2—轴承；3—左右十字头支承座；4—蜗卷簧；5—止动板；6—十字头安装；
7—调整螺钉；8—密封圈；9—缸体

考虑到机车在弯道、坡道和轮缘磨耗等状态下对接和运行的可靠性，要求高压连接器具有较宽的上下、左右导向和偏摆裕度。

高压连接器头部的上下摆动控制由图 6.55 中的板簧及蜗卷簧来平衡。板簧用螺钉固定在转动板上，再将左右十字头承座体用 3 个螺钉固定在转动板的内侧，起支承十字接头安装的作用。蜗卷簧由弹簧钢带绕制而成，套装在十字头安装横向轴两端，再装于左右十字头支承座内。静止时，板簧力及头部重力形成的力矩与蜗卷簧的力矩相等，从而使导电杆保持水平。当受外力作用使头部上下摆动时，由蜗卷簧及板簧的作用使之回到静止平衡状态。由于蜗卷簧的张力可以通过调整螺钉进行调节，因而可以容易地使连接器在静止时使导电杆达到水平状态。此外，在不同轮箍磨耗情况的机车对接时，可预先调整连接器的安装高度，使前后两台连接器基本处于同一水平面上。

连接器头部的左右摆动由支承缸体中的弹簧控制。支承缸体由缸体和转轴安装等组成，如图 6.56 所示。轴承安装由转轴、轴承座、上传动块、扭簧、下传动块和轴承等组成。转轴由轴与钢板焊接后加工而成，轴承套于转轴上。扭簧由弹簧钢丝右旋绕制，套于转轴上。扭簧上端用上传动块与开口销扭住，下端用下传动块与开口销扭住。转轴安装完毕后，装入缸体内，在转轴上装入轴承后，用螺栓将盖板固定在缸体上。缸体中的这对扭簧通过其定位螺钉的调整，使连接器处于对中状态。当连接器头部左右摆动时，可在扭簧的作用下自动回位。

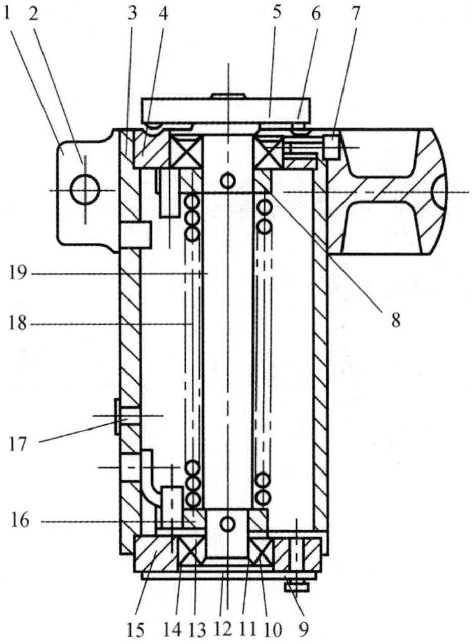

图 6.56　支承缸体

1—球面止挡；2、7、9—螺栓；4、15—密封圈；5—轴承安装；6—套环；8—上传动块；10—轴承；11—盖板；12—开口销；13—调整垫；14—垫圈；16—下传动块；17—定位销；18—扭簧；19—转轴

2）电气连接部分

电气连接部分既决定了喇叭形头部的摆动方向，又起导通电流的作用。它由图 6.53 中的喇叭形头部、导电杆、盖板装配等组成。

喇叭形头部的主体由轻质铸铝合金制成。在喇叭形头部上装有羊角、半环及叉形件。羊角在水平及垂直方向都具有较宽的导向范围，当两台高压连接器对接时，即使水平位置或垂直位置存在误差，也可以保证良好的自动导向对接性能。此特性保证机车在最小曲率半径125 m及前后两节车轮箍磨耗（单边）差不大于30 mm时，高压连接器能可靠地进行摘挂。

导电杆如图6.53所示。它轴向穿过十字接头安装孔，再通过导电杆上的键槽与十字接头的轴套上的长方形键槽孔配合，组装成一整体。这就有效地控制了高压连接器的退程范围，起到了导通电流、机械连接、滑动和限位的作用。

盖板装配主要由盖板、叉形件（动触头）、半圆环（静触头）和拉簧等组成，如图6.57所示。盖板为薄形铸铝合金板，在其上面装有叉形件（动触头）、半圆环（静触头）和拉簧。盖板紧固在喇叭形头部上，喇叭形头部、双连线再与顶杆紧固连接成整体。上述3种部件是高压连接器中难度大而结构复杂的薄壁形铸铝合金组件。

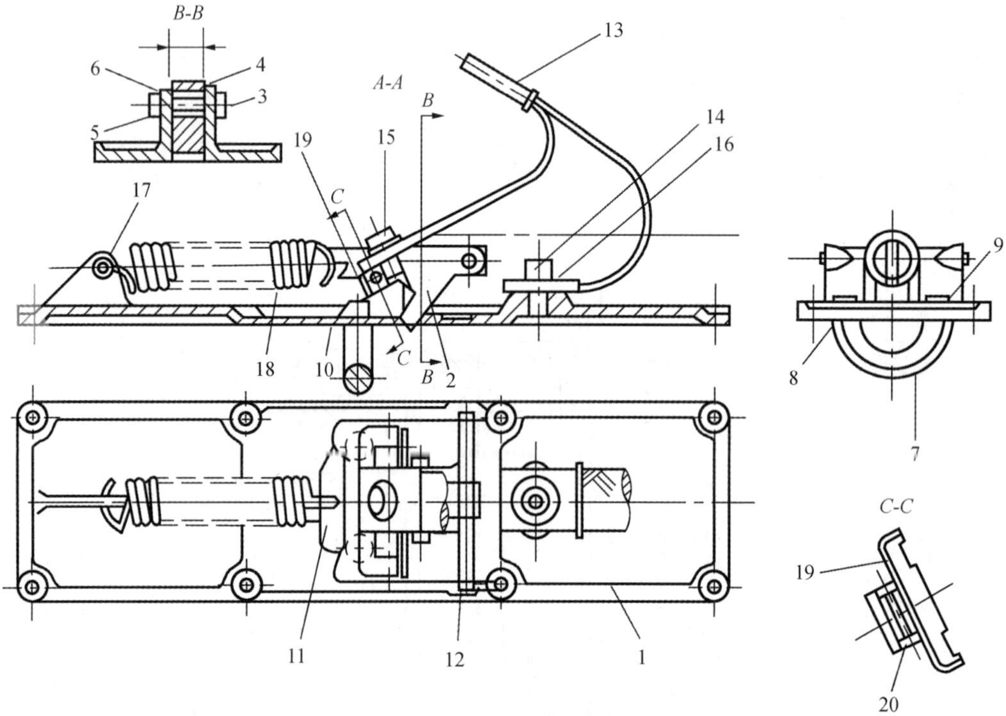

图6.57 盖板装配

1—盖板；2—叉形件；3、12—销；4—环；5、9、14、15、20—螺栓；6、10、16—垫圈；7—半圆环；8—双金属片；11—卡箍；13—双连线；17—套环；18—拉簧；19—罩

高压连接器的叉形件（动触头）和半圆环（静触头）为铜质镀银材料，采用线接触方式，具有工作可靠、接触电阻小和散热较好的优点。连接动作时，两台高压连接器的叉形件插入彼此的半圆环中，同时由叉形件上的拉簧提供接触压力。

3. 高压连接器的动作原理

1）对　接

当高压连接器被固定在车顶后，它依靠机车车钩连挂时的力量自动对接。当两台连接器靠近时，在羊角的导向作用下，喇叭形头部对接，同时伸张弹簧也开始受力压缩。当压缩到一定量时，一台连接器的半圆环和另一台连接器的叉形件在外力作用下互相扣紧，对接过程完毕。

高压连接器接合状态下的电流路径是：从一节车的高压回路到导电极，再经软连接线到导电杆，然后通过喇叭形头部内的软连接线、半环及叉形件到另一台连接器的叉形件、半环、导电杆母线等，再到另一节车的车顶母线。

2）分　离

当两节机车车钩脱开后，高压连接器随之自动分离。当两台连接器分离时，连接器由压缩状态至自由状态，再由自由状态至拉伸状态，同时伸张弹簧也开始受力拉伸。当拉伸到一定量时，一台连接器的半圆环和另一台连接器的叉形件在外力作用下脱扣分离，分离过程完毕。

4. 主要技术参数

高压连接器的主要技术参数如下：

额定电压……………………………………………………………………25 kV

额定电流……………………………………………………………………400 A

接触电阻阻值（连接状态）………………………………………… $\leqslant 650\ \mu\Omega$

导电杆中心线至车顶高 …………………………………………… 586 mm

导电杆上下摆动角 ……………………………………………… $\geqslant 8°30'$

导电杆左右摆动角 …………………………………………………… $\geqslant 34°$

导电杆最大回程 ………………………………………………… $\geqslant 240$ mm

导电杆最小回程（$\alpha = 34°$ 时）…………………………………… $\geqslant 210$ mm

5. 高压连接器的主要特点

（1）高压连接器自身不带操作机构，其连接与分离时的操作力均来源于机车车钩连挂或分离时的牵引力，随机车车钩的连接或分离同时完成，不必单独操作、非常方便。

（2）在连接状态下，触头的接触压力只与触头弹簧有关，不受机车运行状态的影响，故触头的接触压力基本上恒定不变，避免了触头的磨耗和电蚀。

（3）导电触头为叉环结构，是典型的线接触方式，工作状态稳定可靠，接触电阻小，散热性能好。

（4）连接器不带灭弧装置，因而必须在无电状态下进行连接或分离操作。

（5）高压连接器必须成对使用。从产品的通用性和互换性上来考虑，每台高压连接器的结构完全相同，具有良好的互换性，没有前后之分。为了满足不同的运行要求，可以进行任意组合。

三、避雷器

1. 概　述

避雷器安装于机车顶部，是专用的过电压防护装置，主要用于机车一次侧高压电气设备的绝缘，使之免受大气过电压和操作过电压的损害。其通常由火花间隙和非线性电阻组成，基本工作原理如图 6.58 所示。它与被保护物并联，当出现的过电压危及被保护物时，避雷器放电，使高压冲击电流泄入大地，尔后，它仍能恢复原工作状态，截止伴随而来的正常工频电流，使电路与大地绝缘。过电压越高，火花间隙击穿越快，从而限制了加于被保护物上的过电压。

击穿电压的幅值同击穿时间的关系称为伏-秒特性。为了使避雷器能可靠地保护被保护物，避雷器的伏-秒特性至少应比被保护物绝缘的伏-秒特性低 20%～25%，如图 6.59 所示；另外，避雷器在放电时，应能承受耐热以及机械应力等变化而本身结构不致损坏。

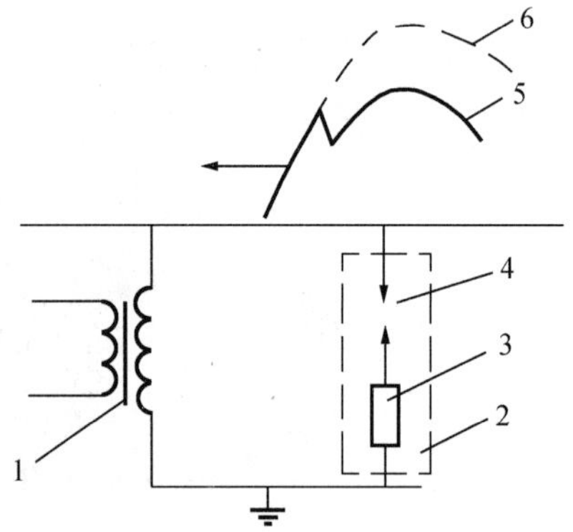

图 6.58　避雷器的工作原理

1—被保护变压器；2—避雷器；3—非线性电阻；4—火花间隙；5—被限制的过电压波；6—未被限制的过电压波

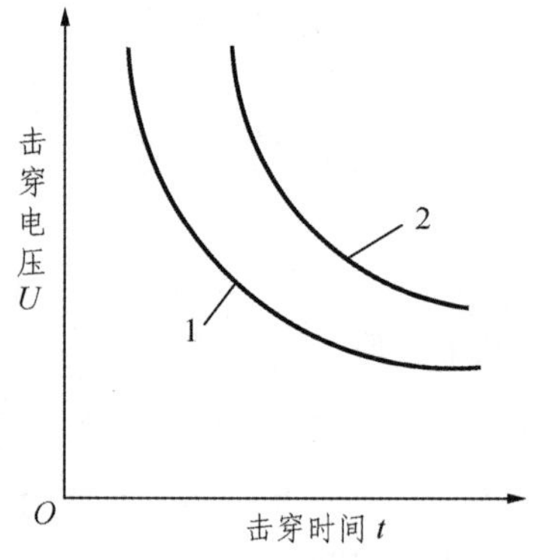

图 6.59　避雷器的伏-秒特性

1—避雷器的伏-秒特性；2—被保护物绝缘的伏-秒特性

避雷器的主要类型有保护间隙、管形避雷器、阀形避雷器和氧化锌避雷器等。SS_{4G} 型电力机车采用 Y10W-42/105TD 型氧化锌避雷器，HXD3 型电力机车采用 RVLQB-38.5LY 型无间隙氧化锌避雷器。

2. Y10W-42/105TD 氧化锌避雷器

1）工作原理

Y10W-42/105TD 氧化锌避雷器的主要元件是氧化锌阀片，它以氧化锌为主要成分，并附以多种精选过的、能产生非线性特性的金属氧化物添加剂，用高温烧结而成。它具有相当理想的伏-安特性（相当于稳压二极管的反向特性），其非线性系数约为 0.025 左右。

该避雷器优异的伏-安特性可使其在正常工作电压下呈现高电阻，流过的电流非常小，可视为绝缘体，从而实现无间隙。而当系统上出现超过某一电压动作值的电压时，则呈低电阻，电流急剧增加，使避雷器残压被限制在允许值下，并将冲击电流迅速泄入大地，从而保护了与其并联的电力机车电气设备的绝缘。待电压恢复到正常工作范围时，电流又非常小，避雷器又呈绝缘状态。因此该避雷器不存在工频续流，也不影响系统的正常工作。无间隙、无续流正是其技术先进性的体现。

2）结构及特点

Y10W-42/150TD 型氧化锌避雷器结构如图 6.60 所示，它主要由盖板组装、避雷器单元、瓷套及底板等组成。避雷器单元由硅橡胶复合外套内的氧化锌阀片、压紧弹簧组成，氧化锌阀片与外套封灌密封。

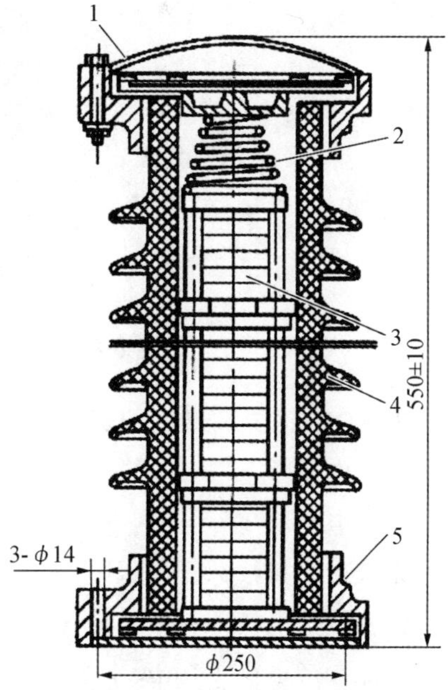

图 6.60　Y10W-42/105TD 型氧化锌避雷器结构简图

1—盖板组装（包括密封件等）；2—弹簧体；3—心体（包括 ZnO 等）；4—瓷套；5—底板组装

Y10W-42/150TD 型氧化锌避雷器具有以下特点：

（1）理想的全天候避雷器。与放电间隙相比，不存在间隙放电电压随气候变化而变化的问题。

（2）防污性能好，适用范围广。因为设计了防污型瓷套，保证了足够的爬电距离，故污秽不影响间隙电压，所以，在重污秽地区比传统避雷器有很大的优越性。

（3）防振性能好。对心体采取了防振及加固措施，减少了各部件之间的相对位移，使心体牢固地固定在瓷套内，适应了机车运行中振动频繁的要求。

（4）防爆性能好。使用了压力释放装置，在法兰侧面开一缺口，使气体定向释放。当避雷器在超负载动作或意外损坏时，瓷套内部压力剧增，使得压力释放装置动作，排出气体，从而保护瓷套不致爆炸，确保即使出现意外情况，车顶设备仍然完好，并能可靠运行。

（5）非线性系数好，阀片电荷率高，保护性能优越，它不但能抑制雷电过电压，而且对操作过电压也有良好的抑制作用。

（6）无续流，不存在灭弧问题，使地面变电站因机车引起的不明跳闸故障大为减少。

（7）体积小，质量轻，通流容量大，抗老化能力强，运行寿命长。

3）安　装

避雷器的安装应自下而上进行，在安装过程中，首先安装连接过渡板，要确保气体释放方向朝向机车外侧未安装电气设备的空旷区。高压端用软连接带与车顶母线连接，地线接在接地连接片上。避雷器退出运行时，其拆卸方向与安装方向逆向进行。

3. RVLQB-38.5LY 型无间隙氧化锌避雷器

HXD3 型电力机车采用的 RVLQB-38.5LY 型无间隙氧化锌避雷器，其原理同 Y10W-42/105TD 氧化锌避雷器，外形如图 6.61 所示。该产品主要由硅橡胶复合外套、芯棒、连接金具、连接底板等部分组成。内部充入高强度绝缘胶，使避雷器形成全密封固体绝缘。芯棒采用高强度、高电气性能的绝缘材料，且和硅橡胶有强力亲和性，连接金具采用不锈钢，以保证表面耐蚀性和美观。

图 6.61 RVLQB-38.5LY 型无间隙氧化锌避雷器

RVLQB-38.5LY 型无间隙氧化锌避雷器的主要技术参数如下：

系统电压……27.5 kV
额定电压……42 kV
系统最大持续运行电压……31.5 kV
标称放电电流……10 kA
直流参考电压（1 mA 下）……≥58 kV
工频参考电压（阻性 1 mA 下）……≥56 kV
持续运行电流（阻性）……≤300 μA
雷电冲击残压（10 kA，8/20 μs）……≤105 kV
操作冲击残压（0.5 kA，30/60 μs）……≤89 kV
陡坡冲击残压（10 kA，1/10 μs）……≤118 kV
2 ms 方波电流耐受……400 A/18 次

本章小结

电力机车作为非自给式机车，需要通过受电弓从接触网获得能量，其性能的好坏直接影响受流质量。主断路器是电力机车电源总开关和机车总保护，当机车发生故障时自动分闸，防止故障进一步扩大。通过学习受电弓和主断路器，使学生在了解受电弓结构的基础上，掌握受电弓的升、降弓过程及其特点；了解主断路器结构中各部件的名称及工作原理，从而掌握主断路器的分、合闸工作过程；掌握受电弓各参数的调整方法；熟悉受电弓、主断路器的维护方法及检修工艺。

高压隔离开关和高压接地开关是新采用的机车电器。高压隔离开关主要用来断开发生故障的受电弓，采用电空控制防止进行转换；高压接地开关与主断路器配合使用，实现机车高压安全保护。通过学习高压隔离开关和高压接地开关，使学生了解高压隔离开关的作用及控制方法；了解高压接地开关的作用及工作原理；熟悉高压隔离开关和高压接地开关的维护方法及检修工艺。

电空接触器和两位置转换开关主要用在 SS 系列电力机车的主电路中。电空接触器主要用于控制磁场削弱电阻以及机车主电路的有关励磁回路和牵引电机回路。两位置转换开关主要用于改变机车的运行方向以及实现机车牵引、制动工况的转换。

电力机车用其他高压电器有互感器、高压连接器、避雷器。互感器用来将高电压、大电流变换成低电压、小电流，再供给测量仪表及继电器的线圈使用；高压连接器主要用于两节机车连挂时，自动连接两节机车车顶的高压电路；避雷器主要用于机车一次侧高压电气设备的绝缘，使之免受大气过电压和操作过电压的损害。

复习思考题

一、填空题

1. 受电弓是一种__________器，属于上部______________。

2. 受电弓的升降过程具有_____________的特点。

3. 受电弓按其结构形式可分为___________和___________两种。

4. TSG1-600/25 型受电弓主要由__________、__________和____________3 部分组成。

5. 在静止的状态下，受电弓弓头滑板在工作高度范围内对接触网导线的压力称为________________________。

6. 受电弓的静特性是指受电弓的静态接触压力与______________的关系。

7. 电力机车电源的总开关和机车的总保护电器是____________。

8. 非线性电阻用于限制______________，减小电压恢复速度。

9. 空气主断路器的起动阀由________和________两部分组成。

10. 空气主断路器灭弧室的静触头的头部为球状，端部镶着耐电弧的___________，以提高耐弧性能。

11. 空气主断路器的隔离开关自身不带_________装置，不具有分断大电流的能力。

12. 空气主断路器的传动气缸以隔板为界，分为左边的__________和右边的__________两大部分。

13. 真空断路器是以__________作为绝缘介质和灭弧介质进行灭弧的。

14. 真空断路器的动触头、静触头被瓷质外罩封闭于__________中。

15. 为保证气路工作正常，对容易积水的部位如__________、__________应经常排水。

16. HXD3 型电力机车上有______台高压隔离开关，型号为_______。

17. 高压隔离开关安装在机车的______位置。

18. 高压隔离开关属于_______装置。

19. HXD3 型电力机车上有________台高压接地开关，与___________配合使用。

20. TCK7-600/1500 型电空接触器的功能是____________________________________。

21. 电力机车的每台转换开关控制_______台牵引电机。

22. 转换开关的换向鼓有_________和_________两个工作位；牵引制动鼓有_________和________两个工作位。

23. 转换开关采用______________装置传动。

24. 使用高压电压互感器时，电压互感器的原边应与被测负载__________ 连接。

25. 电力机车车顶高压电路接有避雷器，用以抑制________过电压及雷击过电压。

26. 避雷器是专用的过电压防护装置，安装于机车_________。

二、选择题

1. 下述不属于下部四连杆机构的是（　　）。

A. 上臂杆　　B. 支架　　C. 铰链座

2. 调整受电弓的滑板在各运动高度均处于水平位置的部件是（　　）。

A. 下臂杆　　B. 上框架　　C. 平衡杆

3. 调整 TSG1 型单臂受电弓升降弓时间，可采取（　　）措施。

A. 调节扇形板上的螺钉高度

B. 调整缓冲阀豁口大小

C. 调整升弓弹簧的拉伸长度

4. 国内电力机车受电弓滑板不使用的材料是（　　）。

A. 钢滑板　　B. 碳滑板　　C. 粉末冶金滑板

5. 空气主断路器的传动气缸以（　　）为界，分成左右两大部分。

A. 主活塞　　B. 工作腔　　C. 隔板

6. （　　）的作用是使传动气缸较灭弧室滞后一定时间得到储气缸的压缩空气，确保隔离开关比主触头延时动作，无电弧开断。

A. 延时阀　　B. 主阀　　C. 起动阀

7. 空气主断路器的主阀有（　　）条气路。

A. 1　　B. 3　　C. 5

8. （　　）阀用于保持储风缸内空气压力的恒定。

A. 节流　　B. 过滤　　C. 调压

9. 高压隔离开关采用（　　）控制方式进行转换。

A. 电空　　B. 电磁　　C. 液压

10. HXD3 型电力机车上高压接地开关有（　　）把蓝色钥匙，有（　　）把黄色钥匙。

A. 1　2　　B. 2　1　　C. 2　3

11. TCK7-600/1500 型电空接触器的开断电压是（　　）。

A. 600 V　　B. 1 500 V　　C. 111 V

12. TCK1-400/1500 型电空接触器的联锁触头采用通用件，为一（ ）。

A. 常开触点　B. 常闭触点　C. 行程开关

13. 机车的正反向运行是通过改变牵引电机（ ）的方向来达到的。

A. 励磁电流　B. 电枢电流　C. 励磁和电枢电流

14. 调整螺栓用来调节触指的（ ）。

A. 接触压力　B. 开距　C. 超程

15. 避雷器使用时，应与被保护物（ ）。

A. 并联　B. 串联　C. 串并联

16. 下列对氧化锌避雷器中阀片的伏安特性叙述不正确的是（ ）。

A. 高压小电阻　B. 低压大电阻　C. 常压小电阻

三、判断题

1. 受电弓的支架是用来支撑滑板，且使整个滑板在机车运行时随接触网导线弛度的变化而作前后、上下的摆动，以改善受流状况。（ ）

2. 受电弓的接触压力由传动气缸中的压缩空气产生的压力决定。（ ）

3. 集电头翼片是用来调节不同速度等级机车的静态接触压力的。（ ）

4. 延时阀可以使隔离开关的分离时间滞后于主触头分断时间。（ ）

5. 传动气缸工作活塞动作时具有缓冲作用。（ ）

6. 分、合闸电磁铁可以长期得电工作。（ ）

7. 主断路器设置非线性电阻的目的之一是抑制截流过电压。（ ）

8. 主断路器的分、合闸都具有先慢后快的特点。（ ）

9. 真空断路器工作时需要压缩空气参与。（ ）

10. 主断路器工作前，只要储气缸有压缩空气即可。（ ）

11. 机车重联运行时，机车上的高压隔离开关都是闭合。（ ）

12. 在真空断路器断开的情况下高压隔离开关才能进行开闭动作。（ ）

13. 高压接地开关上的蓝色钥匙用于打开机械室天窗或高压电器柜门。（ ）

14. 互感器只能起测量作用，而不能对电路进行保护。（ ）

15. 每台高压连接器的结构完全相同，没有前后之分，可根据需要组合。（ ）

16. 当网侧出现过电压，金属氧化物避雷器或放电间隙放电后，相当于电网对地短路。（ ）

17. 氧化锌避雷器的瓷套表面出现裂纹不影响其正常使用。（ ）

四、简答题

1. 简述调整受电弓升降弓时间的方法。

2. 为什么受电弓的工作特点是先快后慢？

3. 简述 TSG1 型受电弓的基本组成。

4. 简述 DSA200 型单臂受电弓的动作原理。

5. 简述真空主断路器的组成。
6. 简述主断路器延时阀的作用。
7. 简述 BVAC .N99 交流真空主断路器的动作原理。
8. 简述空气主断路器的分合闸动作过程。
9. 简述高压接地开关的操作过程。
10. 简述电空接触器的工作原理。
11. 简述转换开关的换向原理。
12. 说明避雷器的工作原理。

参考文献

[1] 张龙. 电力机车电机[M]. 北京：中国铁道出版社，2013.
[2] 张龙，陈湘. 电力机车电机[M]. 北京：中国铁道出版社，2015.
[3] 李益民，刘小春. 电机与电气控制技术[M]. 北京：高等教育出版社，2004.
[4] 徐卫斌. 韶山 $_9$ 型电力机车[M]. 北京：中国铁道出版社，2005.
[5] 张曙光. HXD3 型电力机车[M]. 北京：中国铁道出版社，2010.
[6] 刘洪云，周荣森，代兴军. HXD3B 型交流传动电力机车牵引电机[J]. 电力机车与城轨车辆，2010（2）.
[7] 董锡明. 高速动车组工作原理及结构特点[M]. 北京：中国铁道出版社，2007.
[8] 张曙光. CRH2 型动车组[M]. 北京：中国铁道出版社，2008.
[9] 铁路职工岗位培训教材编审委员会. CRH2 型动车组司机[M]. 北京：中国铁道出版社，2009.
[10] 邱成. 动车组辅助电气系统与设备[M]. 北京：北京交通大学出版社，2012.
[11] 吴建华. 开关磁阻电机设计与应用[M]. 北京：机械工业出版社，2002.
[12] 林瑞光. 电机与拖动基础[M]. 杭州：浙江大学出版社，2002.
[13] 任志锦. 电机与电气控制[M]. 北京：机械工业出版社，2002.
[14] 谢家的，祁冠峰. 电力机车电器[M]. 北京：中国铁道出版社，2008.
[15] 莫坚. 电力机车检修[M]. 北京：中国铁道出版社，2012.
[16] 张铁竹，王秀清. 交流传动机车牵引与控制[M]. 成都：西南交通大学出版社，2014.
[17] 乔宝莲. 电力机车电器[M]. 北京：中国铁道出版社，2008.
[18] 杨永林. 韶山 $_{7E}$ 型电力机车[M]. 北京：中国铁道出版社，2004.
[19] 张效融，吴国祥. 电力机车电器[M]. 北京：中国铁道出版社，2013.
[20] 付娟，林辉. 电力机车电机[M]. 成都：西南交通大学出版社，2016.
[21] 崔晶，杨会玲. 电力机车电器[M]. 成都：西南交通大学出版社，2016.